Sabır ve Vefa Timsali

hazreti Zeyneb

ROMAN

ISBN: 978-605-151-040-8
Sertifika No: 12451

Hayat Yayınları : 482
Hayat Edebiyat : 28
Kitabın Adı : Sabır ve Vefa Timsali Hz. Zeyneb
Yazarı : Nurdan Damla
Yayın Danışmanı : Rahime Demir Bulut - İsa Bayrak
Yayın Editörü : Erol Şahnacı
Metin Editörü : Mina Solmaz
Kapak Tasarım : Özkan Artaş
İç Tasarım : Rabia Koşar
Baskı Yeri & Tarihi : İstanbul, 2013
Baskı & Cilt : Alioğlu Matbaacılık
Orta Mahallesi Fatin Rüştü Sokak
No: 13/A Bayrampaşa / İSTANBUL
Tel: (0212) 612 95 59 Fax: (0212) 613 09 83
Sertifika No: 11946

Hayat Yayın Grubu
Nişancı Mahallesi Davutağa Caddesi No: 26/1
34050 Eyüp - İstanbul
Tel: 0212 613 11 00 GSM: 0530 290 99 78 Faks: 0212 613 11 55
www.hayatyayingrubu.com - hayat@hayatyayinlari.com
twitter.com/hayatyayingrubu - facebook.com/hayatyayingrubu

Sabır ve Vefa Timsali

hazreti Zeyneb

ROMAN

NURDAN DAMLA

Hayat

Nurdan Damla

Yazar, 1963 yılında Erzurum'da doğdu. Aslen Iğdır'lıdır. İlk, orta ve lise öğrenimini tamamladıktan sonra Anadolu Üniversitesi İletişim Bilimleri Fakültesi'nde eğitim gördü.

Şiir, roman, hikâye, makale ve denemeleri küçük yaşlardan itibaren çeşitli dergi ve gazetelerde yayımlandı. Yazarın yazmış olduğu birçok tiyatro oyunu sahnelendi. Özellikle şiir ve hikâye dallarında çeşitli ödüller kazandı. En son eseri olan *365 Günde Sevgili Peygamberim* kitabıyla Türkiye Yazarlar Birliği Çocuk Edebiyatı Ödülü'nü alan yazar "2007 Yılın Çocuk Yazarı" seçilmiş olup, eser on bir dile çevrilmiştir.

Çocuk hikâyeleri, şiir, roman, gezi notları ve deneme dallarında muhtelif eserleri mevcuttur. Yazar, Çocuk Edebiyatçıları Birliği'nin kurucularından olup Türkiye Gönüllü Eğitimciler Derneği'nin Yayın Kurulu Başkanı olarak çalışmalarına devam etmektedir. Hz. Muhammed'i Tanıma ve Tanıtma Uluslararası Derneği kurucularındandır. Evli ve üç çocuk annesidir.

Eserleri

Şiir: Erguvan Renkli Gönlüm

Deneme: Kırmızı Mineler Sokağı, Ahir Zaman İlişkileri

Masal: Mutlu Düşler Ülkesi, Modern Masallar Serisi, Kardan Prenses

Roman: Aşka Adanmış Bir Ömür/Hz. Hatice

Tiyatro: Bir Katre Serap, Hayat Sadece Eğlence mi?

Çocuk Siyeri: 365 Günde Sevgili Peygamberim

Okul Öncesi Setler: Laliş Serisi (6), Merviş ile Maviş (6), Eren ile Ceren (11), Kırmızı Mercan Ülkesi (10), Dostluk Seti (5)

Çocuk Hikâyeleri: Besmele Hazinesi, Dünya Çocukları Peygamberimiz'i Tanıyor, İlk Gün Sevinci, Merve Sonsuzluk Ülkesinde

Çocuk Romanı: Dünya Yolcusu Murat, Bizim Evde Ramazan, Mucizeler Tüneli, Işık Hızı Yolculuğu

www.nurdandamla.net
facebook/yazarnurdandamla
twitter/Nurdan_Damla
nurdandamla@yahoo.com

Bu eserin oluşmasını; Hz. Zeyneb'in hayat hikâyesini büyük bir iştiyakla arayan ve araştıran, şahsımı bu eseri hazırlamaya teşvik eden, Hukuk Fakültesi öğrencisi bir kardeşimin gönül duası olarak kabul ediyorum.

Teşekkürler Zeyneb. İyi ki o imza gününe geldin ve iyi ki bana o ışığı yaktın. Umarım bu satırlarda aradığın hakikati yakalarsın.

Ayrıca;

Prof. Dr. Necati Öztürk'e

Prof. Dr. Zeyneb Abdül Kerim'e

Prof. Dr. Vecdi Akyüz'e

Prof. Dr. Suad Yıldırım'a

Dr. Zeynep Oto Yenen'e

Gazeteci Yazar Suna Durmaz'a

katkılarından ve desteklerinden dolayı
en kalbî teşekkürlerimi sunuyorum.

Sabır ve Vefa Timsali
Hz. Zeyneb

"Resul duygulandı. Işıltılı gözleri yaşla dolmuştu. Ashabına döndü: 'Bu Hatice'nin gerdanlığıdır.' dedi. 'Onun kiledası, onun hatırasıdır. Rica etsem, bu fidyeyi Zeyneb'e geri gönderip, eşini de salıverseniz!' dedi."

ꟃ

"Vahiyle aşkı arasında kalan kadın sonunda tercihini yapmıştı. Aşkı erteleyecekti."

ꟃ

"Vahyin ışıklı semasından damlalar aktıkça, hayatına farklı anlamlar yükleyenlerin hikâyesi hiç bitmeyecek. Zeyneb ezelden ebede sürecek olan o yürüyüşün yakın halkalarından biri. Gönül onu anlayıp, onu tarif etmek istedi. Kalp onu sevdi. Akıl onunla hemhâl oldu. Ve kalem... Tezyin olmak için bu kez onu seçti..."

ꟃ

"Birbirini çok seven iki güzel insan! Birisi Allah'ın Son Elçisinin kızı Hz. Zeyneb, diğeri Hz. Hatice'nin yeğeni Ebu'l As. Aşk, inanç, vahiy, ayrılık, hasret, dua ve kavlileyyinle açılan kilitli kapılar. Sevgilinin tedrisinde kör düğümler çözülürken, İlahi tecelli iki âşık yüreği ikramıyla sevindirecekti."

ꟃ

"Zeyneb, kızlarımın en hayırlısıdır. Benim için pek çok musibetlere maruz kaldı."

Hz. Muhammed (sav)

"Cibril o gönül hikâyesinde gökler ötesi âlemden haber getirdiği vakit, aşkın sitemsiz destanına boyun eğdiler. Bu kalp yolculuğunda bir sözdü istenilen. As, aşkı pahasına ahde vefa göstererek 'Sözün Eri' seçilmişti."

"Ey iman edenler! Mümin kadınlar hicret ederek size geldiği zaman, onları imtihan edin. Allah onların imanlarını daha iyi bilir. Eğer siz de onların inanmış kadınlar olduklarını öğrenirseniz onları kâfirlere geri göndermeyin. Bunlar onlara helal değildir. Onlar da bunlara helal olmazlar."

Mümtehine Suresi: 10

"İnneme'n-nisâ' şakâyıku'r-ricâl."

"Şüphesiz kadın erkeğin şakayığıdır."

Hz. Muhammed (sav)

Muhabbet beş dem, beş mertebeydi. Her dem bir basamak, her basamak bir yükselişti. Zeyneb ile Ebu'l As, öylesine zorlu bir kulluğun yükselişindeydiler.

"M"
DEMİ

KALPLERDEKİLER AÇIĞA ÇIKIYOR

Mekke ana kucağı gibi sıcak, sımsıcaktı.

Sarı konağın sundurmasına vardığında soluklanıverdi ilk kez.

Açık duran bahçe kapısından heyecanla içeriye geçti Ebu'l As.

Vakit kuşluk olsa da öğlen sıcağının puslu buğusunu hissetmemişti.

Sıcağa, toza, uykusuzluğa aldırmadan yürüdü. Uzak, çok uzaklardan gelmişti. Gül renkli ufukları dörtnala tüketirken o anı düşünmüştü hep.

Uzak çöl seyyahlarının hâli üzerindeyken hiçbirini umursamadı. Ne açık tenini kavurmuş kum yanıkları, ne uzun saçlarını kızartmış güneş kavruğu, ne de üzerine sinmiş toprak kokusu. Hiçbir şey yüreğindeki hasretin önüne geçemedi. Ne açlık... Ne susuzluk... Ne yorgunluk... Hiç ama hiçbiri umrunda değildi genç tacirin. Güçlü bir heyecan dalgasıydı hissettiği. Nefes nefese ilerledi.

Avluya vardığında çocukluktan aşinası olduğu o kokuyla esinleniverdi. Gül ve amber kokusunun hoş rayihasıydı bu. Öteden beri bu kokunun kaynağını çözememişti. Gezip gördüğü hiçbir koku dükkânında, uğradığı hiçbir aktarda, mal alıp sattığı hiçbir tüccarda bulamıyordu.

İrem'de, Çin'de, Hind'de, Yemen'de, Şam'da; hiçbir yerde bu kokunun benzerine rastlayamadı. Neydi o insanın başını döndüren, alıp bambaşka âlemlere götüren lahuti his? İnsana aldığı nefesi geri verdirmeyen, dünya denen zeminden ayaklarını kesip başka âlemlere götürürken serinleten, ferahlatan, esinleten koku neydi?

Her evin kendine has bir kokusu olsa da bu koku dünya ötesinden esinlenen bir nefesti. Ve teyzesinin evinden başka hiçbir yerde yoktu. Kaynağını bilemediği o hayat ıtırını yeniden ve derin derin solurken, evin evlatlığı Zeyd onları karşılamıştı. Halleşip kucaklaştılar. Cariye Rim içeri koştu:

"Hanımım müjde!" dedi. "Ebu'l As seferden döndü."

Teyze yeğenini sevinçle karşıladı. Hâlini hatrını sordu:

"Hoş safa geldin yeğenim. Sefer nasıl geçti?"

"Her şey yolunda." dedi As. "Yol çilesi olsa da kervan selametliydi. Bol kârla döndük. Bu seferki mübadele her zamankinden daha bereketliydi."

Teyze-yeğen ticari hayatın cazibeli akışına dalmadan içeri geçtiler. Cariyeler dört döndüler. Serin kuyu sularıyla hazırlanmış hurma nebizi ikram ettiler. Onlar genç tacirin yol yorgunluğunu dindirmeye çalışırken Ebu'l As onu arıyordu. Aylardır görmemişti ve en uzak mesafeleri onun hayaliyle katetmişti. Zeyneb'in sesi, görüntüsü bir kez kulağına ya da gözüne gelse rahatlayacaktı. Ama olmadı. Tuhaf duygular içindeydi ve hâlini kimseye arz edemiyordu. Kaçamak bakışlarla kapıyı, sofayı ve dışarıyı dolaştıysa da gönül ufkunun gül duvaklısını göremedi. İnce bir sızı incitti yüreğini. Bakışları kapıya takılı kalınca, hâli ev halkına da ayan olmuş gibi geldi ona. Teyzesi bunu fark ettiyse de, soylu kadınlara has vakur duruşuyla görmezden geldi.

Onu çok severdi Ebu'l As. O çok bilip az konuşanlara has olgun duruşuyla teyzeden öte gelmişti hep. Her sefer dönüşünde, annesinden sonra uğradığı ikinci kişi olurdu ama nedense bu kez uğradığı ilk durak oydu. İnceliği, anlayışı, cömertliği ve şefkatiyle ne kadar farklıydı! Ticari statünün dilini iyi bilen bu kadın onca bilgiyi, görgüyü ve önseziyi nasıl donatıp beslediğine şaşardı çoğu kez Ebu'l As. Uzak memleketlerin hâlini, yörelerin dilini gidip görmemiş olsa da çok iyi bilmesi, kervancıları yönlendirmesi, tavsiyeleri, prensipleri ve öngörüleri ne kadar da güçlüydü! Kervan ticaretinin can damarı olan ihtiyaç malların tahminini onun kadar iyi bilen bir tacireye daha rastlamamıştı. Buhur yolunun kıvrımlarından haberdardı. Kervan yola çıkarken tavsiyeleri ile her zaman yolunu açar, aydınlatırdı.

"Eşkıya çeteleri harem bölgesi kervanlarına hürmet duyarlar, pek ilişmezler. İlişirlerse başlarına bir iş geleceğinden korkarlar. Sen yine de her yola çıkışında Rabbinin adını an. Kavim ve kabilen soylu ve şereflidir senin. Harem bölgesi halkına her millet saygı duyar."

"Onca uzak mesafelere gitmiş de görmüş gibi konuşursun teyze." derdi As. "Bu kadar çok şeyi nereden biliyorsun?"

"Hind'in, Fars'ın, Yemen'in, Çin'in ve dahi Buhur yolunun piyasasını iyi biliriz biz." derdi teyzesi. "O yollara çok kervan göndermiş, çok tecrübe edinmişim."

Sohbet konuları genellikle ticaret üzerine sürüp giderdi. Başka coğrafyalarda görüp yaşadıklarını, giriştiği işleri, aldığı kararları ilk önce teyzesiyle paylaşırdı. Yine öyle yaptılar. Kervan yolunu, su kuyularını, sahra eşkıyalarını, paragöz cambazların hilelerini, yolda verilen telefleri, sıtmayı, kum fırtınalarını, çekirge sürülerini, deve inatlarını, yeni talepleri, gerekli arzları ve daha bir sürü birikmiş konuyu tek tek ele aldılar.

"Çöl çorak, mevsim kuraktı yine. Dönüş yolunda ufak bir sıkıntı yaşadık. Kum fırtınaları Cirane'deki su kuyularını kapatmış. Gri kumulun altında göz gözü görmezken Şuaybe yönünden gelen kervanlarla su ihtiyacımızı giderdik. Bereket ki bu kez fırtına kısa sürdü. Dingin bir akışla yolumuza devam ettik." dedi. Gençliğin verdiği tükenmez enerjiyle devam etti.

"Biliyor musun teyzem?" dedi Ebu'l As. "Mekke topraklarının çakıl tanesini dünyaya değişmem. Ne Şam'ın kızıl sarayları ne Kisra'nın köşkleri ve ne de Hadramut'un yeşil vahaları bu şehirden aldığım hazzı bana veriyor. Safa tepesinin taşını, Ebu Kubeyş'in duruşunu, Nur dağının haşmetini, Sevr'in yalçın kayalıklarını hiçbir yere değişmem. Şehrime, kavmime ve milliyetime ne kadar düşkün olduğumu her seferden sonra daha iyi anlıyorum."

"Doğru söylersin." dedi teyzesi anne samimiyetinde. "Sen Kutsal Kitabın ve gelip geçmiş kavimlerin yürek darbesinin attığı şehirdesin. Dünyalık saltanatların bir avuç toz olup savrulduğu beldedir bu topraklar. Mal, mülk, ihtişamın bedel getiremediği bir kadim şehirdesin. Harem bölgesinin hanelerinden birinde doğup büyüdün, Kâbe kokusuyla soluklandın sen. Bu ne büyük bahtiyarlık!"

"Haklısın." dedi genç tacir. "Kavmime ve kabileme bu kadar düşkün olmam da bundan olsa gerek."

Sözün tükendiği noktada heybesini açıverdi Ebu'l As. Renk renk inci keleplerini, Yemen'in kızıl yakutlarını, İran'ın yeşil zümrütlerini, Şam'ın ipek taftalarını döktü önüne.

"Bunlar sizin için teyzeciğim." dedi. "Ufak bir gönül hediyesi!"

Duygulanmıştı Hatice. Her sefer dönüşünde kendine ve hane halkına hediyelerle dönen vefalı yeğenine teşekkür etti. İpek üzerine işli entariler, göz görmedik kadifeler, çeyize konabilecek el işi, göz nuru keten örtüler, ipek şallar göz alıcıydı. Evin büyük kızı Zeyneb için Yemen incileri ve pahalı kokular... Rukiye'ye sedef işlemeli aynalar, fildişi taraklar, Ümmü Gülsüm'e nakışlı takunyalar, kehribar kolyeler... Şam çerezleri, Busra ipekleri ve daha neler neler...

Teyze yeğenine sevgiyle baktı. İnsanı memnun etmek onun için çok önemliydi. Sade kendi hanesine değil, yakın akrabanın çoğuna böyle lütufkârdı Ebu'l As. Dünya malını kalbine değil de cebine koymuş olması ne hoş, ne güzeldi!

"Her zaman böyle zarif ve ince düşüncelisin As." dedi. "Hor, kaba ve haşin bir dünyada bu kadar ince ve zarif oluşun beni korkutuyor. İnsanlara dikkat et. Bu yönünü kullandırtma. Kâbe'nin Rabbi seni korusun!"

Önlerinde farklı diyarların nahif kokuları ile zarif dokuları seriliyken, kapıdan bir gül dalı uzanıverdi içeriye. Çöl gecelerini esinleyen karanfil kokusu gibi hoş ve ılık esintiler sardı her yeri. Zeyneb'di içeri giren. Utangaç bakışlarıyla çevrili güzel yüzü tebessüm ediyordu. Selam verdi pespembe yanaklarla.

"Hoş geldin teyzem oğlu." dedi çekingen. "Yolculuğun nasıl geçti?"

Kadife gibiydi sesi. Hâlinde edep ve hayâ vardı. Soylu bakışlarını çöl buğusu yemiş kuzeninin üzerine düşürdüğünde, güneşin tüm ışıkları altında kalakalmış hissetti kendini Ebu'l As.

Dili tutuldu genç tacirin. Renkler, kokular silindi. Yanık teni altında kızarıverdi kat kat. Kalbine deli sancılar girdi. Hislerini dışa vurmaktan hayâ eder bir tavırla önüne baktı. Kaçamak cevaplar verdi:

"Hoş bulduk Zeyneb." dedi. "Her şey yolunda çok şükür."

Birlikte büyümüşlerdi. Hayata atıldığı yıllarda bile yoğun iş koşuşmasında onları ihmal etmemiş, sık sık ziyaretine gidip gelmişti. Bu gidiş gelişlerde gitgide, parlak bir ay gibi ortaya çıkan Zeyneb'in güzelliği dikkatini çekmişti. Hâli ve edebi ve inceliği ve terbiyesiyle onu can evinden vurmuş olsa da bunu kendine dahi itiraf edemiyordu As. Onu gördükçe girdiği ruh hâlini çözemiyordu. Bu heyecan dalgası da neyin nesiydi? Bu saklı sevdadan neden kurtulamıyordu? Onu her gördükçe artan bu suçluluk hissi, bu tuhaf mahcubiyet de neydi? Kalbinin kıyılarına çarparak büyüyen dalgalar ne kadar güçlü ne kadar da heybetliydi! Her seferinde daha güçlü bir akımla o kıyılardan içeriye çekiliyordu. Kaçmak, kurtulmak istiyor ama olmuyor, yapamıyordu. Çölün uçsuz bucaksız yolunu o anın hayaliyle aşmışken bunu yapamazdı. Her şey yolunda giderken alnının terlemesi, dilinin dolanması, başının öne eğilmesi de teyzesinin dikkatini çekmişti hani. Önsezisi güçlü kadın onu bu mahcubiyetten kurtarmak istedi.

"Rim... Hadra! Nerdesiniz? Nerede kaldı sofranız?"

"Hazır hanımım." dedi Hadra. "Yemek hazır, avluya geçebilirsiniz." Teyzesi buyur etti. Ebu'l As kaçıyor gibi çıktı odadan. Gönlü teyze kızının yüreğine akmıştı bir kere. İhtiyarı olmadan seyreden bu gizemli akışı durduramazdı. Ne yapsa, nereye gitse kendiyle giden bu gizli derdi kime diyebilirdi ki?

Zeyneb bir kırmızı gelincik. Yaban çiçeği kuru çöllerin. Abıhayatı susuz yurtların. As'ın mahcup duruşu karşısında o da utandı. Gül yanaklarında nazlı pembeler yanıp söndü. Siyah gecelerin yıldızları gibi ışıltılı gözlerini önüne çevirdi. Ebu'l As'ın gönül darbesi işte Zeyneb'in bu hâli idi. Her varlığın üzerinde hayali mühür gibi dolaşan Zeyneb'in göz izleri. Çöl ahularının nazlı bakışı gibi sürmeli, utangaç ve derin. Nereye baksa Ebu'l As o darbeyle irkilirken, hediyeleri aceleyle sahiplerine verdi. Ev halkı bu ilgiden memnunken, Zeyneb'in hâlindeki tedirginlik de neyin nesiydi? Zeyneb hayatın ilkbaharında terütaze bir Kureyş kızı iken, apansız kuzen Ebu'l As'ın sevda rüzgârına mı tutulmuştu?

Henüz on dördündeydi. Arap coğrafyasında genç kızlığın en âlâ yaşıydı bu yaş. En berrak, en safi, en duru, en gözde. Bu Mekke kızının yüreğindeki ırmaklar, kuzen Ebu'l As bin Rebi'ye doğru akıyordu. Annesi kızının kalp ritmini hissettiğinde yeni istifhamlar belirdi düşüncelerinde.

Zeyneb...

Ebu'l As'ın uzattığı hediyeleri alırken neden kıpkırmızı kesiliyor?

Neden bu kadar utanıyor?

Neden o gelince kaçacak yer arıyor?

Neden odadaysa dışarı çıkıyor?

Neden kızarıyor?

Neden susuyor?

Bütün bu ipuçları onu ele verirken, onların bile kendilerinin farkına varmadığı zamanlardan hissetmişti bu sevgiyi Hatice. Buna rağmen, vakur duruşunu hiç bozmamıştı. Bazı gerçekleri biliyor ve seziyor iken görmezden gelmek, insanı utandırmamak, mahcup etmemek, yüzüne vurmamaktı gayesi. Hayâ perdesini yırtmadan yine her zamanki gibi saygı ve sevgi zemininde yürümek meziyetken, bunu pek az insan yapabilirdi. Hatice, kızı ile yeğeninin arasında yeşillenmiş gönül vahasında hem anne hem de teyze rolündeyken, bu farkındalıktan kimseye söz etmedi. İki mahcup yürek kendi gönül mecralarına doğru hızla akarken, sevdanın yaman çölüne düştüklerinden habersizlerdi. Sevdayla örtülü bakışlarını gizlemeye çalıştı ikisi de. Bunu sezdiği için de kuzeni geldiğinde genelde üç beş kelamdan sonra odadan dışarı atardı hep kendini. Hoş beş faslından sonra bir bahane bulup dışarı çıkması, o anda her ikisi için en selametli yoldu.

Birinci Kadim Anlatıcı: Zeyd bin Harise

Bu kadim hikâyede arzumuz, en yakın daireyi görmüş ve nefeslenmiş bir şahitle şereflenmektir. Hoş bir kelamı, kaleme bağlamaktır arzumuz. Ufak bir an, bir lahza sunumudur gayemiz. O güzel şahitlerden ilkiyle kalem rabıtası kurmak ne hoş, ne güzeldir!

BEN Kİ BAHTİYAR ZEYD İDİM

Zeyneb'in üvey abisi Zeyd'dim ben. Hani o en seçilmişe köle olmuş Zeyd. Köle iken evlatlığa alınan çocuk! Bahtının gülen yüzünü hüzünlü hikâyesinde bulan Zeyd. Çile çölü içinde hayır çiçekleri deren Zeyd. Ben ki Mekke Melikesi Hatice'nin, Efendisine sunduğu hediye idim. Bu bahtın bedeline, her yüreğe yakın olmak boyun borcum. Bilge Varaka'nın deyimiyle ben; "Bir Bahtiyar Zeyd" idim. Ben ki kutlu ocağın nefesinde büyütüldüm. Aşkın merkez mihrakına bilmeden yürümüşüm. Çölün bağrında yeşermiş dikenli bir çalı iken, El-Emin'in gül kokulu ellerine tutunmuş mahzun evlatlığıydım. Onun evlatlarına kardeş olmak en yüce bahtım iken, kaderin akış seyrinde kız kardeşim Zeyneb'in gönül hümasına bir yudum su taşımışım. Akıp giden zaman nehrinde hikâyesi ilginçtir Zeyneb'in.

Ondan sekiz on yaş büyük abisiyken, çok şey görüp çok şeye şahit olmuşum. Kavlime kulak verenler, o ocağın en dibinde gördüklerimi iyi bellesinler. Bu söz, emanettir size. Emanetimi gönül katmanlarına saklayanlara selam olsun.

Ailenin yakın bireylerindendi Ebu'l As Bin Rebi. Hanımımın kız kardeşi Hale'nin cömert ve haşmetli oğlu. Onunla kervan yolculuğum olmuştu birkaç kez. Bende hasıl olan ilk intiba; çok cesur, çok cömert ve bir de çok dürüst oluşuydu. Efendim Ebu'l Kasım'ın doğruluğuydu onda gördüğüm. Mekke halkı gibi, ben de onu severdim.

Gözü pek bir yiğitti o. Gözünü budaktan esirgemeyen, gururlu ve şerefine düşkün bu Mekke gencinin gönlü, mal varlığından öte bir zenginliğe ve dinginliğe sahipti. Yaşı küçük olmasına rağmen zengin ve nüfuzluydu. Kimselere boyun eğmez kişiliği, temiz yüzü gibi duru ve netti. İşte bunun için Abdüşşemsoğulları'nın bu eşsiz yiğidine "Aslan Yavrusu" anlamına gelen "Cevrül Bahta" derlerdi.

Uzun boylu, dik duruşluydu Ebu'l As. Gür saçlarını kokulandırıp omuzlarından aşağı saldığında, Mekke kızlarının yüreği gibi dalgalanırdı. Vefalı ve hatırnaz, kimseyi kırmaz, kolay incitemezdi. Kavim ve etbasına düşkünlüğüyle bilinirdi. Uzun saçlarını asla Arap beylerinin pelerini olan ridasının dışına taşırmazdı. Edebindendi bu. Cazibeli görünmek, fiyaka atmak, hava satmak ona göre bir huy olmasa da, kendinden emin duruşu herkesi etkilerdi. Net ve belirgin yüz hatları vardı. Dedesi Huveylid'e benzediğini söylerlerdi. Arabın beyaz ırk mensubuydu. Ak tenini çevreleyen simsiyah sakalı net ve kavisliydi. Ebu'l As'ın siyah ve gür kaşlarının altında saklı duran iri gözleri dikkat çekerdi. Gece karası gibi siyah gözleri mahcuptu Ebu'l As'ın. Kimsenin yüzüne uzun uzadıya bakamazdı. Utanırdı. Hilal kaşlarının kavisi bakışlarını derin ve haşmetli kılıyordu. Ön dişlerinin arası açıkken her zaman temiz, pak ve bakımlı olurdu. Tebessümü derindi As'ın. Kureyş kızlarının gözü ondayken onun yüreğindeki gizli sevdadan bir ben haberli idim.

Bahtanın Aslanı ahde vefalıydı. İnce duyguluydu. Kükremiş bir aslan kadar haşin gözükse de iç âleminde bir çocuk kadar kırılgan ve nahifti As. Ahde vefa onun en büyük özelliğiydi. Üstün erdemlerinin yanında bir türlü kırıp atamadığı inadı vardı mesela. O da her insan gibi hatalarla malul bir kuldu. Marazi bir kavim kibri onunla beraberdi. Bu huyu yüzünden birçok kez başını belaya sokardı. Gururuna düşkün bu genci daha yakinen tanıtmak isteyenler ona Ebu'l As demişlerdi. Ebu'l As künyeliydi. İsyanların Babası... Gururun kalası... Aşkın başpehlivanı Ebu'l As, Zeyneb'e sevdalıydı.

Sedefinde saklı inciler kadar saf ve durudur kız kardeşim. Yüzüne bir bakan, bir daha bakmaktan kendini alamaz. Kudret kalemiyle çizilmiş her azası sanki. Duru bakışlarından ceylanlar su içer Zeyneb'in. Uzun kirpikleri itinayla işlenmiş bir mücevherin kenar suyunu andırır. Gülümseyişi huzur, konuşması sürur vaat eder. Saadet hanesinin en gözde çiçeğidir o.

Çocukluğundan beri huyuna, ahlakına aşina olduğumuz Ebu'l As'a karşı hep mesafeliydi. İlk başlarda buna bir anlam verememiş olsam da, büyüyüp olgunlaştıkça kız kardeşimin farklı duygular içinde olduğunu anlamıştım. Hep iyilik ve doğruluk görmüştük ondan. En çok da onun sözünün eri oluşuna hayrandık hepimiz. Bir genç kız olarak onun da kendi tercihleri vardı Ebu'l As'a karşı.

Verdiği sözü tutması, yalandan uzak durması, sevgi dolu oluşu, cömertliği, tok gözlülüğü... En çok da onun ince duyuşuna hayrandık biz. Ne kadar ince düşünürdü! Cibilli bir kavmiyetçilik fikri dem ve damarlarına işlemişken, tutkulu yeminleri vardı. Bağlandığından kolay vazgeçmezdi. Ve o yolda her şeyi göz önüne alabilirdi.

Kardeşim Zeyneb onun her gelişinde utanırdı nedense. Ebu'l As'ın, bu tatlı utançtan bir yanıyla mahcubiyet duyarken, öte yanıyla memnun kaldığını hissederdim. Ne derin ne iffetli bir gençti!

Evde Ebu'l As'tan çok söz edilirdi. Teyzesinin göz ışığı, doğruluk sembolü As. Bir o, bir de diğer yeğen Hizam, hanımım Hatice'ye en yakın canlardı. İkisini de dilinden hiç düşürmezdi. Ondan bahsederken Zeyneb'in mahcup hâllerini ikimiz fark ederdik. Genç kızlığın en masum yıllarında, hayatının ilkbaharını yaşarken fark etmişti teyze oğlu Ebu'l As'ı. Cevrül Bahta denen vadi yiğidini. O yürek kıpırtısını ilk kez hanımım fark etmişti, bir de ben. Bir keresinde ufak kardeşim Rukiye:

"Anne" demişti. "Ebu'l As ne zaman sefere çıkacak?"

"Neden sordun kızım?" diye sormuştu annesi.

"Ondan Yemen kadifesi getirmesini isteyeceğim." demişti.

"Ne yapacaksın Yemen kadifesini?"

"Ondan kocaman bir minder yapacağım. Oraya sadece sen ve babam oturacaksınız." demişti de gülüşmüştü çocuklar.

Tam o sırada Zeyneb Rukiye'nin koluna dirseğiyle dokunup eliyle işaret ederek:

"Sus!" demişti. "Ondan bahsetme!"

"İyi ama neden?" demişti Rukiye.

"Ben utanıyorum." demişti kısık sesle.

"Neden utanıyorsun? Yanakların pespembe kesilmiş."

"Siz ondan söz edince ben böyle oluyorum. Ondan söz etmeseniz!"

Kısık sesle de olsa söylenenleri biz gençler duymuştuk. O günden sonra Rukiye ve Ümmü Gülsüm de Zeyneb'in Ebu'l As'a olan ilgisini fark etmişler ve onu utandırmamak için çokça çaba sarf etmeye başlamışlardı.

İkinci Kadim Anlatıcı: Hansa Hatun

Çölün kendine has kuralları içinde yaşayanların ince sezgili yanlarıyla halleşmekti arzumuz. İnce duyuşlu bir şairdi bahtımıza çıkan. Şiirleri altın suyuna batırılıp yazılarak Kâbe duvarına asılan Hansa'ydı bahtımıza düşen. Onunla bir dem hasbihâl ne hoş, ne güzeldi!

ÇÖL ELMASI

Ayın on dördü gibi Zeyneb'in yüzü
Hilal kavisli kaşları siyah
Ahu kirpiklerle bezeli gözü
Elleri Zeyneb'in nismetü'l riyah

Yaşadığımız coğrafyada güneş bize çok yakındır. Kehkeşanın tüm ısı ve aydınlığının bu bölgeye kümelenmiş olduğunu sanırsınız. Bu yüzden coşkulu ve sıcaktır hayat. Bu bölgede doğan her insan çabuk büyür, erken gelişir ve erken yaşlanır. Doğduktan birkaç yıl sonra sosyal hayatın her aşamasında yer alabiliriz. Böylesine sıcak bir kucakta sözle ve şiirle büyüdüm ben. Dem ve damarlarımda akan kan; şiir ahenkli, şiir ritimlidir. Zeyneb'in güzelliği de bana esin vermişken ve adım Şaire ve ben Hassane iken diyecek sözüm çoktur.

Mekke vadisinde bulunmayan nadide bir çiçek demeti gibiydi o. Bu nahif genç kızın yaşı küçük olsa da namı tez duyulmuştu. Akranlarından farklıydı. Cinsi latif taifesinin en seçkini bu genç kızın siretindeki güzellikler suretine vurmuş gibiydi. Endamı nahifti Zeyneb'in. Narin yapılıydı. İnce beli, iri gözleri, pembe yanaklarıyla dikkat çekerdi. Kureyş soyunun bu asil kızı çok hoş, çok munisti. Zarif, anlayışlı ve yardımseverdi. Soylu hanedan evlatlarına has davranışlarıyla bilinirdi. Vakur bir duruşu vardı. Bakışları utangaç, gülümsemesi ölçülü, yürüyüşü mutedildi. El-Emin'in hayâsı, edebi ve güzelliği, El-Tahire'nin iffeti, şefkati ve rikkati Zeyneb'de zeyn olmuştu. Su gözesi gibi berrak ve duru bakışları vardı. Kadife teninden yanaklarına vuran gülümsemesi hiç eksilmezdi. İffetin gül rengiydi yüzüne akseden. Sonsuz, anlamlı ve derin. Bu nahif mahremiyeti incitmemek için çoğu kez yüzüne bakmaya kıyamazdık. Hüsn tülleri gerisinde renk renk nakışlanmış bu nahif gül yaprağına nazar kıvılcımları atarak örselemekten imtina ederdik. Zeyneb'i gören yorgun ruhlar huzurla soluklanırdı. Onu gören yılgın gözler hayatla yenilenirdi. Narin yapısı, gülümsemesi, derin bakışlarıyla sonsuzdan menfezler açardı bize Kureyş soyunun bu asil genç kızı.

Mekke gençleri yüreklerinin derinlerine kat kat sakladıkları bu Kureyş incisine tutkundular. Soyu hayâsıyla müsemma Abdulmuttalip torununa ulaşmak kolay değildi. Hatice ile olan arkadaşlığımızdan ötürü o eve çok sık girer çıkardım. Konaktaki ahenk ve uyum huzur vericiydi.

Hür, köle demeden herkeste aynı muhabbeti görmek beni şaşırtırdı. Cariyeler arasındaki hoş sohbetler, gündelik hayatın tüm yorgunluğunu alıp götürürdü. Neşeli gülüşmeleri sürüp giden şakalaşmalar dikkatimi çekerdi.

"Zeyneb'in yüzü yine güllerle duvaklanmış." demişti bir keresinde köle kız. "Ne hoş, ne tatlı utanıyor!"

"Neden utanıyor? Adına biri mi geldi?" demişti diğeri.

"Ebu'l As'ı gördüm az önce. Yemen'e gidecek malların dökümünü yapmak için gelmiş. Hanımımla konuşurken yüzüne bakamıyordu sanki. Başı önünden kalkmadan sayımını yaptı ve gitti. Doğrusu, bunca yıldır teyzesinin evine gelir gider, ilk kez onu öyle mahcup gördüm."

"Bilmiyor musun?" demişti Hüma. "Çok zamandan beri o, Zeyneb'e âşıktır. Her hâlinden sevda damlıyor gerçekten. Bir erkek bir kıza sevdalandı mı ilk önce eli ayağına dolanır. Ne yapacağını bilemez. Hâlden hâle girer. Sevdiğini yürek köşkünde ağırlar da kimseye belli edemez. O sebeple öyle yapar. "

"Sen onun yüreğinde misin?" demişti Rim. "Nereden biliyorsun bunları?"

"Bilirim tabii." dedi Cariye Hüma. "Bir bakış, bir ima, bir kaçış çok şeyi ele verir."

Oturduğu yerden yün yumağını büken dadı Baraka gayriihtiyari söze karışmıştı.

"Bırakın boş konuşmaları da işinize bakın. Hem size ne Ebu'l As'ın çok özel hâllerinden?"

"Ey Bereke!" demişti Rim muzipçe ve de gülerek, "Bir erkek neden utanır ki bu kadar? Bize söyler misin?"

Genç cariyeler her şeyi biliyor olsalar da bu konunun konuşulmasından hoşnuttular. Yaşlı Baraka bunu bildiği için bir edep dersi vermek istemişti onlara.

"Hayâdır onun adı. Bir diğer adı hicaptır. Hayâ hayatın adıdır. Onu yırtıp atanların elinde ne sevdanın tadı kalır ne aşkın büyüsü ne de gönlün cilası. Her iyi iş, o edebi yırtmamakta gizlidir."

Yetim bir kızken konağa alınan küçük Sevde söze karışmıştı.

"Nasıl şeydir o!"

Daha fazla dayanamadan o an gelen ani bir ilhamla coşup taşmıştım. Tatlı bir ezgi gelmişti dilime. Mırıldanıyordum ve cariyeler ritmime eşlik ediyorlardı. Zeyneb şarkısı gibi hoş ve rahatlatıcı bir ezgiydi bu.

Zeyneb'in yüzü nur
Bakışı billur gibi
Zeyneb'in tavrı edep
Hayâsı buna sebep
Hilalin ince hâlidir
Mekke'nin çiçeğidir
Konuşması inciden
Gülüşü mercandandır
Zeyneb kırmızı çiçek
Kalbe konan kelebek
Soylu ve zarif olanların
Sıcak nefesidir o...

Cariye kız özenti içinde gülümsedi;

"Mekkeli gençler onu sayıklıyorlar." dedi. "Öyle bir genç kız için neler neler verilmez ki!"

Hanımı Hatice'nin tüm doğumlarını yaptırmış Selma da oradaydı. Daha fazla dayanamadı;

"Haklısın." dedi. "Şu ara her yerde Zeyneb'imin adı dolaşıyor. Dillerde o var. Ona kem nazar uğramasından korkarım. Uğursuz nazarlardan Allah'a sığınırım. Allah'ım onu korusun. Ona zarar gelmesin. İffeti ve edebiyle hayırlı, mutlu bir gelin olsun inşallah."

Hüma gülümseyerek:

"Ona layık kimse var mıdır?"

"Şu yeryüzünde herkese layık bir eş elbet yaratılmıştır." dedi Bereke. "Zeyneb'in kaderine düşecek bir eşi de elbet var etmiştir."

"Böyle bir çifti biliyorum." dedi küçük kız!

Hüma gülümsedi:

"Kimmiş bakalım o bildiğin?"

"Efendim ile hanımım. Ben onlar kadar birbirine yakışan, mutlu bir çift daha tanımadım. Ne kadar asil, ne kadar da mesutlar!"

"Elbet öyledir ama ben nazar değmesin diye dile almak istemem. Sen de bu asil birlikteliği fazla diline alma. Unutma; kem söz ile kem gözün vermeyeceği zarar yoktur."

Tam o sırada Zeyneb giriverdi içeriye. Beyaz bir elbise giyinmişti. Elbisenin beyaz eteklerine işlediği yeşil yapraklar, minik çiçekler, zarif nakışlara iç güzelliğini yansıtmıştı sanki. Elinde bir deste hurma hevengi vardı. İlk önce yaşlı Berke'ye uzattı.

"Mevsimin ilk hurması çıkmış." dedi. "Babacığımın yaptığını ben de yapmak isterim."

"Ne yapacaksın?" dedi Bereke. "O mevsimin ilk meyvesini yaşı en küçük olana yedirir. Ben de daha tadına bakmadan küçük Sevde'ye getirdim."

İri, yaş hurmaları küçük kızın ağzına uzattı. Yetim Sevde'ye tek tek koparıp yedirdi. Küçük kız yaş hurmadan aldığı lezzetten daha fazlasını Zeyneb'in bu şefkatinden almıştı:

"Çok tatlıymış, çok hoşmuş, çok lezzetliymiş." dedi. "Hayatımda böyle güzel bir yaş hurma daha yemedim."

Bu sözler hepimizi güldürmüştü. Ebe Selma, Zeyneb'in de ebesiyken eline doğuvermiş bu yavruyu derin ve anlamlı bakışlarla süzdü. Gül yanaklarına öpücükler kondurdu:

"Benim yaş hurmam sensin." dedi. "Hurma gibi hoş ve tatlısın."

O güzel andan aklımda kalan, Zeyneb'in su pırıltısı gibi latif ve nazik elleri. Hurma hevenklerini kavramış narin avuçları. Oradan oraya uçuşan bembeyaz etekleri. O eller için bile ne şiirler yazabilirdim.

MUHABBETİN "MİM" HİKÂYESİ

Muhabbetin mimi gibi sırlı bir noktada buluşmuşlardı. Aniden göz göze geldiklerinde mimin gözbebeğine çekiliverdiler. Onlar o derin anlamda birbirlerinden bile gizliyken, kaderin ipleri bambaşka nakışlar işliyordu. Mim içinde saklı bu gönül hikâyesinde âşıkın adı Zeyneb, maşukun ise As olacaktı. O aşk ki ani bir gönül darbesiyle en umulmadık anda ortaya çıkardı. Kimseye mihneti yoktu. Öylesine bir cazibeydi ki, meyyit onda hayat bulur, kalp ise huzura kavuşurdu. Mimin muhabbeti ruhun en mesut burcuydu.

Hayat yoldaşlığında aranan en önemli özelliklerden biriydi sevmek. Ünsiyet etmek. Hoşlanmak. Hayran olmak. Uzun bir yol başlangıcında olan iki yüreğin en esaslı temeliydi. Elestten tanışık olmayan ruhlar o sıratı geçemezken, ezelden barışık olanlar dünyada da bu ünsiyeti sürdürürlerdi. Bunu ancak hassas ruhlar hissederdi. İşte onlar bu tanışıklık üzere barışıktılar. Dünyaya ait olmayan vakitlerden birbirlerini tanıyıp sevmişlerdi. O aşk ki sır kaldığı sürece gizemli, örtülü olduğu vakitçe derin, iki yürek arasında paylaşıldıkça çoğalandı. Kaynağını elestten almış bir ezelî sevdanın mecrasınca sevgiyle akıyorlardı.

Dalgın, tutkulu ve mahcuptu genç tacir. O evde, o yüzde ve o bakışta her gelişinde farklı kollardan akıp çoğalan ırmaklarda yıkanırdı. Zeyneb'in gülen yüzünde zümrüt vahaların yeşil ferahlığını hissederdi. İffeti, nezaketi, nezafeti ve inceliğiyle ne kadar hoş, ne kadar kibardı! Ev işlerindeki becerisi, anlayışı, dakikliği... Konakta onca hizmetli varken, o iş yapmaktan ve evi çekip çevirmekten zevk alması... Fakir-zengin ayrımı yapmadan her insana değer veriyor olması, cariyelerin gönlünü alması, onlarla şakalaşması, kimsesizlere kurup kaldırdığı sofralar, bütün bunları yaparken hiç eksilmeyen tebessümü... Bir insanın gülümsemesi bu kadar sıcak ve samimi, bir o kadar da ahenkli olabilir miydi?

Hayranlığın sevdaya dönüştüğü zamanlar, kalbinin kıyılarına vuran dalgalarda bir tek onun adının yazılı olduğunu hissetti. Coşuyor, çağıldıyordu.

O nasıl bir edep ve terbiye bütünlüğüdür?
O nasıl iffet terbiyesidir, teyzem kızı?
O nasıl düzenli ve temiz bir giyiniştir?
O nasıl ahenkli ve uyumlu salınıştır?
O nasıl endam, nasıl huy ve nice asil duruştur?
O nasıl edepli gülüş, o nasıl tatlı süzülüştür?
Zeyneb!
Neden kalbini susturamıyordu?
Neden onu görünce ırmaklar tersine akıyordu?
Neden zümrüt vahaların serin esintisini duyuyordu?
Neden susuzluğu gidiyordu?
Neden doyuyordu kana kana?
Neden karanlığı tükeniyordu?
Neden... Neden... Neden...
Neden kendini İrem'in gül bahçelerinde hissediyordu?
Zeyneb cemre muştusu...
Zeyneb su pırıltısı...
Zeyneb yağmur damlası...
Zeyneb yıldırım darbesi...
Zeyneb gönül coşkusu...
Zeyneb huzur çeşmesi...
Zeyneb!
Ah Zeyneb.

Üçüncü Kadim Anlatıcı: Hale

Hani o Hale ki Hatice'nin gönül derdini ilk keşfedendi. Çırpınıp koşmuştu çokça. Habeş'li köle Yasir'le haber uçurmuştu. Ne hoş ne tatlı anlardı! Şimdi ise söz konusu yavrusu olmuşken, o Vedud kuşağından birkaç kelamdı arzumuz. Ebu'l As'ın hâlini, hâlimizce hasbihâl eyler miydi?

BEN Kİ HALE İDİM

Evlat can ışığı, yürek sermayesiydi. Onun bir bakışından anlar ruh hâlini, ana olan. Yüzü gülmüyordu hiç. Arab'ın en has kızlarıydı sunduğum. Kureyş'in en seçkinleri. Hiçbirini istemedi. Kureyş'in en gözdesiydi isteği. Ablam Hatice'nin gün ışığı kızına sevdalandığını az buçuk hissetmiştim. Ebu'l As'ın hubbu ta çocukluktan fırlayıvermişti Zeyneb'e.

Gitgide içine çekilir olması, sık sık daralıp bunalması gözümden kaçmazdı. Mehtaplı bir gecede el ayak çekildikten sonra ona yöneldim. Ebu'l As yatağına uzanmış, yıldızları seyrediyordu. Ay ışığında uçuşan gece kuşlarının ufak cıvıltıları içinde yanına yaklaşıverdim:

"Nedir bu dalgınlığın sebebi yavrum?" dedim. "Aşk mı yoksa! "

Hiç ummadığı bir soruydu bu. Ürkmüştü. Gözünü kırpmadan diktiği boşluktan bana çevirdi aniden:

"Hiçbir şey gözünden kaçmıyor anne." dedi.

Utandırmak istemedim onu. Arap geleneğine has incelikle örfü söze düzdüm:

"Anneler anlar oğlum. İnsan elinde yoğurduğu hamurun kıvamını bilmez mi?"

Derin bakışlarını bana çevirmiş öylece bakarken, uzun kirpiklerinin ucundan sevda akıyordu. Devam ettim:

"Ben ki Hale'yim. Yemen Sefiri Huveylid'in ortanca kızı, Afife annenin torunu Hale. Önsezide bihemta, hâli ve duruşuyla müberra kadının kız kardeşiyim. Ben ki edebi, ahlakı, iffetiyle ün yapmış, özü, sözü bir Vadi Aslanı As'ın anasıyım. Gözümden elbet kaçmaz hiçbir şey. Söyle de bu derdin çaresine bakayım."

Yüzünü uzak yıldızlara çeviriverdi yeniden:

"Hâlimi anlamışsın anne." dedi. "Onu kalbimden çıkaramıyorum. Ne yapsam nereye gitsem onunlayım."

"Farkındayım As." dedim. "Zeyneb'in güzelliği şu mehtaplı geceden daha parlak, daha ışıltılıyken ona yakın bir genç yüreğin bu hâle gelmesi anormal değil."

Arap örfünde böyle bir diyalog sık rastlanır olmasa da biz bu işi çözmüştük. Düzeyli bir anne-oğul ilişkisinde derdimizi beyan etmeyi düstur edinmişken, oğlumun gönül diline kulak verdim.

"Zeyneb'in yüzü gözümün önümden gitmiyor." dedi. "Ne yapsam, nereye gitsem o... Varlığın üzerinde hayalî bir mühür gibi, Zeyneb'in iri kara gözleri dolaşıyor. Siyah bir elmasın sonsuz parıltıları gibi soylu, utangaç, anlamlı ve derin. Uzaklara, çok uzaklara gitsem unutur, kurtulurum bu etkiden sanmıştım, ama olmuyor. Nereye gitsem benimle... İrem'in has bağlarından geçerken, Yemen'in zümrüt vahalarında su içerken, Hind'in dik buhur kokularında, Şam'ın kızıl köşkleri, aynalı çarşıları, renkli kalabalıkları arasında dolaşırken hep o gelir aklıma. Elimde değil başka türlüsü."

Oğlum çok haklıydı. Zeyneb'i gören her gönül bu etkiye kapılabilirdi.

İri parlak gözleri her gönlün mehtabıydı. Utangaç bakışları, vakur duruşu, nazlı tebessümüyle insanın içini gülümsetirdi. Nahif edası, ince terbiyesi, narin edebiyle bir yeryüzü perisi gibiydi. Ben bu düşünceler içindeyken devam ediverdi As:

"Ay yüzlü, yıldız bakışlıdır o. Alnı aydınlıktır. Derin bakışlarından ışıltılı nehirler akar. İç ferahlatıcı, gönül alıcıdır sesi. Şefkati, anlayışı, samimiyetiyle kalplere bahar neşesi saçar. O bihemta güzelliğe kaç yürek dayanabilir? Böyle bir derttir girdiğim. Ve bu hâl gitgide azalacağına, çoğalıp artmakta... Nasıl iştir anlamıyorum." dedi.

Sevinmiştim. Gönül ülkelerinin bu kokulu karanfili yavrumun gönül burcu olmuştu. Onu düşünüyordu. As'ın gönül telini yakalamışken kendi iç âlemimdekileri aşikâre vurmak istedim:

"Birlikte büyüdünüz." dedim. "Bakışları çok sıcak ve içtendi Zeyneb'in. Rikkatli bir çocuktu ve büyüdükten sonra da hiç değişmedi. Onu herkesten fazla koruyup gözetişin, benim de ablam Hatice'nin de dikkatinden kaçmazdı. Onu görünce sevinirdin. Onunla olmak, onunla konuşmak isterdin hep."

As gibi güçlü birini bile derinden bukağılara vuran gücün adı mıydı aşk? Onu ilk kez o kadar dalgın ve duygulu görüyordum.

"Bu marazi hâle bir çare bulmak gerek." dedim. "İstersen ablama bir çıtlatıvereyim."

"Bu nasıl olacak?" dedi. "Utanırım. Teyzemden ve El-Emin'den hayâ ederim. Yüzlerine bakamam."

"Sen kötü bir şey yapmadın yavrum." dedim. "Yanlış bir işe meyletmemişsin. Elinde olmayan bir muhabbetin içine düşüvermişsin."

"Ne olduğunu bilmediğim bir sarmalın içindeyim anne." dedi.

"Aşkın levni yoktur ki..." dedim. "Renksizdir, kokusuzdur ama tüm asil renkleri ve kokuları bağrında barındırır. Sen ise bilmeden o âlemin içine akıvermişsin."

Endişeleri vardı yavrumun, tek tek döküverdi:

"Teyzemin evine girdim, çıktım; güldüm, konuştum onlarla. Uzak diyarlara gitmeden, senden sonra onun elini öptüm. Duasını aldım. Gelirken senden sonra ona koştum anne. Gittiğim yerlerin en nadide hediyelerini senden sonra ona layık gördüm. Her işimi onunla konuştum. Hâlini sordum. Hâlimi anlattım. Derdine koştum. İşine yardım ettim."

"Rahatsızlığın nedir?"

"Bütün bunların Zeyneb için olduğunu düşünsünler istemem. Eğer öyle olsa, yaptığım iyiliklerin hiçbir anlamı kalmaz!"

Ona hak vermiyor değildim. "Karşılık için" düşüncesi rahatsız ediciydi. Fakat bana göre, bu iş göreceli bir yaklaşımdı.

Karşındaki kişinin anlayış derinliğine göre kıvam alırdı. As, tecrübesizliğinden dolayı onu hesaba katamamıştı:

"Teyzen anlayışlı kadındır yavrum." dedim. "Seni benden daha iyi tanır. Öyle düşünmez. Dert etme sen!"

Gecenin lacivert tülü tüm haşmetiyle Mekke üzerini yaldızlaştırırken geç saate dek dertleştik. Yavrum için endişeliydim. Çünkü Zeyneb için Mekke'nin saygın eşrafı sıradaydı. Bu gül fidesi kıza göz koyanlar çoktu. El-Emin ocağının yavrumdan başka tercihleri de olabilirdi? İşte o zaman anne duyarlılığının o ince yanıyla incinirim. Evladıma kıyamam. Araya uzun bir sessizlik girdi. As çok zekiydi. Hâlimi anlamış olacak ki:

"Endişen nedir?"

"Her sonuca hazır olmak gerek." dedim. "Bu narin gül dalına pek çok el uzanacak. Böylesine gözde genç kızlar kadife güle benzerler. Onlara göz koyan ve el uzatan çok olur. Mekke rüesasının gözü Zeyneb'in üzerindedir."

Hüznü iki kattı şimdi. Gerçek acı olsa da aslını bilmek gerekir. Terledi Ebu'l As. Gitgide büyüyen bir sarmalın içinde hissetti kendini. Uykusu kaçtı büsbütün. O gece geç saatlere dek konuştuk. Anne duyarlılığı içinde yol gösterdim evladıma.

"Evlilik ahret gömleğidir." dedim. "Zeyneb'in dışı gibi iç güzelliğinden emin olsak da bir kuyumcu gibi hassas tartılardan geçirilmesi gereken gerçeklerimiz var."

Şaşırmıştı:

"Bu ne anlama geliyor?"

"Ablamla kardeşten öte kardeşiz. Huyumuz, suyumuz aynıdır. Üzülmesini, gül goncası yavrusunun incinmesini istemem. Bunun için de evladım bile olsan senden söz almam gerek."

Gülümseyerek gözlerimin içine baktı:

"Merak etme." dedi. "Zeyneb'in saç teline toz kondurmayacağım. Onu narin bir gül fidesi gibi koruyup gözeteceğim. Onu üzmeden seveceğim. Kendimden bile çok. İnan bana!"

Bu bir yemin ya da ahit miydi? Arap âdetlerinde bir erkeğin annesiyle böyle açık konuşması görülmüş değildi. Erkekler ketum, kadınlar ise müphem davranırdı. Kimse duygularını kolay açığa vurmazken, Ebu'l As'ın gani gönlünü cömertçe önüme serdi.

"O hâlde gereksiz evhamları bırakalım." dedim. "Hayırlı işte acele etmek gerek. Yarından tezi yok, bu işin ardına düşeceğiz."

Evladım rahatlamıştı. Derin bir nefes aldı:

"Çok akıllısın annem." deyiverdi. "Bu işi senden başka yapabilecek kimse yok."

Dolunay gümüş ışıklarını Ebu'l As'ın âşık bakışları üzerinde dolaştırırken sözü şiire düşmüştü:

Aşk her kıyıya inmeyen bir deli dalga

Her gönle yansıyan

Bin renkli kuşak

Aşk masum çocuk ki;

Her yüreğe doğmaz

Aşk narin bir çiçek ki;

Katı kalplerde yeşermez

Aşk özlü bir göze ki;
Kirli kalpte kaynamaz
Aşk içli bir şarkı ki;
Her kalpte yankı bulmaz
Aşk nahif bir misafir
Her kalbe konuk olmaz
Aşk bir hüma kuşudur
Her gönle gelip konmaz
Aşk kırılgan ve nahif
Her yüreğe dokunmaz
Aşk bir gönül zelzelesi
Titretti mi bırakmaz
Aşkın adı nazdır ki;
Çekemeyen kaldırmaz

BİLLUR KURNALAR

Sırada aile büyüklerine danışmak vardı. Ebu'l As ertesi gün soluğu Mekke bilgesinin yanında aldı. Varaka bin Nefvel ileri yaşına rağmen saygın bir âlimdi. Sadece Mekke'nin değil, neredeyse o bölgenin tamamının nüfuzlu bir âlimiydi. Yol gösterici, çözüm sunucuydu. Annesi Hale'nin amcazadesi olması hasebiyle ona hep "dayı" gözüyle bakmıştı. Varaka'ya içini açtı. Fikrini sordu. Genç tacir:

"Bu işe ne dersin?" dedi.

Yaşlı bilge bir müddet düşündükten sonra ilim erbabına has o derin suskunluk içinde:

"Evlilik zor sırattır." dedi. "Ancak el attığın ocağın kızı seni yarı yolda bırakmaz."

Ebu'l As, evlilik öncesinde olan her genç gibi, bu konuda ince ipuçlarına muhtaçtı. Onun her kelimesini can kulağıyla dinledi.

"Evlenmeye karar verdiğin kızda seni cezbeden nedir?"

"Edebi ve inceliğidir elbette."

"O müstesna yuvanın kızıdır, evlat." dedi Bilge Varaka. "Acele et. Onu kaçırma. Unutma ki güzel ahlak rızkın bolluğuna sebeptir."

"Gönül derdine düşen neden bu kadar acı çeker!"

"Aşkın durağı yoktur evlat." dedi. "O, kendi başına buyruk bir gezgindir. Beğendiği yerde konaklar, istemediği yerde gözükmeden kaybolur. Seni de beğenmiş ki terk etmiyor belli. Sonuna dek ardına düş, derim."

"Zor marifetmiş." dedi As.

"Züleyha'yı zül eden bu sevda ocağında, iş Yusuf gibi dik ve iffetli olabilmekte. Zeyneb gibi bir Kureyş kızının üzerinde onca göz varken sen izzetle ardına düşeceksin. Sevda yükü kılıçtan keskin, kıldan ince olsa da direneceksin."

"Peki, bana ne dersin Ey Varaka?" dedi As. "Onu mutlu edebilecek miyim?"

"Edep; altından, maldan, mülkten çok daha kıymetlidir." dedi bilge adam. "Edep ki gönlün aynasıdır. Kişinin pahasıdır. İnsanın haddini bilmesidir. Sende ise o fazlasıyla var. Birbirine karşı doğruluk ve samimiyetle dolu iki yüreği kimse alt edemez."

As gülümseyerek önüne baktı. Varaka'nın son sözleri müjde gibi geldi ona. Yakaladığı son cümleyi ise ömrünün sonuna dek unutmayacaktı:

"Şunu da iyi bil ki; kaynağı huzur olan nehirlerin suları billur akar."

CAN ÇİÇEĞİMİZ

Sabahın ilerleyen saatlerinde Hale, Hatice'nin konağındaydı. Yüreği deli deryalar gibi coşkulu ve heyecanlıydı. Soğukkanlı davranmaya çalıştı. Kapının tokmağını tıkladığında ilk kez bir kardeş kapısını değil de karşı cepheden birinin kapısını çalıyormuş hissine kapıldı. Bereket ki kapı çabuk açılmıştı. Cariye Rim onu içeriye buyur etti. Birlikte eyvana geçtiler. Ablası onu sevinçle karşıladı. Kardeş samimiyeti ve sıcaklığıyla kucaklaşarak halvete çekildiler. İş, güç, dünya telaşıyla bir süredir görüşememişlerdi. Konuşup, halleştiler. Ancak ablası, Hale'nin dilinin altındaki baklanın ucunu görmüştü. Hale bunu fark ederek tüm gücünü topladı:

"Abla!" dedi. "Evlatlarımız büyüyüp serpildiler. Hayatın işleyişi her hâlükârda devam ederken, bizlerin geçtiği yollardan onlar da geçecekler."

Yutkundu. Hatice güngörmüş bir kadın olarak olayı kavramıştı. Hale'nin nefeslenmesini bekledi. Kız kardeş çekingen bir edayla devam etti:

"Ebu'l As ile Zeyneb evlilik çağına geldiler. İkisinin de adı dillerde dolaşıyor. Mekke gençlerinin gözü Zeyneb'in üzerinden hiç ayrılmıyor. Şehrin genç kızları da Ebu'l As'ı sayıklıyorlar. Ancak ben derim ki..."

Ablası, Hale'ye kıyamadı. Onu daha fazla zorda bırakmak istemedi:

"Sözün özünü söylersin ey Hale." dedi. "Evlenme çağı gelen hiçbir genç bekletilmemelidir."

Gülümseyiverdi Hale.

"Sen..." dedi Hale. "Ebu'l As'ı tanırsın, onu iyi bilirsin. Sözünün eri, mert ve dürüst biridir. Gerek mal gerekse ticari işleri açısından son derece başarılıdır. Mal varlığı da yerinde. Güvenilir olma bakımından da Mekke'nin sayılı adamlarından biri sayılır. Yaşı genç olsa da akıl yaşı büyüktür."

"Yeğenimi bana mı anlatıyorsun?" dedi Hatice. "Onu öz evladımdan iyi bilirim. Her yönüyle küfûv bir evlilik yapmasını ben de çok isterim. Vakti geldi tabii ki!"

Hale cesaretlenmişti.

"Onlar birbirlerine denkler." dedi. "Zeyneb ile Ebu'l As'ı diyorum. Bence çok uygunlar. Sen bu işe ne dersin?"

Ablası duygulanmıştı. İkisinin adını bir arada duymak onun da hoşuna gitmişken Hale devam etti:

"Huyları güzel, ahlakları yüce, her ikisi de terbiyeli, iffetli ve dürüstler. Ebu'l As son günlerde sık sık Zeyneb'in adını anıyor. Eğer izniniz olursa Zeyneb'i istemeye geleceğiz."

Hale bir anda rahatlamıştı. Zeyneb'i, oğlu Ebu'l As bin Rebi'ye bir çırpıda istemişti. Hatice dakik bir anneydi. İki kalp arasındaki sıcak akımı çoktan hissetmişti. Yeğeninin kızına denk bir eş olabileceğinin farkındaydı. Hele de bu alaka yeğeni tarafından gelen bir ilk adım olunca, iş daha bir anlam kazanmıştı. Bu işten memnun kalmış olarak:

"Benim için de uygunlar." dedi. "Ama izin ver de bu işi Efendime bir sorayım. Bilirsin ki O, evimin reisidir. O'na danışmadan hiçbir iş yapamam. Ondan sonra da evlatlarımıza soralım. Evet derlerse bu işin bir engeli yok."

Halenin içi ferahlamıştı. Zeyneb ise odaya girip çıktıkça durumu anlamıştı. Kalbi bir kelebek gibi pır pır uçuşurken annesi çok ketumdu. Kimselere iş bırakmadı. Yeğeni ile ciğerparesi arasında çakıvermiş gönül yıldırımından haberdar olsa da mantıklı bir plan içindeydi. Kız kardeşini yolcu ettikten sonra göz ışığı eşiyle istişare etti. Ona yeğenini anlattı. Onun mertliğinden ve dürüstlüğünden söz etti. Soyunu sopunu hatırlattı. Ebu'l As'ın utangaçlığını, çekingenliğini, inceliğini ve zarafetini zikretti.

"Yeğenim dürüst ve güvenilirdir." dedi. "Onun ahlaki meziyetleri yüksektir. Sen ki yuvamın baş tacısın. Gönül sarayımın has konuğusun, Ey Muhammed (sav)! Bu işe ne dersin?"

El-Emin babaydı. Bir baba için kızını bir başkasına vermek elbet kolay olmazken, hayatın bu değişmez gerçeğine karşı uyum içinde olacaktı. Yapacak bir şey yoktu. Sevgili eşinin istişaresine kulak verdi. Ve ardından bunu Zeyneb'e sormak gerektiğini söyledi. O güne dek Mekkeli kız sahiplerinin yaptığı bir şey değildi bu. Damat adayının durumu iyiyse, özellikle de zenginse, kıza danışılmadan apar topar verilirdi. Ama o öyle yapmadı. Kızına danışmadan bir şey söylemek istemedi. Bu iş için Zeyneb'in görüşü çok önemliydi. Annesi görevi devraldı. Ertesi günü sabahında bir fırsatını kollayıp kızına meseleyi açtı:

"Zeyneb..." dedi kızının Mekke mehtabıyla yaldızlı gözlerinin içine bakarak. "Ebu'l As evlilik konusunda senin adını anmış. Bu iş için ne dersin?"

Zeyneb'in yanakları gül renkli duvaklarla tülleniverdi birden. Utanmak ki kulun en ince, en hassas yanıydı. Zedelendi mi o ayar, topyekûn dibe vurur ve kulu örtüsüz ve ölçüsüz bırakırdı. Zeyneb'e ise ar duygusu ailesinden kalma bir servetken, o servetle güzelleşti. Kadim bir sevgiyle baktı önüne sadece.

"Ben de anneciğim." diyemedi.

Tek kelime edemedi. Yüreğinde var olan bir sevdanın onun tarafından dile getirilmesi içini dalgalandırmışken, susuverdi Zeyneb. Uzun süre sessiz kaldı. Devrin örfüne göre geçerli bir kaide vardı; o da sükûtun ikrardan olduğuydu. Olumlu anlamınaydı bu suskunluk. "Evet, istiyorum" demekti. "Onu reddetmem için hiçbir sebep yok" anlamınaydı. Annesi evladını yuvadan uçurma hüznü içinde olsa da kızının cevabından hoşnut kalmıştı. Durumu Efendisine iletti.

Zeyneb'in babası aranan şartların uygunluğunu görünce bu evliliğe "onay" verdi. Hoş, tatlı, güzel, bir o kadar da hüzünlü ve buruk bir meseleydi bu. Göz ışığı yavrularını ele vermek, onu başka yuvalara uçurmak, oralarda çimlendirmek gerçeğiyle yüz yüzeydiler. Temelde sağlam erdemler varsa, o evlilik muhteşem oluyordu. Bunu kendi izdivaçlarında görmüşlerdi. Ebu'l As ile Zeyneb arasında da bu özellikler vardı. O sebeple Ebu'l As'ın ailesinin ikinci gelişinde bu yol arkadaşlığına sıcak baktılar. As'ın ailesine "Evet" dediler. Hale sevinçle eve koştu. Oğluna müjdeyi verdi. Ebu'l As çocuksu baharların muştusu içindeyken, Zeyneb'in gülşeninde tatlı sevinçler esti. Bu ne sevinçti! Nasıl coşkuydu! Nasıl dalgalanıştı böyle! Olsa olsa yıllardan beridir sır gibi sakladıkları sevdanın aşikâre çıkması rahatlığıydı. Bu rahatlık ve bu paylaşım mıydı onları o denli mutlu kılan? O güne dek hiç görülmemiş bir neşe ve sevinçle, Ebu'l As'ın içi içine sığmıyordu. Yüreğinin derinlerinden kopup gelen heyecan dalgalarını tebessümüyle ısıtarak yayarken:

"Demek ki..." dedi sessiz. "O da beni seviyormuş. Şükürler olsun."

Hızla sokağa çıktı As. Gördüğü her çocuğu sevindirdi. Yaşlıları selamladı, gençleri kucakladı. Bu ne sevinç ne coşkuydu böyle! Hayatı boyu unutamayacağı ve bir daha hiç tadamayacağı farklı bir mutluluk sarmalının içine girdi. Akşamın alacası çökerken evin yolunu buldu. Yüreğindeki sevgi kıvılcımları Hale'nin sevinciyle perçinledi. Derin istişarelere girdiler. Zeyneb o eve gelin gelecekti. Yepyeni bir şevk ve umutla As ile Zeyneb'in evini hazırlamaya koyuldular.

İSTEME TELAŞI

Konaktaki cariyeleri bir telaştır sarmıştı. Tatlı kıpırtılar, gizli fısıltılara karıştı. Gözleri sevinçle ışıldatan bir süreçte haber kulaktan kulağa yayıldı:

"Ebu'l As, Zeyneb'e talipmiş."

"Zeyneb ile Ebu'l As evleneceklermiş."

Gözler bir anda ona çevrilmişti. Zeyneb'in yanaklarında çöl şakayıkları açmıştı. Mutluluğuna diyecek yoktu. İri gözlerinden sürmeli ceylanlar su içiyordu. Gülüşünden esenlik, bakışından ferahlık yayılıyordu.

Duyduğu her bir söz yüzünü gülümsetiyordu.

"Onlar birbirlerine layıklar. Ebu'l As, El-Emin'e damat olacak yiğittir. Huyu El-Emin'e çok benzer. O sözünün eridir. O çok cömerttir. O çok dürüsttür."

Konaktaki herkesin aynı fikirler içinde olması onu şaşırtmıştı:

"Bu eve o kadar gelir gider, bir kez olsun başını kaldırıp Zeyneb'e bakmadı. Onu görünce utancından kıpkırmızı kesilir. Bu hâl bile onu ele veriyordu."

Onlar bu telaş içindeyken, Hatice hem anne hem de teyze olarak çok duyguluydu. Zeyneb'in narin kişiliğini düşündü. Onu ancak ince ruhlu biri anlayabilirdi. O vakit de Ebu'l As'tı aklına gelen. Zaman ne çabuk geçmiş, Hale'nin oğlu Ebu'l As bin Rebi herkesin güvenini kazanmış, kimsenin hakkını üzerine geçirmeyen, dürüst ve nüfuzlu bir tüccar iken, en ince ve en hassas yanıyla kızına talip olmuştu. Konuyu bir de güngörmüş ve emektar kadın Ümmü Eymen'e açmak istedi. Konaktaki cariyeler haberi ona çoktan vermişti. Onların bu konuşmaları sürüp giderken Hatice her şeyi duyuyordu:

"Zeyneb gelin oluyor." dediler. Yaşlı dadının yüreği ürperdi birden. Ona kimseleri layık görmezdi. Yılların tecrübesiyle alnına haritalar çizilmiş bilge kadın, elindeki yün yumağını ince bir ustalıkla eğirirken sordu:

"Kimdir, neyin nesidir bu iş!"

"Hale'nin oğlu Ebu'l As." dediler. "Zeyneb'e sevdalıymış. Adını anıyormuş. Hanımımız bu işe razı. Efendimiz,

'Zeyneb'in gönlünü yoklayın' demiş. O da suskun kalınca bu iş oldu sayılır. Hepimize hayırlı olsun." diyerek olayı bir güzel özetleyiverdi Hadra.

Evin hanımının yanlarına kadar geldiğini görünce utanıverdiler. Ümmü Eymen'in ise kırışık alnı sevinçle aydınlanmıştı:

"Doğru mu bunlar?" dedi.

"Ben de bu iş için senin yanına geldim." dedi. "Sen ki Abdulmuttalip ocağının şerefli emektarısın. Onca yıllık emeğin vardır üzerimizde. Görüşlerin bizim için önemlidir. Kız kardeşim Hale, Zeyneb için geldi. Bu işe ne dersin Ey Bereke?"

Hatice gibi, konaktaki tüm cariyeler de Ümmü Eymen'e hürmetliydi. Onun her dediğinin altında mutlaka bir sır yatardı. İlgiyle dinlediler.

"Ebu'l As has çocuktur." dedi. "Abdüşşemsoğulları'nın seçkin yiğididir. Soyu beşinci batında Kusay'a ulaşır. Soylu ve şerefli bir kabiledendir. Ne diyebilirim ki Ey Hatice, hayırlı olsun."

Selma sözü aldı:

"Hatır nazdır da. Gittiği uzak illerden her dönüşte bizleri bile unutmaz. Getirdiği zarif ve hoş hediyelerden onun gönül inceliğini biliriz. Bu zarafet her erkekte olmaz."

Yılların verdiği güngörmüşlük, yaşlı sesinde yuvarlanıverdi bu sevimli dadının:

"Ben diyeceğimi dedim." dedi vakur duruşunu bozmadan. Hatice'nin yürek dibacesinden haber verdi:

"Zeyneb bizim can ışığımızdı. Kasım'ın ölümünden sonra tüm sevgimizi ona vermiştik. O, acı günlerde bize hem ışık hem de nefes oldu. Ondan sonra diğer yavrular da doğarak ocağı şenlendirdiler. Bugüne de geldik çok şükür."

Annesi duygulanmıştı:

"Zeyneb'in kanat vurup yuvadan uçma vakti de gelip çattı Ey Bereke. Zaman ne hızlı geçti, anlamadım doğrusu."

Dadı Bereke, yüzünün tüm çizgilerini gülümseten, neşeli bir gülüşle dalıp gitti:

"Doğduğu gün ne çok şey yaşamıştık. Hepsi bugün gibi aklımda." dedi.

Cariyeler pürdikkat dinlerken Rim ısrarla:

"Ne olur, ne olur anlat. Biz de bilelim." dedi.

Bereke anlatmak istiyordu. O günleri, o heyecanlı bekleyişi yâd etmek hoşuna giderdi zaman zaman. Şeb-i yelda günlerinde uzun uzun anlattığı kadim anılar çok hoşuna giderdi onların. El-Emin'in doğumunu, çocukluğunu, Yesrib'li dayılarını, Amine'nin güzelliğini, Ebva'yı ve diğer yaşananları anlattığında, gitgide etrafında büyüyen koca bir halkayla karşılaşırdı. Yine öyle oldu. Sesler kesildi. Dikkatler ona yoğunlaştı. Ve yaşlı Bereke anlatmaya başladı. Hatice, anne hassasiyetiyle dalıp gidiverdi birden. Zeyneb'i ilk kucağına aldığı gün ve o yıllar geldi göz önüne.

Dördüncü Kadim Anlatıcı: Bereke

Zarına dokunulmamış zamanların en nahif örtüsünü aralarken, ruh süratinde nefeslerle yanındaydık.

BEREKE'NİN DİLİNDEN O GÜNLER

"Zeyneb mücevher demekti.

İsimlerin kaderler üzerinde etkisi varsa eğer, bu öykü de mücevherler üzerinden sürüp gideceğe benziyordu. Zeyneb; bu hikâyenin, ışığı aldığından daha çok yansıtan, en sert ve dayanıklı olan elmas taşı olacaktı. Sadakat gerdanlığının ortasında duracaktı belki de..."

CAN MÜJDESİ

Mevsimin en sıcak günleriydi.

Sam yelinin savurarak döndürdüğü kumulun şarkısı inceydi.

Akşamdan sancısı başlamıştı Hatice'nin. Selam ile ikimiz başındaydık.

Vahanın tam ortasından yükselen sıcak ve taze bir avazla irkildik:

"Kız doğdu!"

Nefessiz bir sükût odayı sarmıştı. Cariyeler ufak adımlarla ortamı terk ettiler. Ebe Selma'nın yüzüne baktım. O da lal, o da sağırdı. Yorgun devinimlerle eyvana geçtim. Cariye Hadra kesik hıçkırıklarla ağlıyordu.

"Hayırdır?" dedim. "Nedir bu hâliniz?"

"Kızı doğdu."

"Bırakın bu saçmalığı." dedim. "Ölümün olmadığı yerde ağlamak iyi değildir. Haydi, kalk, toparlan. Günün bu vaktinde ağlamak iyi değildir."

Hiç susmadı Hadra:

"Kasım'ın müjdesini Efendime ben vermiştim. Sevinçle gözlerini yummuş ve beni çok sevindirmişti. Bebek erkek olsaydı yine sevinirdi. Hem Kasım'ın arkasının gücü olurdu. Efendimin yurdu, yuvası, ocağı şenlenirdi."

Sırılsıklamdı yüzü. Dur durak bilmeden ağıtına devam etti:

"Kız evlat elin yurdudur. Alıp götürecekler onu. Ya kör kuyulara atılacak ya da ellere oğlan doğuracak."

Sıraladı tek tek.

"Babasının ayıbı mı olacak o!"

"Babasının utancı mı?"

"Babasının ..."

Canım sıkılmıştı:

"Kalk." dedim yeniden. "Hanımıma helise yapacağım. Yeni doğum yapmış her kadına şifa getirir. Un, hurma, azıcık da yağ getir bana. Ha, deve sütünü de unutma! Daha yapacak çok işimiz var."

Hadra çok inatçıydı:

"Ona ne diyeceğiz?"

Çok sinirlenmiştim. Ben ki Muttalip hanedanının yaşlı Berekesi iken onların bu yersiz telaşına içerledim:

"Siz ne diyorsunuz?" dedim. "Bu yavru, Mekke Emin'inin evindedir."

Arabın kız bebekleri, bahtsız yavrulardı. Onun bu telaşında haklılık payı yok değildi. Ama onlar Ebu'l Kasım'ı benim kadar tanımıyorlardı ne de olsa. Tecrübeleri kıttı.

"El-Emin eman yurdudur yavrum." dedim. "Bunu ne tez unuttunuz. Hiç kimse korkup titremesin. O çok lütufkârdır."

O kadar korkup etkilenmişti ki habire anlatıyordu:

"Daha dün Hişam'ın oğlu Amr, cariyesi kız haberi verdi diye zavallıyı kırbaçtan kırdı geçirdi. Kızcağızın eli, yüzü yara bere içinde. Hem efendisi de bir süre çarşı pazara çıkmayacakmış. Lat, Uzza, Menat'a da kurban adamayacakmış."

"Sebep?"

"Kızı oldu ya! Onu da diğerleri gibi Necran kumlarına gömecekmiş. 'Ancak öyle kurtulurum bu baş belasından' demiş."

Anlattıkça yatışacağı yerde daha beter ağlıyordu Hadra:

"Ona kıyamam." dedi. "Bizimkisi çok güzel bir bebek."

Cariyeler arasında mutlu kahkahalar dolaştı. Hanım Hatice'de gülümseyerek ona bakıyordu. Bereke tatlı bir rüyadan kesitler aktarıyordu:

"Hadra'nın yanaklarından iri damlalar yuvarlanırken Yemen'li Yümaniye yanımıza geldi:

'Onu da bekleyen aynı son.' dedi. 'Ya çoban olup dağlarda deve otlatacak ya da uzak çöllere götürülüp kumun dibine gömülecek. Güzel olmuş çirkin olmuş ne fark eder ki! Netice de kız doğmuş.'"

Dadı Bereke etrafına sohbet halkasını kurmuş anlattığı sırada Zeyneb geldi yanlarına. Ardından Ümmü Gülsüm ve Rukiye bir bir dizildiler. Günün o saatinde, üstelik onca işin arasında bu sohbet halkasını görünce şaşırdılar.

"Masal mı anlatıyorsun dadı?" dedi Ümmü Gülsüm.

Ebe Selma neşeyle çağırdı kızları yanına:

"Gelin, gelin!" dedi. "Bu çok güzel bir masal kızlar. Bereke az nefeslensin. Gerisini benden dinleyin."

Üç kız kardeş sohbet halkasına oturduklarında gözler sık sık Zeyneb'in üzerinde dolaşırken Selma bir eliyle onu kucakladı ve Bereke'nin bıraktığı yerden devam etti:

"Bebek doğmuş evlere has o farklı telaş içinde seslendim:

'Rafi'nin annesi derler bana.' dedim. 'Vadi kadınlarının namlı ebesi iken; ay parçası Kasım'ı da ilk ben karşıladım, bu ışık topağı yavrucağı da. Bugüne dek birçok can doğdu elime. Böylesine güzel bir kız bebek ilk kez görüyorum. Gerisi ne gam!'

Cariyeler etrafıma toplandılar.

'Her şey kolay ve sahil gerçekleşti.' dedim. 'Görünmez eller benimleydi sanki. Bilmediğim, anlayamadığım, kavrayamadığım bir kolaylıklar zinciri içinde bir anda her şey yoluna girdi. Aynı hâli Kasım'ın doğumunda da yaşamıştım. Zemzem imbikleriyle arınmış gibi pak ve temiz doğmuştu. Bu kez pirüpak bir kız bebekti kucakladığım.'

En çok telaşlanan Hadra'ydı gerçekten de. Ağlamayı kestiğinde:

'Efendime haberi kim verecek?' dedi. Kimseden ses çıkmadı. Kasım'ın doğumunu müjdelemek için birbiriyle yarışanlar topuklarının üstüne geri döndüler.

'Bu zor bir haber.' dedi Yemen'li Yümaniye. 'Kız babalarının yüzü öfkeden morarır. Utançtan al al kızarır, Ebu Cehil karpuzu gibi öfke saçarlar. Ben söylemem.'

'Sakin olun.' dedim. 'O, Ebu'l Kasım'dır. Ceziret-ül Arap'ın en merhametlisidir. O'na haberi ben vereceğim. Göreceksiniz, hiçbir şey korktuğunuz gibi olmayacak.'

Ardından dışarıya çıktım. El-Emin, o eli ve yüzü ışıl ışıl parıldayan güzel insan, orada bizi bekliyordu:

'Çok şükür Efendim!' dedim, Tahiremiz kurtuldu. Nur yumağı gibi bir kızınız oldu!'

Dünya gökleri altındaki en temiz, en güzide ve en güzel yüz gülümsedi. Çok sevinmişti. Rabbi ona bir can hediye etmişti. En değerli varlığını ikram etmişti. Beslemesi, büyütmesi, eğitmesi ve dahi terbiye etmesi için insan emanet etmişti. Bu ne büyük şerefti! Şükre durdu El-Emin. Işıklı gözlerini tazimle yumdu. Açtı, yeniden yumdu. Çevresine binlerce geceyi aydınlatacak ışıklı bakışlar bıraktı. Müjdemin karşılığında yüklü miktar uzattı bana. Köşeden bucaktan bizi gözetleyen cariyeler şaşkındı. Kız müjdesi almış bir babanın kederi yoktu hâlinde. Henüz otuz yaşlarında iken ve ikinci kez baba olmuşken sevinçle içeri geçti. Hatice huzur dolu ona gülümsüyordu. Bebeği O'na uzattık. El-Emin kızını kucağına alıp şefkatle kokladı. Çok mutluydu. Sevgi dolu gülümsemesiyle adını koyuverdi:

'Zeyneb!' dedi. 'Adın Zeyneb'dir senin.'

Zeyneb mücevher demekti. Diğer manası ise ilkinden daha güzeldi: babasının süsü, babasının ışıklı mücevheri!

Zeyneb, El-Emin ile Hatice'nin kutlu hediyesiydi. Onu bir mücevher edasıyla bağırlarına bastılar."

Selma, Zeyneb'in gül kokulu yanaklarından öperken:

"İşte..." dedi. "O mücevher, can incimiz Zeyneb'imiz böyle doğdu."

Dadı Bereke, Selma'nın unuttuğu yerleri tamamladı:

"Gerisi... Gerisini anlatmadın." dedi.

"Onu da senden dinleyelim." dedi Selma.

Dadı devamını getirdi:

"O hıçkırıklara boğulmuş Hadra, bir anda susuverdi. Hemen yüzünü sildi. Ağlamaktan şişmiş gözleri sevinçle ışıldıyordu. Hızla odadan çıktı ve herkese haber uçurdu:

'İyi iyi, çok iyi.' dedi. 'Korkmayın artık. Efendim kızını bağrına bastı. Adını bile koydular.'

Onun o hâline çok gülmüştüm."

Sohbetin bu kısmında tatlı gülüşmeler oldu. Hanım Hatice, kızları ve Bereke de gülümsediler. Gülüşme faslı geçince Bereke devam etti:

"Haber tez yayıldı: 'El-Emin'in kızı oldu!'

Tazecik bir can müjdesi bu! Ancak kız evladını bela bilen yüzlere hasedin fırsat beklentilerine karşın, müjdeli haber yayıldı. Onların hesabı derindi. Hatice evlilik için hiçbirine 'Evet' dememişti ya! Oh işte, oğlan olmamıştı. Onca malın ve servetin üstüne kim konacaktı?

Mekke halkı şaşkındı. Kasım'a kız kardeş doğduğunda matem olmamış, o da kendi gibi ağırlanıp değer görmüştü. El-Emin ile Hatice vakit kaybetmeden Zeyneb'in kurbanını kestiler. Yoksullara yemek verdiler. Sadaka dağıttılar. Eşi, dostu, yakın çevreyi ağırladılar. Fakiri ve yetimi sevindirdiler. O güne dek görülmemiş bir işti bu:

'Hayret...' diyorlardı. 'Bir kız bebek için de bunlar yapılır mı? Kız olduğu hâlde ona kurban bile kestiler.'

İşte canımız Zeyneb'in doğum hikâyesi böyle idi. Bundan sonrasında inşallah yüce bahtlı olur."

Konağın hanımı, kızları, cariyeleri ve emektarları koyu bir sohbet halkasında iken, Zeyneb utangaç tebessümlerle kendisi hakkında çoğunu ilk kez duyduğu anıları ilgiyle dinliyordu. Kız veren evlere has o mutlu hüzün ve tatlı gülümseyiş hepsini sarmıştı. Zeyneb'i çok sevdikleri için mi bu kadar duyguluydular? İnce duyuşu, nahif yapısı, kırılgan bünyesi miydi onları bu denli hassaslaştıran? Ama bilinen gerçek şuydu ki; Zeyneb yuvadan ayrılıyordu. Bereketli topraklarda filizlenip boy vermiş bir buğday fidesi gibi; hâli, yaşayışı ve olgunluğuyla herkesi kuşatmış bu genç kızdan ayrılmak herkese zor geliyordu. Onun için miydi bu duygu seli? Doğumunu, çocukluğunu ve gençliğini harmanlıyorlardı tek tek. Yerlerinden kıpırdamadan bu güzel buğday başağının hasadını süzmeye koyuldular. Bu kez, sözü Yemen'li Yümaniye aldı. O günlere gidince çok heyecanlanmıştı. Siyahi teninin gerisinde hiç durmadan dönüp duran muzip gözleri ve hep gülümseyen yüzüyle pek sevimliydi:

"Bu işin en yakın şahitleriydik biz. Ben ki..." dedi, "Yemen'den gelmiş yetim bir köle idim. Adı bile olmayan bir varlık iken, Efendimin ocağına düşmüş zavallı bir köle iken, gölgeden öte bir can olduğumu fark ettim. Farklı bir mutluluk, nefes kesici bir huzur vardır bu ocakta. Zümrüt yeşili bir vahaya saçılmış inciler topluyordum sanki. Hep güzel ve tatlı sözler, hoş temennalar, boş olmayan lakırdılar dolaşırdı. Tükenmeden akan tatlı bir nehrin yanı başındaydık. Çok mutlu yıllarımız geçti bu evde.

Kasım ve Zeyneb'in doğumundan sonra, hanımım peş peşe doğumlar yaptı. Şipşirin yavrular yuvayı şenlendirdi. Kasım, Zeyneb, Rukiye, Ümmü Gülsüm, İbrahim ve Fatıma'ya eşit davranıldı. Her birinin müjdesi sevindirildi, kurbanı kesildi, sadakası dağıtıldı."

Rim heyecanla atıldı:

"Zeyd ile Zübeyir de sizinle miydiler?"

"Evet." dedi. "Efendimin çocukları bu yuvada; yetim, öksüz, yoksul akraba çocuklarıyla birlikte büyüdüler. Yeni renkleri, yeni sesleri, yeni yavruları onlar, değerli bir hediye olarak gördüler. Hürmetle ağırladılar. Erkek çocuktan farkı yoktu kızların. Konak, çocuk çığlıklarıyla huzur dolu ve şenlikliydi. Çok mesut günlerdi." dedi.

"O günler çok uzağındaymış gibi konuştun." dedi Rim. "Sekiz yıldır buradayım, bir gün dahi huzursuz bir aile ortamı görmedim.

Efendim ile hanımım arasındaki o tarifsiz mutluğun tanımı ve tarifi yok. Bir kez olsun birbirlerine kızıp bağırmazlar, azarlayıp üzmezler. Huzur ve şefkat, sürur ve muhabbet dolu davranırlar. Şefkatle muamele ederler. Biz konaktakiler; bu huzur deryasının kıyısında, zarına dokunmadan zamanın, sevginin ve aşkın tatlı sularında yıkanırız. Çok ikramlar, çok bereketli güzellikler olurdu da, dilimize almaya kıyamadan yaşarız bu kayıt dışı zamanları."

"Elbet öyledir." dedi Yümaniye. "Bugün nasılsa o günlerde de aynıydı mutluluğumuz. Akşam olup kapılar kapanınca dünyanın tüm gamı ve tasası dışarıda kalırdı. Efendim ile hanımımın huzur kıyısında ikramlar görürdük. Yuvada görünmez yağmurlar vardı. Adı bereket olan, mutluluk olan ve dahi tatlılık olan... Onlar altında ıslanırdık.

Nice sözlerim, ne gözlemlerim vardır ki kadim bir sır gibi bağrıma gömülüdür. Size sunmuş olduğum şimdilik bu kadardır."

Sohbetin başından beri konuşulanları dikkatle dinleyen evin hanımı büyük bir duygu yoğunluğu içindeydi. Her bir kelam onu da alıp maziye götürmüşken Zeyneb'in gözlerinin içine baktı. Onları öyle gören Bereke, genç kıza:

"Zeyneb'im." dedi. "Su damlası gibi saf ve duru bir çocuktun sen. Kimseye iş buyurmazdın. Her işe kendin koşardın. Gül yanaklarına tebessüm kelebekleri konup kalkardı. Bakışlarında yıldız yağmuru, gülüşünde has bülbüllerin içli bestesi saklıydı. Gün gün büyüdün, güzelleştin. Teni gül renkli, kokusu gül buhurlu yavrum. Kız adından ürkenlerin gizli itiraflar vardı: 'Kız olacaksa eğer, Zeyneb gibi olmalı.' derlerdi."

Zeyneb'in yuvadan uçma vaktiydi. Ve konaktaki herkes çok duyguluydu. Bereke'nin gözleri nemlenmişken, Yümaniye dalıp gittiği âlemden tatlı esintiler sundu:

"Günün en tatlı saatleri Kasım ile Zeyneb'in oyun anlarıydı. Çocuk cıvıltısı, neşeli gülüşmeler, ahenkli hayat buseleriyle yuva, cennetin dünya şubesi olurdu. Ebu'l Kasım ile Hatice, evlerinin bahçesinde şen gülücüklerle oynaşan yavrularını seyrettikçe şükür dolu sohbetler ederlerdi. Zeyneb'in bülbül dilleri herkesi neşelendirirken, Kasım'ın masum bakışı hayatımıza ahenk katardı. Bakışları çöl ahularının gizemiyle buğulu bu çocuklar, cennetten dünyaya gönderilmiş yavrulardı sanki. Şen sesleri evin her köşesinde yankılanırken, ev halkı onlarla neşelenirdi. Şefkatin ve sevginin çağlayanı bir babayla merhametin özünü taşıyan bir annenin yavruları olarak, çok dikkatli ve duyarlı idiler. Karıncadan deveye, her varlığa karşı özel bir ihtimam ve şefkatle eğitilmişlerdi. Hiçbir varlığı incitmemek, üzmemek üzere kurulu bir terbiyenin öğrencileriydiler."

Yaşlı Bereke çok duygulanmıştı. Gözlerinden akan yaşlara aldırmadan sözü aldı:

"Aile o günlerde ani bir acıyla sarsılıverdi. Mutlu çiftin ilk göz ağrısı Kasım ağrılı ve iniltili bir gecenin sabahında ansızın vefat etti. Nur parçası yavru cennete uçmuştu. İhtimal ki, Arabistan güneşinin yakıcı sıcaklarına daha fazla dayanamamıştı. Hekimler onun sıcağa dayanamadığını ve güneş çarpmasından vefat ettiğini söylediler. Hatice gözyaşları içindeyken, El-Emin vakur ve hamd dolu eşini teselli ediyordu. Hâllerinde ne isyan ne de itiraz. Derin bir teslimiyet içinde Rabbin reva gördüğüne razı oldular."

Selma devam etti:

"Hanımım." dedi. "O nasıl teslimiyetti böyle! Örfün hâkim olduğu yas geleneğine uymuyordu hiçbir şey. O güne dek böyle bir ölüm karşısında yüzlerini yırtıp kanatan, saçını yolup atan anneler; entarisini tersine çevirip giyinen, koku sürünmeyen, gülmeyen, mükellef sofraları haram kılan, karanlık odalara kapanıp oturan kadınlar vardı. Ama sen onlardan ayrı olduğunu bir kez daha göstermiştin. Hamd doluydun. Kaderin hükmüne razı hâlinle O'na teslim olmuş, evladının yasını dua ve gözyaşıyla tutmuştun. Bizim gibi, Mekke halkı da buna şaşkındı."

Hanım Hatice'nin duygu yoğunluğu ikiye katlanmıştı. Zeyneb konuyu değiştirmek istedi:

"Çocukluk yıllarım boyunca hatırladığım en güzel şey, babamın tükenmez şefkati ile annemin cömertliği idi." dedi. Ne hoş, ne tatlı yıllardı!

Ebe Selma:

"Mekke'de çok söz, çok şiir, çok şamata vardı. Akranları sokaklarda eğlence peşindeyken sen anneciğinin dizinin dibindeydin. Birlikte güler, birlikte konuşurdunuz. Annesinin sevinci, babasının dibi inci kaplı arı duru nehriydin hep. Hayatın heyulası içinde akıp giden gündelik telaşlar içinde bu yuvanın serin menfezi olurdun. Koşardın, yorulmazdın hiç. Kardeşlerinin bakımına, evin işlerine severek koşman çok hoşuma giderdi. Eşsiz bir genç kız olacağın ta o günlerden belliydi."

Önüne baktı Zeyneb. Yüzüne karşı övülmeyi pek sevmediği için sadece önüne bakmakla yetindi. Hadra heyecanla atıldı:

"Hiç unutmam!" dedi. "İşin ve yoğunluğun çok olduğu zamanların biriydi. Konağın dış kapısından içeri piri fani yaşlı bir adam giriverdi. Uzun yollardan geldiği belliydi. Ağarmış saçı ve sakalını gri bir toz bulutu kaplamıştı. Sırtındaki elbise kırk yerinden yamalıydı. İki büklümdü ve titriyordu. Kapıya gelen her fakire yaptığımız gibi, hemen gidip bir tas un getirdim ve adamın torbasına ilave ettim. Ama bu Zeyneb'e yetmemişti. Koşarak su getirmişti. Yaşlı adamın elini yüzünü yıkamasına yardım etmişti. Sonra da ona güzel bir sofra kurmuştu. Karnı doyan adam, konağın serin sundurmasında iki büklüm kıvrılıp uyumuş, ancak sıcağın düştüğü vakitte kalkıp toparlanabilmişti. Uyandığında o hasta, yorgun ve perişan ihtiyar gitmiş, dinç ve mutlu bir ihtiyar gelmişti. Hâlinden pek memnundu. Torbasını sırtlayıp giderken Zeyneb'e:

'Her iki cihanda da aziz ol ey yavru!' demişti. 'Bilirim ki sen rüyamda bana su içiren hurisin. Girdiğin gönülleri hep sevgiyle ışıldatacaksın. Unutma…' diye ilave etmişti. 'Sabır acıdır ama meyvesi tatlı, pek tatlıdır onun. Ona ulaşacaksın!'"

Bizler ki kıyam sabahına yakın çağların çocuğuyuz. Sevginin tükenip yittiği bir dünyada hakikate susamışlar idik. O can kadar aziz mahremiyeti irdelerken hatıratı incitmeden hani. Zamanın ipince zarı üzerinde yürürken, ertesi gün ve daha ertesi günlerde Zeyneb'e dair zamanların ve anların yolcusu idik."

"H" DEMİ

DÜĞÜN HAZIRLIĞI

Zilkade'nin ilk günlerinde, hurmalar olgunlaşıp toplanmaya başladığında, iki sevdalı yüreğin de kavuşma zamanı gelmişti. Hayatın binbir telaşı içine bir de düğün telaşı giriverdi. Mekke kızı Zeyneb'i; aile büyüklerinin onayı alınıp, Bahta Yiğidi Ebu'l As'a verdikleri andan itibaren hayat büsbütün hızlanmıştı. El-Emin'in duası ve hayır temennisiyle yola çıktılar. Hayırlı işlerde aceleci olmak çok hoş ve güzeldi. Bu niyet üzerinden akışı hızlandırdılar. Evlat evlendiren annelere has incelikle Hatice çok heyecanlıydı. Onların mutlu olacaklarına inanmıştı hep. Hatice çok heyecanlıydı. Evlat evlendiren annelere has incelikle her ayrıntıyı planladı. O çok sevdiği yeğeniyle, göz ışığı kızının saadet yuvasını hazırlayacaktı. Kalp hassasiyeti yüksek, hayat ibresi dakik bir anne olarak, birçok olayı sezgi gücüyle keşfederdi.

Hub ve muhabbet ki; evliliğin gidişatını belirleyen iki anlamlı kelimeydi. Allah hesabına sevme güzelliği; O'nun verdiğini O'nun ikramı olarak koruma, benimseme ve kabullenme arzusu ne kadar önemli, ne kadar yerindeydi! O niyet üzerine kurulu bir yuvada mutsuzluk barınmazdı. Bundan emin olduğu için gönlü hür bir kelebek kadar kaygısız ve rahattı Kureyş Melikesi'nin.

Kısa süre içinde hazırlıklar başladı. Eş, dost, akraba ve ahbaba haber uçuruldu. Ali ile Zeyd her işe ve her yere koştular. Koku kültürü ki; Arabın en ince zevki, en özel hassasiyeti idi. Itır idi diğer adı. Aktarlar nüfuzlu kişilerdi. Mekke çarşılarının en güvenilir aktarlarından en özel kokuları bulup getirdiler.

İki soylu kadın elele gönül gönüle verdiler. İç ferahlatan hoşluklarla Zeyneb'i evlilik yurduna hazırladılar. Sade ve nadide takılar... Nezih kıyafetler... Ve daha hoş, sade ve gerekli olan ne varsa bir araya getirildi. Kadim bir çeyiz kervanını itinayla düzenledi anne. Evlatlarına sonsuzluk gömleği dikiyorlardı. O sonsuz yolun ilk giriş kapısıydı Dünya. Sonsuz âlemlere göre bir dehliz, koridor, tünel ya da şube. Kimine bir cehennem çukuru, kimine göre ise cennetin ön şubesi. Her ne olursa olsun bu sonsuz bir arkadaşlıktı. İtinayla ve de aşkla basmak gerekirdi. Ufak olayları büyütmemek, güzel olanı almak, hoş olmayanı atmak makamıydı. İmtihan, sıkıntı, çile dünya gülünün dikenleri değil miydi? Hep var olacaktı. İş o dikenlerin arasında var olan gülü incitmemekti. Dikenle mücadele ederken gülü göremeyenler bu yolu katedemezlerdi. O günden sonra Hatice mutluluğun ipuçlarını Zeyneb'e kadim bir hediye gibi sundu. Her fırsatta ona evlilik üzerine güzel sözler söyledi. Sık sık gözleri nemlenip gözyaşlarını gizlerken Zeyneb'in al renkli yanaklarını okşadı. Genç kız bir yeryüzü denizinde dünyanın en muhteşem annesini dinlerken çok mahzundu.

"Zeyneb'im!" dedi annesi. "Evlat ki kişiye gözünün hadekasından yakındır. Eline battı mı bir kıymık, onu yüreğinin derininde hisseder anne. Hiçbir zaman yavrusunun acılı ve kederli olmasını istemez."

"Anneciğim!" dedi Zeyneb. "Çok bahtiyar bir evladım ben. Babam gibi mükemmel, senin gibi mualla insanların yavrusu olmuşken şükrüm sonsuzdur benim. Yüreğimde ne gam ne de keder var."

Düğün sabahında Zeyneb'in saçlarını annesi taradı, tel tel. Tararken de ona ömür boyu saklayacağı mücevherler taktı.

"Sen ki…" dedi. "Bu yuvanın en nadide süsü, en tatlı suyu, en olgun meyvesiyken annelik tacımın en kıymetli taşlarından birisin. Annelik öyle bir şeydir ki nur tanem, tadılmadan bilinmez. Dünya yüzünde var olan hiçbir lezzete benzemez. Annelik yorucudur. Hatta yıpratıcı ve kutsaldır. Belki de annelik yaşamaktan ve var olmaktan bile vazgeçirici bir hikâyedir. İşte bunun için seni hayata en donanımlı bir şekilde göndermek isterim. Dertlenip kederlenmeni istemem."

Zeyneb annesinin ellerini koklayıp öptü.

"Anneciğim." dedi. "Çok uzaklara gidiyormuşum gibi konuşuyorsun. Merak etme, buradayım. Her an yanında ve ocağında olacağım. Senden ve babamdan asla kopamam ki!"

"Senin gibi hayırlı ve saygılı bir evlat her ebeveyne nasip olsun yavrum." dedi annesi. Bizi hoş ve mutlu tuttuğun gibi başka evleri, başka yürekleri de şenlendireceksin. Yine de sana birkaç söz hediyesi bırakmak isterim.

Unutma ki bir yuva şefkat üzere bina edilirse, cennetin bir şubesi olur. Dürüstlük ve vefa dolu iki yürek, en zor şartlarda bile birbirinden kopamaz. Huyunun ve ahlakının güzelliğinden emin olsam da her annenin kızına vereceği çeyizdir bu sözler, unutma.

Kocana karşı her zaman vefalı ve muhabbetli ol. Hayatın her alanında alınganlıktan uzak dur. Eşini boş kaprislerle incitme. Kendi haklarını da koruyarak kocana her zaman değer ver. Eşinin sırlarını kimseye açma. Ona karşı her zaman hoş ve nazik ol. Hor ve kaba davranma sakın!

Erkekler asi ve dik başlı kadınlardan hoşlanmazlar. Kadına yumuşaklık yaraşır. Kibar ve yumuşak sözlü insanlar her yerde saygı duyar ve kalp kazanırlar. Güzel söz, aşkı ve evliliği besler. Sevgiyi kökleştirir. Kalbi konuşturur. Hayatının her anında Zeyneb'im; iyilikten, doğruluktan ve yumuşaklıktan ayrılma."

Kızının sırma saçlarını tel tel tararken hayatın en güzel incilerini ve elmaslarını diziverdi arasına.

"Evliliklerde yemek ve uyku saatleri çok önemlidir. Uyum içinde olmazsa ve ihmal edilirse yuvanın ahengi bozulur. Bunlara dikkat etmelisin ki eşin asabileşmesin ve seni incitmesin. Onun yakınlarına iyi davran ve ikramda bulun. Eğer böyle yaparsan, yüce Allah senden hoşnut olur ve eşinin de baş tacı olursun. Ve Zeyneb'im, şunu hiçbir zaman unutma ki karı koca arasındaki bağ asla nefsani bir hazdan ibaret değildir. O sevgi yüce Allah'ın eşler arasına ikram ettiği bir bağdır. Hakiki aşk, nefsani hazların bulunmadığı anlarda bile bitmez. Aşkı kadim bilenler, en zor zamanlarda bile birbirlerini koruyup kollayanlardır. İşte o vakit yuva, cennetin şubesi olur. Yuvada yaşayanlar saadet sultanı olur. Ben seni öyle görmek isterim."

Saç tarama faslı bitince onu kendi elleriyle hazırladı Hatice. Maharetli ve becerikli oluşu, en duygulu anında bile imdadına koşmuştu. Zeyneb için uzak coğrafyaların has kumaşından getirterek diktirdiği gelinliği kendi elleriyle giydirdi. Kar beyaz ellerini kınalarla işleyiverdi nakış nakış.

Sözlerini dualar ve hoş temennalarla süsledi. Onu doya doya seyretti. Zeyneb, dünya toprağına inmiş hoş bir huri kızı gibi annesine gülümsüyordu. Ömürlük nasihatlerini ince ince dizmişken kadim bir hatıra ile mühürlemekti maksadı. Gül duvaklı kızına sakladığı en özel, en kalıcı yadigârı vermek istedi.

Görgü ve kültür farklı bir terbiyedir.

Sürekli boynunda duran, ince işçiliği yüksek bir gerdanlığı vardı. Onu çok severdi ve böylesine özel günler için işletmişti. Kırmızı akikle süslü, gümüş oymalı, su gibi zarif ve hoş bir gerdanlıktı bu. Usulca boynundan çıkardı annesi ve Zeyneb'in boynuna taktı. Zeyneb çok etkilenmişti. Çünkü annesi bu gerdanlığını severek takardı.

"Anneciğim..." dedi Zeyneb. "Ama o sana çok yakışıyor."

"Sana da çok yakışacak." dedi annesi. "Taktıkça bu güzel yuvanın saadetini hatırlarsın umarım. Baban beni hep sevdi ve korudu. Ebu'l As da seni O'nun gibi korusun inşallah."

"Bu gerdanlık bana, baba ocağının en nadide yadigârı olacak anneciğim." dedi kızı. "Onu hiç çıkarmayacağım. Hep boynumda asılı duracak."

Ailenin yer yer hüzünlü, zaman zaman mutlu, kimileyin müjdeli ya da kederli anıları, nakışları arasında gülümsüyordu gerdanlık. Bu mutlu günün sevincini de bir gülümseme olarak düşürdüler üzerine. Annesi buğulu gözlerle yavrusunu süzdüğü sırada O'nu fark etti. Hayatının en kutlu ve kadim hediyesini, yuvasının reisini, gönlünün efendisini... Ana-kızın bu duygulu anlarını seyrederken onun da gözleri dolmuştu. Kar beyaz örtüler içinde kendine gülümseyen kızını kucakladı. Ona dualar etti. Ardından hoş dilekler, tatlı sözlerle onu Hale'ye ve evladına teslim ettiler.

Devrin görenekleri ve şartlarına uygun bir düğün yaptılar. Sadelik içinde mütevazı ve ölçülü davrandılar. Genç tacir Ebu'l As, sonunda yılların hayaline kavuşarak kutlu ocağın damadı olmuştu. Hoş kokulu buhurlar tütsülendi. Tefler çalındı, şiirler okundu, develer kesildi, sofralar kuruldu, yemekler yendi. Mekke halkına ziyafet verildi. Düğün geceye dek sürdü. Sevgili babası ile annesinin duası eşliğinde Zeyneb'i evden çıkardılar. Damadın ailesiyle birlikte yola çıktılar. Kuru hurma dallarından yapılan meşaleler yakıldı. Bu ışıltıyla gelin alayı aydınlatıldı. Zeyneb'i yeni evine kadar götürdüler. Yeni evine alışması için bir süre yanında oturdular.

Daha sonra vedalaşıp ayrıldılar. Kutlama geceye dek sürdü.

***

Zeyneb gelin olalı birkaç gün olmuştu ki bir akşam vakti Hatice ile El-Emin'in saadet evinin kapısı çalındı. Gelenler Abdulmuttalip hanedanıydı. Onların arzusu, El-Emin şerefinin kendilerine dokunmasıydı. Bu niyetle gelmişlerdi. Büyük amca Ebu Leheb sözü uzatmadı:

"Doğrusu biz sana yakınlaşmak için geldik." dedi. "Kızların herkesin gözünde, aklındandır. Doğrusu Kureyş gençleri içinde şerefte denkliği bulunanlardan daha önce davranmak isteriz." dediler.

Rukiye ve Ümmü Gülsüm evin genç kızlarıydı. Huylarının birbirine benzerliği ile biliniyorlardı. Konuşulanları içeriden duymuşlardı. Ümmü Gülsüm çok zekiydi. Ablasına takıldı:

"Bence sıran geldi." dedi.

Tam o sırada küçük Fatıma odadan içeriye girdi. Muzip bir gülümsemeyle:

"Ya ikinizin birden sırası geldiyse!"

Fatıma bu sözü nasıl söylemişti kendi de anlayamadı. Ancak misafirler geldiğinde o, babasının dizinin dibinde oynuyordu.

"Ata Ebu Talip diyordu ki..." dedi. "Yeğenim Zeyneb'i Ebu'l As bin Rebi'ye verdin. O gerçekten şerefli bir hısımdır. Ancak amcan oğulları, Hatice'nin yeğenine uygun gördüğün şerefe kendilerinin de layık olduklarını düşünüyorlar. Sözüm o ki; Utbe ile Uteybe şeref ve soy bakımından As'tan geri kalmazlar."

El-Emin ona hak verdi ve dedi ki:

"Akrabaya önem vermek gerekir. Ancak amcacığım, bana biraz süre versen de bu konuda kızlarımla konuşsam, olmaz mı?"

Yaşlı dadı, kızlara önemli haberi yetiştirdi. Rukiye ile Ümmü Gülsüm şaşkındılar. Bu nasıl olabilirdi? Üzüntü içinde sarsıldılar. Tuhaf bir sessizlik çöktü üzerlerine. Birbirlerine bakıştılar. Sanki biri diğerinden yardım umuyor veya durumlarını açıklamasını bekliyordu. Ancak cevapsız, bakışmalarla yetinmek zorunda kaldıklarında minik Fatıma, kısık bir sesle kendi kendine söylendi:

"Yakında bu ev bomboş kalacak. Zeyneb ablamda olduğu gibi, sizi de alıp götürecekler. Ben ise burada kardeşsiz, yalnız başıma kalacağım."

Tam o sırada anneleri odadan içeriye girdi. Kızlarına durumu anlatıp fikirlerini soracaktı. Ancak Fatıma'nın gözyaşları dikkatini çekti:

"Ne oldu sana böyle meleğim? Niçin ağlıyorsun?"

Minik kız annesinin boynuna sarılarak yalvardı: "Yakında beni de senden ve babamdan çekip alacaklar anneciğim. Ben sizden ayrılığa dayanamam. Ne olur beni bırakma!"

Annesi gülümsedi:

"Tatlı kuzum!" dedi. "Sen istemedikten sonra seni kimseye vermeyiz. Eğer istersen evlenirsin tabii ki."

Fatıma çocuk saflığıyla:

"Ben evlenmek istemiyorum." dedi. "Ne olur beni kimseye verme!"

Annesi sesini alçalttı:

"Daha çok küçüksün." dedi. "Şimdi böyle dersin, sonra vazgeçersin. Bir zamanlar ben de senin gibi düşünürdüm. Ama bak, sırası geldi, evlendim ve babanla çok mutluyum."

Daha sonra kızlarına döndü:

"Misafirler sizin için gelmişler. İkinizi birden Ebu Leheb'in oğluna istediler. Babanız size sormamı istedi. Ne dersiniz?"

"Babam en iyisini bilir anneciğim." dedi kızlar. "Biliyorsun ki babamız bu işe biz olmadan karar vermez."

Rukiye'nin yüzü soluktu, cevapladı:

"Anneciğim!" dedi. "Zeyneb senin akrabanla evlendi ve çok mutlu. Babamın amcası ise bizi kendi taraflarına almak istiyorlar. Babamı zor durumda bırakmak istemem. Nasıl istiyorsa öyle yapsın."

Ümmü Gülsüm tedirgindi. O eve gelin olmak hiç de kolay gözükmüyordu. Ablasının gözlerine baktı:

"Ümmü Cemil..." dedi fısıltı hâlinde.

Rukiye kız kardeşine bakarak sevgi ve ilgiyle konuşmasını sürdürdü:

"Dert etme." dedi. "İkimiz beraber olacağız ya! Birlikte her sorunu aşarız."

İş endişeyle karışık bir vaziyette oldu, bitti. Rukiye, Utbe b. Ebu Leheb'le; kız kardeşi Ümmü Gülsüm ise Utbe'nin kardeşi Uteybe ile nişanlandılar. Her şey birkaç gün içinde olup bitmişti. El-Emin kızlarını kutladı ve onları Allah'a emanet ettikten sonra Nur Dağı'ndaki ibadet mekânına dinlenmeye çekildi bir süre.

SAADET EVİNDEN UÇUŞ

Yuva ki cennetin yeryüzü şubesiydi. Onu cehennem kılanlar bunu bilmezdi. As ile Zeyneb bir cennet evinin içinde açtılar gözlerini. Hayatın hay huyunu birbirlerinin sıcak tebessümünde unuttular. Sevgiyle mamur iki güzel kalp bir çatı altındaydı.

Ebu'l As, Zeyneb'i o sıcak yuvanın güneşi gibi görüyordu. Zeyneb ise, As'ta sönmeyen bir aşk gözesi bulmuştu. Işık ve su bir aradaydılar. İki genç o temiz, o nahif, o hiç kimselerin yan gözle bile bakamamış yürek sarayında aşkı ağırladılar. Hiç açılmamış sofralar, görülmemiş renkler, duyulmamış hisler içinde cennetin dünya şubesi evliliği var ettiler. Annesinden aldığı terbiyeyle Zeyneb, iyi bir eş ve iyi bir ev hanımı olmuştu. Eşi gelmeden önce güzelce giyinir, eşini kapıda büyük bir içtenlikle karşılardı. Bu da eşinin kendisine olan muhabbetini gün geçtikçe arttırırdı. Genç adam eşine âşıktı. Eve döndüğü zamanlarda gözünü Zeyneb'ten alamıyordu. Onun edebine, inceliğine hayrandı. Nahif terbiyesi, aşk dolu tebessümü, sonsuz âlemlerin yıldızlarıyla dolu gözleri, zarif sözleri, hoş iltifatları, kısacası her bir hâli onu çok etkiliyordu. Ticari yükün ağır sorumluluğu, kahır ve yorgunluğu ile Mekke'nin sıcak yakıcı güneşi birleştiğinde, buram buram toz ve ter istilasına tutulup, her eve gelişinde Zeyneb'in huri bakışlarıyla kendinden geçerdi. Onun masum tebessümüyle teri, tozu, yorgunluğu uçup gidiverirdi. Merak ettiği tek şey, Zeyneb evine girdiği andan beri etrafı saran gül kokusuydu. Oysa gittiği uzak ülkelerden alıp getirdiği hiçbir kokuda o ıtırı yakalayamamıştı. Kutlu evin kızı Zeyneb'in gül rayihalı kokusu, hanesine cennet huzuru sunuvermişti:

"Rabbim!" diyordu As. "Sen bana bir devlet lütfetmişsin!"

Hayâsından ve edebinden bu sözleri gizli ve sessiz söylerdi. Zeyneb duyarsa riya olur muydu? Gösterişe kaçar mıydı? Asıl olan sevgi, kalbe hükümferma olmuş ve yürekte dal budak salan sevda değil miydi?

Çölün en kuytu vahalarında yetişen bir gül edasında, narin ve de hoş kokulu gönül yoldaşıyla zamanın gürül gürül akan koynunda var oldu. Bir su gözesi kadar temiz ve tatlı duruşuna, hâline, gülüşüne, en önemlisi edebine hayran oldu. Nasıl bir güzellik kuşağının içinde var olduğunu çözmeye çalışıyordu. Her gün bir yaprağı açan nadide bir güldü o. As'ı mutlu, mesut, bahtiyar ediyordu. As, çoğu kez annesinden dinlediği o çocukluk masallarında buldu kendini. Huri kızlarının asaleti ve inceliği nasıldı acaba? Onların güzelliğini tarif edebilecekken, annesi çoğu kez uyur giderdi. Şimdi o masalın gerçeğindeydi. Zeyneb'li bir dünyanın orta yerinde, huzurun kucağındaydı.

Zeyneb...

Huri bakışlı Zeyneb.

Kudretin ince kalemiyle hüsün nakışlı Zeyneb.

Amber kokulu gülüşlerinde Zeyneb'in cennet saraylarının refahı saklı. Zeytin karası gözlerinde Zeyneb'in, gecenin gizemli yıldızları gizli. Zeyneb'in duru bakışlarında âlemi seyrediyor Ebu'l As.

Işıltılı gülüşlerinden gizemli vahaların hoş esintileri geliyor.

Yaratan'ın en ince, en derin hazinesinden, inciden pırıltılar saçan Zeyneb... As'ın dünyasına saçılmış bir dürü sedef. Her hâli ayrı ince... Her sözü farklı güzel Zeyneb'in. Cennet ırmaklarından ıtırlar saçıyor As'ın ruhuna. Evliliğin bir cennet şubesi olduğunun farkına varıyor As. Dünya günlerinin sıkıntılı hay huyunda bir tek onda kendini buluyor. Yanındayken bile onu sayıklıyor sanki...

Zeyneb...

Onun bir diğer adı da edepti sanki. Mahremiyetine dokunmadan sırrın eşiğinde durmaktı. Boyun bükmekti. Susup hiç konuşmamak... Sevgilinin gönül gamını gidermek! Hep vermek... Hep sevmek... O olmak... Onu sunmak... Onu yansıtmak... Aşk edepti. Denizdi, okyanustu. Bir deli nehirdi, usul usul ve duru yansımalarla akan. Aşk o nehrin dibindeki incilerini yansıtandı. Şeffaf bir akıştı. Susmak, susarak kimselerin aklına, fikrine gelmeyeni konuşmaktı. Nefsani tahayyüller ne kadar sığ, ne kadar da küçüktü! Edebin zirvesine aşkı taşıyanlar ise tek tüktü. Oraya her gönül eri çıkamazdı. Aşk... Sahibini sonsuzun sultanı yapardı. Helal dairede ise eğer, sahibine yeni değerler eklemekti. İffetin kalesinde helali beklemekti. Aşk edepti, sonsuzun akışında o kıyıda var olmaktı. Aşk var oluş tezgâhında nakış nakış işlenmek, edep ve vakar ile kulluk kalıbında şekil almaktı. Sonsuz aynalara öyle kazınmaktı. Bu sevgi ise kula, mutlu kullara Hak canibinden bağışlanmış bir servetti.

"İnneme'n-nisâ' şakâyıku'r-ricâl."

"Şüphesiz kadın erkeğin şakayığıdır."

Hz. Muhammed (sav)

İŞ ADAMI EBU'L AS

Muhabbetin "Ha"sında "Hay" tecellisi iken hayatı tanıyacaklardı. Var olanı, var edene sunmak... Geçici duraklarda sonsuz hedefi aramak... Kısaca kulluk sınavındaydılar. Nar tanesi gibi hani! Güzel, alımlı ama bir o kadar anlık lezzet. Ortasındaki kuru çekirdek sonsuz âlemdeki çekirdeksiz taneleri müjdelerdi. O dünyada bulunmazdı. "Ha", hayat okyanusuydu. As ile Zeyneb o okyanusun kıvrımlarında hayat kıvrımlarını yakaladılar. Tek yürekte "H"yı bulmuş, onda yek, onda yok olmuşlardı.

***

Issız çöl kumistanında yol almak Ebu'l As'ın işi olmuştu. Değişik coğrafyalara açılmak, yeni sesler, farklı ışıklar taşımak bu ticaret filosunun yadsınamaz işiydi. İşi, yolların kıvrımındaydı Ebu'l As'ın. Ama her gidişinde yüreği gamla dolar, dönünceye dek göz ışığı Zeyneb'ini özler dururdu. Nazlı ceylanını kimselere teslim etmeye kıyamazdı. İşte öyle zamanlarda saklı elmasını bir tek teyzesi Hatice'ye teslim edebilirdi. Ona emanet ettiği zaman, gönül huzuru içinde çölün kahrını yüklenebilirdi. Ticaret için sefere çıktığında, Zeyneb baba ocağında kalıyor ve annesine ev işlerinde yardım ediyordu.

Aslında As; bu seyahatlerinde sanki Zeyneb'i de yanında götürüyor, zihni hep onunla dolu oluyordu. Gururu da aşkı kadar büyüktü Ebu'l As'ın!

Yol boyu evlendiği kadını ve onun soylu ailesini düşünürdü. Evlendiği ilk günden beri hep saygı, şefkat ve muhabbet gördüğü kadını ve ailesini içinden tazim ederdi. Konaklama mekânında devesini çöktürdüğünde bile aklında Zeyneb olurdu. Gül yüzlü zevcesi gözü önünden gitmiyordu. Zeyneb'i düşündükçe daha çok özlüyor, zarafeti ve inceliği karşısında daha çok duygulanıyordu. Zaman zaman bu hisler Arabın duygu mektubu olan şiirlere döküldüğünde ancak rahatlıyordu.

"Ey Zeyneb!" diyordu.

"Ey Mekke'de yaşayan El-Emin'in kızı!

Saliha bir kadınsın sen.

Seni sen yapan anne babanın
Mekânı yüce olsun.
Sana bu edebi ve bu terbiyeyi işleyeni
Rabbim en güzel şekilde mükâfatlandırsın.
Yüce Rabbim, ölene dek beni senden ayırmasın."

Bir eş olarak refikasında gördüğü güzel erdemleri övüyordu o. Ona olan aşkını, bağlılığını ve saygısını her fırsatta dile getiriyordu, ki bu Arap toplumunda çok da sık rastlanan bir hâl değildi. Ve o bu noktada çağının ve kendinden sonra gelecek olan çağların kocalarına çok güzel yaşanmışlıklar bırakıyordu.

* * *

As yine bir sefere gitmişti.

Ukaz; Mekke'nin güneydoğusunda, Taife yolu üzerinde, yerleşim mekânı dışında, hurmalıkların ve su kaynaklarının bulunduğu bir yeşil alandı. Hac ibadetinin yapıldığı mekânlara yakın bir yerde idi. Panayır mevsiminde insanlar burada bir araya gelmekteydi. Şam ve Güney kabilelerinin, Necid kabileleriyle ticaret yapabilmeleri için kurulmuştu. Aynı zamanda Habeşistan, Hindistan, Bizans ve İran gibi komşu ülkelerden tüccarlar, ülkelerinde üretilen malları satmakta, başka ülkelerin ürettiklerini satın almaktaydılar. Irak, Gazze ve Basra'dan şarap, Şam'dan yağ, üzüm ve silah, Taif'ten deri, Yemen'den hırka ve daha pek çok değişik yerden birbirinden farklı ürün gelmekteydi.

Önceleri ticaret merkezi olan Hire şehri, sonrasında bu işlevini Mekke'ye bırakmıştı. Diğer önemli ticaret merkezi Taif'ti. Taif, deri sanayi, kuru üzüm, zeytinyağı ve bal ticareti ile meşhurdu. Bu ürünler, Kureyş tüccarları aracılığıyla Suriye, Mezopotamya ve hatta Horasan'a kadar götürülüyordu. Ebu Süfyan, özellikle Taif zeytinyağlarının başlıca satıcısıydı. Ticaret yapılan mallar; gümüş, altın, güzel koku, deri, giyim eşyası ve gıda maddeleriydi.

Mekke, Bağdat ve Basra'da zengin bir ticari hayat yaşanmaktaydı. Bu ticari hayatın en yoğun olduğu mekânlar ise Mekke'de Ukaz, Basra'da ise Mirbed idi.

Bu ticari akış genellikle haram aylar olarak kabul edilen üç ay içinde yapılırdı. Zilkade, Zilhicce, Muharrem ayları bereketli zamanlardı. Recep ayında Hubaşe ve Suhar, Zilhicce'de Ukaz, Zilkade'de Micenne, Zulmecaz dolu geçerdi.

Haram aylardı bunlar. Kan dökmek, haksızlık yapmak, kötülük işlemek yasaktı. Zamanın barış dilimiydi bir nevi. Bu panayırlar değişik kültürlerin meşheriydi sanki. Temel amacı ticaret olan bu panayırlarda çeşitli oyunlar, güreş, deve yarışları yapılırdı. Renk renk tezgâhlar, özgün motifler, çölün haşin tabiatını delip geçmiş hülyalı sanat eserleri dizilirdi. Duyulmadık miskler... Nakışlı ibrikler... Hurma lifinden eşyalar... Fildişinden taraklar... Ahşap tabaklar... Renk renk boncuklar... Takılar... Silahlar... Ve daha neler neler dökülürdü ortaya...

Şiir ki Arap coğrafyasının tek melodisiydi. Panayırlar ise bu işin en gözde merkeziydi. Panayıra çıkacak şiirler özenle seçilir, itinayla okunurdu. En beğenileni ise Mısır ketenlerine yazılarak Kâbe duvarına asılırdı. Hitabet ustası Kuss b. Saîde el-Iyâdî de ilk açılımını bu panayırlardan yapmıştı. Şiir şölenleri bir tür yarışma veya müsabakaya dönüşürdü. Hakem Nabiga ez-Zubyâni ise en iyi şiiri bulmada pek çok kez zorlanırdı. Bunun için haram aylar rahat bir nefes alma zamanları olurdu. Halk o ayları dört gözle beklerdi. Ebu'l As ise ayrılık zamanlarını şiirle teskin ederdi. Gözü hangi güzel nesneye çarpsa onu hatırlardı. Güzler güzeli Zeyneb'ini... Onun ceylan bakışlı gözlerini, ahu edalı bakışlarını hatırlardı. Hurma dalı gibi narin, nazenin duruşunu, gül kadifesi gülüşünü, serin esintiler gibi yürüyüşünü şiir ederdi. İrem bağlarına benzetirdi onu. Öylesine gümrah, benzersiz güzellikte, iç açıcı... Kimi zaman derin bir ah, kimileyin de deruni bir bakış söz olur takılırdı ruh ritmine.

Zeyneb'le kurduğu yuvasında huzurlu ve mesuttu. Annesi merakla sormuştu:

"Yavrum, nasılsınız? Zeyneb'le uyumunuz nasıl?"

"Zeyneb benim şakayığımdır anne." derdi. Ardından devam ederdi:

"Şakayık gülden sonra aşkın ve sadakatin temsilcisi bir çiçektir. Hani o kıraç vadilerin boz kırlarına renk verir. O renk, o ahenk, o koku insanı mest ve meftun eder. Çöl coğrafyasında başka renk yok iken, boz kumulun kıyısında dünyanın en tatlı rengi ruhuna gülümser ya... Hayatı ve neşeyi kuşanıverirsiniz yeniden. Bodur dikenli ağaçların rağmına, o toza ve sıcağa sabırla direnirsiniz. Issız sahranın ürkütücülüğü gider. O renk ve o ahenkle yol alırsınız. Çöl yolcularının içine hayat ve umut serpen bir ahenktir o. Zeyneb ona benzer. Asaleti, terbiyesi, sevgisi ve şefkatiyle gönlümün şakayığı olmuştur... Mekke tepelerinin yekpare taşlarının kimi zaman altından, kimileyin dibinden, bazen de bucağından çıkarak yemyeşil uçlarıyla gülümseyiveren bu çiçek,

Zeyneb'in hâl dilini anlatıverir sanki. İpeksi yumuşaklığı ve edebiyle kalp çeperlerime kök salıvermiş Zeyneb."

Annesi mutlu tebessümlerle mukabele eder ve dingin bir ruh hâliyle ayrılırdı yanından oğlunun.

Yaş hurma mevsimi geldiğinde durağanlaşan hayat ahengi yeni tatlar, yeni telaşlarla kıvam bulurken; sonbaharın tatlı esintileri içinde ellerde hurma, dillerde hurma, yerlerde hurma seriliydi. As'ın ise gönlünde Zeyneb, aklında Zeyneb, ufkunda Zeyneb, uykusunda Zeyneb, nutkunda Zeyneb, nefesinde Zeyneb saklıydı.

Mecrasına akan nehirler gibi coşkuluydu Ebu'l As.

As, şair ruhlu bir adamdı. Kendine özgü sözleri ve mısraları vardı. Şiir bir söz perisi gibi elinden tutar genç adamın, ruhunu nefesler, kalbini esinlerdi:

"Ey Zeyneb!

İrem mevkiinden ben geçerken,

Seni hatırladım.

İçimden gelerek, şöyle dua ettim:

Ya Rabbi, Zeyneb'i şen ve esen kıl!

Nitekim şimdi güvenli haremde oturmaktadır.

Ve emin, güvenilir kimsenin kızına,

Hak Teâlâ iyi mükâfat versin."

İLK TORUN ÜMAME

Günler tatlı bir muhabbetin kadim nehrine doğru akarken As'ın evinde telaş vardı. Nedimeler koşuşuyor, cariyeler dönüyor, aile büyükleri heyecanla, gelecek olan müjdeyi bekliyordu. Zeyneb doğum sancısı çekiyordu.

Yakıcı, kıvrandırıcı sancılar dur durak bilmezken, Ebe Selma güngörmüş elleriyle ezip süte kattığı Meryem hurmalarını ona doğru uzattı:

"İç kızım." dedi. "Allah'ın izniyle doğumun kolay olacak. Meryem Ana bebeğini doğururken ona bu hurmaları yemesi söylenmiş. Dediğimi yap, şifa bulacaksın."

As ile Zeyneb'in cennet şubesi yuvasında beslenen narin bir kelebek, kozasından çıktı. El-Emin ile Hatice'nin bir kız torunları doğdu. Bahtanın Yavrusu As, babaydı artık. Zeyneb ise çiçeği burnunda bir anne. Aşkın o sıcak ikliminde hayat nevbahar nefesi kadar rahatlatıcıydı.

Vadiden yükselen matem sesine inat bir sevinç, bir müjde düşüverdi kadim şehre:

"El-Emin'in kız torunu oldu."

Hani nicedir o çatı altından bir çatırtı bekleyenler sevinmişlerdi. Haber onlara göre büyüktü:

"Ebu'l As'ın kızı oldu."

"Kız doğdu."

"Adını bile koydular."

Mekke'nin en mutlu evinde şenlik vardı. Sevinçli gülümsemeler, tatlı temennalara karıştı. Herkes birbirine gözaydınlığı verdi.

İyi de bu sevinç niyeydi? Şaşırmıştı konu komşu. Dile gelmişti yaşlılar:

"Ne yapalım, bir çaresine bakılır elbet."

İlik ürperten sözcükler kulaklara hoş geldi. Fakat o hanede durum farklıydı. Bir sevinç, bir şenlik ki göz görmemiş. El-Emin'de tatlı bir sevinç, Tahire'nin dudaklarında şükür. Göz göze geldikçe hayata yeni doğmuş yavruya birlikte yöneliyorlar.

Bebeğin adını Ümame koydular. Eli ayağı mini minnacık, sevimli ve tatlı bu kız evlat, belki de yeryüzünün en bahtiyar torunuydu. Güvenilir, asil, muhteşem bir soydan, şerefli bir ata, afife bir anadan doğma bu kız pek sevimli ve şirindi. Bilinmeyen kadim gerçek, kız evladın kıymetiydi. O yavru ki serpilip yetiştirilirken babasına cennetin kapıları açılır, evlenip yuva kurduğunda kocasının imanını tamamlar, çocuk doğurup anne olduğunda ise cennet ayaklarının altına serilirdi. Veyl ki, bunun farkında değildi.

Asaleti ve güzelliğiyle meşhur Zeyneb ile dürüstlüğü ve mertliğiyle tanınmış bir tüccar Ebu'l As bin Rebi'nin ilk bebekleri dünya yüzüne göz açmıştı. Ümame bebek, asil hanedanın mutlu bebeği olarak sıcacık bir yuvaya gelmişti bilinmez âlemlerden.

Ardından Ali doğdu. Ebu'l As ile Zeyneb'in iki güzel çocuğu evlerini şenlendirmişti.

Melekût âlemlerinin soluğu o yuvadaydı. Vahyin yansımaları, beliren huzmelerle içerideydi. Zeyneb o huzmeleri yansıtandı. İmame'nin masum gülücükler kadar sıcak ve narin tebessümüyle ışık dağıtandı. Zeyneb iz sürücüydü. Vadideki çakallara aldırmayan, çalılara takılmayandı. Hiranur'un sarp yamaçlarına daldı. Annesi Hatice'nin şevkle hazırladığı erzak sepeti geldi aklına. Bir kâse süt, biraz incir, birkaç yumurta, zeytin ya da hurma... Emrinde çalışan dört yüz hizmetçiye bile bu konuda iş buyurmadan Hira'nın zorlu yokuşunu tırmanışı, yüksünmeyişi, gidişi, gelişi.

Mekke'nin sineği, devesi, börtü böceği dahi kuytulara sızmışken, gün ortası gidilen ve gelinen zorlu yokuş... Tüm mahlukatın ısısında kavrulduğu Mekke sıcağında bir kadın yalnız ama huzur doluydu. Her gidiş gelişte değişik bir arınmışlık ve dirilmişlikle dönerdi hane-i saadetine. Zeyneb annesini karşılardı. Annesinin bahar çiçeklerini, Medine güllerini, çöl lalelerini andıran tebessümü huzurunu yaldızlardı.

ZEYNEB VAHİY YURDUNDA

Dolunay, şehri maviye boyamıştı. Hira'nın yamaçlarında gümüş akisler hareleniyordu. Kızılca bir şafağın pembe duvağını tebessümle kaldırıvermişti vahiy.

Zeyneb ve kardeşleri annelerini hiç o sabahki kadar telaşlı görmemişlerdi. Bir şafak vakti Hira'dan dönen babalarının içeri girmesiyle birlikte sanki eve bir top ışık yumağı girmişti. Bunu ilk fark eden Zeyneb olmuştu. Babasının hâlindeki telaşlı titremeyi fark etmişti. Annesi onu şefkat kanatları altında yatağına götürmüştü. Bu durum karşısında hayretle annesine:

"Ne oldu anne?" demişti. "Babamın durumunda bir değişiklik var."

Annesi kızlarına Hira'da ibadet hâlindeyken babalarına inen nuru haber verdi. Varaka'nın sözlerinden bahsetti. Vahiy güneşinin üzerine doğduğu en minik ümmet henüz beş yaşındaki Fatıma'ydı. Kızlar sevgili babalarına çok önemli bir görevin verildiğinin farkındaydı. O ana kadar çevresinde olup bitenleri dikkatle gözlemleyen Fatıma, yaşından büyük bir olgunlukla:

"Allah, babamı çok seviyor." dedi. "Ona yardım edecek! Hiç üzmeyecek."

Ablaları, Fatıma'nın yaşından büyük sözlerine şaşırdılar. Ona sevgiyle bakıp yanağına öpücükler kondurdular. Dört peygamber kızı; babalarını, annelerini ve dahi kendilerini bekleyen sıkıntılı günlere karşı sevgiyle ve bağlılıkla kenetlendiler. Hatice gibi bir anneleri olduktan sonra babaları yalnız kalmazdı. Kızlar birer birer Müslüman oldular. Gizli daveti duyan ince kalpler anında bir ulu devlete kavuştular.

Annesinin kutsal bekleyişi günlerinde Zeyneb hep yanı başındaydı. Anlayamadığı ruh titreşimleri... Gönül fezasında akisler... Kalp ritimlerinde sesler... Ne hâl, demdir bu Ya Rabbi!

OKUMAK İLK EMİRDİ

Annesinin yanında kalırken babacığında büyük değişiklikler meydana gelmiş ve sevgili babasının Hira mağarasındaki ilk vahyi alıp eve dönüşüne şahit olmuştu. Hatta hayretle annesine:

"Ne oldu anne? Babamın durumunda bir değişiklik var." demişti. Hz. Hatice annemiz de; babasına yeni bir vazife verildiğini, melek Cebrail'in gelip, Allah'tan emirler getirdiğini anlattı:

"Bu son din ve son peygamberdir, canlarım. Ben uzun süredir beklenen peygamber olan babanızın dinine iman ettim. Ben Müslüman oldum." dedi.

Zeyneb, ailenin büyük kızı olarak o güne dek çok şey görmüştü. Annesinin bu mükemmel imanına hayran kaldı bir an. Yerinden kalktı ve onun sımsıcak ellerine yapıştı. İri gözlerinin pınarlarından yaşlar akıyordu. Sevinç, heyecan, mutluluk pınarlarıydı fışkıran oluk oluk:

"Anneciğim!" dedi. "Bu din yücedir. Sizin iman ettiğiniz gerçek, benim de yüreğimin arzusudur. Ben bir olan Allah'a ve O'nun Elçisi babam Muhammed'e (sav) inandım ve şehadet getirdim." dedi.

Son peygambere ilk inanan en genç hanım oydu. Zeyneb en genç kadın olarak vahiy halkasının bu cephesini tuttu. Şirkin karşısında kale gibi duran annesinin yanında en sağlam burçlardan biriydi şimdi.

İlk şehadet kelamları evin içinde ulvi bir akis hâlinde dolandı. Kulaklara ilahi sözler, ruhlara ise ebedî inciler saçtı. Ailenin büyük kızı Zeyneb'in ardından Rukiye, Ümmü Gülsüm ve minik Fatıma'nın günahsız dillerinden tevhid kelamı döküldü. O an çok özel bir andı. Son peygamberin kızları babalarının dinine girmişlerdi. Hz. Nuh'un, Hz. Lut'un evlatlarına benzemiyorlardı. Onlar nurdan halenin ilk halkalarıydı. Odanın içini farklı bir aydınlık sardı. Melekler, inci taneleri gibi dudaklardan dökülen nur tanelerini topladılar. Hatice, kızlarını kucakladı. Gözlerinin derununda sevinç pırıltıları vardı.

Annesine çok benzerdi Zeyneb. Mutlu yuvası, eşine olan saygısı, bilgisi ve becerisiyle Ebu'l As'ın baş tacı olmayı başarmıştı. Eşinin şehir dışına çıktığı zamanlarda soluğu baba evinde alırdı. Elinden geldiğince annesine yardımcı olur, kardeşleriyle ilgilenmekten haz duyardı. Babasına çok düşkündü. Eve geldiğinde ilk ona koşar, mis kokulu ellerini öpüp koklardı. Son günlerde ise gözü gibi sevdiği babasını hiç görmüyordu.

"Anneciğim!" demişti. "Babam bu kez neden bu kadar çok kaldı?"

Annesi kaçamak cevaplarla yetinmişti:

"Ramazan'ın son on gününü ibadetle geçiriyor. O yüzden şehre inmiyor."

Annesinin hâlinden onun bir konuda konuşmak isteyip istemediğini anlardı. Fazla soru sormadan işlere yardım eder, onu yalnız bırakmazdı. Ne de olsa o bir peygamber kızıydı. Zekâ ve anlayışı güçlüydü. Evin idaresi, çocukların bakım işlerinde annesinden önce o koşardı. Ta ki kalbinin sahibi Ebu'l As seferden dönene dek...

Ebu'l As, Zeyneb'in huzurlu ve rahat olması için, o gelene dek annesinin evinde olmasını isterdi.

"B"
DEMİ

MUHABBETİN B'SİYDİ YOL ALDIRAN

"Kadınlara ancak asil erkekler değer verir. Alçak erkekler ise hor görürler."

Arap Atasözü

Ekmeği, suyu, gıdası sevgi olan bir yuvada büyümüş bir eşle yaşamak, dünya mutluluklarının en özeliydi. Zeyneb'in yumuşak, sevecen ve iç açıcı tavrını düşündükçe tarifsiz bir haz alırdı. Onu yetiştiren anneye ve babaya dualar ederdi mutlu damat. Bazen de yoğunlaşmış hislerini şiir diline dökerek ferahlardı. Didenin dile geldiği zamanlardı o anlar. As'ın Zeyneb'e olan aşkı, hasreti ve sevdası mısralara düşerdi. Çölün deli demlerinde, gri fırtınalar göğü sardığında, kum hortumlarının kükreyerek yükseldiği anlarda bile yalnızca Zeyneb'in hayaline tutunurdu.

Zeyneb...

Ziyneti babacığının.

Kiledası anacığının.

Çeşm-i didarı Ebu'l As'ın.

Güneşin ışıktan oklarını yüreğindeki sevdaya benzetirdi As. Sıcak, güçlü ve derin ışınları hayat arkadaşının güçlü muhabbetine benzetirdi. Yol arkadaşı çoğu kez Zeyd olurdu:

"'Kadınlara ancak asil erkekler değer verir.' der bir atasözümüz As. 'Alçak erkekler ise hor görür.' derler. Kardeşime verdiğin bu değer, asaletini ele veriyor."

"O zaten asil evin kızıdır. Onu övmeme ihtiyacı yoktur ki Zeyneb'in."

Bazen Bilal, kimi zaman da Hakem:

"Onu bu kadar sevme." derlerdi. "Sonra doymadan ayrılırsın."

"Bu çocuk muradına doymadan mı ölecek! Yoksa Zeyneb'e mi bir şey olacak?"

"Hayır." derdi As. "Hayır hayır, öyle demeyin. Hayat hak, ölüm gerçek... Emr-i Hak vaki bulsa dahi bu aşk ebede dek bitmez. Ne o bana ne ben ona ihanet ederiz. Yanarız, ayrılırız, koparız, ölürüz ama birbirimizin yüreğinden hiçbir zaman sökülüp atılmayız. Atılamayız, kopamayız biz Zeyneb'imle birbirimizden."

Sızıyı söze dökerdi:

Mekke'nin en kutlu evinde

Açmış bir goncadır Zeyneb

Onu bana öylesine nezih

Öylesine edepli yetiştiren

Anneye ve babaya

Allah bereketler yağdırsın.

***

Ebu'l As, Şam seferinden dönmüştü. Daha evine varmadan haberi almıştı. Mekke'ye girer girmez etrafını sardılar:

"Olan bitenden haberin yok galiba." dediler.

As, durakladı. Zeyneb'ine mi bir şey olmuştu? Yoksa çocukları mı hastaydı? Sorgulayıcı gözlerle beklerken:

"Kayınpederin yeni bir din çıkardı!" dediler. "Son peygamber olduğunu söylüyor. Putlarımızı reddediyor. Böyle giderse büyük işler olacak!"

Tanrılarına çok düşkün olan bir toplumda çok büyük bir işti bu. Katı tutumlu putperestlerin kutsal atfettikleri en büyük güçleri bu tanrılara kimse ilişemezdi. Suskunluk... Karanlık ve kıpırtısız bir vadi gibi çöküverdi As'ın yüreğine. Yorum yapmadan evine gitti. Eşine ve çocuklarına selam verdi. Hasret giderdikten sonra:

"Bir şeyler duydum." dedi.

Zeyneb onun duymuş olabileceğini anlamıştı.

"Baban peygamber olmuş, diyorlar. Bu işin aslı nedir?"

"Duydukların doğrudur." dedi.

As merakla onu dinlerken o devam etti:

"Vallahi sen de biliyorsun ki babam güvenilir ve dürüst bir kimsedir. Yalandan nefret eder. Boş yere konuşmaz. Onun doğruluğunu Mekke'de tasdik etmeyen var mı?"

"Ona hiç şüphe yok." dedi As.

Zeyneb durumu anlattı:

"Babama vahiy geldi. Cebrail ona gözüktü. O'na yeni emirler bildirdi. Sevgili babamın yüzünde şimdiye kadar hiç görmediğim bir nuru gördüm. Hiçbir yerde duymadığım bir koku duydum. O an, o hâli anlatamam."

Zeyneb'in samimi ve kararlı imanı As'ı çok etkilemişti.

"O'nun her hâli özeldir Zeyneb'im." dedi. "O'na inanmayan hüsrandadır."

Zeyneb cesaret almıştı. İri gözlerinde titreşen yaşlardan inciler döküverdi.

"Ey benim kalp yoldaşım!" dedi. "Değerli eşim ve çok sevgili efendim. Çilede, gamda ve her zorlu sıratta bize yol aldıran değil midir aşk? Bu muhabbet, bu bağlılık özde güzeldir, hoştur ama iş bu noktaya gelmişken yollarımız nice olur bilemem. Ben O'na uydum. Sen bu işe ne dersin?"

Ebu'l As sonsuza giden bir yolun dik ayrımındaydı. Ne yana döneceğini bilemezken Zeyneb ona yardımcı olmaya çalıştı.

"Biz inanıyoruz." dedi. "Ben de Müslüman oldum. Ebu Bekir, Ali, Zeyd. Ayrıca senin akrabalarından Osman ve Zübeyir de bu yolu seçtiler."

Ebu'l As'ın gözlerindeki sevgi kıvılcımları titreşti. Baş edemediği duyguların yoğunluğu altında:

"Vallahi baban bana göre kötü bir kimse değildir." dedi. "O 'Muhammedü'l Emin'dir. O şakadan bile olsa yalan yanlış söz konuşmaz. Ancak ben..."

Zeyneb'in yüreğine kaynar sular dökülüverdi. Gözü eşinin gözünde, ondan bir kelam bekledi. Ebu'l As içinin tüm duruluğunu ortaya koydu:

"Kureyş'ten çekinirim. 'Ebu'l As karısını hoşnut etmek için atalarının dinini terk etti' dedirtemem!"

Odaya sessizlik çöktü. İki gönül arasında ilk kez ayrı rüzgârlar esti. Ebu'l As en zayıf olduğu yerden yaralıydı:

"Biliyorum, baban doğru söyler ama ben ona uyarsam çevremdekiler beni kınarlar." dedi. "'Karısını hoşnut etmek için ata dinini terk etti' derler. Sen de bilirsin ki ben kavmime ve şerefime düşkün biriyim. Bunu asla dedirtmem!"

"O'nun doğru söylediğini biliyorsun, değil mi?"

"Elbette biliyorum. O'na hiçbir zaman karşı olmadım. Ama ben bu dine girersem senin için girmiş olurum."

As onu üzmek istemese de buna mecbur olduğunu hissetti:

"Ancak..." dedi. "Sana karışamam. Sen inancında hür ve serbestsin. Yeni dinin hayırlı olsun."

Zeyneb'in duru gölleri andıran engin gönlü bir anda bulanıverdi. Hayat arkadaşının her bir sözü halka halka büyüdü. O enfes, o lahuti yüreğini kurşun renkli bulutlar gölgelemiş olsa da hiçbir şey diyemedi. Gecenin derin sessizliğine farklı bir sükûtu gömdüler.

* * *

Gökyüzü sofrası açıktı her an. Vahiy akıllara sofra kurmuştu. Kutlu taamlar maide yüceliğinde iniyordu. Gerçek din dirilişteydi. Asırlık yoksulluğun koynunda yitip gitmiş güzellikleri geri döndürmek için varlardı. İbrahimî dini yeşertmek, tutup ayağa kaldırmak çabasıydı bu.

Zeyneb her baba ocağına gittikçe o kurulu sofradan nasibini alıyordu. Evine o nurlarla döndükçe eşinin gurur çöllerine akıtamadığı abıhayatı içine gömüyordu. Ümame'nin o yumuşacık toprakları andıran tertemiz yüreğine açıyordu bu sofraları.

Zeyneb yeryüzünde iman etmiş ilk genç kadındı. İlayı Kelimatullah'ın ilk kıvılcımlarını eşine taşıyordu. Çünkü onun yanlış yollara sapıp ebedî helak olmasını istemiyordu. Vahiy rahmet yağmurları gibi hiç durmadan yağıyordu. Yüce söz, ebed hazinelerinden çıkarılmış mücevherler gibiydi. Zeyneb, sevgili babasına gelen ayetleri gün gün ezberliyordu.

"Ey örtünüp bürünen (Peygamber)!

Şüphesiz biz sana (sorumluluğu) ağır bir söz vahyedeceğiz.

Rabbinin adını an ve bütün benliğinle O'na yönel.

Onların söylediklerine sabret ve onlardan güzellikle ayrıl.

(Ey Mekkeliler!) Şüphesiz biz size üzerinize şahitlik edecek bir peygamber gönderdik. Nitekim Firavun'a da bir peygamber göndermiştik.

Hâl böyle iken inkâr ederseniz, çocukları ak saçlı ihtiyarlara çevirecek olan bir günden (kıyametten) nasıl korunursunuz?

Şüphesiz bunlar bir öğüttür. Kim dilerse Rabbine ulaştıran bir yol tutar."

Müzemmil Suresi

Ebu'l As ter içinde. Yatağında hapis. Bir o yana bir bu yana dönüyor. Islak alnına yapışan uzun saçları yüzüne yapışıyor. Yastık taş kesmiş. Huzursuz, oradan oraya savruluyor. Zeyneb'in billurdan ince ve nazenin kalbini incitivermiş ya, bir kez işte o yüzden sancılı. Dinini terk edememenin acısıyla perişan!

Milletinin asırlık inançlarını bırakamıyor, fakat Zeyneb'e de müdahale etmiyordu. Zeyneb, iyi bir eş olarak onu mutlu etmeye çalışıyordu. Her yeni günle yenilenen ve her geçen günle barizleşen bir davanın iki ayrı mensubu olarak aynı sevdalı gönlü paylaşıyorlardı. Zeyneb, gökle yer arasındaki çetin sıratta ilk yürüyen sayılı kişilerden olarak ilk tebliğini can arkadaşına yapmıştı. Geceler boyu derin ama sessiz sohbetleri sürüp giderken As, onun anlattıklarını çok beğeniyor olsa da içindeki sesi susturamıyordu. Ebu Cehil'in, Ebu Süfyan'ın, Utbe bin Ebu Muayt'ın yüzleri gözünün önüne geliyor, sarf edecekleri sözler derin kuyulara atılan ağır taş kurşunlar gibi yağıyordu yüreğine:

"Abdüşşemsoğulları'nın şanlı yiğidi! Biz de seni erkek bilirdik. Meğer korkakmışsın. Karın için din değiştin. Atalarının dinini terk ettin. Yazık sana!"

"Hiç mi yüreğin yok? Bir kadının lafı üzerine dininden döndün."

"Dönme!"

"Hain!"

"Korkak!"

Bu duygu ve düşünceler içerisinde yüreğinden kopup gelen ilahi kelamı, ilahi şahitliği susturdu. Sustu... Hep sustu... Yine sustu Ebu'l As.

Yeni dine girenler her geçen gün artıyordu. Sessiz bir çoğalış vardı. Ve Kureyşliler bunun farkındaydı. Gizli gizli okunup yayılan ayetler, yeni yüzler, yeni şehadetler. Ortalık gergindi. Öfke ve kin dolu olanlar, müşrik cenahının önemli isimleriydi. Darun Nedve'nin söz ustaları, şairler, kâhinler, tacirler, falcılar iş başındaydı. Yeni dine göz açtırmayacağa benziyorlardı. Hain planlar, sinsi tuzaklar kuruluyordu. Ebu'l As bunları görüyor, olup bitenleri karısıyla paylaşıyordu zaman zaman. O gün akşam yine telaşlı bir gün yaşanmıştı. Müşrikler köşe bucak son peygamberi takip ederken o, damadıyla karşılaşmıştı. Aralarında geçen konuşma önemliydi. As akşam olup eve geldiğinde Zeyneb'ine anlattı:

"Bugün Kâbe'de babanla karşılaştım." dedi. "Bana davetini yaptı."

Zeyneb heyecanla yerinden kalktı. Hayat arkadaşının ellerinden tutarak gözlerinin içine baktı:

"Babamla ne konuştunuz?"

"'Sen kızımın kocasısın.' dedi. 'Sana tebliğ etmek benim görevimdir. Putlara tapma, leş yeme, içkiden vazgeç.' dedi. 'Kız çocuklarını gömmeyin. Putlara secde etmeyin.' dedi. Dediklerinde hilaf yok."

Yutkundu:

"Ama ben... Yapamıyorum. Doğrusu bu işte çok tedirginim."

"Nedir seni tedirgin eden As? Her şey gün gibi ortadayken bu evhamın niye!"

As bakışlarını yere çevirerek konuştu:

"O'na uyarsam 'Karısının yolunda gitti' derler. Kavmim ve itibarım..."

Sustu bir müddet. Önüne baktı. Ardından devam etti:

"Vallahi, baban yeryüzünün en seçkin ve en şerefli insanıdır. O, şakadan bile olsa yalan yanlış konuşmaz."

Sonra Zeyneb'in sürmeli ahuları andıran anlamlı gözlerine baktı.

"Sevgilim!" dedi. "Seninle aynı inancı taşımaktan ve seninle bütün güzel şeyleri paylaşmaktan ne büyük mutluluk duyacağımı bilirsin. Ancak bu durum farklı. Kureyş rüesası peşin hükümlüdür. 'Karısını hoşnut etmek için kavmini rezil edip atalarının dinini inkâr etti' demelerini istemiyorum! Beni anla ne olur!"

Genç adam başarılı bir tüccardı. Mekke eşrafında güvenilir bir kimliği vardı. Zeyneb'in babasından sonra en çok güvendikleri ikinci kişiydi As. Bu güveni tarumar etmek istemezken neleri kaybettiğinin farkında bile değildi. Elinde olmayan bir kavmiyetçilik ruhu vardı onda.

Kibir! Ah o haşin kibir Ebu'l As'ın başının belasıydı. Yenemiyordu bir türlü. Genç adamı vuran en büyük darbe bu kibriydi. Kendi ırkının kavim ve kabilesinin üstünlüğüne öyle bir inanmıştı ki aşamıyordu bir türlü. Benim kavmim, benim ırkım, benim milletim, benim asaletim, benim soyum, benim nesebim ve beni Tanrı'ya götürecek olan asil putlarım. Onun dünyası bundan ibaretti ama bu ifritten illetin farkında bile değildi. O sebeple doğruya ulaşamıyordu.

Zeyneb bunu bildiği için onu incitmeden konuştu:

"Ey benim yol arkadaşım!" dedi. "Sen ki benim hayat yoldaşım, ömür sırdaşımsın. Bilirim ki içinde saklı yangınların var. Ama bil ki o yangınları söndüren abıhayat, babama inen nurdur. Ondan mahrum kalman bana elem verir."

"Zeyneb'im!" deyiverdi. "Kavmime düşkün olduğumu bilirsin. Bu benim en zayıf noktam. Bu kavim tutkusu dem ve damarlarıma kök salmış. Söküp atamıyorum."

"Bu kibir ve itibar kaygısı sana yakışmıyor As." dedi Zeyneb. "Bu bir çeşit büyüklük alametidir. Unutma ki insan âcizdir ve kuldur. Kul ise biçaredir. Rahmanın huzurunda herkes eşit. Kimse kimseden üstün olamaz." Ve devam etti:

"Ey benim can güneşim!" dedi. "Nedir sendeki bu gurur? Bu inat, bu kibir ve bu isyan... Bırak bunları ne olur. Terk eyleyiver. İnadı bırak ve gururu kır artık. Nefsinin azgın ağzına, ümidin gemini vur. Bak o zaman ne güzel olacak hayat!

Ey benim can sevdam! Hayat dediğin uzun bir yol, insan ise o yolun kadim yolcusudur. Bir sonsuz yolda bize azık lazımdır As. Tedarikini iyi yap."

"Doğru söylersin ama gönlüme sözüm geçmiyor." dedi genç adam.

Zeyneb bir bahaneyle eyvana çıktı. Tutamadı kendini. As'ın bu direnişi karşısında çaresizdi. Gözyaşlarına hâkim olamadı. Uzun süre ağladı, hıçkırdı ama As'a belli etmedi. Yeni dinde zorlama yoktu çünkü. Ona bir şey diyemezdi. As'ı inancında hür bırakmaktan başka çare yoktu. Geceyi sabah etmiş gözlerle; güne yine nazik, yine edepli başlarken, gururu imanının önüne geçmiş bir insanla bir arada yaşamak nasıl olacaktı? Çok zor bir yol ayrımında olduğunu fark etti. Çetin bir sırattı onunki. Müşrik bir erkekle aynı yuvayı ve aynı hayatı paylaşmak kolay görünmüyordu. Kendisi Rabbine secde ederken, As Rabbiyle arasında putları elçi koymuştu. Onlara kurban kesen bir kocanın yanı başında; ayrı diller, ayrı yollar, ayrı bakış açıları içinde aynı yürek olabilmek nasıl olacaktı?

Odaya döndüğünde As, kendi dünyasının kıvrımlarındaydı. Dalıp gitmişken kucağında uyuyakalan Ümame'nin saçlarını kokladığının farkında bile değildi. Zeyneb yavruyu yatağına götürmek için eğildiğinde Ebu'l As:

"Merak etme." dedi. "Yolumuz ayrı olsa da yüreklerimiz birdir."

Bu çileli sınavda Zeyneb'in öyküsü derin ve çetin olacağa benziyordu.

Bir müşrikle evli olmak onun için güç olsa da dayanacaktı. Zor sırat, keskin bıçaktı yolu. Bu sebeple kederliydi:

"Bekleyeceğim..." dedi. "Son nefesime kadar bile olsa bir gün senin ağzından çıkacak o sözü bekleyeceğim."

Suskunluk zamanı tuttu. Hiçbir şey diyemedi As. Kalbinden ve kibrinden dudaklarına sadece bir kelime takılarak hapsoldu:

"Ah Kavmim! Ah örfler! Ah gelenekler! Ah ki bozamadığım ezberlerim var."

Her ikisi de o gece uyumadılar. Dargın, durgun ve kırgın sabahladılar. Muhabbetin "b"si değil miydi her derde "beli" dedirten? O yaman demin içinde, en zor basamaklardaydılar.

"Biz Kuran'ı sana güçlük çekmen için indirmedik."

Taha Suresi: 1-2

***

Safa Tepesi bir yeryüzü kürsüsüydü. Mekke coğrafyasının orta yerinde, Kâbe'nin hemen önündeki bu tepe, Hacer'in zemzem çağrısına mekân olmuşken, bu kez vahyin elçisine kürsülük ediyordu:

"Ey İnsanlar! Size mühim bir haberim var!

Ya Sabahah! Ey Kureyş topluluğu! Geliniz, toplanınız!"

Tüm gözler o yöne doğru çevrilmişti. Ne vardı, ne olmuştu böyle? Çok önemli bir şey olmalıydı. Mekke'ye saldırı mı vardı yoksa? Yakınmalar başladı. Bugüne dek oraya önemli bir haberi olanlar çıkmıştı. Öyle sıradan bir yer değildi orası. Kalabalık o yana doğru yürüdü. Kısa sürede kocaman bir insan çemberi oluşuverdi. Darun Nedve'nin düellocu lideri Amr, kalabalığı yara yara ilerledi. Kimdi O! El-Emin'in nurlu alnını görünce merakı ikiye katlandı. Bu bir savaş çağrısı mıydı? Kulak kabarttı. Net ve de gür bir ses, uğultulu serzenişleri yok ederek dalga dalga yükseldi:

"'Şu tepenin arkasında düşman var' desem bana inanır mısınız?"

Seslenenin El-Emin olduğunu görünce rahatlamışlardı. Güven dolu cevap verdiler:

"Sen bizim eminimizsin." dediler. "Elbette inanırız."

"Ey Kureyş topluluğu! Size, 'Bu dağın ardında veya şu vadide düşman atlıları var; sabaha veya akşama üzerinize hücum edecekler!' desem, bana inanır mısınız?"

O güne kadar kendisinden doğruluk dışında hiçbir söz duymadıkları El-Emin'e:

"Evet!" dediler. "Biz senin doğruluğunu tasdik ederiz. Çünkü şimdiye kadar sende doğruluktan başka bir şey görmedik. Sen yalanla itham edilmiş bir insan hiçbir zaman olmadın ki!"

Son peygamber bu ikrardan sonra Kureyş kabilelerinin her birine adlarıyla hitap etti:

"Ben size gelecek büyük bir azabın bildiricisiyim! Yüce Allah bana, 'En yakın akrabalarını ahiret azabıyla korkut' emrini verdi. Sizi 'Allah bir, O'ndan başka ilah yok' demeye davet ediyorum. Ben de O'nun kulu ve Resulüyüm. Eğer dediklerimi kabul ederseniz, cennete gideceğinizi taahhüt ve tekeffül edebilirim."

Onun kalpleri mest eden konuşması halkın hoşuna gitmişken, birileri rahatsız oldu. Makam mansıp sevdalıları bu işin bir nefis ve para mücadelesi olduğunu sanarak homurdandılar. Amr küfretti. Ebu Leheb dayanamadı. Eline aldığı taşı yeğenine doğru fırlattı. Köpürmüştü âdeta. Ağzında galiz sözle çıkıyordu:

"Helak olasıca! Bizi bunun için mi çağırdın?"

Kalabalık korku ve endişe içinde dağılırken Nedve liderleri bir araya geldiler.

O yüce sözün temsilcisiydi. Ona karşı çıkan, peygamber amcası bile olsa tedibini görecekti. İlahi kelam Ebu Leheb'in taş atan ellerinin bahtını açıklıyordu:

"Ebu Leheb'in! Zaten kurudu, mahvoldu. Ne malı fayda verdi ona ne kazandığı! O, alevli bir ateşe girecek. (Peygambere eziyet ve hakarette bulunan) karısı da (cehennemde) odun hamalı olarak (oraya girecek); boynunda bükülmüş bir ip (zincir) olduğu hâlde."

Hakaret ve saldırılar kat kat artıyordu. Cennet davetçisi El-Emin, halkını Rabbinin azabıyla korkutarak ebedî seyrangahlara çağırıyor, onlar ise Nuh Peygamber'in kavmi gibi kulaklarını elleriyle tıkıyor, taş ve sopalarla ona saldırıyorlardı.

Bu bir beka ve lika davasıydı. Âlâyı illiyin köşkleri ile Esfel-i safilin çukurları arasındaki dereceli yolculuğuydu. İki cenah konukları bir aradaydı. Vahiy kelamını duyup tasdik edenler ebedî cennetleri kazanırken, reddedip terk edenler ise sonsuz azaba doğru hızla koşuyorlardı. Son peygamber buna dayanamıyordu. Onları esfel-i safiline düşmekten, kıymetsizlikten ve abesiyetten kurtarıp âlâ-yı illiyine, kıymete, bekaya, ulvi vazifeleri yapabilme makamına çıkarmak istiyordu. Onlar ise inatla direniyorlardı.

Ebu Cehil namlı Amr, öfkeden mor kesilmiş, söyleniyordu:

"Vallahi, Muhammed'i secdede görürsem, boynuna basacak ve boynunu yerlere sürteceğim!"

Son peygamber bunu duyduğunda koşarak Mescid-i Haram'a girdi. Rabbi için dini emreden elçi yine onun için namaza durmuştu. Alak Suresi'nin nur saçan ayetlerini sonuna kadar okuyarak secdeye gitti:

Oradakiler:

"Ey Ebu Cehil! İşte, Muhammed!" dediler.

Gözü dönmüş cani, son peygamberin üzerine hamleyle ilerledi. Fakat o da ne! Gitmesiyle dönmesi bir olmuştu:

"Ne oldu?" dediler. "Neden döndün?"

Ebu Cehil korku dolu gözlerle:

"Benim gördüğümü siz görmüyor musunuz?" dedi. "Tam ona saldıracakken onunla arama ateşten bir uçurum girdi. Ona ulaşamadım!"

Yüce sözün sahibi Sevgili Resulünü koruyordu.

Ebu'l As bütün bunlara şahit olmuştu. Dayanamadı daha fazla. Teyzesinin yanına koştu. Onu her zaman olduğu yerde buldu yine. Şam'a gidecek kervanların denklerini ayarlıyordu. Yeğenini görünce memnun oldu.

"Hoş geldin As." dedi. "Buyur, içeri geçelim."

"Canım teyzeciğim!" dedi genç adam. Teyzesinin ellerine sarıldı. Birlikte evin bahçesine geçtiler. Ebu'l As sadık bir evlat gibi ona içindekileri döktü:

"Bilirim ki O, beklenen peygamberdir. Bu işin uzun zamandır farkındayım. Fakat..."

"Anlaşıldı As." dedi Teyzesi. "Ebu Talip'in kavim belası seni de sarmış."

"Anladın." dedi As. "Ben de onun gibiyim. Kavmime karşı ne diyeceğim? 'Karısı yüzünden din değiştirdi' dedirtmek bana çok ağır geliyor."

"Bu dinde zorlama yoktur evladım." dedi Hatice. "Sana tavsiyem, Ebu Talip'in girdiği yanlış yollara sapmaman. Kavim ve kabile belası sana çok şey kaybettirmeden bir kez daha düşün."

"Yapamıyorum." dedi As. "Ancak sizin de çok zor durumda olduğunuzu biliyorum. Kureyş'in soylu zenginlerinden olan Ebu Bekir, Osman ve Ömer Müslüman olduktan sonra tüm varlıklarını yeni dine hibe ettiklerini de biliyorum. Kureyş onlarla tüm ticari bağlarını kesti. Maddi desteğimle her an yanınızdayım. Ama din konusunda beni bağışlayın lütfen."

Teyzesi onun vicdani ahlakından haberdardı.

"Tahmin ettiğin gibi Müslümanlar güç durumda As." dedi. "Daha dün Yasir ailesinin başına gelenleri gördün. Köleler bu işe herkesten önce koştular. Çünkü eşitlik ve iyi muamele onlara ilaç gibi geldi. Onları satın alıp azat etmezsek daha nice Sümeyyeleri bu yolda şehit vereceğiz."

"Bu konuda elimden ne gelirse yapacağım. Gereken

maddi desteği ne zaman isterseniz size sağlayacağım teyzeciğim." dedi. "Sen merak etme."

Hatice onun bu civanmertliğine bir kez daha hayran kaldı. Fakat bu tenakuzdan ve aykırılıktan sıyrılıp çıkamaması onu korkutuyordu.

Bütün bunlar olup biterken son peygamberin damadının etrafını kuşatıverdi Nedve hükeması. Gururun yağlı urganından sıyrılamayacağını bildikleri için de onu en zayıf noktasından vurdular:

"Sen de bu işe evet dersen, bu soyun ve sopun adı yerle bir olur." dediler. "Yedi nesil bize küfreder. Ata ecdat bize davacı olur. Kavmini terk edeni terk ederler. Sürüden ayrılan kuzuyu kurt kapar As."

Evde ise su gözesi Zeyneb:

"O sıcacık ve tertemiz yüreğine kini, gururu bulaştırma." diyordu. "Vesvese çölüne sürme yüreğini. Şeytanın hain oklarına hedef olma, ne olur! Akıl almaz yokuşlarına sürmeden yüreğini; gel, gerçeğin sesini duy. 'La ilahe illallah' de. Bu iş için seni asla zorlayamam. Ama biliyorum ki senin fıtratın selimdir. Yüreğin bunu söyler. Ama nefsin ve gururun ebedî saadetinin önüne kement atıyor. Ona karşı koyamıyorsun. Sıyrıl bu urganlardan."

"Asla." diyordu As. "Ben atalarıma ihanet edemem. Kavmimi terk edemem. Putlarımı kıramam. Canımı iste vereyim. Ama bunu benden isteme!"

Ebu'l As direndikçe Zeyneb üstüne gitmedi. Çareyi suskunluğun derin ısısızlığına bıraktılar.

Onlar gözleriyle muhabbet ederdi. Birbirlerinin hâlini anlamak için bir bakış yeterliydi. Diller lal kesilse, kulaklar sağır olsa, el ayak hiçbir aza işlemese, bir tek göz buluşması ve hâl diliyle hâllenirlerdi. Bu pek az kişiye nasip olacak bir güzellikti. Bazı duygular gibi aşk da söze aşikâr olunca âcizleşirdi. Cezbesi gider, kelimeler kıymetini yitirirdi.

Ona göre kavmiyetçilik bir erdem yoluydu. As, ataları tarafından açılmış o yola isyan edemezdi.

"Atalarımın açtığı yolu kapayamam." diyordu. "Her kabilenin bir örfü, bir geleneği vardır. Ben arzularıma göre hareket edemem. Baban Muhammed'i (sav) canımdan çok severim ama kavmimi terk edemem!"

Vakti henüz gelmemişti. Ama peygamber kızı Zeyneb bir gün dahi eşine kızmadı, onu azarlamadı. Tersleyip uzaklaştırmadı. Ata ocağından aldığı edebi, hürmeti ve sevgiyi kıvamında ve ölçüsünde ikram etti. Eşliğini ondan esirgemedi. Şefkatin güçlü kollarıyla ve merhametin munis kıvılcımlarıyla kocasına hizmet etti. Onu güler yüzle karşıladı, dualarla uğurladı. Hidayeti için Rabbimize çokça yalvardı. Ama vazgeçmedi.

Artık gözü ve gönlü Ebu'l As'ın üstündeydi. Onun o selim fıtratı bu kadar müsaitti. Âşık yüreğindeki seslerle onunla konuştu hep.

Her defasında hitabı bir değişikti Zeyneb'in. Evlendikleri ilk günden beri gönül yoldaşına bir kez dahi ikinci hitabı kullanmamış kadın, sonsuz çağlayanlar gibi engin ruhundan taşan deryaları muhabbetin elmas incilerine dizmeye devam etti:

"Ey teyzem oğlu Ebu'l As!" diyordu.

"Helal kazancına haram katmamış As!

Yedi düvelde Arabın güveniliri Ebu'l As!

Selim yaratılışlı Ebu'l As!

Sağlam kalpli Ebu'l As!

Sıcak kalpli Ebu'l As!

Babam Muhammed'e ne de çok benzersin!

Onun gibi asil, onun gibi güven verensin.

Zaten senin de onun gibi güvenilirliğin tamdır.

Bir adın da El-Emin değil midir? Bir kadının en çok istediği, güvenilir ve yiğit bir erkeği eş olarak seçmektir. Sen benim güvenilir ve yiğit efendim oldun. Senden hiç incinmedim. Ancak senin yolunu bulman için elimden gelen her şeyi yapacağım. Cennetin revnaklı vadilerine seninle koşmak isterim. El ele ve yürek yüreğe ereceğimiz güzelliklere ulaşmak zor değil. Şunu bil ki sözlerim ne riya ne de gösteriştir. Senin için seçilmiş hakikat cümleleridir."

Ebu'l As bu gönül ahusunun yanında her defasında değişik renk ve kokuda şakayıklar dermeye devam etti. Muhabbetin "b"si şedit olsa da kara kışın fırtınası, koynunda bahar tohumları saklardı. Ancak As, tereddüt içindeydi.

Peygamber ocağında onun için edilen dualar vardı. Minik Fatıma; eniştesi ve kuzeni Ebu'l As için dualar ediyordu. O da ablası gibi aynı arzu içindeydi. Bunu, can babası ve bir tanecik annesi de çok istiyordu. Fakat değerli damadına baskı yapmadan, onu iradesinde serbest bıraktılar. O biliyordu ki Ebu'l As gibi güvenilir ve dürüst bir adam, eninde sonunda hak yolun çatısı altına girecekti. Bunun için her zaman yaptığı gibi yine sabır ve sükûnetle bekleyecekti.

Zeyneb aklı başında bir genç kadındı. Yaşı genç olsa da biliyordu ki iman sınanmaktı. Ve bu sınanma derecesi, kişinin iman gücüyle orantılıydı. Varlık içinde kulluk, kulluk içinde mümin olmak ve mümin olmak için de rıza makamı en son noktaysa o da sınanacaktı. Allah'a, peygamberlerine, kitaplara, meleklere, ahirete iman, nefsi o kadar zorlamasa da kadere iman yürek işiydi. İyi ve güzel anlarda kadere teslim olmak çok iyi, çok hoştu ama şer ve sıkıntı boyutunda bu iş o kadar da kolay gözükmüyordu. İmanın asıl gerçekliği o demlerde ortaya çıkardı ki adı rıza makamıydı.

"Sen diledin ve yaptın Rabbim" diyebilmek. "Hayırda ve şerde kaderine razı, emrine amadeyim" diyebilmek.

Ve göğüslemek ipi kinsiz, şikâyetsiz... Söylenmeden asla. Kelimelerin şirkâlûd tuzağına düşmeden. İsyana sapmadan ve saplanmadan!

Kulluk...

Zor sınavdı.

Bazen en yakınıyla sınanabiliyor olmak can yakıcıydı. Ateşten bir gömlekti sırtındaki Zeyneb'in. Çıkarınca üşüten, giyinince cayır cayır yandıran! Ayrı inançların, ayrı yolların, ayrı kolların, ayrı görüşlerin iki insanının bir çatı altında hayatı paylaşması kadar zor ne vardı şu yeryüzünde?

Zeyneb'in kadim çilesi, ümmetin kadınlarına ibretnüma bir name miydi bilinmez. Ama bilinen kadim gerçek şuydu ki: Peygamber kızı bile olsa kulluğun zorlu sıratından geçmeyen yoktu. Kulun buna mahkûm ve mecbur olduğu gerçeği miydi gözler önüne serilen? Müşrik çatılar, bakışlar, müşrik nefesler, müşrik kafesler...

Mekke'nin bilge muvahhidi:

"Seni bu şehirden çıkaracaklar." demişti.

"Evamuhricin vehum." demişti Nebiler sertacı. "Onlar beni çıkaracaklar mı?"

"O gün yanında olmak ve sana kol kanat germek isterdim."

Zeyneb'in yüreği titriyor. Ciğerine kılıçlar çekiliyor inceden.

"(İnsanları) Allah'a çağıran, iyi iş yapan ve 'Ben Müslümanlardandım' diyenden daha güzel sözlü kim olabilir?"

Fussilet Suresi: 33

Artık her sabah ve her akşam evlerde o söz vardı. Vahiy ile şirkin amansız mücadelesi. Katı kalplerin direnişiyle, iman taşıyan sinelerin görülmedik çilesi. Kin, gurur, öfke ve cehalet iç içe idi. Ebu'l As her şeyin farkında olarak bir yandan eşini teselli ediyordu:

"Gönül kıyılarımın sahillerinde açmış hoş kokulu kardelenimsin." diyordu. "Cansın bana. Sevdasın. Candan öte hayatsın. Ama anla beni." diyordu.

"Bu benim nefsime verilecek bir akit değildir ki ey sevgili!" derdi Zeyneb. "Bu senin ebedî helakinle ilgili davadır. Ebedi kazanmak ve ebedi kaybetmek kavli işin ucundayken ben seni ne şekilde anlayabilirim? Bunu sana yapamam."
"Atalarım benim için önemlidir. Onlara ihanet edemem."
"Sen Rahman'ın kulusun As. Hakka uyman elzem ve zaruriyken halkın seni övmesi bir değer ifade eder mi? Bunu bekleyemezsin... Ben Müslüman oldum, teyze oğlu. Daha dün dinini seçmesi için atasına danışmasını isteyen babama on yaşındaki Ali ne dedi biliyor musun?" dedi Zeyneb.

"Ne demiş olabilir ki!"

"Ey Amca!" dedi. "Allah beni yaratırken babama mı sordu ki, ben de O'na kul olmak için ona sorayım? Ben beni yaratana kul oldum ve onun peygamberine ümmet oldum." Ebu'l As hayretle:

"Ali bunu yaptı mı Zeyneb!"

"Evet." dedi genç kadın. "Ali böyle Müslüman oldu. Vallahi, sen de biliyorsun ki hakikat budur."

Kısa bir suskunluk girdi araya. Zeyneb devam etti:

"Annem, kız kardeşlerim, Ebu Bekir, amca oğlun Osman ibn Affan, dayının oğlu Zübeyr ibn Avvam da Müslüman oldular."

Ebu'l As:

"Zeyneb'im!" dedi iç çekerek. "Babanın dinine uyarken, benim atalarımın dininde kalmamdan doğacak durumları hiç düşünmedin mi?"

"Emir âlemin sultanından gelince hiç düşünmedim teyze oğlu." dedi. "Aksine, yeni dine herkesten önce girmeni çok istedim. Çünkü sende bir Müslüman'da olması gereken özellikleri görüyorum. "

"Ne gibi özellikler?"

Zeyneb hiç duraksamadan bir nefeste saydı:

"Her şeyden önce doğru sözlüsün. Yalan söylemezsin. Haklıya hakkını verirsin. Kimseyi incitmezsin. Başarılı ve çalışkansın. Merhametli ve mütevazısın. İnce düşünceli oluşun, kibar ve anlayışlı hâlinle herkesin gönlündesin. Her verdiğin sözü tutarsın. Kimseyi aldatmazsın. Cömert ve de cesursun. Daha sayayım mı?"

Gülümsedi Ebu'l As:

"Bir şey bırakmadın ki…" dedi. "Benim için ne güzel şeyler düşünmüşsün böyle!"

"Bu saydıklarım yüce Rabbimin emridir As. Yüce kitapta bu emirler var. Sevgili babam 'Din güzel ahlaktır.' diyor. Sen de ise bu var. Ah, bir de dilinle ikrar etsen. Geriye bir şey kalmaz."

"Kız kardeşin Rukiye'nin kocası ve amca oğlu Osman ibn Affan da davete icabet etti. Ama ben edemedim. Vallahi baban doğru yol üzeredir. Sevgilim, seninle aynı görüşte olmaktan daha hoş ve sevimli bir şey olamaz benim için. Ancak bu benim kör kuyum. 'Karısını hoşnut etmek için kavmini rezil etti. Atalarını inkâr etti.' demelerini istemiyorum. Elimde değil. Yapamam ki…" dedi. Aynı kalp ama ayrı hüzünlerle sabahladılar.

ZEYNEB'İ TERK EDEMEM

Kureyş köklü bir kavimdi. Birçok fena ve iyi hasleti bir arada bulunduran bu kavmin en fena özelliği kibriydi. Kınama, alay, intikam duygusu, içki, kumar, riba, eğlence düşkünlüğünde pervasız olmalarına karşılık, bazı özel huyları onlara asalet kazandırmıştı. Cömertlik, misafirperverlik, cesaret, anlayış ve ince duyuş... Bu özelliklerin tamamı Ebu'l As'ta olmakla birlikte çok ince bir şiirsel duyuşa da sahipti.

Zeyneb nazlı bir gül goncası. Aziz ve güzel… Babasının süsü. Işıltılı bir mücevher! Açılmadık bohçalarda gizli, her göze gözükmeyen kapalı bir hazineyken, bir tek As'a gönül bohçasını açmıştı.

Güneşi kuşanmış kadın, ışığın yedi renk ışıltısını As'ın ruhuna sunmuştu. Saygısı, edebi, nezaketiyle eşinin baş tacı olmuşken mütebessimdi hep. As bunu bilir ve şöyle derdi:

"Kadına yumuşaklık ne kadar da yakışıyor! Ama Zeyneb'imde bu vasıf başkadır."

Kadirşinastı bir başka deyişle. Aldığı ışığı fazlasıyla geri veren, mücevherinin binbir uç veren ışıltısını görebilendi. Fark edebilendi. Sezebilendi. Ama her ne hikmetse onun iman şulesine karşılık veremiyordu ruhu. Yansıtamıyordu. Bazı gecelerde onların sözü, sohbeti sabahlara dek sürerdi. Anlatır, anlatır da bıkıp usanmazdı Ebu'l As. Şiire dizerdi sözü:

"Vadi gelinciğim!" derdi. "Edepli bakışlarında kaybolurum. Sevgi ırmağı akan bakışlarında huzur bulurum. Doyamam, kanamam ki... Bakamam ki sana... Utanır, ufalır, toz olurum kimi kez. Nedir bendeki bu hâl!"

"Ben bir beşerim." derdi Zeyneb. "Ey Ebu'l As! Âciz bir kul için bu sevda ziyade gelir. Bakinin yolunu bulana; kul sevgisi deryada damla, devede kulak kalır. İyisi mi sen kelebek olmaya bak. Işığın ardına düş. Kalbini uçur ve kanadını gerçek aşkın ateşinde yak!"

"Korkuyorum." derdi As. "Bazen en değerli bir şeyimi kaybedecekmişim gibi bir his gelir içime. O sen misin acaba!"

Gecenin karanlık koynunda devam ederdi:

"Bazı geceler seni kaybetmek korkusuyla irkilirim. Bu nasıl hâldir bilemem... Baykuş sesleri arasında yapayalnız bedenimi kavrayıp savurasım gelir. Tam o sırada Yesrib güllerinin kokusuyla irkilirim. Benliğim yeniden doğar. Varlığın bana yaşama şevki verir."

"Güneşi kuşanmalısın As." derdi genç kadın gözlerinin geceyi delen yıldızlarıyla konuşarak. "Güneşi olmayan yürekler üşür ve üşütür."

"Kureyş her an tetikte. Yeni planları var baban için. Nasıl olacak bilemiyorum..."

Bunu duyunca birden irkiliverirdi genç kadın:

"Baykuş tüneklerinden uzak dur As. Seni yolundan ederler. Baykuşun vicdanı yoktur. Kulak zarı kapalıdır. Göremez de. Işığa düşmandır o. Baykuşla kelebek yarışamaz. Biri ışığa koşarken, diğeri ışığı düşman bilir."

Araya Ümame'nin su isteme anı girerdi. Zeyneb gül dalı elleriyle yavrusuna su içirirken As da onun sözlerinden su içerdi.

"Babam El-Emin ile annem Hatice arasındaki diyalog muhteşemdi. Onlar kederde ve sevinçte beraberdiler. Vahiy sürecinin sancılı geçişini el birliğiyle aştılar. Konuşur, dertleşir, istişare eder ve sonunda en doğru olanı bulurlardı. Onları örnek alsak ne güzel olur!"

As suskun, ıssız ve dalgasız denizler gibi kıpırtısız onu dinler, boynundaki nefis urganından sıyrılmaya çalışırdı. Genç kadın onu ata Ebu Talip'e benzetti. İkisi de bu yolun doğruluğunu bildikleri hâlde kavim ve kabile belasına tutulmuşlardı. Kavmiyetçilik bir sıtma gibi benliklerini sarmışken ne kadar yalnız ve ne kadar öznesiz idiler! Ebu Talip ile Ebu'l As... İki iyi, iki doğru, iki cömert ve güvenilir adam batıl ezberlerini bozmamakta ne kadar da katıydılar!

Ebu'l As, kavmi ile birlikte kalbinin ritimleri arasında kalmıştı. Zeyneb'inin iç ferahlatan tebessümü, bal renkli çöllerin kırmızı şakayığı gibi içini ferahlatırken, Kureyş'i rüzgârlar tarumar ederdi. Kör olası töreler yakasını bırakmıyordu.

Üşüyordu As. Pejmürde yalnızlığı içinde perişan! Zeyneb'in kederli kalbine tutunuyor. Çetin bir yol ayrımında. Hayatın rutin ezberi tarumar! El-Emin'in davası hak. Nasıl etsin, ne desindi! Bilemedi. Sustu... Hiç konuşmadı... Bir şey diyemedi... Ve yine sustu As.

Mekke sokaklarında dönüp dolaşan fısıltılar vardı.

Kötülük çağıran fısıltılar...

Kem... Kin... Kan...

Öç... Hınç ve linç kumpasları...

Utbe, Uteybe, Amr, Velid, Ebu Leheb, Ebu Süfyan. Muğire. Ümmü Cemil. Bir an boş durmuyordu hiçbiri. El-Emin düşmanlığı gitgide büyüyordu.

"Muhammed'i takip ediniz."

"Muhammed'i yalanlayınız!"

"Yollarına diken dökünüz!"

"Tenha gördünüz mü onu taşlayınız!"

"Kapısına kan izi bırakınız."

"Muhammed'in kızlarını terk ediniz!"

"Nişanlarını geri çeviriniz ki onların meşgalesi onu sıkıntıya sürüklesin."

Ümmü Cemil gece boyu dağdan odun taşıyordu. Dikenli çalıları El-Emin'in kapısına yığınak yapan bu kadın, iki peygamber çiçeğinin kayınvalidesi olacaktı. Namıdiğer "Odun Hamalı", oğlu Utbe'ye:

"Onun kızını boşamazsan başım başına haram olsun." demişti. Utbe, Resulullah'ın kızı Rukiye'den çarçabuk ayrılmış, Said ailesinden bir kadınla nikâhlanmıştı. Ardından da Uteybe, Ümmü Gülsüm'den ayrılarak bir başkasıyla nikâhlanmıştı. Bu hâl zahirde şer görünse de iki kız kardeş en büyük hayra kavuşarak o zalim ve katı insanlardan kurtulmuşlardı. Sırada Zeyneb vardı.

GÖZÜMÜ İSTEDİNİZ

Sevgili peygamber her şeyin farkındaydı. Masum yavrusunun derin derdinden haberdardı. O güne dek bir kez olsun damadını karşısına alıp ona baskı yapmamıştı. Akla kapı açıp, iradesini elden almamış oluşu dikkat çekiciydi:

"Müslüman olacaksın. Damadımsan buna mecbursun. Yapmazsân şöyle olur, böyle olur." dememişti. Bu tarz yaklaşımlar onun asil tarzına yaraşmazdı. Zira yeni dinde zorlama yoktu. Kişi kendi tercihinde hürdü. Son peygamber, davetini reddeden damadına kin gütmeden, sevgi ve şefkatle ilişkilerini sürdürdü. Kızı ile damadının mutlu yuvasının yıkılmasını istemediği için Rabbinden gelecek emri bekliyordu. Kimseyi kırmadan, incitmeden, gücendirip rencide etmeden yoluna devam ediyordu.

Ama Kureyşliler ondan çok farklıydı. Onlar barış değil, kavga yolunu seçmişlerdi. Bunu da sinsice ve hain planlarla yapıyorlardı. Güzeller güzeli peygamberi can evinden vurmak için akla gelebilecek her yolu deniyorlardı.

Allah'ın peygamberini üzmek ve ondan hınç almak için akla gelmedik yollara başvurdular. Son peygamberin damatlarıyla görüşmeler yapıyorlardı. O günlerde eşi boşamak kız tarafı için bir itibar meselesi olduğundan bu yolu denediler.

Vahiy cephesi komutanının damadını boş bırakmıyorlardı. Sözle, şamatayla, iltifatla, tahrikle onu sarmalamışlardı. As'ın en ince, en hassas damarından yakalamışlardı. Kavmiyet duygusunun cesur kahramanıydı As. Putlar, atalar, soy, sop, ırk, kavim her şeyden önde gelirdi onun için. Bunu iyi bilen Mekke Melikleri bir gece yarısı Ebu'l As'ı evinden çağırttılar. Ebu'l As her şeyden habersiz Darun Nedve'ye gitti. Mekke liderleri oradaydı. Velid bin Muğire, Amr bin Hişam, Utbe bin Rebia, As bin Vail, Ukbe bin Ebi Muayt, Ümmeye bin Halef...

Gizli bir toplantı içinde olduklarını görünce şaşırmıştı. İlk sözü başlatan Amr, namıdiğer Ebu Cehil oldu:

"Buyur!" dedi. "Hoş sefa geldin aramıza ey Mekke'nin yiğidi!"

Yer gösterdiler. As geçti oturdu. Gecenin bir yarısında, yüzlerde yalazlanıp sönen karanlık ifadelerden önemli bir görüşme olduğu aşikârdı.

Amr: "Ey As bin Rebi!" dedi. "Seni severiz. Hoşsun, güçlüsün, kararlısın. Kısacası erkeksin."

Ebu'l As bu tür gereksiz iltifatları oldum olası hiç sevmezdi. Ne olup bittiğini anlamaya çalışırken sözü Velid bin Muğire aldı:

"Çok önemli bir konuda bize yardımcı olmanı istiyoruz."

"Hangi konuda?" dedi As.

"Kayınpederin." dedi Utbe bin Rebia.

Bir anda soğuk rüzgârlar esti. Bahtanın Yavrusu işin nereye varacağını anlamıştı. Amr devam etti:

"Bize kaşı çıktı!" dedi. "Atalarımızın dinini terk etti. Hübel'i reddediyor. Uzza'yı, Menat'ı ve Lat'ı hiç sayıyor. Bizim de o yoldan gitmemizi istiyor. Olacak iş mi bu!"

"Sen içimizde bir tanesin." dedi Amr. "Yiğitlikte ve mertlikte bir tanesin. Akrabaya düşkünsün. Putlara laf ettirmezsin. Kureyş içinde sevilen ve sayılan birisin. Sana güveniriz." dedi. "İtibarlı, şanlı ve şereflisin. Kayınpederine uymayacağını biliyoruz. Bu senin sonun olur."

"Benden istediğiniz nedir?" dedi genç adam.

"Gel!" dediler. "Muhammed'in kızını boşa. Sana en güzel kızlarımızı verelim."

"Bırak Zeyneb'i!"

"Terk et Zeyneb'i!"

"Boşa Zeyneb'i!"

Peygamberin amcası Ebu Leheb:

"Oğullarım Utbe ile Uteybe ona en büyük darbeyi vurdular. Rukiye ile Ümmü Gülsüm'den ayrıldılar. Şimdi sıra sende. Haydi, göreyim seni!"

Utbe bin Ebu Muayt:

"Sen hayatında bir kez olsun yalan konuşmamış, özü sözü doğru, halkın itimadı ve güvenini kazanmış, güzel huylu, vefakâr birisin." dedi. "Kureyş'in hatrı sayılır iş adamlarındansın. Baban Rebia da soylu biridir. Hatrını sayar ve severiz. Bize yardım et!"

"Bak Ebu'l As! Sen akıllı bir adamsın. Atalarının dininden dönmeyecek kadar dürüstsün. Karın senin dinini terk etti. Boşa onu. Biz seni Kureyş kadınlarının en güzeliyle evlendiririz."

"Sen ki övücümüzsün. Bizi yere vurmadın. Muhammed'in davetine uymadın. Dinini terk etmedin. Bu yönünle de sana karşı müteşekkiriz."

"Sen ki eşi olmayan bir yiğitsin."

Soğuk rüzgârlar ikinci kez esiverdi. Amr işin ciddiyetini fark etmişti. Bir erkeğin en hassas noktası neyse oradan yakalandı:

"Sana hayır diyecek kadın tanımıyorum. Sana yok diyecek birisine bilmiyorum ben. Kim sana yok diyebilir ki!"

"Sözün özü nedir Amr, onu söyle!"

Velid dayanamadı:

"Aynı şeyi diyorum." dedi. "Zeyneb'i boşa. Senden başka bir şey istemiyoruz. Onu boşa ki El-Emin çaresiz kalsın. Onu boşa ki ıstırabı artsın."

As, ilk kez öfkelendi. Kulak uçlarına dek kızarmıştı. Öfke, utanç ve mahcubiyet dolu bir hâldi bu. Biricik Zeyneb'ine dil uzatacak cüreti nereden bulmuşlardı? Tepesinden aşağı kâh kaynar kâh buz gibi sular akıyordu. Şirk konseyinin karşısında kükremiş bir aslan gibi haykırdı:

"Siz ne diyorsunuz!" dedi. "Bana nasıl böyle bir teklifle gelirsiniz? Ne yaptığınızın farkında mısınız?"

Darun Nedve'nin orta yerinde ayağa fırladı. Her birinin tek tek gözlerinin içine bakarak:

"Siz benden canımı istiyorsunuz!" dedi. "Gözümü istiyorsunuz. Göz ışıksız olur mu? Zeyneb'le ben göz ile ışık gibiyiz. Canla beden gibiyiz. Tenle tırnak gibiyiz."

Sesinin tonunu yükseltti:

"Bir babanın hayatıyla, evli bir kadını cezalandırmazsınız. Hayır! Buna izin vermeyeceğim. Eşimden ayrılmayacağım. Başka hiçbir Mekke kızıyla da evlenmek istemiyorum. Hem zaten Zeyneb'e denk birisi de yok ki!"

Darun Nedve'nin duvarları buz kesti. Müşrik yüreklere mil çekilmişti. Ama her defasında genç adamın ateşli bakışlarında yanarken, buz gibi sözlerinde üşüdüler:

"Ona bedel olabilecek hiçbir kadın tanımıyorum." dedi.

Herkes irkilmişti. Darun Nedve'nin köhne duvarları As bin Rebi'nin sesiyle yankılandı:

"Allah'a yemin olsun ki, eşimden ayrılmam, onun yerine Kureyş'ten başka bir kadının eşim olmasını da istemem!"

Hışmı ile ayağa kalktı Rebi. Amr bin Hişam onu kolundan tuttu:

"Sakin ol!" dedi. "Teklifimizi iyi düşün." Ebu Cehil onun çetin ceviz olduğunu anlamıştı. Şarap dolu maşrapayı bir nefeste dikerken karınca yuvası gözlerle As'a bakıyordu:

"İç!" dedi kışkırtıcı bir ses tonuyla. "İçersen unutursun!"

Ardından hizmetçiye seslendi:

"As'ın kadehini büyük tutun!" dedi. "Ona gece şarabı sunun. Sunun ki kendine gelsin. O kendini kaybetmiş."

Ebu Leheb seslendi bu kez:

"Saki!" dedi. "As'ın şarabına sıcak su kat. Kat ki kadehin içinde Yemen safranı varmış gibi kıpkırmızı olsun."

Ardından genç adama seslendi:

"Denizini sakinleştir Ey As!" dedi. "Nedir sendeki bu inat? Malsa mal, kadınsa kadın... Bak Utbe'yle Uteybe'ye. Bir çırpıda sıyırıp attılar O'nun kızlarını. Senin elini ayağını bağlayan nedir?"

Ebu Süfyan fısıltı hâlinde Amr'a konuştu:

"Boşuna dememişler 'her hatibin dilinde hurma vardır' diye. As'ı ancak sen yolundan döndürürsün Ey Amr! Hiçbirimiz onunla baş edemedik."

"Hurma kuyudadır." dedi Amr. "Onu elde etmek isteyen ilk önce kuyuya bakar. Su kuyudadır. Kuyuyu sağlam tutarsan hurmaya ulaşırsın. Unutma, hiçbir hurma susuz büyümez."

"Kolay kolay bu işten vazgeçeceğe benzemezsin. En ileri görüşlümüz sensin Amr!" dediler. "Senin zekân, senin zekâvetin kuzgundan bile daha ileriyi görür."

"Sen yılmazsın!" dedi. "Âcizlik sana göre değil."

"Eee, acziyet ile yılgınlık evlenmişler, fakirlik doğmuş!" dedi Amr. "Acizlik yok. As bizim son kozumuzdur. El-Emin'in canı, ciğeri, tatlı yemişi Zeyneb elimizdeyken yapacak çok şey var."

"Arkandayız!" dedi Habbar. "Göze göz, dişe diş. Emret, biz yapalım."

"Sessiz olun!" dedi Amr. "Onu bana bırakın. Kinimi onun en yakınıyla kusacağım. Başına bela edeceğim As'ı. Yeminim olsun!" dedi.

Ancak Ebu'l As sağlam karakteriyle tüm oyunları akim bıraktı:

"Ben..." dedi. "Zeyneb'in tırnağını dünyalara değişmem! Boş kaprisler uğruna yuvamı yıkacak değilim. Gidin işinize! Ve bana bir daha bu teklifle gelmeyin! Şunu iyi bilin ki; ben karımı çok seviyorum, onun yerine hiçbir kadını koymam. İsteğinizi reddediyorum."

Darun Nedve'yi terk etti As.

***

O güne dek evin dışında esen Kureyş rüzgârları artık evin içindeydi. Mekke'de fırtına vardı. Ve bu fırtına şirk konseyi tarafından sergileniyordu. Vahyin pınarları gürül gürül akarken As ondan bir yudum içemese de... İçindeki inat, içindeki gurur, içindeki inanca dirense de Zeyneb'inden vazgeçemezdi. O hışım ile gecenin bağrına yürüdü. Gecenin rüzgârı upuzun saçlarıyla, simsiyah ridasını uçuştururken o evine, Zeyneb'ine yürüdü.

Zeyneb hâlâ uyumamıştı. Mekke'de olağanüstü bir hâl yaşanıyordu. Ortalıkta dönen planlar, sinsi tuzaklar, değil onu, tüm Müslümanları ayakta tutuyordu. Gecenin bir yarısı evine geldiğinde can paresine selam verdi. Zeyneb'in edepli bakışları, As bin Rebi'nin göz bebeklerine takıldı. Bu derin bir sorgulamaydı. Ama zorlama yoktu bu bakışlarda. Sadece anlama arzusu vardı. "Birlikte geceyi delip güneşe koşacağız. Issız çöl gecelerinde yetişen cılız bitkiler değil, aşkın gülşenleri ısıtacak yüreğini. Unutma!"

Gecenin kara bağrında yatağına uzandı As. Derin sorgulamalardaydı. "Zeyneb'in tek tırnağını hiçbir Kureyşli kadına değişmem" demişti ya, yüreği rahattı. Aşkına söz ettirmezdi. Mahremiyetine dil uzattırmazdı.

As eve geldiğinde suskundu. Zeyneb sıkıntılı bir hâlin olduğunu anlamıştı. Usulca yanına sokuldu:

"Ne oldu can yoldaşım? Bir şeye sıkılmış gibisin..."

Ebu'l As derin bakışlarını boşluğa dikerek konuştu:

"Seni boşamamı istiyorlar." dedi acı bir gülümsemeyle.

Zeyneb'in gece yıldızlarıyla dolu gözleri önüne çevrildi. Masum bir iç çırpıntısıyla konuştu.

"Sen neye karar verdin?" dedi her şeyi göze almış bir ruh hâliyle.

Ebu'l As çok sonra toparlandı:

"Benden ışığımı istediler. Gözümü, ruhumu, kalbimi istediler; ben de yok dedim." dedi net bir tavırla.

"Bu konuda serbestsin can ışığım." dedi Zeyneb. "Amcam Ebu Leheb, o dediğini yaptırdı. Rukiye ile Ümmü Gülsüm iki gül fidesi gibi baba ocağındalar. Ama her şerde bir hayır var. Biz onlar için sadece dua ederiz."

"Sensiz olamayacağımı sen de biliyorsun Zeyneb. Beni onlarla kıyaslama."

"Seni bilmez miyim As? Biz bugüne dek birbirimize hiç küsmedik, gücenmedik, acı söz sarf etmedik. Elbette bizim hâlimiz başka."

Ebu'l As, Zeyneb'i teselli etti:

"Dünya bir olup üstüme gelse, yine de senden vazgeçmem. Saçının bir teline zarar verdirmem. Kimseye söz düşmez. Biz bu gönül bahçesini hep sevgiyle sulayıp, sabırla yeşerteceğiz."

"Aşka tende değil, canda dokunanlar billur kaynaklara kavuşurlar." dedi Zeyneb.

As dalıp gidiverdi usulca:

"Küçükken sık sık sizin eve gelirdim. Tarif edemediğim bir huzur ve tatlılık vardı o evde. Sanki damağıma Basra balı çalınmış gibi olurdu. Çok sonra anladım o farklılığın nereden geldiğini."

Zeyneb merak etmişti:

"Neredendi peki?"

"Evinizde bir muhabbet gülşeni vardı. El-Emin ile teyzem Hatice'nin arasındaki muhabbet hiç tükenmezdi. Onların sözü, sohbeti hiç bitmezdi. Saygı dolu hâlleri, muhteşem beraberlikleri beni çok etkilerdi."

Gecenin koyu saçları darmadağındı şimdi. Şehir derin rüyalarda yıkanırken onlar maziyi yâd ettiler:

"Kureyş, teyzemi dışlamıştı. 'Hatice!' diyorlardı, 'Bizle değil de neden onunla evlendi? Dünyayı ona dar edeceğiz.' Ama onlar aldırmıyorlardı. Aralarında güçlü bir akım vardı. Adı aşk olan, sevgi, merhamet, sadakat olan güçlü bir akım. Çocuk aklımla onu hissetmiştim."

Ebu'l As gece karası gözleri gecenin bağrını delerken içini döküyordu:

"Çocuk aklımla kendi kendime bir söz vermiştim."

"Ne sözü?"

"Büyüyünce onlar gibi olacaktım. 'Öylesine sevgi dolu, aşk dolu, vefa dolu sevgi gülşeni bir yuva kuracağım' demiştim."

"Bunu ben de çok isterdim. Tıpkı onlarınki gibi bir yuva! Öyle bir ilişki! Öyle bir cennet!"

"Sen meraklanma hayat güneşim!" dedi As. "Onlar gibi, biz de zoru başaracağız. En deli fırtınalara sırt sırta dayanacağız."

"Onlar gibi can güneşim, onlar gibi..."

O güne dek hiç görülmedik gece rüzgârları esiyordu Mekke'de. Sıcak, boğucu ve uğultulu... Eyvandan kalkıp el ele yürüdüler. Uyumak için içeri girdiklerinde çok uzaklardan gece kuşlarının ve çöl çakallarının sesleri duyuluyordu. Rüzgârın haşin homurtusu ise hâlâ şehrin üzerindeydi.

Ertesi gün Mekke'de her köşede bu olay konuşuldu. Haberi Hatice'ye verdiler:

"Ey Hatice!" dediler. "Kardeşinin oğlu ne yapmış duydun mu?"

"Ne yapmış?"

"Kureyş'in büyükleri bu gece Ebu'l As'ı yanlarına çağırmışlar. Ona bir teklifte bulunmuşlar."

"Ne teklifinde bulunmuşlar?"

"'Muhammed'in kızını bırak, biz seni Kureyş'ten istediğin en güzel kadınla evlendirelim.' demişler."

Hatice daha önce iki kızının başına gelen tatsız olayı hatırladı. O, bu uğurda her çileye göğüs germişti ama iş ciğerparelerine gelince durakladı:

"As bin Rebi'nin cevabı ne olmuş peki!"

"'Hayır, vallahi ondan ayrılmam!' demiş. 'O, en hayırlı bir eştir. Göz ışıksız olur mu?' demiş ve orayı terk etmiş."

Hatice biricik yeğeninin cevabına bir hayli sevinmişti. Olayı efendisine anlattı. El-Emin damadının bu tavrını takdir etmişti. Vahiy evinde sevinç vardı. Vahiy evinde huzur vardı. Vahiy evinde sekinet ve meveddet vardı. Bu güzellikler içinde müşriklerin attığı kıvılcımlar yanmadan sönüyordu. Zeyneb baba ocağına uğradıkça Hatice onun hâlinden, derdini anlayarak:

"İnsanı kazanmak zor, kaybetmek ise çok kolaydır, kızım." derdi. "Sakın kederlenme. Sabırlı ol ve Allah'ına dayan. Bak o sana ne kapılar açacak... Sabrı bilen kullar için sabır sarayları kurulacak Zeyneb'im. Buna dair Rabbimizin vaadi var. Hem unutma ki sabır kupkuru bir suskunluk değildir. Sabır, derdin içindeyken onu verene şükürle yönelebilmektir. Sabreden kullar için sabır sarayları kurulmuştur. Unutma!"

Zeyneb sabırla tebessüm ederdi:

"Merak etme anneciğim." derdi. "Bana düşen, Rabbimi razı edebilmek. Onu razı ettikten sonra tüm dünya küsse de önemi yok. As'ın hassas yüreğine cennet çiçekleri sunmak, yüreğine dokunmak isterim. Sen yeter ki duandan ayırma!"

"Zulme uğradıktan sonra, Allah yolunda hicret edenleri, and olsun ki, dünyada güzel bir yerde yerleştiririz. Âhiret ecri ise daha büyüktür."

(Nahl Suresi: 41)

Sene 615 yılına vardığında müşrik ezaları dayanılmaz bir hâl almıştı. Müslümanlar o şehirde barınamıyorlardı. Son Nebi, Müslümanların uzak ülkelere göç etmelerine izin verdi.

Müslümanlar Habeşistan'a hicret ettiler. Toplam on iki erkek, dört kadın olmak üzere, on altı kişi Mekke'den gizlice ayrılarak Kızıldeniz'in kıyısında birleştiler. Oradan kiraladıkları bir gemi ile Habeşistan'a göç ettiler. İçlerinde Ebu'l As'ın amca oğlu Osman ile eşi Rukiye, Zübeyr b. Avvam, Abdurrahman b. Avf ve Abdullah b. Mesud gibi muhterem zatlar da vardı. Zeyneb kız kardeşini doya doya kucaklayarak uzak diyarlara yolcu etmişti.

Her yerde aynı konu, aynı tartışma vardı. Müslüman müşrik çatışması! Son Nebiyi can evinden vurmak isteyenler, büyük damat Ebu'l As'ı Zeyneb'den ayıramayınca, işe fitne fücur tohumlarıyla devam ettiler. Acayip sözler, tuhaf yalanlar, akla hayale gelmez kumpaslar içinde yeni tezgâhlar vardı şimdi.

Dedikodular alıp yürürken Hind, cariyesi Neda'yı Zeyneb'in yanına gönderdi. Zeyneb yuvadan aldığı terbiyeyle ayrım yapmaz, karşısındakine her şeyden önce insan olduğu için değer verir, öyle muamele eder ama asla yüz göz olamazdı. Düzeyli bir ilişki ve dostane bir muhabbetle karşıladı Nada'yı. Genç köle sözü söze katıp ansızın getiriverdi Zeyneb'in önüne:

"Ebu'l As seni boşayacakmış, doğru mu?"

Zeyneb sorunun nereden ve ne şekilde sorulduğunun farkındaydı:

"Evlilik kolay bitirilecek bir dava değildir Nada." dedi. "O sonsuza dek sürecek bir yol arkadaşlığıdır. Her ortamda ve hâlde birbirine sahip çıkma güzelliğidir. Birbirini yere koymama, incitmeme, heder etmeme inceliğidir. As böyle bir şey yapmaz."

"Ama o Müslüman olmadı." dedi.

"Öyle bile olsa vefayı elden bırakmamak gerek. İyiliği yâd etmek, fenalığı örtmek gerekir, değil mi Nada? İnsandır bu. Hatadan hali olmaz. İşte bu hâllerde toprak gibi olmak gerek. Kabahatler toprağın altında saklanmalı. İyilikler ise kır çiçekleri gibi zemin yüzüne yayılıp serpilmeli."

"Sözlerin çok anlamlı." diyebildi genç köle. "İlk kez duyuyorum bütün bunları."

Zeyneb onun da diğerleri gibi birçok güzellikten habersiz olduğunu anladı:

"Kadın olmak incelik ister, hayâ ister, edep, terbiye ister Ey Nada! Sevmek, sevilmek boyun borcumuz. Gayrısı bize yakışmaz. Biz bu işe ezelden yazgılıyız. Çünkü insandan da öte, kadınız."

"İnsandan da öte kadınız ha, bu nasıl söz böyle!"

"Hamlimize insan bahşedilmiştir Ey Nada! Kulun terbiyesi ilk bizde başlamışken; merhameti, şefkati, nezaket ve nezafeti anne rahmi denen o daracık alanda öğrenir insan. İnsanın ilk yolculuğu bizde başlar. O sebeple anne yavruyu canında aziz bilir. Onun içindir ki yavruyu binbir acının verasında dünyaya bırakır. Çünkü doğum sancısı can çekişme dehşetiyle birdir. İnsan da bunun için azizidir. Onu incitemeyiz."

Cariye şaşkındı. O güne dek evliliği böylesine benimseyen biriyle ilk kez karşılaşıyordu. Zeyneb'in ince sözleri kulaklarından kalbine serin ırmaklar akıtırken tatlı bir âlemdeydi:

"Hayatı çok yönlü tadabilmek, gamı sabırla savabilmek güzeldir. Selamet yurdunun sakinlerine selam olsun!"

BOYKOT GÜNLERİNDE SU İÇEMEMEK

Zeyneb, annesinin kızıydı. Ev işi, el becerisi, tertip, düzen, anlayış ve şefkatiyle kadın olmanın zirvelerindeydi. Yuvadan aldığı üstün görgü ve terbiye ile evi çekip çeviriyor, huzuruna gölge düşürmüyordu. Ancak her geçen gün duyduğu yeni olaylar, içini kanatıyordu. Babasına, annesine, kardeşlerine ve din kardeşlerine yapılan eziyetlere dayanamıyordu. Müşrik hanelerden birinde gelin olarak bulunuyordu. Dini ayrı olsa da onlarla aynı ortamdaydı. Müslümanlar için kurulan tuzaklar, sinsi fısıldanmalar, hain bakışlar, tuhaf davranışlar sürüp gittikçe kalbi kanıyordu. Ebu'l As her ne kadar uzak dursa da onu rahat bırakmıyor, bir şekilde işin içine çekiyorlardı.

Haberi kız kardeşine Zeyd verdi. Zor bir sırattı ama buna mecburdu. Zeyneb'in yanına gittiğinde henüz pişirdiği sıcak ekmeklerden ona ikram etti. Zeyd mahzundu:

"Kardeşim..." dedi. "Annem Hatice'nin selamı var. 'Bizi merak etmesin' diyor. Müşrikler, Müslümanlara göz açtırmıyorlar Zeyneb. Bir an boş durmuyorlar. Gayeleri bizi canımızdan bezdirmek. Her an bir hakaret, bir saldırı. Bizi yıldırmaya çalışıyorlar. Her şeyden önemlisi O'na bir şey olmasında korkuyoruz. O sebeple Şib vadisine taşınıyoruz bu günden sonra. Bizimle her türlü alışverişi kestiler. Vadiye yiyecek, içecek ve giyecek sokmuyorlar. Kimseyi bırakmıyorlar. Dışarıdan içeriye kuş uçurtmuyorlar. Bugünden sonra ailenle görüşemeyebilirsin. Haberin olsun Ey Zeyneb..."

Zeyneb'in gül rengi uçuvermişti. Yüreğine sivri uçlu oklar saplandı. Canı babası, annesi, kız kardeşleri, müminler; her biri göz önüne geldi tek tek. Yakın bir alanda onlarla ama hepsinden uzak kalmak, onları görememek ve görüşememek fikri içini yalazladı. Şib vadisini iyi bilirdi Zeyneb. O sıcak ve kurak vadide ve yokluk içinde nasıl yaşayacaklardı? Gözyaşları gül yanaklarını yıkarken baba evine koştuğunda, onlar çoktan göçüp gitmişlerdi. Gurbetin ve acının ilk zarı delinmişti artık. Bu belki de sonsuza dek sürecek ayrılığın ilk rüzgârıydı.

O gece ve ondan sonraki gecelerde Zeyneb hep Şib'de yaşıyor gibiydi. Sanki Şib'de sabahlıyor, orada akşam ediyordu. Bedeni ayrı olsa da ruhu ve aklıyla onların yanındaydı. Bu kadim çileye o çok başka bir boyutta katlanıyordu. Ebu'l As'ın kurulu sofraları boğazına dizildi. Aklı, fikri, ruhu her an onların üzerindeydi. Çaresizlik, bir şey yapamamak ve eli kolu bağlı kalmak azaptı. Bazı geceler uykusu kaçardı Zeyneb'in. Onları düşünürdü hep.

Şib'in kırçıl kumulunda kara kıl çadırlar kurulmuştu. Onlar bir adanmışlık hikâyesinin sadık kullarıydı. Günler, haftalar, aylar akıp giderken, açlık ve kıtlık feryatları genç kadının içini delmeye başladı. Gece boyu göklere ahlar ve figanlar yükselirken, Zeyneb müşrik çatılar altında gözyaşı sofrasındaydı. Taamı ise gözyaşı ve acı... Gözünün nuru babasının açlıktan karnına taş bağladığını biliyordu. Nasıl yesindi Zeyneb? Ebu'l As'ın mükellef sofralarına nasıl otursundu? Suya kanamıyordu Zeyneb, su içemiyordu. Zamansız, acımasız ve gaddar bu sürülüşte anne-kız birbirlerinin hasretiyle yandılar. Şib'in gözetmeni Amr oraya kimseyi sokmuyordu:

"Vadiye kuş uçurtmayın!" diyordu. "Bu cenahtan oraya girecek olanın kellesini biçerim."

Kalbi Şib'de atan, ruhu Şib'de titreyen genç kadın, imanın bihemta lezzetini bildiği için teselli buluyordu. O biliyordu ki; Şib'de açlık olsa da dingin gönüller ve meskûn ruhlar mesuttu. Cana bedel bir sevdanın çilekeşlerine maide sofraları kurulmuştu. Biliyordu ki Zeyneb, Allah'ın peygamberinin sofrasında gönlü doyanların bedeni acı çekmezdi. Vahyin yüce sofrasından her gönüle ziyafet vardı. Şib, mesut ruhların mekânı. Açlıkta bile ruhani lezzet ve tokluk var. Varsın bedene takılanlar bunu öç sansınlar. Şib'de aşk var. Şib'de oruç var. Maide sofraları var. Şib'de yakası açılmadık sırlı nevbaharlar var.

Din için katlanıldı. O uğurda aç, o uğurda susuz kalmak Zeyneb için zül değildi. Şib'de sürgün babası, annesi ve kardeşleri ile diğer Müslümanlarla kalmaya razıydı. Akıp giden gözyaşlarına ket vuramıyordu. Ama bir müşrikle evli olmak buna el vermiyordu. Vadiyi saran koyu gri taşların üzerinde konuşlanmıştı yüreği. Akşam oldu mu vadiden yükselen açlık iniltileriyle kıvranırdı Zeyneb. Bir şey yapamama, inancını bir başına yaşama sancısıyla baş başaydı. Birçok gece sayıklardı Zeyneb:

"Baba! Babacığım

Anneciğim

Fatıma

Rukiye

Ümmü Gülsüm

Neredesiniz!"

Sesine uyanırdı Zeyneb'inin. Teselli ederdi onu As. Yatıştırmaya çalışırdı. İşte o anlarda Zeyneb'in acısı ikiye katlanırdı da bir şey diyemezdi. Öyle zamanlarda Ebu'l As'ın merhamet dolu yalvarışlarına şaşardı:

"Ağlama Zeyneb'im." derdi. "Bugünler de geçecek."

Devası derdinin içinde saklı bulunan bir sevdanın kadınıydı o. Ayrılığın hüznü ile doluyken olup bitenleri her akşam eşinden haber alıyordu. İçi yanıyor, kalbi titriyordu ama elinden bir şey gelmiyordu. Bunun için Zeyneb geceler boyu duadaydı. Ciğeri yanarken gözünden akıp giden yaşlar Ebu'l As'ı incitse de, Şib'de inleyen yavruların acısına çare olamıyordu. Onunla birlikte Şib'de aç ve susuz kalmayı ne kadar çok isterdi... Yeter ki As, imana kavuşsun. Ama onda en ufak bir kıpırtı göremiyordu. Çaresizdi. Canına can verecek kadar kendine bağlı ama bir o kadar yeni dinden uzaktı, eşi için hiçbir şey yapamıyordu. Sabır, yine sabırdı payına düşen. Dualarına, dualar katacaktı Zeyneb...

Eşi ile dini arasında kalmıştı. Bir yanda onu canından seven, ayrılıp gitmesine asla izin vermeyen Ebu'l As, öte yandan feleklerin nuruyla yaratılıp döndüğü, dünya ve ahiretin tek efendisi, biricik göz bebeği babası. Canı, ciğeri babası her şeyden önde gelirdi. Ancak o kız evlattı. Başka isimlerle künyelenmişti. Baba yurdundan çıkmıştı bir kez. Geri dönemezdi. Bu muhasara görülmedik bir çileydi. Ölüm ve esaret kampıydı. Oraya gitmek istedi ama sokmadılar Zeyneb'i. Sevdikleri Şib çölünde, Zeyneb ise şirk yurdunda aç ve susuzdu.

Uyuyamıyordu.

Duramıyordu.

Hele de su!

Doya doya içemiyordu...

ANNE ACISI YÜREK SIZISIDIR

Şefkat ve nur... Zeyneb'in anne kavramında bu iki hece vardı. O hem anneydi hem arkadaş hem sırdaş, can yoldaş, şefkat güneşi. Merhamet ocağı, sağlam kale... Anlatamazdı ona olan sevgisini. Şib'de çektiği açlıkları. İniltisini. Sızısını, kıtlığını. Bir zamanlar Şam'ın, Hire'nin ve Yemen'in en has kumaşları, en değerli mücevherlerinin önüne açıldığı kadın, şimdi Şib çölünde açlığa mahkûmdu ve bunu seve seve çekiyordu. Taş yataklara serilmiş yatıyordu annesi. Onu göremiyordu ama haber almıştı Zeyneb. Koca bir üç yıl, o da onlarla aç, susuz ve takatsiz kalmıştı. Ebu'l As üstüne gözü gibi titrese de ruhunu ısıtamıyordu genç kadının. Bir yandan eşinin katı kavmiyetçiliği, öte yandan Mekke'de ailesinden uzak ve ayrı yaşamak zorunluluğu. Ne katmerli çileyle doluydu günler...

Anne candı. Candan da öteydi.

Anne gözdü. Yokluğunda dünya görünmez olurdu.

Annesizlik ise bir harlı közdü ki, ciğerler yakar, tutuştururdu.

Dağdı anne, sırtını yasladığın. Güneşti, kucağında ısındığın. Arkadaştı... Sırdaştı... Yoldaştı anne. Evlat için her şeydi. Bir evlat ancak annesini yitirince çocukluktan çıkardı. Zeyneb'in de arkasındaki dağ çekilivermişti o gün. Güneşi sönüvermişti. Gözü görmez, özü hissetmez olmuştu. O, Zeyneb'in annesiydi. Can paresiydi. Yüzüne hasret kaldığı sevgili annesini çok özlüyordu.

Şevvalin ilk hilali gözüktüğünde çok acı bir haber almıştı Şib'den. İlk önce can paresi annesi Hatice'nin çok hasta olduğunu duymuştu. Yanında olamamak, elini tutamamak, gözüne bakamamak ne kadar zordu! Akıp giden gözyaşlarına ket vuramıyordu. Öyle anlarda minik Ümame koşarak gelir, annesinin gözyaşlarını silerdi minik elleriyle:

"Ağlama anneciğim!" derdi. "Ne olursun ağlama artık..."

Zeyneb gözyaşlarını göstermese de Ümame'nin zeki bakışlarından gizlenemezdi:

"Neden ağlıyorsun anneciğim?"

"Bir haber aldım Ümame'm, ona dayanamadım."

"Neden? Dedeme fenalık mı yapmış birisi?"

"Annem Hatice ile ata Ebu Talip günlerdir hasta yatıyorlarmış. Az önce bir haber daha aldım yavrum. Ata Ebu Talip de, annem Hatice de bu dünyadan göçmüşler."

Minik Ümame'nin çenesi titredi. Anne kız sarılarak ağlaştılar.

Zeyneb ancak kabristana gidebildi. Hacun kabristanına. Hasretini orada giderdi annesiyle.

HÜZÜN YILI

"Anne yüzü hiç unutulmayacak bir yüzdür."

Hz. Muhammed Mustafa (sav)

618 yılının o Ramazan'ı hüzünle sona ermişti. Mekke'nin iş kadını, gül-i reyyanı, Mekke'nin reyyan gülü. Mekke'nin asil kızı... Mekke'nin hanımefendisi, Şib'in seyyidesi acıya daha fazla dayanamamıştı. O artık yeryüzünde yoktu. Dünya yüzünden ayrılmıştı. Başka bir âlemin mensubuydu. Ata Ebu Talip'le üç gün arayla git-

mişlerdi dünyadan. Allah'ın peygamberi en büyük, en acı imtihanı peş peşe yaşamıştı. İki sevdiği insanı ardı ardına kaybetmişti. Öyle ya! En büyük acılar ilk önce peygamberlere gelmiyor muydu? O ise peygamberler peygamberiydi. Ata Ebu Talip'in iman getirmeden ayrılışı onu çok üzmüşken, hayat arkadaşının yokluğu onu çok incitmişti. Hâlinde saklı bir hüzün vardı. Hatice'siz bir dünyaya alışmak kolay olamasa da nur tanesi kızlarını koruyup gözetmek durumundaydı. Sorumluluğu şimdi iki kattı. Hatice yok, Ebu Talip yoktu artık.

Hatice'sini Şib'in sivri uçlu taşlarla kaplı zemininde; sırtında yamalı ve bozarmış bir entari, aç bir mideyle yolcu etmişti. Zeyneb'in baba ocağında hüzün vardı. Öylesine muhteşem bir anneyi kaybetmenin kederiyle tutuşurken, Şib'in katı kuralları da üç yılın sonunda kalkıvermişti. En evvel babasına koşmuştu Zeyneb. Günler günü ve yıllar yılı onu uzaktan görebilmek, kokusunu solumak, nur yüzüne bakmak hasretiyle tutuşmuş kadın, iğne iplik incelmişti. Kardeşlerini kucakladı. Evin işlerini idare etti Zeyneb. Dadı Ümmü Eymen gözyaşları içinde onu kucaklarken:

"Sen..." demişti. "Hatice'den sonra 'Hatice'sin."

Babasını yalnız bırakmıyordu. Bir evine, bir baba ocağına koşuyordu Zeyneb. Annesinden kalan tüm görevleri devralmışken, bir yanda amber kokulu peygamber babası, vadi kardeleni gibi tertemiz ve öksüz kız kardeşleri, öte yandan kendi evi yavruları ve en büyük derdi Ebu'l As'ın yenilemez, yutulamaz, kırılamaz ve bir kartopu gibi gitgide büyüyen inadıyla yaşıyordu. Sabrı kuşanmıştı. Artık o iki evin tek Hatice'siydi. Zeyneb o günlerde yirmi yaşlarında gencecik bir hanım olarak baba evinin tüm hüzünlerine ortaktı.

Beşinci Kadim Anlatıcı: Yine Bereke

O günlerde vahiy yuvasının bir şahidi, o mutlu ocağın yaşlı bir emektarı vardı. Adı Bereke'ydi. Son peygamberin dadısıydı. Acı tatlı ne günler, ne olaylar yaşamıştı onunla... Vakur bakışlarını örten o buruşuk göz kapakları ne sırları kapatmıştı ki her biri ilham dolu, tecelli dolu idiler. O günleri bize anlatıver dense, belki de şöyle diyerek anlatacaktı yaşlı dadı.

Bu kadim öyküde onun gözlemi neydi? Kalemin sırlı kelamıyla onu dinlemek ne güzeldir...

BEN Kİ BEREKE'YİM

Ben Ümmü Eymen. Bereke'dir diğer adım. Ben Arabın çöl kadını, Kureyş soyunun has kölesiyim. Benim yurdumda insanlar tabii yaşarlar. Bedevi hayatı sürerler. Geceleri yürür, gündüzleri uyurlar. Güneşin kızgın okları altında kuytu serinliklere hasret yaşarlar. Yıldızlarla yol bulur, Ay'ın hâlleriyle avunurlar. Deve eti, hurma kavurması, kavrulmuş un, arpa unundan yufka ekmeği en has gıdamızdır. Erkeklerimiz sakallı ve bıyıklı, kadınlarımız zarif ve ince duyuşludurlar. Öyle ya, sakal erkeğin şerefiyse eğer, zarafet de kadının asaletini gösterir. Benim coğrafyamda insanlar sade giyinir. Fakirler entari ya da aba, zenginler kaftan ya da rida giyinir.

Ben Bereke.

Yaşadığım zaman diliminde çok şeyler gördüm, çok yüzler eskittim. Bana en sevimli olan yüz, nur yavrudur şüphesiz. Onun bir bakışında selamet buldum, onun bir tebessümünde cennetin meva derecelerine konuk oldum. Arabın en cahil, kavimlerin en katı olduğu bir kara parçasına gelen yeni din, geceyi gün eyledi. Arabın kini de kibri de çoktur. İnadı meşhur, anlayışı kıttır. Meslibü'l ayıp denen her türlü kibir, gasp, fuhuş, zulüm pek aleni işlenir. Uzak diyarlardan Kâbe'yi ziyarete gelen bir adamın elinden kızını gündüzün ortasında çekip alırlar mesela. Kimse ayıplamaz. Kimse bir şey demez. Kimse kınamaz. Neyse ki erdemliler heyetinin sağduyulu gayretleriyle ortalık biraz durgunlaştı gibi. Ama insanlar yeni oyunlar, yeni fitneler ardına düşüveriyorlar. Zira kalpte bekçi yoksa, dıştan gelen her türlü ikaz ve zorlama sınırlı kalıyor.

Bakmayın siz benim hassas duyuşlarıma. Esasında Arabın güzel yönleri de yok değildir. Fezailü'l Arap deriz biz ona. Arabın faziletli hâlleri de vardır. Cesareti mesela. Bir Arap, inandığı bir dava uğruna göz kırpmadan ölüme bile atılır. Sabır en büyük kalemizdir. Konuğa ikram âdetimiz, ahde vefa özelliğimizdir. Bir Arap, yeri gelince çok ince duygulu olur. Şiir söyler mesela. En dile gelmez hislerini mısralarda biriktirir. İşte böyleyiz biz. Benim coğrafyamın insanı böyledir. Yeni dinin güneşi, ışıklarını ilk bu topraklar üzerine yansıttı.

Ben Bereke...

Güneşin yedi nurunu Ebvaba'dan Mekke'ye getiren kadın. Ona dayelik eden, gözyaşını toprağa düşürmeyen kadınım. "Siyahi bir çöl kadını" diyenler ne derse desinler, ben ki Resulullah'ın en sevdiği idim.

"Annemden sonra annem" dediği ikinci kadınım. İlki Ebu Talip'in karısı Fatıma, ikincisi ise ben oldum. Şadım, mührüm, şanım ve sanım hep odur benim.

Ben ki Bereke idim.

O en mükemmel yavruyu emziren annenin yanında siyahi bir köle idim. Ne günler, ne anlara şahitlik ettim ki kavline güç yetiremem.

O yıl en zorlu senemizdi. Sahabe o yıla Senetü'l Hüzn adını verdi. Resulullah gün boyu evdeydi. Sürekli Rabbiyle meşgul, mahzun ve kederliydi. Hatice'den ayrılık onu öylesine etkilemişti ki, hüzün onun katığıydı sanki. Onunla yıkanır, onunla beslenirdi yürek. Evinde hüzün, ocağında hüzün, gecesinde hüzün, gündüzünde hüzün vardı. Sahabe onu öyle görmeye dayanamıyordu.

"Allah'ın peygamberi iki değerli hamisini üç gün arayla kaybetti." diyorlardı.

"Bu sene ona hüzün ile geldi. Bu yılın adı hüzün yılı olmalı."

Göz ışığım El-Emin'in hüznü beni de can evimden vurmuştu. Gül yüzünde saklı bir elem, gece karası gözbebeklerinin derilerinde Hatice'sizliğin kederi saklıydı. O gözler ki bana en koyu gecelerin yıldızlarını yağdırırdı. O yağan yıldızların arasında şimdi hüzün yağmurları saklıydı. İçim yanıyordu. Usulca yaklaştım yanına:

"Canım canına kurban olsun Ya Resulallah!" dedim. "Görüyorum ki çok yalnızsın. Sana can yoldaşı olacak bir eşe ihtiyacın var. Hoş, Hatice gibi eş, devranlar dönse ve yaz güze, güz yaza dönse asla bulunmaz. Ama senin bu hüzünlü hâline dayanamıyorum."

Göz ışığım, nur ışığım cevap verdi:

"Hatice'den sonra evliliği kim düşünebilir ki!"

Bu söz gerçeğin tam ortasıydı. Ondan sonra, ah ondan sonra kim ona eş olacak liyakatte olabilirdi ki! Suskunluk ve gözyaşıydı payıma düşen.

Ceylan bakışlı Zeyneb, iki arada bir derede koşup baba ocağını yoklamaya devam ediyordu. En son geldiğinde onu iyice solmuş gördüm. Ne kadar şefkatli, ne kadar da inceydi! Annesinin yokluğu onu ne kadar incitmiş olsa da bunu babasına ve kardeşlerine yansıtmamaya, kederi ve hüznü onlara yük yapmamaya gayret ediyordu. Evde pişen yemekler, kurulan sofralar, gelen giden misafirlere gösterilen ikram ve ihtimam hep Hatice'nin terbiyesiyle yetişmiş kızların hüneriydi. Hale'nin oğlu Ebu'l As, Zeyneb'in Müslüman olmasına da ses çıkarmadı bereket. Ümmü Cemil'in oğulları gibi sütsüz çıkmadı. Onlar Rukiye ile Ümmü Gülsüm'le evlenmekten vazgeçtiler. Kureyş'in sinsi planına düştüler. İki gül goncasını incittiler. Bir çığlık düştü çöle. Utbe, anında bedel ödedi. Duyduklarım doğruysa eğer; İran topraklarına doğru bir yolculuğa çıkmış. Mola yerinde uyurken bir çöl aslanı onu parçalamış. Peygamberi incitmek, O'nun can paresini hırpalamak elbette kaderin sahibine zor geldi ki ona böyle bir sonu reva gördü.

Rukiye Osman'la evlendi, Ümmü Gülsüm ise hâlâ bekâr. Babasının ve kardeşinin yanında. Onlara destek. Benim de can ferahlığım oluyor.

Zeyneb'e gelince, mesut bir hayatı var, Ebu'l As onu çok seviyor. Kureyş'in teklifine karşı kale gibi dik durdu. Gerçi Müslüman olmadı ama kimseye de aldırmadı. Yuvasına ve karısına sıkıntı vermiyor. Zeyneb'e iyi baktığı için de Efendimiz (sav) bu evliliğe ses çıkarmıyor. Yolları ayrı ama bir evdeler. Karı koca arasında inanç birliği olmayınca tabii ki o evlilik ne kadar iyi olabilir ki? Zeyneb'in sıkıntısı çok. Resulullah her şeyin farkında. Ama şimdilik susuyor. Belli ki bu konuda Rabbinden haber bekliyor.

Mekke müşrikleri gitgide azıttılar. Son günlerde gelen haberler içimi üşütüyor. El-Emin'i yalnız bulduklarından dolayı saldırıları arttı. Ebu Leheb hep peşinde. Ne yapsa onu takip ediyor. O davetini yaptıkça, O'nun ardından aynı insanlara O'nun hakkında yalan yanlış şeyler söyleyerek onları caydırmaya çalışıyor. Hiçbir yerde O'na göz açtırmıyorlar. Bu iş bana farklı sinyaller veriyor.

Hani vahiy hengâmında yaşlı bilge Varaka:

"Müjde sana Ya Muhammed! Allah'a yemin ederim ki sen Hz. İsa'nın haber verdiği son peygambersin. Gördüğün melek, senden önce Cenab-ı Hakk'ın Musa'ya göndermiş olduğu Cibril'dir. Keşke genç olsaydım da, kavmin seni yurdundan çıkaracağı günlerde sana yardımcı olabilseydim.

Hiçbir peygamber yoktur ki, kavmi tarafından düşmanlığa uğramasın, eziyet görmesin..." demişti.

Zaman nehrinin mecrası farklı yönlere akıyor.

"Seni yurdundan çıkaracaklar."

"Seni yurdundan çıkaracaklar."

Gidişat öyle sanki. Söz boş, kelam yetersiz gibi. Zulme reva görülen bir peygamber olunca insanın ilikleri titriyor. Âdemoğlunun yanılgısı ve aldanışı karşısında söylenecek ne kelime var ki? Yüce kelam bile insanın bu yönünü nazara vermiyor mu? Bunca sıkıntının içinde Resul'ün hane halkıyla hemdem olması çok anlamlı geliyor bana. Onları unutmuyor, ötelemiyor, ihmal etmiyor ve kendi derdinde boğulmamış oluşu beni de ihya ediyor. Zeyneb her eve geldikçe kızının gözlerinden öpüyor. Ona güzel sözler söyleyip onu teselli ediyor. Zeyneb gelince evin içine cıvıltılar doluşuyor. Çocuk sesi hayatın ahengi gibi. Oradan oraya koşuşup dedelerinin yolunu gözlüyorlar. En mutlu anlarımız o buluşma zamanlarıydı.

Resulullah eve gelince Zeyneb'in çocukları sevinçten uçuyorlar sanki. O da onlarla neşeleniyor. Ümame'ye hiç kıyamıyor. Kâh kucağında, dizinde kâh boynunda taşıyor onları. Çocuklar namaz anlarında dedelerini hayran hayran izliyorlar. Secdeye vardığında Ümame onun boynuna sarılıyor, bazen sırtına çıkıyor. Üzmüyor onu Nebi. Ümame omzundayken namaza devam ediyor. Namazdan sonra minik Ali'yle güreşiyor. Hatice'nin hüznünden sonra minik yavrular ona nefes oldular sanki. Torunlarını görmeyi çok istiyor.

UKAZA PANAYIRINDAKİ KIZ

Yerleşik kalıpları yerle bir eden yeni din, vicdanları şaha kaldırırken Kureyş'i ve kardeşlik hukukunu tarumar ediyordu. Şiddetle birlikte baskıcı bir tutum sergileniyordu. Mekke, kapılarını son peygambere kapamışken O, soluğu civar illerde alıyordu.

O gün Ukaza panayırında olanlar hayli üzücüydü.

Ukaza panayırı, halkın akın ettiği bir yerdi. El-Emin, aldığı ışığı gönüllere taşımak gayesiyle yola çıkmıştı. Taş, toprak, kum, diken ve sıcak. Bütün bunlar O'nun için hiçbir zorluk ifade etmiyordu.

"Ey insanlar!" diyordu. "'Lâ ilahe illallah' deyiniz ki kurtuluşa eresiniz!"

Mekke'den gelen müşrikler, halkın arasına sızarak ortalığı karıştırdılar. Kulaktan kulağa dönen fısıltılara şeytani bakışlar eşlik etti. Sükûnet bozuluverdi. Bir arbedeydi yaşanan.

Homurtular hakarete dönüştü. Ardından küfür, taş, tükürük ve yumruk yağmurları. Kimi üzerine toprak saçıyor, kimi akla hayale gelmez sözler sarf ediyordu. Son peygamber akıl almaz bir saldırıya uğramıştı. Üzerine saçılan toz, toprak bile onun amber kokusunu bastıramamıştı. Buram buram gül ve amber rayihası kokan Son Nebi, toparlanmaya çalışıyordu. Haber Mekke'ye uçtu. Gün öğleye varınca, peygamberin yanına bir genç kadın yaklaştı. Zeyneb'di bu. Koşarak babasına sarıldı. O iç serinleten kokusunu içine çekti:

"Babacığım!" dedi canhıraş bir feryatla. "Sana ne yaptılar böyle!"

Gözlerinden kanlı yaşlar akıyordu Zeyneb'in. Koşarak su dolu bir sürahi getirdi. Allah Resulü o suyla yüzünü ve ellerini yıkarken kızını teselli ediyordu:

"Korkma kızım." diyordu. "Babana ne bir suikast yapabilir ne de O'nu zillet içinde bırakabilirler!"

Alışveriş için Ukaza'ya gelen tacir Menbitü'l-Ezdi de oradaydı. Baba-kızın bu masum hâli rikkatine dokunmuş olacak ki:

"Bu kız kimdir?" diye sordu.

"O, Allah Resulü'nün kızı Zeyneb'dir." dediler.

"Maşallah Barekallah." dedi adam. "Nasıl da nur yüzlü, pırıl pırıl bir evlattır bu böyle! Allah herkese böyle bir kız nasip etsin."

* * *

Mekke'de artık gece yok. Sabahlara dek süren iç hesaplaşmalar, koşuşmalar, kurgular, tuzaklar ve tutsaklar ile vahiyle gelen yeni haberleri karşılamak ve yaymak için geceyi gündüz kılanlar var. Zeyneb, iki ateş ortasında var olmuş bir sessiz çağlayan. Biri nur, diğeri nar iki zıt kutbun orta yerinde yemyeşil bir filiz. Uçurumun uç noktasında açmış şakayık. Mekke'nin gözü dönmüş liderlerinin tuzaklarından haberdardı. Babası durumu melek Cebrail'den öğrense de, o dünya gözüyle görebiliyordu. Çünkü ateş çemberinin tam ortasındaydı Zeyneb. Zira buzdan nehirlere narın korunu değil, vahyin nurunu gönderiyordu.

Tehdit ve işkence süreci başlamıştı. Müslüman köleler ölesiye dövülüyordu. Babası artık Ebu Talip'in kefaleti altında değildi. Hatice de yoktu. Bütün saldırılarını ona yöneltmişlerdi. Dayı Varaka'nın sözleri, yapılanlarla örtüşüyordu.

"O'nu Mekke'den çıkaracaklar." demişti.

"Allah'ım!" diyordu Zeyneb. "Onlar babama zarar vermeden sen O'nu en güzel şekilde uzaklaştır bu ateş çukurundan." Duaları bu yöndeydi.

Olaylar çığırından çıkmış gibiydi. Gözü dönmüş caniler her an bir kötülük peşindeydi. En son duyduğu haber ise Zeyneb'i can evinden vurmuştu. Kız kardeşi Fatıma'nın gözyaşları içinde babasının üstünü temizlemesi... Minik Fatıma'nın sözleri kulaklarından gitmiyordu.

Babasının ise o hâlde bile beddua etmemesi...

"Bilmiyorlardı Rabbim, bilselerdi yapmazlardı..."

Ümmü Gülsüm'ün yüreğinden güçlü dalgalar gibi kopup gelen hıçkırıklar ve akıttığı gözyaşları... Dadı Ümmü Eymen'in duaya açılmış yaşlı elleri.

Zeyneb ailenin en büyük evladı olarak babasına destek vermek, annesinin yokluğunu O'na hissettirmemek için çırpınırken, babası:

"Korkma yavrum." diyordu. "Onlar babana zarar veremeyecek."

***

Mekke kabul kapılarını kapamıştı. Suratlarda aynı katı ifadeler... Kalplerin gizlediklerini aşikâre çıkaran hain bakışlar... Kâh önünden, kâh arkasından, kâh yanında geçerek homurdananlar... O ise; sonsuz imanını kuşanmış, Rabbi ileydi.

Abdülşems'in müstehzi sözleri ne tuhaftı:

"Biz küçük insanlarız Ey Muhammed!" diyordu. "Sen ise koskoca peygambersin. Bizimle ne işin olabilir ki!"

"Allah peygamber olarak göndermek için senden başkasını bulamadı mı?"

"Nerede sen, nerede peygamberlik! Ne paran ne oğulların ne de servetin var. Böyle peygamber mi olur?"

Nereye gitse, kiminle görüşse bu sözleri duyuyordu. Artık onların çekineceği ne Ebu Talip ne de Hatice vardı:

"Senden sonra Ey Hatice, kim var ki beni teselli edecek!"

"Amcacığım, yokluğunu ne çabuk hissettirdin!"

Ebu Talip ile Hatice'nin hüzünle tüllenen kapısı kapalıydı. Onlar orada yoktular. El-Emin'in sadece kızları ve din kardeşleri vardı. Bütün teveccühüyle Rabbine yöneldi, O'ndan medet diledi.

Dava daim, yük ağırdı. Allah'ın peygamberi aldığı görevi bihakkın yerine getirmek için gecesini gündüzüne katmışken; dışlandığı, taşlandığı, kovulduğu yerlerden yeni ve başka diyarlara seferler yapıyordu. Yılmak yoktu hiçbir zaman. Yeni yerler ve yeni yüreklere vahyin kandilini yakmak için koşuyordu. Zeyneb her an tetikteydi. O akşam babacığının evine vardığında minik Fatıma'nın ağladığını gördü. Usulca yanına sokuldu ve kucakladı anne emanetini:

"Ne oldu nur yumağım? Nedendir bu gözyaşların? Annemi mi özledin yoksa?"

Fatıma'nın gül pembe yanakları sırılsıklamdı:

"Babam..." dedi hıçkırarak.

"Ne oldu babama!"

"Tebliğ için Taif'e gitmişti. Halk O'nu istememiş ve O'nu taşlamışlar. Pamuk ayakları kanlar içinde kalmış."

Zeyneb şaşkına dönmüştü. Ümmü Gülsüm de Fatıma gibi gözyaşları içindeydi. Dadı Ümmü Eymen az ötede ağıt yakıyordu:

"Resul'ü yaraladı Taif taşları
Zeyneb'in gözünde hüzün yaşları
Yetiş Zeyd'im, mededim yetiş"

Zeyneb, Hatice'nin kızıydı. Önce kendini teskin etti. Soğukkanlı davranması gerekiyordu. Sonra kız kardeşlerini yatıştırdı. Ardından koşarak babasının yanına gitti. Can paresi babası seccadesindeydi. Misk kokulu ayakları yaralıydı. O kırk saatlik yolu bu yaralı ayaklarla nasıl yürümüştü? O ateş yağmuruna, o taş yağmuruna nasıl dayanmıştı? Nurdan elleri havadaydı:

"Onlar bilmiyorlar Rabbim! Affet onları. Bilselerdi yaparlar mıydı?"

Zeyneb'in gözünden yaşlar boşandı. Diz çöktü olduğu yere. Babasının saatler süren virdi, zikri ve dualarıyla geçen zaman diliminde insanlığın hayrı ve kurtuluşu için işittiği dualara o da katıldı. Azim bir davaydı. Sabır ile şükrü harmanlamak ise en güzel devaydı. Gayretle ve azimle yürüyecek çok yolları vardı.

Altıncı Kadim Anlatıcı: Fatihe

Bu kadim hikâyede karşı cenahtan Nebiye çok yakın yürekler de yok değildi. Müşriktiler ama vicdanları, erdemleri ve insanlıklarıyla candan öte candılar. Onlardan birinin gönül sertacıydı El-Emin. O'nunla aynı ocakta büyümüş ve O'nunla çok şey paylaşmıştı. Kaderî tecelli onları Kâbe yanındaki evde buluşturduğunda, genç kadın gördüklerini şöyle kelam etti.

FATİHE BENİM ADIM

Ben ki Fatihe idim. Oğlum Hani'nin adıyla künyelenmiş, Kureyş Reisi Ebu Talip'in kızıyım. Ali'nin ablası. Baba ocağımda El-Emin'in ışığıyla hayat buldum. O'nun bereketiyle büyüdüm. Benden geriye ne varsa O'nu var bildim. Sevgisi ve muhabbetiyle ben O'nu ağırladım.

Beni en çok arayıp soranların başında gelirdi El-Emin. Zengin Hatice'yle evlendikten sonra bile Ebu Talip ocağını hep görüp gözetmişti. Evim, Kâbe'nin hatim kısmına bitişiktir. Peygamberliğinin on birinci yılında, Receb'in yirmi yedinci gecesinde evime konuk oldu. Babam Ebu Talip'in vefatından sonra bile beni arayıp soran bir O vardı. Evlenip gitmiş bir amca kızını kim sorar, kim arar ki ölüm ve doğum anlarından ziyade? Bu beldede kız evlenip gittikten sonra başkasının malıdır. Kime çocuk doğurduysa ona ait olur. Kocam Hübeyre müşrik olduğu için İslam'a girmemiş olsam da göz ışığıma laf söylemedim hiç. El-Emin'im Taif'te eza görmüş. Haber geldiğinde içimin cızır cızır yandığını kim nereden bilecek? Bir akşamüstü kapım usulca çalındığında anladım ki; dönüş yolunda eman istediği ev, Kâbe duvarına bitişik olan benim evimmiş. Bu ne baht, bu ne yüce tahttır ki El-Emin hanemi şenlendiriyor ve amca kızından eman istiyor?

"Kimdir o?"

"Amcan oğlu Muhammed'im, kabul edersen sana misafir geldim."

Heyecanla kapıya yöneldim:

"Senin gibi emin ve şerefli bir misafire can feda Ya Muhammed! Elerrasü vel ayn. Gözüm başım üstünde yerin. Buyur içeri!"

O'nu mahzun ve yorgun gördüm:

"Buyur göz nurum." dedim. "Sana ne ikram edeyim?"

"Yiyecek bir şey istemem." dedi. "Dinlenebileceğim bir yer göster kâfi."

O'nu ağırlamak, dinlendirip korumak bahtıma düşmüşken O'nun için kaygılıyım. Kureyş'i kin ve inat bürümüş, köpürmüş develerin azgın bakışı gibi delici. Babam Ebu Talip'ten sonra korumasız buldular O'nu. Her an, her yerden bir bela gelebilir. O'na odasını gösterdim, ardından babamın kılıcını alarak dışarı çıktım. Evin etrafında dönüyordum.

El-Emin içeride Rabbiyle başbaşa. Yalnızca Kureyş değil, tüm insanlık için duada. Ara ara hıçkırık, secde, niyaz ve gözyaşıyla yorgun bedeni bitap düşmüş olacak ki bir ara sesler kesildi. O dinlenmeye çekilirken ben eyvana çıktım. O da ne! Göklerde bir başka hâl vardı. Mekke vadisinde baştanbaşa geceye ışıklar dökülüyor. Nasıl bir gökyüzüydü bu! Âlemin tüm yıldızları hanemin içine doluyor sanki. Işık... Işıltı... Huzur... Sekinet dolu anlardayım. Yıldızlar, bu gece elmas parçası kadar parlak. Ne çok ışıltı var göklerde! Sanki görünmez bir el, altın tozlu bir torbadan yıldız alıp da geceye serpivermiş. Kâbe üzerine kümelenmiş yıldızlar ne kadar ürpertici ve haşyet dolu! Şaşkın bir hâldeyim. Göklerde tatlı bir şehrayin var. Gece şehrayini. Bir kutlama bir sevinç. O gece, işte o gece neler oluyordu?

Zaman farklı bir boyutta akıyordu sanki. Nasıl tecellidir anlamıyorum. Belli belirsiz bir arada, nasıl olduğunu anlayamadığım bir zaman diliminde uyuyup uyandığını fark ettim. Değişik, çok değişik bir zaman dilimindeydim. El-Emin'in yüzü o güne dek hiç görmediğim bir ışıkla dolmuştu. Gözlerine bakamıyordum. Tarifsiz güzellikteki kokuyu aldıkça nefesimi geri vermek istemedim. O mest edici güzellikte lal kesildim. El-Emin o güzel halesinin içinde bana bir sır verdi:

"Ey Fatihe!" dedi. "Rabbim beni bu gece miraca yükseltti. Rabbimi gördüm. O'nunla konuştum."

"Bu nasıl oldu?" dedim hayret ve haşyet içinde. Tek tek anlattı:

"Cebrail bana bir binek getirdi. Birlikte bindik ve gözün aldığı mesafeleri bir adım ettik. İlk durağımız Kudüs'tü. Mescid-i Aksa'da namaz kıldık. Göklerden uzatılan 'Miraç' merdiveniyle göklere yükseltildim. Birinci semada Hz. Âdem vardı. İkincisinde Hz. Yahya ve Hz. İsa, üçüncü semada Hz. Yusuf, dördüncü semada Hz. İdris, beşincide Hz. Harun, altıncı semada Hz. Musa ve en son yedinci semada Hz. İbrahim ile görüştüm. Hepsiyle selamlaşıp kucaklaştım.

Daha sonra 'Sidretü'l-müntehâ'ya yükseldik. Orada kazâ ve kaderi yazan kalemin çıkardığı sesi duydum. Ötesi, sözle anlatılması mümkün olmayan bir güzellikti. Dünya bakışlarına sığmayan bir fevkaladelik içinde idim. Akılların almadığı, gözlerin görmediği, kalplerin kuşanamadığı bir muhteşemlikti. Cebrail benden ayrıldı:

'Bundan ötesi senindir.' dedi. 'Yalnız yürüyeceksin. Bir parmak ucu yanaşırsam yanarım.'

Öteye yalnız yürüdüm. Miraçta Rabbimi gördüm. Onun sonsuz güzelliğiyle mest oldum. Bana namaz verildi. Ümmetime beş vakit farz kılındı. Ümmetinden şirk koşmayanların Cennet'e girecekleri müjdesi verildi."

Gözyaşları içinde onu dinliyordum. Bu nasıl şeydi böyle!

"Rabbin şunları kesinlikle hükmetti: Kendisinden başkasına kulluk etme. Ana-babaya iyilik et. Onlardan biri veya her ikisi, senin yanında ihtiyarlayacak olursa, onlara 'öf' bile deme, onları azarlama, her ikisine de hep tatlı söyle. Onlara şefkatle tevazu kanadını ger ve 'Rabbim, onlar, küçükken beni nasıl ihtimamla yetiştirmişlerse, sen de kendilerini öylece esirge' diye onlar için dua et.

Yeryüzünde böbürlenerek dolaşma. Çünkü sen (ağırlık ve azametinle) ne yeri yarabilir ne de dağlarla ululuk yarışına girebilirsin." (İsra Suresi: 23-24-37)

İşittiklerim o ana kadar duyduklarımın çok ötesindeydi. Heyecanla irkildim. Ne olmuş, neler yaşamıştı böyle? Şaşkın ve de mütehayyir bir hâlde ona yalvardım:

"Kurbanın olayım!" dedim. "Ben bilirim ki; özün kizbden hâli, kibirden ıraktır senin. Sözün doğrusunu söylersin. Ama ne olur... Bana anlattıklarını Kureyş'e söyleme!"

Aldığı görev kutsaldı. Elbet bildirecekti. Ama ben bir kız kardeş duyarlılığı ile O'na kıyamadım. Ardından Habeşistanlı hizmetçimi göndererek onu korumaya aldırdım. Ruhum üstüne titrerken kendimce aldığım ufak bir tedbirdi bu. Bu cenahta müthiş kumpaslar var. O'nun için ölüm tuzakları kuruyorlar. Her yerde fısıltılı bir sessizlik! Ortalıkta baykuş çığlıkları var. Mekke geceleri zifirî siyaha bürünüvermiş. Eşim, kabilem ve ırkım O'nu yok etme planı içindeyken, El-Emin Rabbinin korumasındaydı ve çevresinde çok az insan vardı. Kardeşim Ali'ye ulaşırsam, onun için neler yapabildiğini ondan dinlemek isterim.

Yedinci Kadim Anlatıcı: Ali

Son peygamberin ocağında yetişmiş kutlu bir çınarın çocukluğundan kısa bir kelam, birkaç sözdü bahtımıza düşüveren.

ALİ'YİM BEN

Ben ki yuvanın en küçük konuğuydum. Ebu Talip ocağında daha beş yaşlarında küçük bir çocuk iken gurbetlerin en güzeline düşmüşüm. Sevgilinin ocağını bir ömür boyu izleyen ve bekleyen olabilmek imiş bahtım. Doru atlar üstünde iz süren süvariler gibi keskin bakışlar, kabullü adanışlar üzere ardındayım O'nun. Hangi köşeye dönsem O'nun nuru, hangi yöne gitsem O'nun kokusudur ruhumu kendine meftun eyleyen. O'nun aşkını kuşanmış bir yürek nasıl bigâne kalabilir ki Ey Fatihe? Bunu sen de bilirsin. Ben ki O'nun yolunun türabı olmak için canımı ortaya koyuverdim. "Ebu Turab!" diyecekti bana ya... Bilirim ki türabıma bir kez nazar ederse O, neslime nurun akisleri düşecek. Işık düşecek, hava ve ses düşecek. Nesil bahçemin gülleri çağlar boyu açacak, hiç solmayacak. Gülşenimde nur goncaları boy verecek. O akislenişin adı Hasaneyn midir bilemem. Mahşerin iffetli kadını Fatıma'ya yoldaşlık etmek kaderî bahtım iken şimdilik meçhulümdür. Bildiğim en nahif hakikat, ölüm döşeklerine serili bedenimi vahiy savaşçılarının önüne atabilmek. Evs ve Hazreç O'na kucak açtı. Akabe'de o akasya ağacının altında alınan o gizli karar vahyin muhteşem adımıyken, hayatı hiçe saymak ve o yolda direnmek boyun borcum. Nurun ışıklı bağrını Servin kör yılanları nereden bilsin? Uhud'un mis kokusunu amberle ölçemem ki... Fatıma'nın sırma örüklerini gönlüme kement yaptım. Hatice'nin haşyet ve helecanını son Nebinin serin ve selametli bakışlarıyla dindirdim.

"El-Emin, El-Aziz'in elindedir. Sen merak etme!" dediğimde ablam Zeyneb'in kimseye göstermediği gözyaşlarıydı gördüğüm. Tebliğ davetine akrabayı çağırırken gördüğüm, onun geceye karışan hıçkırıklarıydı. İman ikrarıyla çözemediği sicimleri sabır sabır ördüğüydü, o kördüğüm. Nice gün, ne çok gece onu Ebu'l As'ın eyvanında mahzun ve suskun ağlarken bulurdum. Tek ikrar, tek söz, tek heceydi arzusu. Ama damat Ebu'l As, o eğilmez baş, bükülmez beliyle Hübel'e yürüyordu.

* * *

Mahremiyetlerine dokunmadan daha fazla... Kadim emanetleri incitmeden... Hatıratı zorlamadan... Cüretle, sonsuzluğa susmuş dilleri daha çok döndürmeden kâğıt üzerinde... Nahif sırları faş etmeden... Ebed sükûnetindeki o tatlı uykularını bozmadan... Okuyucunun gönül telini bir iki tınlattıktan sonra, âciz muharrirenin gönül bakışıyla devam edelim yola.

GÖÇ ZAMANLARI

Yavrucuğum!

Namazı kıl, iyiliği emret,

Kötülükten vazgeçirmeye çalış,

Başına gelenlere sabret...
Doğrusu bunlar, azmedilmeye değer işlerdir.
Lokman Suresi: 17

622 yılının yaz aylarında çok önemli bir olay oldu. Mekke'de heyecanlı bir kopuş vardı. Göç yolundaydılar. On yıllık tebliğ sürecinde çok az kişi davete koşmuştu. Sadece üç yüz on dört kişiydiler. Yüce Yaratıcı göklerden bir emirle müminlerin o şehirden çıkmasını istiyordu. Her şey Akabe sözüyle kesinleşmişti. Gecenin bir vaktinde akasya ağacının altında edilen o yeminden sonra, yeni din başka bir şehirde hükmünü icra edecekti. Göçler düzülüp, yola koyuluverildi gizliden. Geceye saçılmış yıldızlar gibi gün doğmamış seherlerde yola düştüler. Vahyin tecellisi başka çarklarda dönecek, ilahi nur oradan inecekti kalplere. Haber açıklanınca birçok akıl sahibi bu emre muti oldu. Ancak ortada sıkıntılı bir durum vardı. Bu hicretin sebebi neydi? İnanç özgürlüğü mü, yoksa farklı beklentiler mi? İstismara açık bir konuydu. Mekke'de kocasına kızan herhangi bir kadın:

"And olsun ki Muhammed'e iltihak ederim." diyerek eşini tehdit edince gökten yerlere yepyeni ayetler iniyor; bu sebeple son peygamberin yakın sahabeleri yeni Müslüman olmuş ve göç etmek isteyen müminlerden tek tek söz alıyordu:

"Kocandan kaçmadığına, bizden birine âşık olmadığına, sırf Allah ve Resulü'nün sevgisi için hicret ettiğine yemin et."

"Allah'a yemin ederim ki eşime kızdığım için hicret etmedim. Allah'a yemin ederim ki bir yerden nefret edip, başka bir yeri arzu ettiğim için hicret etmedim. Allah'a yemin ederim ki dünyalık bir çıkarı elde etmek için yola çıkmadım. Allah'a yemin ederim ki ben sırf Allah ve Resulü'nü sevdiğim için hicret ettim."

Bu ahdi almadan göç etmelerine izin yoktu. Ev, eş, çocuk, yurt, yuvayı terk ediş kolay imtihan olmasa da hakikate adanmış gönüller her şeyi göze alıyordu. Bu da o güne dek hiçbir yerde görülmemiş bir takva bilinciydi. Her gece yeni muhacirler Mekke'yi terk edip göçerken, Son Nebi şahenşah bir komutan olarak Mekke'deydi, yapayalnızdı. Etrafında çocukları, can dostu Ebu Bekir ve bir de Ali vardı. Zeyneb iki farklı kuşağın ortasında çaresizdi. Ebu'l As kerim eşti. Çok üstün vasıfları vardı onun. Müşfik ve cömertti. Doğru ahlaklı ve merhametliydi. Sağlam karakteriyle bilinirdi. Ve Nebi kızına karşı alabildiğine sevgi doluydu. Ancak bir kalemde sıyırıp atamadığı alışkanlıkları vardı. Yoksa yeni dine muhalif hiçbir âdeti yoktu. Zeyneb kocasının babasına ve ailesine gösterdiği hürmetten son derece mütehassısken, gönlü bir kelebeğin kanadı kadar nahif ve dokunaklıydı. Eşinden kopmak istemese de:

"Babacığım!" dedi. "Siz de bilirsiniz ki ben bir müşrikin eşiyim. Ama şunu biliniz ki; dinim için yurdumu ve ocağımı terk ederek sizinle gelebilirim. Müsaade edin, sizinle ben de hicret edeyim!"

Son Nebi refik ve şefik:

"Acele etme kızım." dedi. "Az daha bekle!"

O güne dek görülmedik bir hâl vardı şehirde.

Hain gönüllerde kıvrım kıvrım dolaşan kin ve haset dumanları! Hileler ve çileler tuzağı. Öç ve ölüm kumpasları! Onu durdurabilme planları! Ama Son Nebi sahipsiz değildi. Müminler, can güvenliği içinde göçünü tamamladıktan sonra Son Nebi de yola koyulmuştu.

Kadim şehir yetim bir yavrunun babasız bir sabaha göz açması gibi güne O'nsuz uyanmıştı.

Zeyneb o sabah baba evine uğradığında geceden evi saran müşriklerin haberini almıştı. Kapıyı kız kardeşleri ona açtı. Ablasını uykusuz ve ıslak gözlerle karşısında gören Ümmü Gülsüm ona sarıldı. Yüreğinden şefkat dalgaları coşmuştu. Çünkü bir süre sonra onlar da gidecek ve biricik ablası müşriklerin içinde ve Müslüman olmayan bir kocayla yapayalnız kalacaktı:

"Üzülme..." diyebildi. "Babam selamette. Tuzakları boşa çıktı, çok şükür. Evin çevresini sabaha dek kuşattılar." Zeyneb'in yüreği hazan yaprağı gibi titredi. Fatıma koşarak geldi heyecanla:

"Sabah olunca babamın yatağından Ali'nin çıktığını görünce şaşkına döndüler." dedi muzip bir gülümsemeyle. Ümmü Gülsüm devam etti:

"Yesribliler babamı anladılar. Akabe'de, o akasya ağacının altında edilen iman yemininden sonra emaneti devraldılar. Babamız bu gece Mekke'den ayrıldı. Göç etti o şehre. Merak etme. Her şey daha güzel olacak inşallah."

Zeyneb'in gözleri parıldadı. Babasının can güvenliği her an tehlikedeyken gözüne uyku girmeyen kadın ayrılığa razıydı artık. Kardeşlerini kucakladı:

"Şükürler olsun Rabbim!" dedi. "Bir gün O'nu anlayacak ve destekleyecek birilerinin çıkacağından umutluydum. Sana gelen ve sana bel bağlayan hangi kul yolda kalabilir ki?"

"Hele de o kul her şeyini ümmetin selametine adamış bir kutlu peygamberse..." dedi Dadı Ümmü Eymen.

Gizli dualar, sessiz şükürlerle birleşti. Fazla dikkat çekmeden gizlice kucaklaşıp ayrıldılar.

O Yüce Rabbinin koruması ve himayesi altında; Muharrem ayının birinci günü, sıcak bir Temmuz sabahı, Zeyneb'in can ışığı babası da yurdu olan Mekke'den ayrılmıştı. Gözü dönmüş caniler peşindeydi. Bulana yüz deve... Çil çil altın... Mal... Mülk... Ödül... Vaatler havada uçuşuyordu. Rabbi O'nu görünmez kılıp, güvercinin kanadı ve örümceğin tükürüğüyle onlara cevap vermişti.

***

Mekke matemliydi. Mekke'nin melikleri bir olup üstüne yürümüşlerdi. O canlar canını şehirlerinden çıkarmışlardı. Ölüm tuzakları boşa çıkmışken kalpleri kin ve intikam doluydu. Matemin orta yerinde yapayalnız bir yürek vardı ki o da Zeyneb'in yüreğiydi. Ciğerine kor ateşler yağıyordu, O yokken. Ayrılık korlarıydı bunlar. Çok sevgili babası ve anne yadigârı kız kardeşlerinden de ayrılma vakti gelmişti.

Mekke ağlıyor.

Hira Nur dağı ağlıyor.

Ebu Kubeys ağlıyor

Kâbe ağlıyor

Makamı İbrahim ağlıyor

Rüknü Yemani ağlıyor

Hacer'ül Esved ağlıyor

Zeyneb ağlıyordu...

Gül pembesi bir şafak vaktinde nur yüzlü şehri terk etmişti.

Âlemlerin sertacı, insanlığın en mükemmel meyvesi, seçkin efendisi oradan çıkmıştı. Güneşin ışığı soluk, göklerin rengi eksik, havanın nesimi kesikti. Birkaç gün sonra yeni bir haber daha aldılar:

"Resulullah sağ sâlim Yesrib'e vardı çok şükür. Sizlere selamı var."

Yüreklere su serpilmişti. Nefesler rahatlamış, kalplerdeki düğüm çözülüvermişti. Zeyneb eve geldiğinde Ebu'l As'a durumu anlattığında genç adam çare arayışına giriverdi:

"Seni anlıyorum." dedi As. "Yakında kardeşlerin de gidecek. Ve sen burada bir başına kalacaksın. Yemin ederim ki sana onların yokluğunu hissettirmeyeceğim. Kalbini kalbim bilip en ufak incinmene izin vermeyeceğim."

Zeyneb'in içinde devasa bir özlem belirdi. Onlarla göçmek, oraya gitmek, kimselerin karışmadığı bir ortamda özgürce dinini yaşamak arzusu içinde:

"Biliyorum." dedi Zeyneb. "Anlayışlı ve ince ruhlu bir erkeksin. Bugüne dek beni hep hoş tuttun. Kırmadın, incitmedin. Ama ayrılık zor illettir. Buna dayanabilir miyim As!"

"Sebebini çok iyi biliyorsun, Zeyneb'im." dedi Ebu'l As. "Ben izzet-i nefsine düşkün biriyim. Kureyş'in ağır laflarını kaldıramam. Onların her sözü bir kurşun kadar ağır gelir bana. Onun dışında sen de bilirsin ki baban başımın tacı sen ise gözümün nurusun."

"O hâlde gidelim buradan." dedi Zeyneb. "Hicret edelim. Mekke'nin tadı kaçtı. Onlar gittikten sonra bizi rahat bırakacaklarını mı sanıyorsun? Ben O'nun kızıyım, sen ise damadısın. Göz açtırmazlar As."

Başını avuçlarının arasına aldı Ebu'l As. Aşamadığı engelleri vardı:

"Hayır Zeyneb, hayır. Biz gidemeyiz." dedi kararlılıkla. "Ben bu şehre âşığım ve alışığım. Kâbe'den uzak kalamam ben. Ona ne kadar düşkün olduğumu bilirsin. İşim burada, servetim buradadır. Akrabayı taallukatım burada. Biz gidemeyiz. Seni de bırakmam. Zeyneb..." dedi vakur ve samimi bir direnişle. "Bu yerlerde kadın kılıçtan ve deveden daha değersizdir, bilirsin. Ama ben seni başıma taç etmişim. Benim için candan azizsin. Senden ayrı kalmayı göze alamam."

Zor imtihandı gerçekten. Cefa işkenceden gelse, çekmesi kolaydı belki ama sefadan olunca çekilmesi zordu. Sevgiden, aşktan, muhabbetten gelen bir cefaya boyun bükecekti Zeyneb. Kadere teslimdi.

***

Son geceyi birlikte geçirdiler. Üç kız kardeş Hacun kabristanına yöneldiler. Hatice oradaydı. Vahyin ilk karşılayanı orada yatıyordu. Kendinden sonra miras bıraktığı dava artık kızlarının omzundaydı. Annelerinin başında halleşip dertleştiler. Sessizce vedalaştılar. Son beraberlikleriydi bu.

Son peygamberin üç güzide kızı son kez kucaklaştılar. Zeyneb anne edasıyla tek tek yüreklendirdi onları. Fatıma'ya sarıldı. Ümmü Gülsüm'ü kucakladı:

"Yolunuz açık olsun hicret kuşlarım." dedi. "Sizinle gelemesem de hep yanınızdayım. Kanadım kolum bağlı. Kıpırdayamam. Zorlu yokuşlarım var."

Bir zorlu sırattı ki yürüdükleri; bir ucu Nur, diğer ucu Uhud'un yakut yamaçlarında asılıydı. Kulluk sıratıydı bu. Mukavemet sınavıydı. Yürüyecek ama düşmeyecek, üşüyecek ama titremeyecek, yitecek ama yitirmeyecek olanların sevdasıydı. Şirkin buzul ayazında ardına bakmadan yürüyenlerin yazgısıydı.

Kim bilir araya daha neler girecek, neler yaşanacaktı? Dadı Ümmü Eymen'in aklında Zeyneb vardı. Gerilerde bıraktığı Hacun sultanı Hatice ve bir de ilk göz aydınlığı Zeyneb'i ardı sıra bırakmıştı. Gözünden yaşlar boşalırken dudakları kıpır kıpırdı.

"Elveda Zeyneb! Elveda gece güneşi yavru! Elveda Hatice'nin mirasçısı! Elveda baba ocağının sağlam bekçisi!"

La tehzen.

Üzülme!

Başarabildiğin kadar üzülme.

Zira Rab sana yolunu gösterecektir.

Unutma!

O seninle beraber.

***

Yarı geceden ayık Müslümanlar Süreyya yıldızı rotasında şehri terk ettiler. Ses seda vermeden ve de soluksuzca göçtüler. Birçoğu yalın ayak ve yayandılar. Işığa kanat vuran kelebekler gibi, dinleri uğruna her şeye razıydılar. Şehrin cılız ışıkları sönmüştü. Geride viran bağlar ile harabe ocaklar kalmıştı.

Gözyaşlarıyla son bir defa bakarak kadim şehre, göçüp gittiler. Ana oğuldan koptu. Kardeş kardeşten ayrıldı. Baba evladına yaban oldu. Zeyneb de can yoldaşına geldi artık. Mekke göçmüştü. Mekke yitik bir sevdanın karanlık gecesine büründü. Artık Mekke bomboştu, Zeyneb için. Dumansız yangınları vardı Zeyneb'in. Alevi göklere yükselen ama dumanı gözükmeyen bir yangın...

Zeyneb onların ardı sıra bakakaldı.

Ufku çevreleyen dağlar ne kadar haşindi! Doğuda Ebûkubeys, batıda Kuaykıân, güneyde Sevr, kuzeyde Hirâ ve Sebir dağları vardır. Onların ötesinde boz renkli ağaççıklar, bodur çalılar ve gri kumlar vardı.

Gözünün önündeydi her biri.

Mücbir sebeplerle; zor direnişler ve dayanılmaz zulümler sonunda, göç turnaları gibi ardı ardına uçtular Mekke'den. Kalbi orta yerinden ikiye bölündü sanki Zeyneb'in. Bir yarısı Mekke'de, diğer yarısı ise Yesrib'de.

As göç etmesine izin vermiyordu:

"Seni gönderemem." diyordu. "Bunu benden isteme!"

Bu yetersiz bir gerekçe olsa da ona söz anlatamıyordu. Müşrik cenah onu kaptırmamak için etrafını sarmışken ve her an ensesinde solurlarken As kurtulamıyordu. Kimi iş ortağı, kimi yol arkadaşı, kimi yakın akrabası idiler. Ticari gücü elinde tutan liderlerinden biri olması, nefsinin ona kurduğu en büyük tuzaktı aslında. O güç, o itibar, o saltanat kolay vazgeçilir değildi. Zeyneb kocasını asla azarlamadı. Kurani terbiyenin kıyısında boy vermiş bir gül fidanı olarak, babasından hep kavli leyyini öğrenmişti. Kavli leyyin ki yumuşak dil, güzel söz, tatlı sunuş idi. Hani ki Rabbi, Musa'dan onu istemiş idi. Her kalp, her göz, her kıyı ondan etkilenirdi. Kalbin kıyılarına inebilmek, muhatabın içinde kendi akislerini görebilmekti. Bunu başarmak zor olsa da yapabilmekti aslolan. Her kalpte mutlaka bir sevgi damlası saklıyken, As'ın gönül deryasından haberdardı. Tatlı dili, güler yüzü ve o çok samimi hâliyle fethediverdi yeniden As'ı:

"Sen ki hayat ortağımsın As. Teyze oğlum oluşun, çocukluğumdan yadigâr bir tutku oluşun bir yana, ben sana gerçek bir aşk ve sevgiyle tutulmuşum. Şunu bil ki kalbimin en ince zarında adın yazılı. Bu iş, bu işleyiş böyle devam etse de adın silinmeyecek. Ama gönlüm bambaşka ufukların derununda deveran edecek."

"Beni anlamalısın." dedi As. "Üzerimde çok yoğun baskılar var. Kurtaramam. Kavmime ihanet edemem ki!"

Zeyneb mütebessim. As'ın en derin yarasını huzurla esinledi:

"Annem Hatice de bu baskılar altındaydı, unuttun mu Can?" deyiverdi. "Onu da canından bezdirdiler. Mekke'nin Melikesi evsafında bir kadının bütün ticari ilişkilerini, varını yoğunu ve canını hakikate adamış olması bir şeylerin habercisi değil miydi? Nefsine ait hiçbir şey koymamıştı geriye. Dokuz çocuk anası o kutlu kadının ömründen geriye bir tek canı kalmıştı. Onu da tek nefeste feda etti. Şib'in kırçıl taşları bu gerçeği haykırır."

As hiçbir şey diyemedi. Önüne baktı sadece.

"Babam, Kureyş'i karşısına aldı. Ölümüne tuzaklara aldırış etmedi. İnandığı tek hakikat uğruna kan kusan güruha meydan okudu. Rabbi onu korumadı mı? Kureyş'in en azgın canileri etrafını sarmışken bir avuç kumdu serptiği sadece. Onların taptığı namı, parayı ve pulu üzerlerine serperek yürümüştü. Osman, Ebu Bekir, Ömer'ül Hattab. Onlar aynı konumdayken her türlü alâyişten bir hamlede sıyrılıverdiler. Her birisi ardınca ne canlar, ne altınlar, namlı nüfuzlar bırakmadılar mı?"

Gurur, önüne demir bukağılar atmıştı As'ın. Bilemiyordu:

"Dediğin doğrudur ama ben yapamıyorum. İçimdeki sesler buna izin vermiyor. Kavmine ve kabilesine bu denli düşkün olan ben, bir kalemde her şeyi nasıl silerim? Bunu benden isteme!"

Hızlı adımlarla kapıya yürüdü. Ebu Cehil dışarıda onu bekliyordu. Derin kahkahalar, uğultular, garip fiskoslar arasında kaybolup gitti As. Zeyneb sızılı bir iç yangınıyla ardından bakakaldı. Ne yana dönse karşısına çıkan Ebu Cehil'in hain bakışları, demirden dikenler gibi As'ın yüreğine saplanmıştı. Sıyrılamıyordu genç adam.

***

Zeyneb şimdi hepten yalnızdı. Amca Abbas ve hanımından ve birkaç gizli Müslümandan başka tesellicisi yoktu. Çöller ve kız kardeşleri. Ne kadar narindiler! Gül goncaları gibi nahif ve zariftiler. Ümmü Gülsüm... Rukiye... Hele biricik Fatıma'sının nazlı teni, gül kokusu, ışıklı gündüzleri andıran anlı, narin bedeni, uzun saçları, ceylan gözleri aklından çıkmıyordu.

Kum fırtınası ile çölün kükrediği sık olurdu. Gece ayazları, kum fırtınalarına karıştığında hayatta kalmaya kimsenin mecali olmazdı. Salgınlar... Veba... Ateşli humma... Güneş... Susuzluk... Gündüzün kavurucu sıcağına inat, gecenin bağrını delen dondurucu soğuk geceler... Çöl sıtması... Eşkıya çeteleri... Yırtıcı hayvanlar ve daha neler neler... Bir sürü bela doluydu çöl.

Sevgilinin ciğerparesi uzaklardaydı. Sılada gurbetini yaşayandı. Ya da sılanın garibiydi. Sılanın yalnızı... Sılanın çaresizi ve dahi çilelisiydi Zeyneb.

Bir tek o ve birkaç gureba kalmıştı geriye. Eman vermiyordu geçitler. Kapalıydı yollar. Kıpırdayamıyordu Zeyneb. Sevginin, sadakatin ve dahi meşakkatin çetin sıratında yürümek zorundaydı.

Hicret ona kapalıydı. Babası ona "Gel" dememişti. Onun hâl ve tavırlarından anlamıştı ki Ebu'l As'ın yanında kalması onun için hayırdı. Mekke'de kalan çaresizlerdendi. Mahzun ve müstazafin.

Kendisine diş bileyen, laf söyleyen, yaptığı her şeyi hata bilenlerle bir arada yaşama sınavındaydı. Dini uğruna ezilenlerden, çaresizlerdendi. Anne yadigârı gerdanlığı hep boynundaydı. Elleriyle yokladı. O gerdanlığı annesi ona sanki bir kutlu davanın vedası olarak bırakmıştı. Gerdanlık boynunda kaldıkça kendini hep iyi hissedecekti. "İşte..." dedi, "Yanımdalar; babacığım, annem, kardeşlerim." O güzel gün ve düğün geldi gözlerinin önüne. Ebu'l As'a kavuştuğu o mutlu günde annesinin elleriyle taktığı gerdanlık. Ne kadar nahifti! İnce nakışlı taşlar, annesinin şiir gibi güzel, tatlı yüreğinde bestelenmiş nağmeler gibiydi. Bu kolyeyi annesi, Yahudi kuyumcularda işletmişti onun için. Kızıl akik taşlarıyla, mavi firuzelerin iç içe işlendiği gerdanlığıyla kucaklaştı sessizce. Annesinin kale gibi metin ve sağlam duruşunu hatırlarken içi ferahladı:

"Anneciğim..." dedi. "Ah, annem... Keşke olaydın... Hira'nın yokuşlarını metin devinimlerle yürürken arkandan bakardık dört kardeş. Yolunu gözlerdik. Sen ve babam insanlığın kaderini karşılarken biz dua ederdik. Nasıl durabilirdik duasız ve mecalsiz?"

Yol arkadaşına sitem etti. Aslında hiç sevmediği şeydi sitem ama etti:

"Tek bir can kelamıydı söyleyeceğin. Tek ikrar. Tek tasdik. Tek kaleydi sığınacağın. Ama yapmadın As. Yapamadın."

Hacun kuytularından Arap bülbüllerinin tegannisi işitiliyordu. İçli bir figan gibiydi sanki. Kalktı yerinden usulca. Sildi gözyaşlarını. Hiç bilemediği, anlayamadığı bir güç vardı içinde. O sayede yılmayacak, yıkılmayacaktı.

Kendi kaderinin sahibi olmadığını anladı. Açtı ellerini. Dua; Rabbi ile konuşmak, ona iç açmak, derde deva dilemek değil miydi? Dua su içmekti rahmet kurnalarından. Kanmaktı doyasıya:

"Ey yalnız görücü, yalnız bilici ve yalnız işitici ve yalnız Yaratıcı; Sen varsın ya! Gerisi yalan. Gerisi geçici. Yalnızların yanındasın. Yalnızların sığınağısın."

Bir hayli bunalmıştı Zeyneb. Ne hâlinden anlayan ne de derdini dinleyen vardı. Gözünden akan yaşlar nakışlı entarisinin yakasına damlarken, kalktı yerinden ve aşını kaynatmak için ocağını yaktı. Ununu kavururken, etini doğrarken, ekmeğini pişirirken al yanakları ve lal olmuş diliyle sohbet meclisleri kurdu. İç âleminde çok farklı sesler vardı. Firavun gibi bir kocaya sabreden Asiye'yi düşündü. Kendince yaptığı kıyas ve muhakemeden sonra:

"Ebu'l As'ın yüreği saf ve masum. Putlardan sıyrılıverse muhkem bir Müslüman olacak. Ancak alışkanlıkları buna el vermiyor. Asiye annenin hayat yoldaşı katı kalpli, zorba ve zalim idi. Ama benim eşimin özünde kimsede olmayan bir dürüstlük ve cömertlik var. Onun yüreğinde aşk var. Firavun yüreği çorak çöllerden bile beterken, Ebu'l As'ın yüreği güneşi görmemiş vahalar kadar aydınlık ve yeşil. Ah ki güneşe kavuşsa!"

İçin için yandı Zeyneb. Alevini gören, bilen, hisseden yoktu ama Rabbi ona can damarından daha yakındı. Hani peygamber babası bile bu konuda çaresiz kalmışken Yüce Kelam ona ışık gibi nefes sunmuştu:

"Şimdi bu söze inanmazlarsa, demek sen onların ardına düşüp nerdeyse kendi kendini yiyip tüketeceksin!"

Kehf Suresi: 7

Ona da merhem olmuştu. Hayata tutunmalı, bu zor sınavı başı dik, alnı açık bir mümin olarak sebatla yaşamalıydı. Kocasına karşı asli görevlerini yapacak ve ona karşı saygısını koruyacaktı.

"Kaderden gelen her dem başla göz üstüne! Alerre'si vel'ayn!"

Nisa Suresi: 75

SERİN, SELAMETLİ BİR ATEŞ

"Ben sana çok yakınım."

Bakara Suresi: 186

Göç izni verileli iki yıl olmuştu. Zeyneb için Mekke boş, bomboştu artık. Güneşten karıncaya kadar her varlığı sanatıyla nakşedip cilalamış Yaratıcı'nın Elçisinin kızı bile olsa çile kaçınılmazdı.

Hâlindeki fıtri hüzün gözlerden kaçmıyordu. Canlar canı babacığını çok özlemişti. Kız kardeşlerini, Ümmü Eymen'i, vahiy çağrısını kabul ederek yurdunu yuvasını terk eden tüm Müslümanları, komşularını, arkadaşlarını çok özlüyordu. Ayrı fikir, ayrı inanış, ayrı görüşte olan bir adamla aynı yuvayı, aynı gönlü ve aynı aşkı paylaşmak ateşten çemberdi onun için.

Atası İbrahim'in ateş yumağında gibiydi sanki. Kureyş'in gaddar tutumu içinde; hayat yoldaşıyla bile aynı çizgiyi paylaşamadığı hâlde, yüreğini dolduran bu serin, selametli huzur da neydi? İmanın bir tuba tohumu, imansızlığın ise bir zakkum çekirdeği olduğu gerçek değil de neydi? İçinde baharlar vardı Zeyneb'in. Can güneşi babacığının duası hürmetine Rabbi ona, Kureyş cehennemini serin ve selametli hâl ile müheyya kılıyordu. İbrahim'e ateşi gül kılan kudret, Zeyneb'e de müşrik narını sabır bahçesi eyledi. Kalbinin kıyısında teslimiyet ırmakları akıyordu serin serin. O yalnızlık gurbetinde, Rabbi her an onunlaydı. Bunu hissediyordu Zeyneb. O peygamber kızıyken, bir müşrikin karısıydı. Ama imanından aldığı güçle ayaktaydı.

"Allah kuluna kâfi değil mi?"

Zümer Suresi: 36

Gerisi laf ü güzaftı. Ümmü Eymen'in sözleri kulaklarında küpe:

"İman, çölü saray kılar. İmansız bir ruha saraylar çöl olur. İman bir iç cevherdir ki, Yaratan onu bahşettiğine Rahmetini gönderir. Dayan ve diren. Sakın yuvanı bozma!"

Ara ara o teselli vuku bulurdu:

"Korkma Zeyneb'im. O, kulunu perişan etmez. Kureyş çölün orta yerinde yapayalnız kalıverse de gam değil."

Annesi Hatice'nin tesellisi ara ara uğrardı:

"Sabrı bilen kullar için sabır sarayları kurulacak Zeyneb'im. Buna dair Rabbimizin vaadi var. Hem unutma ki sabır kupkuru bir suskunluk değildir. Sabır; derdin içindeyken, onu verene şükürle yönelebilmektir. Sabır, daha da sabır!"

Peygamber kızı dakik ve rakik. İncitmiyor As'ı. Nezaketini bozmadan evliliğin acı tatlı şerbetlerini içiyor. Dinde zorlama yok. As, kendi hür iradesinde serbest. Zeyneb'in asil tavrından utanıyor, sıkılıyor ve ona hiçbir şey diyemiyor. Her hâlükârda suskun! Ona göre hatalar hafa toprağı altında kalmalı. Dile almayacak. Alevlemeyecek yangını. Köpürtmeyecek söz kazanlarını. Altına odun vermeyecek. Hatice'ce sadakatli. Meryem'ce suskun. Asiye'ce sabırlı. Korkmuyor. Korkmayacak da.

Yusuf'un iffetli suskunluğu üzerinde... İnanmış bir yüreğin sıcaklığıyla direniyor. Her gün binlerce laf, sayısız hakaret! Dinine, babasına, Kitabına uzanan diller. Eşinden bir eza görmese de çevresini saran insanlardan bu ezayı görüyordu genç kadın. Nemrudi tuzakların çevrelediği bir dünyanın orta yerindeydi. Kureyşî saldırı gittikçe dozunu arttırırken, o hep yalnız, korumasız ve kimsesizdi. Yakub'un yanık hasreti kadar sıcak gözyaşları içini yakarak akıp giderken yüce söze imdat etti:

"Rabbin için sabret, Rabbin için sabret"

Müddessir Suresi: 7

Daha sonra Hattab oğlu Ömer'in kendine nasihati:

"Şükür ile sabır iki deve olsaydı, hangisine bineceğime aldırmazdım."

Onun bu hâli Kureyş kadınlarının saç bakım uzmanı Ümmü Züfer'in dikkatini çekmiş olmalı ki dile gelivermişti:

"Zeyneb..." demişti. "Ne kadar sabırlı, ne kadar tahammüllüdür... En kahırlı gönülleri bile gülümsemesiyle serinletir. Ne hoş, ne güzel insandır... Çünkü o, Hatice'nin kızıdır."

Hünas ona hak vermişti:

"Onun güzel ahlakının istila kudreti var." dedi. "Babasına çekmiş. El-Emin atalarımızı reddetmiş olsa da hakkını yiyemeyiz. Zarafetin incelikle kaynaştığı bir güzellik bütünüydü. Zeyneb'i yüce ahlakıyla öyle bir terbiye etmiştir ki, edebi Mekke'nin dilindedir. O El-Emin ile Tahire'nin kızıdır. Terbiye evinde büyüdü. Erdemler ve iyiliklerle bezendi. Elbet öyle olacak!"

ÇÖLE GÜL SEREN KADIN

"Ona yumuşak sözlerle hitap edip, onun Allah'ın yoluna girmesi için bir gayretin sahibi olun. Onu ikna etmeye çalışın. Sulh ve sükûn içinde bir girişiniz olsun."

Taha Suresi: 44

Rebiyülevvel günleri mevsimin en tatlı zamanlarıydı. Ani yağmurlarla yeşerip birkaç gün içinde solup giden anlık baharlar yaşanırken, kurak zamanlar matem gibiydi.

Yaza kaçmış bir bahar örtüsünün belli belirsiz görünme zamanlarında kurt, kuş, kuzu sevinirken kul kederlenirdi. Yarımadada yağmur hayat, yağmursuzluk ise ölüm emaresiydi. O renk kıtlığında bir hayat busesi dokunurdu ruhuna. Çöl şakayığı içini esinlerdi. Onu Zeyneb'e benzetirdi genç adam. Zeyneb gibi zor şartlar altında hayatın altın dokunuşlarını sunan bir güzellikti.

Zeyneb'in kadifeden yumuşak, bal akıtan sözleri, şiir ırmakları gibi akardı As'ın yüreğine:

"Sevginin olmadığı yerde ırmaklar akmaz, gökler kuşağını takmaz, çiçekler gülmez, âlem düğün dernek kuramaz. Aşk evrenin özütünü yüklenmiş iksir iken, biz ona kalplerimizi kapatamayız. Kapatırsak şu kıraç kayalardan beter oluruz. Görmez misin As? Mekke'yi çepeçevre saran bu dağlar aşkla yanmış. Sevdayla irkilivermiş. O tecelliyle dikilivermiş Hira."

Güzel söz, Zeyneb'in hayat tarzıydı. Yusuf iffetinde bir güzellikle gülümserdi kocasının gözlerine. Sürmeli ceylanlar gibi ürkmeden inerdi onun ruh enginlerine. Zümrüt vahalarında salınır, derin ırmaklarından su içerdi. Hep nezaketli ve hep samimiyet doluydu hâli. Hiç bitmeyen bir sevgi ırmağının kıyısında onu ağırlamaya devam etti. İyi kul olmak zor sanat iken, Zeyneb bu sanatı en iyi icra eden idi. Ona göre As her şeyden önce insandı. İnsanı itmek, ürkütmek, kırmak, azarlamak kolaydı. İş ki onu en kara kuyulardan çıkarıp ışığı buldurmaktı. Zeyneb, peygamber kızı olarak, kini barındırmadan, öfkesini yutmak zorundaydı. Kızmak, azarlamak için inim inim inleyen nefsine eman vermedi:

"As'ı da Allah biricik yarattı." diyordu. "Ona şefkat etti. Uzuvlarını tek tek dizdi. Ona insan olma şanı verdi. Dünya misafirhanesine gönderdi. Ona kulum demişken ben ona kıyamam. Onu incitemem. Yanında olarak ona insan olmanın anlamını anlatmam gerek. O çok refik, çok şefiktir. Derununda var olan insaniyeti küllememek gerekir. Elbet bir gün gerçeği o da fark edecektir."

Onu yapıyordu Zeyneb. Eşini üzmek, hırpalamak, yıpratmak çare değildi. Bir insan olarak ona kıyamıyordu. Ona gülümsedi. Gözlerinin içine bakarak konuştu. Tatlı dilini esirgemedi. Genç adamın bu yücelikten içi titredi. Utandı, ufaldı birçok kez ama tek kelam edemedi. Sözün sahile vurduğu anlarda sadece:

"Can evime kuruldun." diyordu. "Cihan tahtımı fethettin. Senden nasıl vazgeçilebilir ki Zeyneb?"

Kureyşî tasallutun tavan yaptığı zamanlardı. Zeyneb'i atmasını, itmesini, gitmesini isteyenler, sabah akşam kulak hizasında fısıltılarını bırakmaya devam ediyorlardı:

"Bırak şu düşman kızını As. Bak ne güzeller ne dilberler var! Sana her biri koşarak gelir. Tanrılarımıza ihanet edenler yuvana uğursuzluk getirir. At, git onu!"

Direniyordu As:

"Hayır!" diyordu. "Asla! Mahremiyetime söz söyletmem. Zeyneb benim hayat damarım iken onu nasıl koparıp atmamı istersiniz? Bunu yapamam. Asla da izin vermem!"

Sözlerini Zeyneb'e işittirmek isteyenler vardı. Onu kahretmek, yok etmek planında olanlara karşı genç kadın savunmasızken, As kartal gibi kanatlarını geriyordu:

"Üzülme Zeyneb'im." diyordu. "Ayaklarımız bu yuvada sağlam bastıkça kimse bir şey yapamaz. Buna izin vermeyeceğiz."

Öyle zamanlarda Zeyneb suyunu içtiği ırmakların abıhayatını taşırdı ona:

"Her yürek libaslıdır, As. Her libas farklıdır. Her gönül farklıdır. Her ruh farklıdır. Biz hep sevgiyi seçeceğiz. Saygıyı paylaşacağız. Dostluğu giyineceğiz. Aşkı kuşanacağız. "

Hayat arkadaşının ruh inceliğine bir kelebeğin konuşu gibi hoş ve narin dokunurdu. Çöl şakayığının kırmızı renklerinde ne dünyalar ne âlemler sunardı da ona... As ise dünyada cennet baharları koklardı bu sözlerle.

O günün sabahı sımsıcak bir kıpırtıyla uyanmıştı Zeyneb. Taptaze bir kımıldayış vardı içinde. Yanakları al al oluverdi bir an. Tatlı ve sımsıcak bir gülümsemeyle baktı hayata. O sevinçle güne koyuldu. İş, temizlik, düzen, hayatın tempolu akışı içinde hep o tatlı hâli ve gülümseyişi devam etti. Neydi, ne olmuştu böyle? Günlerdir gülmeyen yüzü bugün neden bu denli ışıklıydı? Yolunu gözledi Ebu'l As'ın.

Ebu'l As eve geldiğinde Zeyneb'in gözlerindeki sevinci fark etmişti:

"Yeni bir can müjdem var sana teyzem oğlu!"

Ebu'l As'ın gözleri açılıverdi birden:

"Yeni bir bebek müjdesi mi bu!"

"Evet, can yoldaşım." dedi. "Rabbimin kudret tecellisi bize bir ikram sundu. Bir bebeğimiz olacak."

Ebu'l As sevinçten kıpkırmızı kesilmişti:

"Şükürler olsun!" dedi. "Yeniden baba olmak, Zeyneb'imin canından bir cana daha sahip olmak ne büyük lütuftur! Bu haberi verdin ya! Dünyanın en mesut erkeğiyim!"

Onun sevinç coşkusu Zeyneb'in sevinç gözyaşlarına dönüştü damla damla.

Minik Ümame koşarak geldi:

"Babacığım!" dedi. "Neden çığlık attın?"

"Çığlık mı attım?" dedi Ebu'l As. "Hiç farkında değilim. Ama sana çok güzel bir haberim var."

"Aaaa!" dedi minik kız. "Yoksa dedem ve teyzelerim geri mi dönüyorlar?"

Zeyneb'in yarasını açmak istemedi genç adam. Ümame'yi kucakladı:

"Sana kardeş geliyor." dedi. "Minik, tatlı, sevimli bir kardeşin olacak. Ben yeniden baba, sen ise abla olacaksın."

Ümame sabırsızlandı:

"Peki, ne zaman?"

Annesi eliyle sus işareti yaptı:

"Sessiz olun." dedi. "Böyle şeyler ulu orta yerde konuşulmaz. Daha çok günü var. Şimdi bize düşen sabırla beklemek."

Ebu'l As, ikisini de kucakladı. Koruyucu kollarıyla onları kavradı. Sımsıcak bir atmosferdi bu. Yepyeni ve minicik bir hayat onlarla birlikte nefes alıyordu. Bu kucaklaşmada daha dünya gelmemiş minicik bir bebeğin sıcaklığını hissettiler. Ebu'l As sevgi dolu eşini seyretti. Ne güzeldi Zeyneb! Ne edepliydi! Evlendiği ilk günden beri boynunda duran, Yemen akiğiyle işli, su gibi zarif o kızıl taşlı gerdanlık ona nasıl da yakışırdı!

"Hep bunu takarsın." dedi.

"O benim için çok özeldir." dedi Zeyneb. "Dokundukça annemin zarif parmaklarını hissederim. Vahiy günlerinde babamı beklerken çektiği hasret günlerini. O bana annemin sesi, onun nefesi gibidir. Onu sinemde hissederim."

"Bu gerdanlık teyzemin boynundan hiç çıkmazdı." dedi genç adam. "O ince ruhun izlerini, ona ait olan her şeyde görmek mümkün. Onu hiç çıkarma boynundan Zeyneb. O sana çok yakışıyor."

Gerdanlığın ışıltısı...

Zeyneb'in gülümsemesi...

Ümame'nin heyecanı...

Ebu'l As'ın anlamlı bakışları konuşurdu Zeyneb'in gülümsemesinde. Çölü gül kılan kadınını seyrederdi.

"Şakayık." derdi. "Şakayığımsın."

Çorak vadinin gri tonları içinde can kırmızısı bir sevdaydı şakayık. Rengin tükenip gittiği anlarda çölü dingin kılan, güneşin altın renklerini ışığıyla yansıtan bir sevdaydı onunki.

"Zeyneb'im!" derdi. "Sen benim göz görmedik şakayığımsın."

Ümame bez bebeğiyle oynarken duyardı bu sözleri. Koşarak babasına sorardı:

"Ne demektir şakayık?"

"Tarife imkânı olmayan bir çöl çiçeğidir. Kırların gözbebeğidir. Kan kırmızısı rengiyle ruhlara hayat verir. Sapsarı tohumlarıyla ümit verir, yeşil yapraklarıyla hayatı hatırlatır. Dağ pınarlarının gürültülü çağıldayışları gibi coşkulu ve neşelidir. Nisan yağmurlarının inciye dönüşen tanelerini içerek büyür, gelişir, güzelleşir. O damlalar okyanustaki mercanın kalbinde inciye dönüşürken, karadaki bitkinin bağrında da şakayığa dönüşür. Tohumuyla, rengiyle, kokusu ve ahengiyle inciden bir çiçektir o. Güzelliği mest etse de bir o kadar narin ve nahiftir. Çok çabuk zede alır. Pek çabuk pörsür. O sebeple, şakayık çiçeğini örselemeden, incitmeden sevmek gerek."

Hudayi nabit bu çiçeğin bir diğer adı gelincikti. Çok narin, nahif ve zarifti. Dalından koptuğu anda parlaklığını, canlılığını ve güzelliğini yitirendi. Kırmızı yapraklarından biri koptu mu diğer üçü kendini bırakır, salar ve sarkar. En ufak bir fiskede zedelenir ve solmaya yüz tutar.

En küçük şiddet, hoyrat muamele ve sarsıntıda bile yara alıp zedelenen bu çiçek, kadına benziyordu. Zeyneb de bu çöl gelinciği kadar zarif ve inceydi. As, onun bir gelincik çiçeği kadar narin olduğunun farkındaydı. Bu gönül çiçeğini sevgiyle sulayacaktı. Onu hoyrat tavırlara, şiddete, haksızlığa asla uğratmayacaktı. El üstünde tutacaktı hep. O kırmızı rengin asaleti ve güzelliği içinde rengini soldurmayacaktı. Aradan zaman geçse de, Zeyneb gün ışığı gibi aydınlık güzelliğini yitirse, yaşlansa ve beli bükülse de onu hep taze bir gelin gibi görecek, gelincik gibi sevecekti.

Bu anlam terminolojisinde kadın erkeğin öteki yarısıydı. Erkeğin ziynetiydi. Çiçeği, kelebeği, arısı ve karısıydı. Şakayığıydı, evinin başköşesinde açmış. Can kırmızısı şakayıktı. Eğe kemiğinden bir uç... Ortadan şak edilmiş bir elma... Şakayık çiçeği, dalında gülümseyen tebessüm... Nahif... Latif... Narindi... Onu örselemeden, incitmeden, soldurmadan koklamak zor olsa da ömre bedel bir duyguydu. As bunun farkındaydı ama onun gibi kaç erkek bunun ayrımındaydı? O sebeple Zeyneb kendisini bir gelincik gibi örselemeden bakan kocasına en hoş kokularını sundu. En parlak mutluluklarını paylaştı. Ona hep ferahlık verdi. Gözünü ve gönlünü ışıklandırdı. Ruhunu aydınlattı As'ın. Evliliğin ilk temellerini büyüdüğü ocakta aldığı terbiye üzerine attı. O da annesi gibi kapılarda karşıladı eşini. Dualarla yolcu etti. Hoş ve ferah tuttu. Hiç üzmedi. Nahoş durumlar karşısında susmayı yeğledi. Edası ve ahlakıyla şöhret şiar olmuş bu Kureyş kızı, yuvasını cennet kılmıştı. Eşi kendisine her baktığında ona neşe ve sürur verdi. İnceliği, itaati ve nezafetiyle eşinin gönül gülşeni oldu. Hiçbir şekilde ona muhalefet etmedi. Hep hoş tuttu. Gülümsedi. Memnun etti.

Cana can olmaktı, eş olmak. Cana can katmaktı. İncitmeden o zarı, özündeki tohuma ulaşmaktı. Onu sevgi ve sabır suyuyla besleyenler aşkı yeşertenlerdi. Diri tutanlardı. Öldürmeyenlerdi. Güldürenlerdi. Zeyneb o güldürenlerdendi. Zeyneb candı yol arkadaşına...

As bulutların üstündeydi. Zeyneb evine girdikten sonra tükenmez bir su gözesinin başında bulmuştu kendini. Aktıkça coşan, aktıkça berraklaşan köpük köpük sularıyla yuvasını bir baştan diğerine zümrüt rengine çeviren bir pınarın yanı başındaydı. Zeyneb su gözesi mi demekti acaba? Bir anlamı süslemek ve zinetlendirmekse eğer, diğer anlamı da su gözesi olmalıydı. As o düşünceler içinde hayatının renklendiğini düşündü. Kendini evinin şahı, Mekke'nin padişahı olarak hissetti.

* * *

Müşrik cenah kahır yüklüydü. Ebu Cehil'in mora çalan suratına gece yağmıştı. Elindeki kırmızı şarabı bir dikişte devirdi. Öfkesini alamıyordu. Kan çanağı gözlerini Ümeyr bin Halef'e dikti:

"Yesrib'den gelen haberler pek iç açıcı değil." dedi. "O'na bağırlarını açmışlar. Yesrib Yahudilerini kışkırtmak yeterli olmuyor. Yeni çareler üretmeliyiz."

"Üzerlerine yürümek gerek."

"Yani savaş, öyle mi?"

"Başka çare var mı?" dedi Ebu Süfyan.

"Bu iş için güçlü bir bütçe lazım. Halktan para, altın, eşya, mal, ne varsa toplayın!"

"Savaş para ister. Şam'a kervan göndermek gerek."

Harekete geçtiler. Bir hayli mal toplanmıştı. Gazze pazarına gitmekte olan kervanın başına Ebu Süfyan'ı seçtiler.

O'nu Mekke'den çıkarmışlardı. O'nunla birlikte "La ilahe illallah" diyen herkesi de çıkarmışlardı. Ama hâlâ rahatlamamışlardı.

Göç yılının ikinci senesinde, tarihler altı yüz yirmi dördü gösterirken, Nedve meclisinde alınan karar aşikâre çıkmıştı.

VADİDEKİ ZAKKUM: HİND

Hind'in sözü etkiliydi. Zenginliğinin onu etkin ve güçlü kılması yanı sıra, şairliği ve hatipliğiyle de dikkat topluyordu. Giyimi, şiirleri, mücevherleriyle ün yapmış bu kadın, Kureyş'in soylularındandı. Ama Şi'ra yıldızının ve putların esiri olmuştu. Okuduğu şiirler Mekke'de pek çok evin duvarına asılıydı. Şaire Hansa ile girdikleri söz düellosunda karşılıklı şiirler, hicivler, mersiyeleriyle kimse yarışamazdı. Gözü karaydı Hind'in. Kibir ve payesi meşhurdu.

"Ben ki..." diyordu. "Abdi Menâf soyundan Utbe İbni Rebia'nın kızı, Kureyş ulusu Ebu Süfyan'ın karısıyım. Kimseye minnet etmem. Kimseye boyun eğmem."

Üzeri nakışlı harmanisinin eteklerini sürükleyerek yürüdükçe kınalı topuklarına taktığı halhalın zili uzaklardan duyulurdu. Zengin kocası Ebu Süfyan'ın kapısındaki sağmal dişi develerin şöhreti çok uzaklardan duyulmuştu. Eli sıkı olan bu adamın malı, şöhreti, şanı çoktu. Hind bu varlığın ve ihtişamın içinde kibir dolu yürürken, taktığı altın ve fildişi takıların şakırtısından onun geldiği anlaşılırdı.

Son peygamberin can düşmanıydı. Hind'in gözü Zeyneb'in üstündeydi. Kin, kibir, kıskançlık duyguları onun yüz hatlarına vurmuştu. Zeyneb her zaman bu akraba kadına dengeli ve mesafeli davranmayı bilmişti. Sır vermiyor ama saygı ve nezaketini de esirgemiyordu. Zeyneb ile Ebu'l As arasındaki sevda dikkatini çekerdi Hind'in. Kendi kocasından hiçbir zaman görmediği aşk ve muhabbeti, sadakat ve cömertliği Zeyneb'in kocasında görüyor olmak onu çıldırtıyordu. Eteklerini yerlerde sürüyerek, dans eden bir cariye gibi salınarak döner ve cimri kocasına kırmızı şarap içirirdi.

Cariyesine:

"Yemen safranı katılmış kırmızı şaraptan efendine bol bol içir." derdi. "Ta ki sahibin onu tadar tatmaz gevşer. Eli sıkı ve mal canlısı olduğu hâlde malına önem vermediğini görürsün."

"Haklısınız hanımım." derdi Tara. "Efendim kırmızı şarabı pek sever. Ve içtikçe gevşer. Daha geçen gün içtiği kırmızı şaraptan sonra elime dirhemleri saydı."

Hind keyifli bir kahkaha attı:

"Senin efendin o dilden anlar!" derdi. "Görmüyor musun Muhammed'in (sav) kızına kocası neler yapıyor! Elinden gelse dünyayı önüne serecek. Daha yeni Şam'dan getirdiği kokular, ipekler ve mücevherleri ona sundu. Bizde nerde o şans!"

Bu hâlini defalarca hissetmişti Zeyneb. Ama hiçbir zaman ona muhatap olmamıştı. O biliyordu ki: "Kıskanç mutlu olamaz."

Hind'in tiz kahkahasıyla irkiliverdi birden. Dalıp gittiği hasret yangınında toparlandı. Hind idi içeri giren. Narçiçeği renkli harmanisinin eteklerini sürüyerek yürüdü. Kibirli devinimlerle Zeyneb'e baktı.

Bu gelişin rutin bir ziyaret mi, yoksa müjde mi olduğunu anlamaya çalışırken, ardı ardına içeriye girenler oldu. Amr'ın karısı Ümmü Hâkim, Safvan Bin Ümeyye'nin karısı Begüm Binti Muazzel, Fahite Binti Velid Bin Mugire, Hind Rayta Binti Münebbih Bin Haccac, Muğire kızı Fatihe ve daha bazı Kureyş kadınları odaya doluştular.

Hind'in minik gözlerinin derinliklerinde hırs dolu kıvılcımlar saklıydı. Zaman zaman ışıltılı, zaman zaman sırlı bu ışıklar hayra alamet değildi.

"Yesrib mahvolacak!" dedi Hind, Zeyneb'in gözlerindeki feri ölçerek. "Kavmi, babanın üzerine yürüyecek."

Ebu Cehil'in karısı meydan okudu:

"Görsünler!" dedi. "Tanrılara karşı gelmek ne demekmiş anlasınlar! Hübel'e yemin ederim ki çok yakında bize karşı çıkanlar helak olacak."

Zeyneb'in içi titredi. Hemen aklına Ebu'l As geliverdi. O da mı? Rayta binti Münebbih:

"Üzülme canım..." dedi. "Onlar çok yakında geri dönecekler. Hele şu sefer işi bir tamamlansın."

"Kim dönecek?" dedi Zeyneb.

"Kim olacak!" dedi Hind sözü kaparak. "Baban Muhammed ve yanındakiler gücümüze karşı direnemeyip teslim olacaklar."

Zeyneb acı acı gülümsedi.

Saffan bin Ümeyye'nin karısı Begüm devam etti:

"Lat, Menat, Uzza, Hübel aşkı için onlar pişman olacaklar."

Zeyneb'in tek anlamlı cevabı susmaktı. Arzu ettikleri ortamı bulamayınca dışarıya çıktılar. Ebu Cehil'in evinin önünde şamata vardı. Kendine has özellikleriyle bilinen Hind herkesten heyecanlıydı.

"Gün bizimdir!" dedi. "Söz bizim, şiir bizim, şenlik bizimdir. Bırakın şimdi oturmayı da kalkın!"

Tefler çalındı. Zil ve zılgıt sesleri alkış seslerine karıştı. Kureyş, Müslümanlar için aldığı savaş kararını kutluyordu.

Hind şımarık dizeleri ile halkı coşturdu:

"Biz Tarık'ın kızlarıyız

Babalarımız Süreyya yıldızı gibidirler

İzzet ve azamet bizim

Yüceliğimizle parıldar
Biz ki soylularız
Kuş tüyü yastıklarda uyur
İpek halılar üzerinde yürürüz
Gerdanlarımızda inci mercan
Saçlarımızda misk vardır
Ey Galip Hanedanı
Eğer düşmana saldırırsanız
Sizinle kucaklaşıp sevişiriz.
Eğer onlara arka çevirip kaçarsanız
O hâlde biz de sizden ayrılır ve koparız
Onlara zulmedene bizler kucak açarız"

Kışkırtıcı sözler, coşturucu dizeler, gururlu ifadeler de neyin nesiydi? Batıl din ve kin sahipleri bir an boş durmuyorlardı. Hind'in hırs dolu direktifi devam etti:

"Orduyu coşturun!" dedi hemcinslerine. "Sözünüz, şiiriniz, işvenizle askerlerin gözünü öyle bir doldurun ki Müslümanları kırıp geçirsinler. Tek bir tane dahi bırakmasınlar."

Çaldılar, oynadılar, güldüler, eğlendiler.

Dışarıda çengi, çalgı ve savaş çığlıkları sürerken, Zeyneb evinin içinde Rabbiyle baş başaydı. Gönlünün gizli niyazları arşa yükseliyordu.

"Ey Rabbim!" diyordu. "Senden başka sığınağım ve dayanağım yok. Senden başka melce' ve mence'ye sahip değilim. Affet beni! Sen affetmeyi seversin. Sil gözyaşlarımızı! Sen teselli et beni, serinlik sun şu bağrıma!"

Büyük bir şamatayla kervanı düzdüler. Şam seferi dönüşü elde edecekleri silahla Müslümanları mahvedeceklerdi. Ebu Süfyan'ın önderliğinde kervan yola çıkıp gitti. Yeni dine diş gıcırdatanlar geri dönüşü dört gözle bekleyecekti.

Zaman akıp durdukça kim bilir daha ne tür olaylara sahne olacaktı dünya? Kim bilir! Kim bilebilirdi ki! Kalplerin kilidi elinde olan Rab, Hind'in katı yüreğini de yumuşatarak, Tanrılara savaş açanlardan yana kılacaktı. Yeni din barış ve esenlikten yana olsa da kendine yapılan saldırıları durdurmak zorundaydı. Savaş hazırlığı için yola çıkan Kureyş kervanını durdurmak istiyorlardı. Son peygamber ile sahabeleri silahsız ve yaya olarak yola çıktılar. Niyetlerinde savaş yoktu ama durumu öğrenmek istiyorlardı. Haber Ebu Süfyan'a ulaştığında paniğe kapılmıştı. Gifarilerden Zamzam bin Amr'ın avucuna birkaç altın sıkıştırdı.

"Mekke'ye uç!" dedi. "Kervanın önünü kesip silahlarımıza el koyarlarsa Müslümanları zengin etmiş olacağız. Haydi, göreyim seni!"

Zamzam çil çil altınların pırıltısıyla bineğine atladı. Mekke'ye varmadan gömleğini önden ve arkadan yırttı ve devesinin semerini ters çevirerek şehre girdi.

624 yılının o sabahında bir çığlık düşüverdi kutlu şehre. Şam'dan gelen ulak ortalığı velveleye verdi:

"Müslümanlar kervana saldırıp tüm servetimize el koydular."

Mekke karışmıştı. Orduyu topladılar. Genç, yaşlı, eli silah tutan, tutmayan herkes hazırlandı. Ebu'l As da bu hazırlığın içindeydi. Zeyneb'in yüreği, gül yaprağına düşüvermiş su damlası gibi titredi. Bir yanda can ışığı babası, öte yanda can yoldaşı kocası. Bir yanda vahyin müşfik sedasından duyduğu iç ürperişler, öte yanda müşrik saldırılardan işittiği küfürler vardı. Hakaretler ve barbarlık diz boyuydu. Selam kelimesiyle insanlığa barış ve güzellik sunan İslam'a göz kapayan bir toplumun; kan, kin ve kem çığlıkları. Ayın cilaya ihtiyacı yoktu gerçi. Doğmuş olan güneşi kim geri döndürebilirdi ki!

Şirk cephesi komutanları mağrurdu. Sırtlarındaki ridalarını savura savura yürürken attıkları naralar ilginçti:

"Onu elimizden hiçbir güç kurtaramaz!"

Onlar Kisra'nın bir gecede çöküveren on dört burcundan bihaberdiler. Ad ve Semud, Karun, Firavun ve diğerleri neredeydiler? Örümceklerin perdeci, baykuşların ise minadi oldukları saltanat çoktan yerle bir olmuşken, geriye ibretli kalıntılar kalmışsa da kör olan gözler bunu nasıl görecekti?

"Eyvahlar olsun!" dedi. "Kervanımızı bastılar. Harp silahlarına el koydular. Yetişin! Durmayın!"

Alev renkli şarap Ebu Cehil'in boğazına kaçtı. Morarmış bir hâlde öksürük krizlerine girdi. Sakinleştiği anda:

"Hazırlan ey Umeyye!" dedi. "Müslümanlara savaş açmak için daha ne duruyorsun?"

Umeyye şaşkındı:

"Ben şişman ve de yaşlı bir adamım. Size ne hayrım dokunabilir ki!"

Ebu Cehil çileden çıktı:

"Al öyleyse." dedi. "Şu sürmeyi sür. Sonra da kadınlar gibi evde otur. Haa, bir de ateşe buhur dök de tütsülen!"

Umeyye, Habeşli Bilal'ın efendisiydi. Adı onca işkence tablolarına geçmiş bir adamın bu sözleri duyması hakaretti:

"Ben şerefime leke sürmem." dedi. "Buhur ve sürme kadın işidir. Oysa ben Habeşli Bilal'i inim inim inletmiş kişiyim."

İncinen gurunu onarmak için deve pazarına gitti. Güçlü ve süratli bir deve satın aldı ve halkı yüreklendirdi:

"Yesrib'in basit çiftçileri, Mekke'nin soylu tüccarlarının kim olduğunu görecekler."

Daha sonra tek tek kapıları çaldı:

"Haydi."

"Haydi."

"Haydi, Ebu'l As!"

Son isim, peygamber kızının yüreğine sivri uçlu bir ok gibi saplanıverdi. O da mı? Ebu'l As babasına kılıç mı çekecekti?

As'ta kahredici bir sükût.

Şirk kurtları kalbini ısırıyor. Kibir yılanları benliğinde sarmaş dolaş, sıyrılıp kurtulamıyor hiçbirinden.

Derin, çok derin bir sükût. Kararını vermiş. Kara geceye diktiği gözlerinde kırık bir hikâyenin ucu görünüyor. Ağzını bıçak açmasa da her şey belli.

Müşrikler güçlü bir ordu hazırlayıp Medine'ye saldıracaklardı. Ebu'l As'ı da içlerine katabilmek için uğraşıyorlardı. Sonunda onu ikna ettiler. Ama o da şaşkındı. Zira karşısında savaşacağı kayınpederi idi. Fakat müşriklerin baskısından kurtulamamıştı. Zeyneb'in içinden canhıraş feryatlar koptu. Yalvardı kocasına:

"Ey gönül yoldaşım!" dedi. "Sen kiminle savaşacağını biliyor musun?"

Titriyordu Ebu'l As. Kavim tutkusu ona mecal vermiyordu:

"Buna mecburum." dedi. "Kavmime 'Eşi için din değiştirdi.' dedirtemem."

"Yapma Ebu'l As!" dedi Zeyneb. "Gitme! Sen... Sen... Allah'ın Peygamberine kılıç mı çekeceksin?"

Gözlerini yere çevirdi As. Sevdiği kadının ikazları içine işlese de bir şey yapamıyordu.

"Bu aldanışın bedeli ağırdır. Helak olacaksın As. Buna göz yumamam."

***

Mekke sokaklarında savaş zılgıtları vardı. Tef, zil, davul sesleri; kin, kan, kibir heyulasına karışmıştı. Ümmü Cemil ile Hind'in savaşa teşvik eden şiir ve şarkıları erkekleri coşturmuştu. Kureyş, güçlü bir orduyla Müslümanların üzerine yürüyecekti. Ebu'l As yüreği kan ağlayarak zırhını kuşandı. Canı, bir tanesi Zeyneb'ini, nur tanesi Ümame'sini bırakıp gidiyordu. Zeyneb son kez seslendi:

"Gitme Ebu'l As!" dedi. "Allah'ın peygamberine savaş mı açacaksın? O'nun; ölmüş eşinin en sevgili yeğeni, gurbetteki kızının çok sevdiği eşi ve en büyük damadı olarak."

"Gitmem lazım Zeyneb." dedi mahcup. "Karısı için savaştan kaçtı dedirtmem."

Ebu'l As kekeledi:

"Korktu, dedirtemem. Kaçtı, dedirtemem Zeyneb. Gönlüm bu işe evet demese de kavmimin yanında olmak zorundayım. Anla beni!"

"Bütün bunlar şeytanın sana verdiği iç fısıltıları. İblisin tuzakları. O tuzaklara düşmeden, içinde var olan o derin mücevheri koy ortaya. Bak, gözlerin bu işe evet demiyor. Gönlün de öyle. O hâlde kuru laf uğruna kendini heder etme."

Ebu'l As kararlıydı. Sadece sustu:

"Üzgünüm can ışığım." dedi. "Bunu ben de istemezdim ama gitmek zorundayım."

Peygamber kızının uzun kirpiklerinin gölgesine menekşe çiğdemleri düşüverdi. Siliverdi göstermeden.

Ebu'l As ne yaptıysa kendiyle baş edemedi. Gitti. Geride gözü yaşlı Zeyneb'ini ve biricik kızı Ümame'sini ağlayarak bırakıp gidiyordu.

Kum yangınları ciğerini delip geçse de bu mecburi gidişin önüne geçememişti. Yüreğinin her zerresinde Zeyneb'i hissederken savaşa gidiyordu. Onun babasıyla savaşmaya. Amr'ın şarap kokulu kahkahaları kâh önünde kâh arkasında kâh yanında, yöresinde. Kalbine kavminin eliyle vurulup kilitlenmiş şirk kelepçesini kırıp atamıyor As. Âlemin sevgilisine kılıç kuşanmıştı. O'na savaş açacaktı. Bu nasıl şeydi, kendi de bilmiyordu. Aşk mı? Nefret mi? Yoksa kum yangınları gibi yürek dağlayan bir yangının alevleri miydi içini kavlayan, bilemiyordu.

Ebu'l As'ın gözü ve gönlü onunlayken ruhu gururdan prangalara takılı. Kurtaramıyor kendini. Soruyor kendi kendine:

"Bu nasıl sevda?" diyor. "Gözümün hadekasından esirgediğim kadın acı çekerken, bendeki bu inat da neyin nesi! Zeyneb'im... Sedefinde saklı incim... Can kırmızısı şakayığım... Çöl lalem..."

Örme zırhlar giyinmiş, kılıçlı mızraklı askerler iyi cins Arap atlarıyla soylu develere binmişlerdi. Kılıçları, kalkanları ve rudeyni oklarını kuşanan müşrikler Bedir'e doğru yola çıktılar. Tef, şiir, şarkı ve güzel sesli kadınların tegannisiyle cariyelerin coşkulu nidaları birbirine karıştı.

Güçlü, kudretli ordunun mor yüzlü, kısık bakışlı ve kızıl saçlı lideri Amr, hırs ve intikam dolu düşmüştü yollara. Sırtında gururdan ridası, elinde gümüş saplı kamçısıyla kin ve kan kusuyordu. Sırmalarla süslü, uzun kuyruklu, soylu atının sırtında seslendi:

"Gün gayret günüdür." dedi. "Hübel'e yemin olsun ki, nefes alan tek Müslüman kaldıkça dönmeyeceğiz. Haydi! Düşün peşime!"

Müşrikler hırs dolu bir devinimle yola koyuldular.

Yüz at, yedi yüz deve, bin asker. Kan renkli ufka revan oldular. At kişnemeleri, deve böğürtüleri, kılıç şakırtısı, kalkan çınlaması. Ölüm naraları hep o kahrolası gurur yüzünden değil miydi? İtiraf etmemiş miydi Ebu Cehil:

"Ey Muhammed!" demişti. "Doğru yol üzere olduğunu bilirim ama içimde bir şey var. O beni bırakmıyor!"

Söyle o kullarıma: "Hep en güzel sözleri söylesinler, çünkü şeytan aralarını bozmaya çalışır. Gerçekten şeytan insanın açık düşmanıdır."

İsra Suresi: 53

* * *

Zeyneb. O bir peygamber kızı. Gözünden yaşlar süzülürken ketum. Telaşlı koşuşmalarla gün içinde işlerini yaptı, evini düzenledi, çocuklarını çekti çevirdi. Geceleri yol gözledi, dua etti ve ağladı. Bir yanda peygamber, önderi, atası, babası... Öte yanda gönül yoldaşı, hayat arkadaşı ve evinin erkeği... İki uçurum. İki vadi... İki yol... Cennet ile cehennem... Nefes ile ruh, kalp ile akıl vadisinde dur durak bilmeden koşuyor Zeyneb. Vahiy ocağından aldığı dersler kulağında. O dirençle güç buluyor. Babasının nurlu kelamı, annesinin nasihatleri:

"Sıkıntı, dert, tasa 'Allah'a Sevgili' olandan başkasına inmedi."

"Gönüldeki hüzün ve keder günahlara kefarettir."

Allah'a sevgili olan bir kula ne isabet eder ki! O'na yapışan, O'nunla konuşan, O'na tutunan bir kalp nasıl esir olabilir? Kuyu, zindan, ateş, hastalık, açlık, ıstırap, yokluk, çile, sürgün. Hakikate ermiş olan sevda erenlerine hangi yol azaplı gelir?

Zeyneb damlardaydı. Uzaklardan vadi kadınlarının kokulu yağlarla tütsüledikleri kokular geliyordu. Onlara göre, önemli işlerde ve özellikle savaşa giden her ordunun ardından bu yapılırdı. Putların önüne konan sunaklar, adaklar, tuhaf tapınmalar, tepinmeler ve tütsülemeler vadi kadınlarının en yaygın özelliğiydi. Tuhaf kokular ve sesler içinde Zeyneb gözlerini günlerce Bedir ufuklarına dikti. Bir haber, bir ses, onun için çok önemliydi. O günlerce yüreğini bedir ufuklarına kilitlemişken müşrik kadınların sinsi ve alaycı gülüşmelerine de şahit oluyordu.

"O da babası gibi mecnun oldu. Ne bizi duyduğu var ne de kimseyi gördüğü."

Ama kimse onun hâlini anlamadı, anlayamazlardı da. Issız çöller kadar yalnız ve de çaresizdi.

Zeyneb Mekke'de,

Rukiye Habeşistan'da,

Fatıma, Ümmü Gülsüm Medine'de,

Baba Bedir'de,

Anne Hacun'da.

Aile darmadağın. O güzel günlere gitti Zeyneb. Zeyneb billur ışıltılı sular kadar derin ve duru. Berrak bulutlardan fışkıran yağmurlar gözlerini yıkıyor, sırılsıklam.

Hind'in şuh kahkahaları yüreğine inerken sözleri can yakıyor:

"Onun aklı kocasında hanımlar. Ne babasını düşünebilir ne de kardeşlerini. O sadece yakışıklı kocasının yollarını gözlüyor."

Zeyneb buruk tebessümlerle iç geçirdi. Sabrın sığınağında içi bir tek dualarla ferahlıyordu:

"Rabbim!" deyiverdi. "Babamı yalnız bırakma! Hiç şüphesiz ki kalplerin kilidi senin elindedir. Kocamı rahmetinle şereflendir."

Şimdi Mekke'de sadece iki kişi vardı. Hacun'da Hatice ve Mekke'de Zeyneb; onun kutlu yolunun şerifeleri, iki narin kelebek gibi Bedir'i gözetliyordu.

* * *

Müminler silahsız ve yaya idiler. Üç at, yetmiş deve ve üç yüz on üç imanlı yiğitle kervanı araştırmaya koyulduklarında savaşa sürükleneceklerinden habersizdiler. Hayvanlara nöbetleşe bindikçe akılları ve gözleri peygamberlerinin üzerindeydi. Son peygamberin ciğerinin bir yanı Mekke'de, öte yanı ise Medine'de kalmıştı. Müşrik ateşinin orta yerinde Zeyneb'i... Amansız bir hastalıkla yataktan kalkamayan Rukiye'si... Rukiye ağır hastaydı. Onu Osman'a emanet ederek yola çıkmıştı.

Müslümanlar Ruha'ya vardıklarında sevgili peygamber:

"Ruha, Arap vadilerinin en güzelidir!" dedi. Sahabe işareti almıştı.

Orada konakladılar.

Ay Bedir hâlindeydi. Bedir ay hâlindeydi. Kumulun gümüş kıvrımlarında gizemli akisler titreşiyordu. Vadi yeli akşamın serin tenhalığını yüzlere savuruverdi. Ferah esintiler dolanıverdi. Bedir kum tanelerinin tespihe durduğu an olacaktı. Mekke, Medine ve Şam üçgeninde yer alan bu vadi, yüksek dağlarla çevriliydi.

İKİMİZDEN BİRİ YETİM

"Ve li rabbike fasbir. (Rabbin hatırına sabret.)"

Müddessir Suresi: 7

Zeyneb bu savaştan ya dul çıkacak ya yetim. Ümame'nin saçlarını okşadı, taradı, kokuladı. Kalbinde ince sızılar vardı:

"Yavrum..." diyebildi Zeyneb. "Bugün ikimizden biri yetim kalacak."

Hâl dili duadaydı. Rabbine şöyle yalvarıyordu:

"Rabbim; dağınıklığımı, perişanlığımı, acizliğimi sana arz ediyorum."

"Ya Rab, garibem, bikesem, zaifem, nâtüvânem, alîlem, âcizem, ihtiyarem, Bî-ihtiyarem, el-aman-gûyem, afv-cûyem, meded-hâhem, zidergâhet İlahi!"

Ramazan'ın on yedisine denk gelen o cuma sabahında karşı karşıya geldiler.

Resulullah (sav) yanına Hz. Ebu Bekir'i alarak, kendisi için hazırlanan gölgeliğe çekildi, ellerini semaya kaldırıp:

"Ya Rab! İşte Kureyş bütün gurur ve azametiyle senin dinini ortadan kaldırmak için geldi. Sana meydan okuyor, peygamberini yalanlıyor. Ya Rab, peygamberlerine yardım edeceğine dair ahdini, bana verdiğin zafer vaadini lütfet. Şu bir avuç mümin telef olup yok olursa, bugünden sonra yeryüzünde sana ibadet ve kulluk edecek kimse kalmayacak..." diye dua ediyordu.

Rasul-i Ekrem (sav) vecd içinde, kendinden geçerek, o kadar çok dua etmiş ve ellerini öylesine semaya kaldırmıştı ki, sırtından ridasının düştüğünün farkına varmamıştı. Hz. Ebu Bekir ridasını örttü, elinden tutarak:

"Ey Allah'ın Resulü, yetişir artık, duan arşı titretti, Allah vaadini yerine getirecektir." dedi.

Resulullah'ın (sav) bu hâlini gören Müslümanlar heyecandan ağlıyorlardı. Nihayet Resul-i Ekrem (sav): "*Toplulukları bozulacak, arkalarını dönüp kaçacaklar*" (Kamer Suresi: 45) anlamındaki ayet-i kerimeyi okuyarak çadırdan çıktı. Allah yardımını böylece müjdelemiş, zaferin Müslümanların olacağını bildirmişti.

Askerlerden çoğu birbirlerinin en yakınıydı. Peygamberin beyaz sancağını Musab bin Umeyr taşıyordu. Diğer bayraklardan birini Hz. Ali, diğerini ise Sa'd bin Muaz... Peygamberimiz aleyhisselamın amcalarından Hazreti Hamza kendi yanında, diğer amcası Abbas düşman safındaydı. Damadı Hazreti Zeyneb'in kocası Ebu As kâfirler arasında, kısa süre sonra damadı olacak olan Hazreti Ali kendi yanındaydı. Hazreti Ebu Bekir'in oğullarından Abdullah yanında, Abdurrahman ise karşısında bulunuyordu. Müslümanlar hazırlıksız yakalanmışlardı.

Barış peygamberi gece boyu ayaktaydı. Elleri havada yakarıyordu:

"Ya Rab!

Onlar yalınayaklar...

Açlar...

Çıplaklar...

Sen onları doyur...

Sen giydir...

Sen yürüt."

Güneşin ilk ışıkları kılıçların keskin uçlarında yalazlanırken; kum fırtınası gibi havaya savrulan toz bulutu, at kişnemesi, kılıç ve kalkan sesi, haykırış, saldırış ve meydan okuyuşlarla Bedir unutulmaz bir gündeydi.

Hazreti Musab müminlerin sancağını, kardeşi Ebu Aziz kâfirlerin bayrağını taşıyordu.

Er istediler. Yerin, göğün efendisinden bir nida yükseliverdi:

"Haydi Hamza!"

"Haydi Ali!"

"Haydi Ubeyde!"

Tozu dumana katan bir kıyamet. Tekbir sesleri. İnsan çığlıkları! At kişnemeleri ve ağzından köpük salan deve iniltileri. Müşrik cephede kin, hırs ve hınç var. Müslüman cenahta ise cesaret ve metanet... Mıhça ordunun gerisinde su içerken bağrına ok saplandı.

Bir nida yükseldi derinden:

"Mıhça şehit düştü."

"Mıhça şehit düştü."

Bahtiyardı Mıhça. Yeni din uğruna ilk düşen idi.

O da ne! Müslümanların safında binlerce ak sarıklı yiğit. Müşrik cenah şaşkın! Kim bunlar? Her biri yalınkılıç, dik, heybetli ve haşmetli. Çarpışmanın en kritik anlarıydı. Müşrik ordusu Müslümanları fena sıkıştırmıştı. Sevgili peygamber bunu görünce eğildi ve yerden bir avuç kum alarak düşman ordusunun yüzüne doğru serpti. Bir yandan şöyle diyordu:

"Yüzleri kara olsun! Allah'ım! Kalplerine korku ver! Ayaklarına titreme ver! Kara olası yüzleri! Kara olası yüzleri!"

Büyük bir andı. Peygamberin attığı bir avuç kum savaşın nihai anını belirledi. Kum taneleri birer bombaydı sanki. Düşman askerlerini geri püskürtmüştü. Kum tanesi incitiyor, gözleri acıyla yakıyordu. Yüzleri kararmıştı. Peygamber sözü kulaklarını tıkıyordu. Perişan olmuşlardı. Alanı terk edip, çil yavrusu gibi sağa sola dağıldılar. Müslümanlar Allah'a şükrederken, müşrikler işi anlayamaya çalışıyordu.

Ebu Cehil gözlerini ovalıyordu. Ebu'l As gözlerine inanamadı:

"Ahhh... Zeyneb'in babası..."

"Bu senin peygamberlik mucizen mi yoksa? Yoksa bütün anlatılanlar doğru mu? Eğer öyleyse ben bir yanlışın içindeyim."

Aniden şiddetli bir rüzgâr esti. Vadi baştanbaşa esinlendi. Bu esişle, Müslümanlar içlerinde bir cesaret ve ferahlık hissettiler. Müşrikler ise sıkıntı ve korkaklık. Bu rüzgârla birlikte sanki Allah'ın yardımı Bedir vadisine inmişti. Sabahın ilerleyen saatlerinde çatışma başladı. Müşrik ordusu kâh teke tek kâh silahlı, binekli binlerce askerini Müslümanların üstüne sürdü.

Savaş iyice kızışmıştı. Yüce Allah sevgili peygamberini böylesine haksız bir hücum karşısında perişan etmezdi. Çünkü o, çok yalvarmıştı. Çok dua etmişti. Dört büyük melekten birisi olan Cebrail, üç bin melekle peygamberin yanındaydı. Meleklerin başında beyaz sarıklar vardı. Sarıkların ucu ise arkalarına doğru sarkmıştı. Melek Cebrail'in sarığı ise farklı olarak sarı renkteydi. İnsan kılığında üç bin melek, alaca renkli atlara binmişlerdi. İslam ordusu arasına karışarak savaşa başladılar. Parolaları ise tek bir kelimeydi:

"Ya Mansur! Emit!"

"Ya Mansur! Emit!"

Hz. Ali ile Hz. Hamza en önde. Omuz omuza ve cesaretle...

Müşrik cephe perişan... Bir anda güç ve kuvvetten düştüler.

Çok az sayıdaki İslam ordusu koca orduyu püskürtmüştü:

"Vema rameyte izrameyt!"

"Attığın zaman sen atmadın. Allah attı. Allah işitendir ve bilendir."

Enfal Suresi: 17

Kemali kerem bir avuç toprakla o toz zerrelerini birer etkili bomba eyleyen Rabbe şükürler olsun. Sebepler izzet ve azametin perdesi değil miydi?

"Göz yakan bu kum taneleri! Her biri ateşten diken sanki!"

"Eyvah! Kör mü oldum!"

Mazlumun deviremediği gurur dağlarını bir kum tanesi yerle bir etmişti.

Kaçıyorlar. Ortalık toz duman ve kum fırtınası. Ama bu fırtınada başka bir savruluş var. Mümin safında binlerce beyaz adam! Kim bunlar? Bu kum taneleri neden bu kadar yakıcı? Kulaklarında Zeyneb'in sesi:

"Sen kiminle savaşıyorsun As!"

"Zafer inananlarındır."

Ebu Cehil, Bedir ovasında dar bir çukurda yatıyor. Yetmiş Kureyşli yerlerde. Geride vadi dolusu at, deve silah ve ganimet.

Mümin cenahta on dört şehit var. Bol ganimet ve dua... Tam yüz elli deve, on adet arap atı, külliyetli miktarda kırmızı kadife, harp âlet ve edevatı, sahtiyan, ev ve giyim eşyaları Müslümanların elinde. Münebbih b. Haccac'ın kılıcı Zülfikâr son peygamberin önünde. Onu Ali'ye hediye mi edecek? Müşriklerden tam yetmiş esir Müslümanların elinde. İçlerinde kimler yok ki... Peygamberin amcası Abbas ile büyük damadı Ebu'l As da var. Mahcup ve iki büklüm... Kayınpederinin yüzüne bakamıyor. Son peygamberin ikrarıyla iki kat utanıyor:

"Esirlere iyi davranın!"

Edep peygamberi nezih... Çevreye kirli görüntüler bırakmak istemiyor. Bedrin kanlı bağrını toprakla setrediyor.

***

Aysız bir geceydi. Zeyneb o kara gecede yüreğinin kandillerinden ışık alıyordu. O kara gecelerde uzaklardan bir ses, bir ışık beklemekte. Ama dışarıda sadece müşrik nefesler dolaşmakta. Savaşa katılamayan Mekke gençlerinin çılgın nidası dolaşmakta:

"Bu gece Zi Tuva'da ateş yakıp şarap içeceğiz. Kureyş'e yazılmış şiirlerimiz var. Onları okuyacağız."

Yine zılgıt yine şamata! Cahilî bir kibir kumkuması içinde uyuşmuş beyinler. O güne dek Ebabil öyküleriyle yunmuş yıkanmış arı duru zihinlerde bir hatırlama. Beytini kuşlarla koruyan Rab, Elçisine de kum tanelerini silah yapıyor. Ümame masum soruyor:

"Anne! Ebabiller de Bedir'de mi?"

"Hani Kâbe'ye saldıranları ayaklarındaki çakıl taşlarıyla geri kaçıran Ebabil kuşları da orada mı? "

"O gün Bedir ovasında ebabiller yoktu, sarı sarıklı ordular vardı." demeyi çok isterdi ama diyemedi genç kadın. Çünkü o da henüz hiçbir şeyden haberli değildi. Büyük bir teslimiyet ve metanetle susuyor, hep susuyordu Zeyneb. İki derin dalga arasında korumasız. Ümame'nin her bir sorusu onu oradan oraya savuruyor. Ona ne cevap verecek? Bilemiyor. Yavrusu masum ve şaşkın. Bir yanda babası, öte yanda dedesi. Etrafta sürekli dolanıp duran söz ve sataşma kumkuması. Her gün farklı bir haber, her an yeni bir bilgiyle olup biten ne varsa gözler önünde.

Bu durumda Ümame'sine ne söylemeli? Neyi ne kadar örtmeli? Onun hassas ruhunu nasıl incitmeden ve de örselemeden sahil-i selamete çıkarmalı? Şefkat ve sıcaklıkla kucaklayıverdi yavrusunu. Yapacak bir şey kalmamışken; her şey o kadar aşikâr ve bariz ortadayken, baba ile dedenin bu çetin imtihanından elbet o da nasiplenecekti. İki masum yavrusundan saklı tutulacak hiçbir gerçeği kalmamıştı Zeyneb'in. Ümame ipiri gözlerini annesinin gözlerinin dikerek, onun ruhuna soruyor sanki...

"Dedemi de, babamı da Allah koruyor, değil mi anne? Onlara bir şey olmayacak. Dedem yine bize gelecek. Ve ben onun o mis kokulu ellerini öpüp koklayacağım. Beni kucağına alacak. Ve benimle namaz kılacak. Sırtından omzuna, oradan kucağına alacak. Oyunlar oynayacak, değil mi anne?"

Zeyneb hâlâ suskun. Kabul sözcükleriyle onu avutuyor. Ümame hiç susmuyor:

"Babam yine bana Şam yemişleri getirecek. Sahranın en uzak yerlerinden renkli boncuklarla gelecek. Saçıma süslü tokalar, koluma bilezikler takacak. Eski günlerdeki gibi yine. Dedem, teyzelerim ve babamla bir arada olacağız, değil mi anneciğim?"

Zeynep iki minik yavrusunu bağrına basarak avutuyor. Minik Ali'nin baba çığlıkları geceyi delerken şefkatin ılık nefesiyle onları yatıştırıyor. Uykusuz gözleri, mahmur. Dudakları kıpır kıpır. Zor sıratların kadını; bir yanı cennet, öte yanı cehennem bir dünyanın orta yerinde asılı. Sürekli dua ile meşgul...

* * *

Sabahın erken saatlerinde bir ulak girdi kadim şehre:

"Yandık!" diyordu. "Yandık ve de mahvolduk. Reislerimizi yitirdik."

Müşrik cephesinin ulağı Haysuman, devesini hızla kırbaçlayarak yolu yutmuştu. Kan, ter ve gözyaşı içine şehre girdi. Zituva gecelerinden sızmış birkaç sarhoş genç ancak ayılabildi. Haysuman'ı görünce heyecanla yanına koştular:

"Savaşı biz kazandık, değil mi? Onlara haddini bildirdik mi?"

Haysuman perişandı. Öfkeyle devesinden atladı ve olduğu yere yüzüstü yığıldı:

"Mahvolduk, mahvolduk!" dedi.

Üşüştüler başına:

"Ne oldu? Çabuk söyle!"

"Ne olacak!" dedi. "Yesrib'in çiftçileri Mekke'nin soylu tüccarlarını mahv-u perişan ettiler. Şerefimiz beş para oldu artık. Bugün ağıt günüdür. Kureyş'in öldüğü gündür. Dövünün, ağlayın. Kadınlar ağıt yaksın, gençler yerlere kapansın. Ağlayın yiğitler!"

Saffan bin Ümeyye şarap kokan geğirtisiyle seslendi:

"Sen sarhoşsun herhâlde ey Haysuman!" dedi. "Bir avuç çulsuza mı yenildik!"

"Kureyş cengâverlerini kaybetti." dedi. "Sarhoş değilim, sadece kederliyim."

"Kapa çeneni şom ağızlı!" dedi bir diğeri. "Neler zırvalıyorsun böyle!"

"Geliyorlar, gidin de kendiniz görün!"

Yollara döküldüler. Vaziyet vahimdi. Alayı vala ile yola saldıkları Kureyş reisleri yoktu. Geriye kalanlar ise kederden iki büklümdüler. Kimi yaralı kimi perişan, gözleri kıpkırmızı olmuş müşrik savaşçıları eli boş, yüzü kara şehre döndüler. Ağıt yaktı kadınlar. Yüzünü tırmaladı kimi.

Yıldırım çarpmışa dönmüşlerdi. Hind'e haber gitti: "Baban öldü." dediler. "Kardeşin Velid de öldü. Müşriklerin en önemli adamları ya toprağa girdi ya da Müslümanların eline esir düştüler."

Hind odun kesilmişti. Derin bir şaşkınlıktan sonra kendine geldi. Ağlayıp dövünen kadınlara dönerek haykırdı:

"Susun!" diyordu. "Ağlamayın. Müslümanların sevincini ikiye katlamayın."

İntikam duygusuyla dolu, acıdan hırstan ve inattan küntleşmiş kadın yeni planlar içindeydi.

Evleri, ocakları tiz çığlıklar doldurdu. Uzun tırnaklarıyla yüzlerini yırtanlar vardı. Kan, gözyaşı ve ağıtlar ayyuka yükseldi. Elbiseler ters çevrildi. Saçlarını yolup attı Ümmü Cemil:

"Olamaz!" diyordu. "Olamaz böyle bir şey. Onlar ölemez."

"Onların söylediklerine karşı sabret, onlardan güzel bir tavırla uzak dur!"

Müzzemmil Suresi: 10

Bedir'den gelen haberler Hind'i çileden çıkarmıştı:

"Yazık size..." dedi. "Bir avuç Muhammedîye yenildiniz."

İntikam ağıtları yakıyordu:

"Mekke, reislerini yitirdi." diyordu. "Öç gününe dek kimse koku sürmeyecek. Kimse gülmeyecek. Kimse eğlenmeyecek."

Onu yatıştıramadılar. Kolunda duran yakut bilekliklerini söküp attı. Boynunda duran inci gerdanlığını kopardı. Kulaklarında duran ağır küpelerini yırtarak çıkardı. Hızmasını, halhalını söküp attı. Saçlarını yoldu. Yüzünü tırnaklarıyla sıyırıp kanattı. Yemen işi kırmızı entarisini ters çevirip giyindi. Üzerine kapkara şallar örttü.

"Hübel'e ant olsun ki..." dedi Hind. "Bugünden sonra Hind'e güzel koku haramdır. Leziz taamlar haramdır. Taranmayacağım. Kokulanmayacağım, süslenmeyeceğim. Öç gününe dek!"

Onu duyan birçok Kureyşî aynı andı içti:

"İntikam gününe dek güzel koku sürünmeyeceğiz. Başımıza su değdirmeyeceğiz. Gülüp eğlenmeyeceğiz."

Ebu Cehil ölünce, yerine Hind'in kocası Ebu Süfyan başkan olmuştu. Halkı toplayarak aynı yemini o da etti. Oğlu, kayınpederi ve kayınbiraderi Bedir savaşında öldürülen Ebu Süfyan yemin ediyordu:

"Öç gününe dek hanımına yaklaşmayacak, saç ve sakalımı kestirmeyecek, lezzetli yemekler yemeyeceğim."

Hind ise daha da ileri giderek:

"Onların ciğerlerini söküp boynuma asacağım!" diyordu. And içmişti.

Hind külçeleşmiş acısıyla:

"Ağlamayacağım." dedi. "Muhammed ve ashabı ağladığımı duymayacaklar. Hazreçli kadınlar başımıza gelene sevinmesinler diye ağlamıyorum. Öldürülenlerin öcü alınmadıkça üzüntüm gitmez."

Müslüman olan erkek kardeşi Ebu Huzeyfe ile müşrik babası Utbe Bin Rebia karşı karşıya gelmişlerdi. Hind, kardeşini bir şiir ile hicvetti.

Babası Utbe Bin Rebia'yı, amcası Şeybe'yi ve kardeşi Velid'i kaybetmişti:

"Öç gününe dek gülmeyeceğim." diyordu. "Kokulanmayacağım. Süslenmeyeceğim ve yıkanmayacağım."

Kan çanağı gözlerini ufka dikti:

"Gülmek haram bana. Eğlenmek bana haram. Kara geceler gibi gündüzlerim. İntikamım çetin olacak!"

Zeyneb'in yüreği ürperdi. İnsanın canavarlaşan hâli miydi bu? Zeyneb günlerden beri ilk kez gülümsüyor olsa da; Hind'in sözleri, Rudeyne'nin ucu sivri okları gibi kalbine saplandı. Bu kadın aklına koyduğunu binbir oyun pahasına yapardı. Bir yanda zafer sürurü, dilinde şükürle secdeler ederken, eşinin esir haberleri ve Hind'in intikam yemini onu mahzun etmişti.

Bir tek Hind değildi kahrolan. Ebu Leheb de günlerce bir şey yemedi, içmedi ve gülmedi. O, Bedir'e katılmamış ve yerine Âsî b. Hişam'ı göndererek Mekke'de kalmıştı. Ebu Süfyan b. Haris'i yanına çağırarak, "Ey kardeşimin oğlu! Bu iş nasıl oldu, bana anlat." dedi.

Ebu Süfyan İbni Haris:

"Bozguna uğradık." dedi. "Fakat ben kimseyi kınamıyorum. Kır atlara binmiş, ak benizli bir alay süvariyle karşılaştık, ki onlara karşı koymak mümkün değildi!"

Abbas'ın eşi Ümmü Fadl ile kölesi Ebu Refi de orada bulunuyorlardı. Ebu Refi; "Vallahi, o gördüğün süvariler melekler idi!" dediğinde Ebu Leheb, hizmetçinin yüzüne şiddetli bir tokat indirdi.

Ümmü Fadl, karşı durdu:

"Şu biçare köleyi, efendisi burada yok diye mi dövüyorsun! Yazık sana!" diyerek Ebu Leheb'i hicvetti. Zelil ve perişan bir hâlde kalkıp gitti.

Gam ve keder içine işlemişti. Gelen haberlere kahretti. Bir figan daha düştü Mekke vadisine:

"Ebu Lehep öldü!"

"Kahrından öldü."

"Dayanamadı!"

Mekke'de durum böyleydi.

Müslümanlar ise Allah'ın nasip ettiği zafere şükür hâlindeydiler.

Bedir gazileri ise henüz oradan ayrılmadan peygamber kızının vefat haberini almışlardı. Bu sebeple hüzünlüydüler.

Son peygamberin ışıklı yüreğinde yakıcı közler vardı.

Kureyşin liderleri ziftten gömleklerle cehennem çukurlarına yuvarlandılar.

Vadide eli bağlı esirler, sağa sola koşuşan hayvanlarla sahipsiz silahlar vardı. Peygamberin duası kabul olmuş, Allah'ın yardımı gelmişti. Ellerindeki yetmiş esiri ne yapacaklardı? Çar yar-ı Güzinden ikisi görüş beyan ettiler:

Hz. Ömer:

"Hepsinin başını vuralım." dedi. "Böylelikle din düşmanlarından kurtulmuş oluruz."

Hz. Ebu Bekir:

"Onları serbest bırakalım." dedi.

Sevgili peygamberin görüşü ise son derece makuldü. Malı olan fidye karşılığında evine geri dönecekti. Olmayan ise; Ensar çocuklarından on yavruya okuma yazma öğreterek serbest kalacaktı.

Onu uygulayacaklardı. Bedir'in kum tepelerini yaldızlayan ikindi güneşi ufkun arkasına doğru kayarken, yorgun ovada Müslümanlardan başkası kalmamıştı. Bedir, fetihler zincirinin ilk halkası... Yeni din, Arap Yarımadası'nın yeni gözdesi. Civardaki kabileler gözdağı almış gibi. Kül renkli ebabillerin kanat vuruşunda gizli şükürler cıvıldaşırken haber her iki şehre çoktan uçmuştu. Medine'de bayram, Mekke'de matem vardı.

USEYL VADİSİ

Bedirden dönen ordu Yesrib yolunda. Useyl, mola mekânı olarak seçilmiş. Ordu Bedir'de yaşananlardan dolayı şaşkın... Ordu şükürlü... Ordu telaşlıdır. Ay ışığının gölgeli akisleri altında uzayıp giden çöl, suskunluğuyla kendinden menkul bir sonsuzluk hissi veriyordu. Haşyet, huzur ve himaye hissi... Son peygamberin nesimi vadiye sinmiş. İçe huzur bahşeden lahuti, hoş, tarifsiz bir koku vadi rüzgârının esintisiyle ruhefza iklimler açıyor. Yorgunlar, yaralılar, sevinçliler, muzafferler ve yılgın esirlerle birlikte konaklanan o mekân farklı simaları sinesinde uyutuyor.

Esirler arasında kimler yok ki... Son Nebinin amcası Abbas. Can paresi kızının kocası Ebu'l As. Senetü'l

Hüzün'de, O secdede iken sırtına deve işkembesi bırakıp keyiflice gülen Ukbe bin Ebi Muayt. Hani Son Nebisinin yakasına yapışarak onu boğmaya çalışan, evinin önünü kirleten, galiz küfürler savuran Ukbe'nin Muayt ve yandaşları. Ukayl b. Ebu Talip ve Nevfel b. Abdülmuttalip, Mus'ab b. Umeyr'in kardeşi ve müşrik ordusunun baş bayraktarı Aziz İbni Umeyr İslam ordusunun elindeydiler. Kahır yüzlerinden okunuyordu. Son peygamberin önünde iki büklüm hepsi. O iri yarı, cüsseli, söz sahibi, itibarlı ve gurur dağları esir ve hakirler. Yetmişinci esir; Ebu'l As iki kat hüzünlüydü. Sevdiği kadının babasına kılıç çekmişken eline düşmüştü. Yüreğinde şiirler besteliyor. Zeyneb'inin babasına karşı çıktığı yolda mağlup ve yorgun düşmüştü. Esaretin matemi mahcubiyetle evli. Keder yüz hatlarına sinmiş genç adamın. Mahkûm yüreğinde, ucu aşk iksiriyle bilenmiş sivri hançerler saplı. Kim bilir kaç yerden... Zeyneb'in aşkına bakışları hep önünde. Yüreğinde şibrika dikenleri. Gururun haşin yamaçlarında büyüttüğü o dikenler kanını zehirliyor. O zehrin acısını genzinde duyumsuyor ama diyemiyor. O biliyor ki, Zeyneb'in babası bir peygamber. Ah, o cibilli kavmiyetçilik. İç âlemlerinde fırtınalar kopuyor. Utanç fırtınaları, nedamet gözyaşlarını örtüyor. Bir iç muhasebesi yaşıyor. Ara ara sarsıyor kendini:

"Ne var, ne oldu sana Ey Ebu'l As? Toparlan! Bak senin gibi nice yiğit var burada. Gam çekmek yiğide züldür. Toparlan!"

Yüreği üşüyor Rebi'nin. Mahcubiyetin mağriplerinde sığınacak kuytu arıyor. Kaldıramıyor başını. Ve O'na (sav) bakamıyor. Kalbine atılan kementler, bileğindeki bukağılardan daha incitici. Tutkularının tutsağıydı. Ha gönül ha gurur. Ha beden ha kalp diyemezdi, zira gönül tutsaklığı hiçbir şeye benzemezdi. O şimdi zavallı bir esirdi. Peygamber ordusunun esiri. Gurur zindanlarının esiri. Kalp zindanının esiri. Zeyneb'in asude şefkatinin esiri.

Useyl gece bir başka âlem, bir başka vadi oluvermiş sanki. Uyku tutmuyor As'ı. Haşin gururuna yediremiyor esareti. Eli bağlı, dili bağlı ve kalbi bağlı yıldızları izlerken onları gözyaşlarına şahit tutuyor. Çölün börtü böceği, kuşu ile kurdu, ceylanı, kaplanı, aslanı kuytularda sükûnetin derin koynuna çekilmişken esirlerin bağrı alev dolu. Şan, şeref, mal ve itibarları yerle bir olmuş. Tam yetmiş esir var ellerinde. Ömer onları bileklerinden sıkıca bağlamış. Ebu'l As Hıraş İbni Şamme'nin esiriydi. Abbas, hepsinin büyüğü olduğu için pek sıkı bağlanmıştı. Bu sebeple de gece boyu inledi. Son peygamberin gözüne uyku girmiyordu.

Derinden derine bir inleme sesi duyuluyor. Sahabe bitap... Derin bir uykunun kollarında, kılıç darbelerinin izlerini dindiriyorlar. Gecenin zifirî karanlığında hep o inilti:

"Ahh..."

"Oyyy!"

"Hayyy!"

Rakik ve şefik yürek yine ayakta. Uyku tutmuyor. İnleyen bir canın iniltisi yüreğinde akisleniyor. Peygamber nöbetçisi soruyor mahcup:

"Canım canınıza fedadır, Ya Resulallah! Neden uyuyamadınız?"

"Abbas..." diyor şefkatli sesiyle. "Onun iniltisinden uyuyamadım." Abbas, Son Nebinin hem amcası hem de çocukluk arkadaşı.

Nöbetçi, Abbas'ın yanına koşuyor. Ellerinin bağını gevşetiyor. İnleme sesi diniveriyor birden. Resulallah soruyor:

"Ne oldu? Abbas'ın sesi neden kesildi!"

"Elinin bağını çözdüm Ya Resulallah!" dedi nöbetçi.

Son Nebi memnun:

"O hâlde tüm esirlerin bağlarını çözün." dedi.

Esirlerin elleri çözüldü. Son peygamber artık daha rahat.

Günün erken saatlerinde güneş Useyl vadisine ışık dökerken, savaş esirleri tek tek son peygamberin huzuruna getirildiler. İbretnüma bir hâldi. Sırtlarında ridaları gurur ve hışımla yedi düvele korku salan cengâverler, son peygamberin önünde iki büklümdüler.

Sıra sıra dizilmişler. Kaçmasınlar diye hepsinin elleri yeniden bağlanmıştı. Akıllarda gözleri kör eden o bir avuç kum taneleri ve beyaz sarıklı askerler var. O bir avuç kum nasıl öylesine büyük bir etki gösterebilmişti? Kafalar karışık, şaşkın ve mütehayyir. Utbe bin Muayt soruyor:

"Beni öldürtecek misin, Ey Muhammed?"

Son peygamber anlamlı bakışlarla ona bakarken:

"Beni öldürme." diyor. "Ne olur, bunu yapma. Beni bekleyen çocuklarım var."

Esirlerin tümünde aynı korku, aynı endişe hâkim.

"Keşke sağ kalmasaydık..." diyorlar. "O hepimizi öldürtecek."

"O'na yaptığımız onca kötülükten sonra hiçbirimizi sağ bırakmaz."

"Zamanında O'na zulmetmiştik. Şimdi sıra O'nda."

"Zulmün tadı acıdır..." dedi saçı sakalı kınalanmış yaşlı esir. "Ebu Cehil karpuzuna benzer. Acıdır ve süratlidir. Bekleyin!"

Onlar kendi aralarında derin uğultularla konuşurken Son Nebinin merhametli sesiyle irkildiler. Net ve kararlı sesiyle arkadaşlarına sesleniverdi:

"Tüm esirlerin ellerini çözün!"

"Onlara iyi davranın!"

"Onlara giyecek verin. Onlara yiyecek verin."

Çözdüler ellerini tüm esirlerin. Hepsinde bir rahatlama oldu. Şaşkınlık içinde birbirlerine bakışırlarken ikinci bir şaşkınlığa düştüler.

"Malı olan fidyesini ödeyerek hür kalabilir. Olmayan ise on Yesribli çocuğa okuma yazma öğreterek serbest kalabilir."

Bu nasıl şeydi böyle! Önce inanamadılar.

Sonra hâl ve tavırlardan bunun gerçek olduğunu gördüler ve O'nun büyüklüğüne bir kez daha hayran kaldılar. Sevinç ve şaşkınlık içinde özgürlük arayışına girdiler.

ALTINLARIN NEREDE?

On dokuz gün geçmişti aradan. Son Nebi, Abbas bin Abdulmuttalip'in önünde durdu. Uzun uzun bakıştılar. Bu sessiz bakışta neler neler gizliydi... Nesebi... Soy ağacının asil silsilesi... Mekke günleri çocukluk anıları... Tatlı tebessümüyle seslendi:

"Nasılsın?"

"Hiç iyi değilim." dedi Abbas.

"Peki neden!"

"Neden olacak; hem esir edildim hem de üzerimde taşıdığım altınlarımı aldılar. Oysa ben de Müslümanım. Ama bunu saklıyorum. Bedir'e de zorla getirildim."

"Ey Abbas!" dedi Son Nebi. "Zorla getirilmiş olduğun doğru ama Müslüman olup olmadığını ancak Allah bilir."

"Karım Ümmü Fadıl da Müslüman oldu. Kölem ve ben de öyleyiz. Açıklarsam ticari hayatım aksar. Birçok insandan alacağım var. Borcumu vermezler bana!"

"Ey Abbas! Biz zahire bakarız. Yeğenin Akil, Haris oğlu Nevfel, dostun ve yardımcın Utbe bin Amr için fidye ödemelisin!"

"Ne yapayım Ya Muhammed! Bu yaştan sonra el açıp dilencilik mi yapayım?"

Son Nebi tebessüm etti:

"Evdeki altınlara rağmen mi dilencilik yapacaksın!"

"Ne altını!"

"Buraya gelirken eşin Ümmü Fadl'a verdiğin altınlar. Onları teslim ederken, yanınızda ikinizden başka da kimse yoktu. Sen, Ümmü Fadl'a, 'Bu seferde başıma ne geleceğini bilmiyorum. Şayet herhangi bir felakete uğrayıp da dönemezsem, şu kadarı senin içindir, şu kadarı Fadl içindir, şu kadarı Abdullah içindir, şu kadarı Ubeydullah içindir, şu kadarı da Kuşem içindir!' demiştin." Abbas büsbütün şaşırdı:

"Nereden biliyorsun bunları!"

Sen peygamber tebessüm etti. Abbas şaşkınlık içinde devam etti:

"Yola çıkmadan önce altınlarımı eşim Ümmü Fadl'a bıraktım. Ama yanımızda kimsecikler yoktu. Ben şimdi açıktan şahadet edeceğim. Eşhedü en la ilahe illallah ve eşhedü enne Muhammedün abduhü ve Resulühü."

Gözyaşlarını tutamadı Abbas:

"Ey Muhammed!" dedi. "Sen ki benim can paremdin. Bugünden sonra candan aziz peygamberimsin."

Son Nebi şükür doluydu. Müslümanlar bu sevinci paylaştılar. Bedir zaferinden sonra bu ikinci güzel müjdeydi...

YADİGÂR

"Beni Yaratan; elbet yolumu gösterir."

Şuara Suresi: 78

Ulaklar Mekke sokaklarına dağıldılar. Halk merakla toplanıverdi. Savaş esirlerinin fidye bedelleri tek tek açıklandı. Yeni din adildi. İslam ordusu komutanının damadı bile olsa fidye geleneği tüm esirler için geçerliydi. Savaşın cari hükümleri kimseye göre değişmezdi. Peygamber kızı bile olsa herhangi bir haksızlık ve adaletsizlik edilmezdi. Ebu'l As'ın erkek kardeşi Amr bin Rebi de soluğu yengesi Zeyneb'in yanında aldı:

"Ebu'l As babanın elinde..." dedi. "Sana haber yolladı. Zeyneb'e söyle, ne yapıp etsin kurtuluş fidyemi göndersin."

Zeyneb'in içine serin sular serpildi. Eşi ölmemiş ve babasının eline esir düşmüştü. Biliyordu ki babası hiç kimseye adaletsizlik yapmazdı. Sevdiği erkeğin emin ellerde olmasına sevinmişti. Ama onun şirk cephesini terk etmemiş olması en derin yarasıydı. Buzdan yangınları vardı. Yakarken donduran alevler ruhunu yalıyordu. Dışı serin, içi derin duygularla kayınbiraderinden savaşın başlangıç ve bitiş seyrini dinledi. En çok dikkatini çeken de savaşa katılan doru atlar üstündeki ak sarıklı yiğitlerdi. Rabbi melek ordusuyla Habibini desteklemişti ama bunu sadece inananlar biliyordu. İnanmayanlar ise farklı bahanelerle olayı geçiştirmeye çalışıyordu. Nasıl işti böyle! Eşi babasının önünde, onun ordusunun esiriydi ve kendisini kurtarması için fidye talep ediyordu. Esir bile olsa, direniş yolunu seçmişti. Oysaki istediği fidye kendi elindeydi. Tek bir kelimeydi kurtuluşu. Tek bir tevhid nidası ona tüm kapıları açacaktı:

"Onca mucize, onca acı, onca gözyaşı, kan ter dahi seni yolundan caydırmıyor.

Esir dahi olsan gururun haşin kalesinden inemiyorsun aşağı As." deyiverdi içindeki ses.

Zor bir karardı. Müşkül ve mühim bir aşama. Eşi ile babası arasında kalan bir yüreğin, daha gerçekçi bir deyişle dini ile gönlü arasında kalan bir yüreğin serzenişindeydi. Son anda toparlanıverdi. Dinde zorlama yoktu. As, kendi hür iradesini kullanırken bir gün elbette gerçeği bulacaktı.

"Ebu'l As'ın mal varlığı çok..." dedi Amr. "Bu bizi zorlamaz. Acele etmelisin. Onu bir an önce özgürlüğüne kavuşturmalıyız."

"Neden?" dedi Zeyneb. "Onlara işkence mi ediyorlar?"

"Ne işkencesi?" dedi Amr. "Bugüne dek onlarınki gibi esaret görülmemiş. Esirlere çok iyi davranıyorlar. Ne itme ne kakma ne küfür ne dayak ve ne de aç bırakma. Hiçbirisi yok."

Zeyneb babasının sonsuz deryalar gibi coşkun şefkatini hatırladı. Göz pınarlarında hasret yıldızları parıldarken gülümsüyordu. Amr, Zeyneb'in ikram ettiği yaş hurmaları yerken devam etti:

"Baban emir verdi." dedi. "Müslümanlar esirlere kendi yediklerinden yediriyorlar. Temiz kıyafetler giydirdiler. Onları azarlamıyorlar. Üstelik fakirlerden fidye bile almayacaklar."

"Peki, onlar nasıl hür kalacak?" dedi Ümame.

"Ümmi çocuklara okuma yazma öğretecekler."

"Yaşasın!" dedi Ümame. "Bu işten çocuklar kârlı çıktı."

Amca-yeğen çocuksu bir akışla savaş hikâyelerini konuşurken Zeyneb izin istedi. Usulca kalktı yerinden:

"Fidye bedelini hazırlayacağım." dedi. Odasına geçti. Şimdi ne yapacaktı? Şaşkındı. Sonsuzluk arkadaşının vahyi inkâr etmesi onu ebedî cehennemlere mahkûm edecekti. Bu fidye dünya günlerinde onun kurtuluşu olabilirdi ama nurun kaynağından uzaklaşması onu büsbütün küfrün kucağına atabilirdi. O zaman hiçbir umut yolu kalmazdı. Canı cananı babasına ve O'nun kutlu yoluna baş kaldırmış, düşman safında yer almış kocanın eşi olmak... Canından can koparcasına derinden ah etti Zeyneb. Fakat mümine mükrim olmak yaraşırdı.

Mücrim bir hayat arkadaşına mükrim davranmak ona daha münasip geldi. Ona sahip çıkmak durumunda olduğunu hissetti. Acıdı için için. Kalbi iki taraf arasında paramparçayken ne yapacağını bilemedi. Sonunda can ile canan arasındaki sevgi sınavında tavrını Rabbinden yana koydu. Narin elleri boynuna uzanıverdi. Evlendiği ilk günden beri boynunda duran gerdanlığı yokladı ince parmaklarıyla. Has akiklerle süslü, mahir kuyumcuların ustalığıyla, bir dantel zarafetiyle işlenmiş, göz boncuklarıyla örülmüş, Yemen işi gümüş gerdanlığa dokunuverdi elleri. Avuçlarında annesinin şefkatini tutuyordu sanki. Onun ince zevkini gösteren en nadide takısıydı bu. Onu çok severdi ve düğün günü kendi boynundan çıkarıp kızının boynuna takmıştı. İman dolu bir sinenin diğer bir sineyle özdeş oluşu gibi, nakışlı gerdanlığın tenine değen serinliğinde annesinin nahifliğini hissetmişti. En ıssız, en zor, en yalnız anlarında annesini özlediği, onun yokluğunu damarlarına dek hissettiği anlarda eli gayrıihtiyari boynuna giderdi. Hep orada duran bir yadigârdı bu gerdanlık. Onda Hatice'nin hayat tebessümü vardı. Kokusu sinmişti. Vahiy ocağındaki ilk ışıklar ona da düşüvermişti. Müjdeli fısıltıları vardı bu gerdanlığın. Sekine sözcükleri yüklüydü o değerli taşlar. Meveddet aksileriyle doluydu. Orada Hatice'nin tevhit nidası vardı. Lahuti sırlar nakşolunmuştu sanki o gerdanlığa. Ve Zeyneb bir uzun name yazıverdi gerdanlığın gizlerine. Görünmez, tutulmaz, dokunulamaz ama hissedilir, dinlenir, duyulur bir name yükleyiverdi. Çok uzun bu namenin ilk cümleleri bile çok derin ve anlamlıydı:

"Gözümün hadekası babam..." dedi. "Bilirsin ki canımın diğer yarısını göz kırpmadan uğruna feda edebilirim. Cebrail'den sonra seni ilk kucaklayan bir sinenin iman aksileri miydi beni öylesine meftun eden? O yüzden mi bu kadar ışıltılıdır bu gerdanlık? O yüzden mi bu kadar sırlıdır? Bu meveddet mektubunu sana gönderiyorum. Bir tevhit nidasıydı Ebu'l As'tan işitmek istediğim. Şimdi bu en sevimli parçamla ona sesleniyorum. Benim için kadim bir yadigâr olan bu gerdanlığı fidye olarak koydum onun uğruna. Belki görür de yüreğine yangın düşer diye."

Elindeki gerdanlıkta koskoca bir mazi saklıydı. Parıldayan taşlarında Kasım'ın agucukları, Abdullah'ın gülücükleri saklıydı. Ebu'l As'ın aşkı gizleyen utangaç bakışları gizliydi. Zeyneb'in gelin duvağını takan Hatice'nin narin ellerinin kokusu. Her hatıra bir pırlanta gibi ilişmişti üzerine. Şimdi ise Zeyneb'in inciden gözyaşları düşmüştü yadigâra. Işıltılı taşlar ıpıslak olunca cilalanıverdi birden. Gözyaşlarını kimseye göstermeden sildi. Hemen yerinden kalktı. Gerdanlığı kadife bir keseye koyup tutuşturdu Amr'ın eline. Zeyneb babasına, kocasının fidyesini yolluyordu. Hislerini, mahremiyetini ve hassasiyetini dillendiriyordu. Hüzündü, hasretti, aşktı ve ricaydı giden. Onu ne çok sevdiğinin hikâyesiydi. Aşkının içine gömdüğü hüznünden bahsediyordu. Sadakati, sevgiyi, umudu anlatıyordu. Bu hâl dilinde çok sır saklıydı. Ulaklar yıldırım hızıyla yola düştüler. Terkisinde çil çil altınlar, top top gümüşler, has kumaşlar, paralar varken hisli bir yürek gibi yankılıydı gerdanlık.

KİLEDA

Kileda gerdanlık demekti. Çağın şartlarında kileda kültürü vardı. Diğer adıyla vişâh ya da muvaşşah olarak bilinen bu takı, hür kadınların severek kullandığı bir ziynet eşyasıydı. İnci, boncuk mücevherle süslü kiledalar kadının olmazsa olmazı sayılırdı. Her kadının taşlarla süslü bir gerdanlığı mutlaka vardı. Şartlara ve bütçeye göre değişen bir takı anlayışıydı bu. Kimi fildişinden kimi ahşap oymadan, renkli boncuklardan ama en çok da altın ya da gümüş madeninden yontulmuş değerli taşlarla süslü gerdanlıklar muvaşşah kültürünün yansımasıydı. Fakat Zeyneb'in gerdanlığı kolay değer biçilir cinsten değildi. Ne yirmi dört ayar altındı ne nadide elmas ne kızıl yakut ne zümrüt. Aşkın, huzurun ve mutluluğun simgesi gibi hoş ve zarif bir takıydı onunki. Evlendiği ilk günden bu yana boynundan hiç çıkarmadığı bir parçasıydı. Annesinin armağanı, babasının huzuru, mutlu yuvanın sevinciydi taktığı. Ebu'l As'ın aşkıydı boynunda taşıdığı. Gözlerden saklı en mukim, en özel mahremiydi.

Bir fidye-i necat gelmişti Son Nebinin önüne. Kırmızı kadife bir kese içindeki fidyeyi uzattılar ona:

"Bu da..." dediler. "Ebu'l As bin Rebi'nin özgürlük bedelidir."

Zeyneb'in cennet tülleriyle örtülü parlak yüzü geldi gözlerinin önüne. Bir evladın babasıyla hüküm meclisine çıktığı an... Bu çok zor iletişimi ancak mahrem bir yadigâr kurabilir. Ciğerparesi kızının fidyesini açıverdi önüne. Zor an, çok zor imtihandı. En şiddetli yıldırımlar en yüksek bulutlarda çakmaz mıydı? Nurun akis merkezi olan gözleri Kevser nehirlerinde titreşiverdi Son Nebinin. Şefkatin ırmakları dolup taşıverdi.

Araya lal kesik bir zaman girdi:

"...!"

Mücevhere yazılı bir mektuptu önündeki. Gerdanlığın incileri Zeyneb'in hasret gözyaşları gibi ışıltılı. Yemen akiğinin kehribar ışıltısına eski zaman masallarının sabır taşı suskunluğu sinmiş. Bu saklı yadigâr sıladaki evladın suskun dili oluvermiş. Araya giren yıllar, hasret, özlem, inat, gurur, direniş sancıları. Annesine yaktığı ağıtlar. Baba hasretine düştüğü besteler. Kardeş yangınları. As için bestelediği sevda şiirleri. Ümame ile Ali'nin masum sesleri. Bu gönül namesini okuyuverdi Nebi. Zeyneb'in lal dili çözülüvermiş:

"Canlar canı babam! Düğün günümde annemin gerdanlık yapıp boynuma astığı tavsiyeler zihnimden hiç silinmedi. 'Onu terk etmeyecek, bırakmayacaksın.' demişti. 'Sevginle ve şefkatinle ruhuna dokunacaksın. İyi günde, kötü günde ona yol arkadaşı olup canında aziz bileceksin. Çünkü o senin ahiret arkadaşındır. Evlilikte sükûneti ara. Sabrı dayanak bil. Emniyeti kale kıl. Güven kocana. Öyle ki hayatta en samimi sırdaşın o olsun.' demişti anneciğim."

Gerdanlık Zeyneb oluvermiş, anlatıyor, Son Nebi derin bir mana âleminde suskun. Zeyneb'ine olan özlemi, yüreğinin en güzel sarayı olan evlat saraylarında saklıyken, elinde tuttuğu bu gerdanlık ona ne çok şey anlatıyordu... O ana kadar suskun kumrular gibi bekleyen Zeyneb'ini dinliyor:

"Enbiyalar serveri babam, peygamberim!

Ben ki şirk ocaklarının şebi yeldasına tevhidin çekirdeğini sürmüşüm.

Gönül ahiret tarlasıyken, eş de ahiret yoldaşıdır. Müşrik bir kocaya eş olmuşken, hicretin sıla cenahında yol gözlerim. Senden aldığım terbiyeyle Ebu'l As'ı ebedî yürüyüşte zelil etmeme sevdasındayım. Ellerini tutmak istiyorum As'ın. Nar-ı suzanlarda yanmasına gönlüm el vermez."

Sahabe suskun. Ortalıkta tek kelime edecek mecali yok kimsenin. Vişah konuşuyor, Yüce Resul yaşlı gözlerle onu dinliyor:

"Sultanım, babam! Selam olsun sana." diyor. "Yerce selam, gökçe selam sana. Kum tanelerince selam. Yıldızlar sayısınca selam. Saç tellerimce selam. Ayrılık saniyelerinin sayısınca selam... Göz açıp kapamalarımca selam sana. Ey bu yerlerin ve kutlu göğün efendisi muhterem babam ve peygamberim! 'Bir kimsenin benim önümde, benim elimle Müslüman olması, yeryüzünde üzerine güneşin doğup battığı her şeyden daha hayırlıdır.' dediğin için Sen, ben bu yolu seçtim. İnsan kaybetmek kolay, kazanmak ise pek zorken, gerekirse bir ömrü bu yola adamak gerek. Hani annem Hatice, ışıltılı gözlerinden yaşlar akıtarak ne sıkıntılara göğüs germişti... Hani o birçok çileye bunun için katlanmıştı... Kazanmak ve kaybetmek davasına ömrünü, canını ve dahi malını adamıştı."

Gerdanlığa yazılı mektup çok içliydi:

"Gönül güneşim babam!

Senden aldığım terbiyeyle anladım ki insan yalnız gelir, yalnız yaşar ve yalnız göçer bu dünyadan. Sevgililer ancak kabre kadar bize eştir. Ama onun ötesinde yaptığımız ameller, ettiğimiz işlerdir bize yoldaş olan. İmanı kazanmak ve kaybetmek davası her nefsin en büyük davası iken, nefsimiz bize çakıl taşlarını süslü göstermiş. Cam kırıkları olan dünyevi hazlara can elmaslarını değişivermiş."

Gerdanlığın üzerine Hatice'nin sesleri, Kasım'ın nefesleri, Zeyneb'in tebessümleri düşmüştü. Dile gelivermişti her biri:

"Nur-u dilaram, babam. Ben ki nurdan sözünle büyümüş, nebevi terbiyenin tedrisinden geçmişim. Bilirim ki; narda yanıp yıkanmadıkça nura ulaşılamaz. Dünya günlerinin kulluk sınavlarında neler görüp, neler yaşarız...

İşte büyük damadın Ebu'l As! Haşmeti, gururu ve tüm servetiyle elinde. Onu esir tutmak da Senin elinde, öldürtebilmekte. Hiç olmadı, köle olarak kullanır, ömür boyu yanında tutar, beni de yanına istersin. Savaşın en katı kurallarını uygularsan, kimsenin diyecek sözü yoktur Sana. Ama ben bilirim ki dünyalara sığmaz şefkatin, rikkatin, rahmetin ve yüce risaletin. Bir insanın kazanma yolunun ikramla, lütufla ve ikrarla gerçekleşeceğini öğretir senin sözlerin."

Hacun'u sırdaş, vahyin sadasını yoldaş kılmış bir evladın, peygamber bir babaya gönderdiği mücevherin sözsüz gönül destanıydı bütün bunlar. Kelimeler af, rica, umut ve dua yüklüydü. Zeyneb en özel mahremini eşinin kurtuluşuna berat kılmıştı. Böylesi bir feragat; "Onu bağışla." anlamınaydı. "Gururu ikrarının önüne geçivermiş adamı seviyorum." manasınaydı.

"O ümmi mektum ki kördü..." diyordu sanki. Onun gönül ayinesinde Abese Suresi nazil olmuştu. Demek ki Rahman herkes için verici. Kimseden umut kesici değil. Ben de ondan umudu kesmiş değilim. Ben ki Senin ilahi terbiyenden bunu öğrenmiş, bunu bilmişim!"

Son Nebinin gözlerinden yaş süzüldü. Can kadar aziz kızından gelen bir gerdanlıktı onu hüzünlendiren, Hatice'nin yâdını hatıra getiren. İnce, rakik ve şefik bir eşi gözyaşlarıyla ağlatan. Ah o günler... O güzelim günler. En tatlı hatıraların huzur, meveddet ve sekinetle harmanlanıp sonsuza savrulduğu günler. O şefik eşin her derdi sineye çekişi. Her olaya, her söze farklı bir estetik katışı ne güzeldi... Hatice'nin gülüşü, ağlayışı, Hira yokuşu... Endişeleri... Bekleyişleri... Vahiy ürperişleri... Dağdan aşağı koşuşu... Taştan, topraktan, çalılıktan duyduğu selam sesleri... Ebed yoldaşı bir eşin sekinet sözleri... İlk tevhit nidası... Secdesi Hatice'nin... Şükrü... Tevekkülü... Kasım'ın, Abdullah'ın, Zeyneb'in, Rukiye'nin, Ümmü Gülsüm'ün ve dahi Fatıma'nın hayata gülümseyişleri... Ne çok şey, ne çok şey saklıydı o akikten nakışlar arsında... Bir ömrü seyretti Resul. Bir yadigârı seyretti. Bir evladı seyretti. Bir anneyi seyretti. Zeyneb'inin en mutlu gününde şahit olduğu o kare geldi göz önüne; Hatice'nin çok sevdiği gerdanlığını boynundan çıkarıp evladının boynuna astığı o an. O akik taşlarla, incilerle süslü gerdanlığa anne nasihatlerinin dizilişi. Zahirde basit bir mücevheri, batında koca bir ömrün izdüşümlerini seyretti. Evladının yalnızlığını, çaresizliğini, eşine olan sevgisini, sabrını ve sadakatini seyretti. Hüzün dolu kelimeler döküldü pak ağzından inci inci:

"Bu, Hatice'nin kolyesi! Hatice'nin kiledası. Bu Hatice'nin Zeyneb'e düğün hediyesidir."

Bu lallü dür akik. Bu sıradan ama sır dolu taşlar. Firuze boncuklar arasındaki saklı hayat. Bu çileli yoldaş, muhabbetli arkadaş Hatice'nindir. Sırlar çözülüverdi. Bu bir sevgilinin diğer sevgiliye duyduğu hasret ağlayışıdır. Nur haresi gözlerden inciler döküldü ipiri. Sicimler akıverdi yol yol. Damlalar düşüverdi nur nur.

Amber kokulu avuçlarda Hatice'nin yadigârı duruyor. Acılı yılları tutuyor. Aşkı, muhabbeti, sadakati tutuyor Nebi. Bu bir gül fidesi hediyesinin gönül fidyesidir. Bu bir evlat niyazıdır. Bu bir sevgili sezasıdır. Ne çok şey vardır içinde... Ebu'l As'ın esaretini tutuyor. Akikten kıvrımların ışıltısında Hatice'den aksiler var. Sırlar... Hatıralar gömülüdür her bir taşında Hatice'den... Ah Hatice... Adanmışlar öncüsü... İnanmışlar öncüsü. Hayırlılar öncüsü... Dünya yüzü senden daha vefalı, senden daha sadakatli, senden daha şefkatli bir kadın daha görmedi ey Hatice!

Nur bakışlardan iri inciler dökülüyor üzerine. Gerdanlığı yalazlıyor. Ah o yaşlar, ah o gerdanlık, ah o mazi günleri. Ah... Ah... Ah ki ne ah... Ahhhh... Ne zor bir hâldi. Bir yanda yüce görev... Karşısında esir kampındaki damadı. Öte yanda sevgili kızı. Gerdanlıkla hasbihâli devam etti yüreği ipekten narin Son Nebinin.

Zeyneb'in mektubu ilmek ilmek işlenmiş. Hiç susmadan anlatıyor:

"Gönlü hakikat yolunda yakmak gerek. Ömrü yakmak gerek. Nefsi yakmak gerek, hissi ve hevesi yakmak gerek. İnsan yanmalı ki başkaları o ışıkla yol alsın. Zeyneb şirk yurdunun şebi yeldasında ne yapmalı, ne etmeli ki As ışığını bulsun? Ona ışık olmak, yol buldurmak isterim. Bunun için şimdi ben her zamankinden daha çok himmetin ve himayene muhtacım."

Anne yadigârı gerdanlık! O pek kıymetli hediye. Zeyneb bu kadim servete karşılık eşinin özgürlüğünü istiyor ve daha neler diyor:

"Babacığım..." diyor. "Kızının hatrına say. Salıver yol arkadaşımı. Yollayıver çilemi, sınavımı ve dahi sevdamı."

Zeyneb'in Kureyşî kuyulardan gönderdiği mektup Yusuf kokuluydu. Yusuf'un gömleği Yakup Peygamber'in gözlerine ışık olmuşken, Zeyneb'in gerdanlığı da Sevgili'nin gönül teline en narin yerinden dokunmuştu. Gerdanlık Resulullah'ın elindeydi. Gözlerinden akıp giden yaşlara kimse anlam veremiyordu. Hatice'ye ait bir yadigâr pazara çıkmamalı. O en özel anılar kendi hareminde kalmalı. Mahremiyet de en kadim emanet değil miydi? Duygu yüklü seslendi yanındakilere:

"Bir annenin hatırasını kızına bırakmak daha uygun olmaz mı?"

Ardından devam etti:

"Bu fidyeyi almak sizin hakkınızdır, fakat..." dedi. "Eğer izniniz olursa Zeyneb'in esirini salıverelim."

Arzu baş göz üstüne. İlk sözü Kıraş İbnu's-Samme aldı:

"Kabul, ya Resulullah!" dedi.

Ardından diğerleri:

"Lebbeyk Habiballah. Sen iste biz canımızdan geçeriz."

"Hay hay Ya Resulullah!"

"Hatice'nin yadigârı bizce de kıymetlidir. Fidyesini iade ediyor ve Zeyneb'in esirini geri gönderiyoruz."

İstek, kabul gördü. Gerdanlığı Ebu'l As'a iade ettiler ve onu serbest bıraktılar.

Bu esir, Hatice'nin göz bebeği Ebu'l As. Zeyneb'in hayat yoldaşı Ebu'l As. Kendisine yıllar yılı hep saygı ve bağlılıkla muamele etmiş Ebu'l As. O şimdi Müslüman ordusunun esiri.

***

Ebu'l As rahat bir nefes aldı. Kırmızı kadife keseyi de ona iade ettiler. O artık özgürdü. Son Nebi en içli bakışlarını Ebu'l As'ın üzerine çevirdi. Gözleri nemliydi. Tam o sırada As'ı karşısına alıp bir görüşme yaptı:

"Mekke'ye dönebilirsin." dedi. "Ancak Cebrail bana yeni bir haberle geldi. Yüce Allah Müslüman bir hanımla, müşrik bir beyin evli kalmasına izin vermiyor. Kızım Zeyneb sana haramdır. Artık senin nikâhında kalamaz. Sen şimdi Mekke'ye git ve onu derhâl bana gönder."

Ebu'l As'ın şaşkın bakışları arasında Son Elçi, Cebrail'in tebliğini açıkladı:

"Ey iman edenler! Mümin kadınlar hicret ederek size geldiği zaman, onları imtihan edin. Allah onların imanlarını daha iyi bilir. Eğer siz de onların inanmış kadınlar olduklarını öğrenirseniz onları kâfirlere geri göndermeyin. Bunlar onlara helal değildir. Onlar da bunlara helal olmazlar."

Mümtehine Suresi: 10

Devam etti:

"Şunu bil ki Ey Ebu'l As! Sen Müslüman olmadıkça kızım yanında kalamaz!" As şaşkındı:

"Bu nasıl olur!"

"Cari olan hükme göre nikâhınız hükümsüzdür. Bu evlilik böyle devam edemez. Onun Medine'ye gelmesine izin vermelisin. Onu Yesrib'e getirmek üzere seninle göndereceğim vekilime teslim etmelisin."

Bir yıldırım darbesi As'ın kalbini orta yerinden ikiye ayırdı. Bedir'dekinden daha sivri uçlu oklar saplanıverdi yüreğine. Hz. Zeyneb'in fidyesini geri vererek onu özgür bırakmış olmalarından çok etkilemişti. Ancak cana karşı canandı önünde duran. Ya inancı, ya inadı, ya cananıydı vereceği. Ama o yapamadı. Hüküm değişmezdi. Kolları yanına düşüverdi. Derin bir iç sancısıyla cevap verdi:

"Söz veriyorum." dedi. "Mekke'ye döner dönmez kızınızı yollayacağım."

Gam, keder, endişe içinde huzurdan ayrılıverdi damat. İç sesi isyandaydı:

"Böyle bir şey olamaz. Zeyneb benim ışığım.

O benim can damarım

O benim sevdam

O benim şakayığım

O benim aşkım

Onu gönderemem.

Onsuz edemem ben."

Bu nasıl bir kurtuluş, bu nasıl özgürlüktü? Sevineceği yerde bin pare bir kalp ile düşüverdi yollara.

Zeyneb sinesinde asılı duran yadigârı çözüp vermişti onun için de, Ebu'l As boynundaki urganlardan kurtulamamıştı. İslam'ı seçip huzur bulmak yerine Zeyneb'i el edip katran karası geceleri tercih etmişti. Şaşkın ve durgundu Ebu'l As. Karşısındaki komutanın insanlığı, şefkati, asaleti ve nezaketi karşısında yapacak şeyi yoktu. Bin pare bir yürekle Mekke yoluna koyuldu. Geride şaşkınlık ve hayret içinde olayı takip eden gözler ve endişe dolu sözler vardı:

"Ebu'l As sözünde duracak mı?"

"Ya sözünde durmazsa!"

Sinelerde bu endişe saklıyken kimse bir şey diyemedi. Şüpheli gözlerle Ebu'l As'ın ardı sıra bakakaldılar.

SÖZ NAMUSTUR!

Bu aşk, bu sevda nasıl şeydi böyle! Eşine olan düşkünlüğünü en özel eşyasıyla babasına bildiren, duygusal hassasiyetini edeple konuşturan bir eş. Ebu'l As şaşkındı. Ayrılacaklardı. Düşününce içine garip duygular hücum etti. Gerdanlığı aldı usulca, kuşağına bağladı. O en mutena yadigârın kadim anısını incitmemek için itina gösteriyordu. Düştü yollara. Hezarendişti yüreği. Bin pareydi aklı. Nasıl vazgeçecekti. Perişan bir ruh hâliyle yola düştü. Attığı her adım, onu Zeyneb'e yaklaştıracağı yerde uzaklaştırıyordu şimdi. Müslüman olsa her şey bitecekti ama işte o bunu yapamıyordu. Aklı kabul etse de duygularının önüne geçemiyordu. Bilemediği, anlatamadığı duygu selinin orta yerinde perişan ve mahzundu. Elleri çözülmüş ama Zeyneb'in gerdanlığı yüreğine kelepçe olarak vurulmuşken, o kendine her türlü fedakârlığı yapmış ve özgürlüğe kavuşmasını sağlamışken inatla direnmesi de neyin nesiydi? Anlamıyordu.

Aklı karmakarışıktı. Binbir düşünce hamağında tüketiyordu yolu. Bedir'de birçok şeye şahit olmuştu.

Neredeydi tanrılar...

Putlar Padişahı Hübel...

Otoritenin ortak kabul etmez simgesi Lat...

Tanrı kızı Uzza...

Neredeydi gücün simgesi Uzza?

Sunağına altın gümüş külçeleri konan, mal ve para tanrısı Menat...

Tanrıçalar... Ah tanrıçalar...

Onlar için adanan kurbanlar...

Şi'ra yıldızına yalvaranlar...

Ateşe secde edenler...

Adı varlık olan bir nesne Rab olabilir miydi?

O bir peygamberdi. İnsanlığı, dürüstlüğü, muhteşemliği gözler önünde olan bu insan, var olan bir Rabbin yeryüzü temsilcisiydi. Buna içten inansa da vesveseler yakasını bırakmıyordu Ebu'l As'ın:

"Şimdi Müslüman mı olacaksın yani?"

"Onca direnmişliğe, onca mücadeleye rağmen yolunu mu değiştireceksin?"

"Hani sen atalarına ihanet etmezdin?"

Hepsi bomboştu. Ama yapamazdı. Sırtında gurur kırbaçları! Derununda sancılar! Kalbinin kıyısında hiç tükenmeden yanan aşk kandilleri!

Kıyamlarında Hübel. Yalvarışında Menat. Secdelerinde Lat, Uzza. Boş tapınmaların bedelinde gerçeğin ucunu yakalamıştı. O son peygamberdi bunu biliyordu. Yeni din muhteşemdi. Vazgeçse miydi? Vesveseler. İç sesleri çok yönlü. Çekirge sürüsü gibi:

"Zeyneb'i göndermemek için din değiştirdi."

"Din başka, aşk başkadır. İkisini karıştırmamak gerek."

"Müslümanlardan korktuğu için din değiştirdi dedirtmem. Bu yaftaya dayanamam. Şanım, şerefim incinir. Haysiyetim lekelenir. Kavmim kabilem kırılır. Yapamam."

Darmadağın düşler ve düşünceler içinde Mekke'ye vardı. Külçeleşmiş duygular içinde evinin kapısını çaldı. Zeyneb, Ebu'l As'ın şirk çölünü cennete çeviren şakayığı koşarak kapıyı açtı. Aşkı tadanların gözlerindeki kıvılcımlar çakıvermişti. Karşılıksız ve katışıksız bu kıvılcımlarda nefs adına hesaplanmış hiçbir umde yoktu. Ebu'l As gözlerini Zeyneb'inden kaçırdı. Zeyneb dinine ve babasına savaş açmış bir adamın karısı olarak ona kinle değil şefkatle yaklaştı:

"Hoş geldin..." diyebildi sadece. Aralarında görünmez surlar, mesafesiz sınırlar olsa da insanca muameleydi aslolan. Onu yaptı. Utanmıştı As:

"Hoş buldum." diyemedi.

"Vedalaşmaya geldim." diyebildi sadece. Zeyneb şaşırdı: "Bu kez hayırdır inşallah!"

Ebu'l As:

"Gidecek olan ben değilim Zeyneb. Sen gidiyorsun."

"Nasıl yani!"

"Sen benin dünya hurimsin Zeyneb." dedi As. "Erişemeyeceğim, ulaşamayacağım bir huri. Ama bugünden sonra bana haramsın. Haram kılındın bana!"

"Müslüman mı oldun As?"

Ebu'l As duygularını döktü hayat yoldaşına:

"Özü sözü birdir O'nun." dedi. "Baban şeceyayı aliyeyle muttasıf bir zattır. Şu Ceziret'ül Arapta onun gibi muhteşem bir insan daha olmadı, olamaz."

Zeyneb göz kırpmadan dinliyordu. Umduğunu duymak üzereyken:

"Ben babana söz verdim Zeyneb'im. Seni ona göndereceğim!"

Zeyneb'in gözleri ışıldarken, As derin kederli hâliyle devam etti:

"Savaş bizi perişan etti. Ama sana şunu söyleyeyim ki; babanın ardında görünmez ordular var. Bir avuç kumla hepimizi püskürttü."

O konuştukça Zeyneb:

"Selam olsun O'na!" diyordu. "Selam olsun yerin göğün kutlu Nebisine. Selam olsun Gönüller Serveri'ne. Selam o Nur-u Dilara'ya olsun."

"Konuş, peygamber kızı." dedi Ebu'l As yutkunarak.

"Ey As!" dedi. "Babam da bir insandır fakat sıradan bir insan değildir O. Yaratıcı onu son peygamber olarak seçti ve gönderdi. O'nu her bakımdan donattı. Yardım ve lütfuyla destekledi. O'nun arşa açılan avuçlarıyla rahmet yağmurları iner. Taşların zikir sesi işitilir o avuçlarda. Kum taneleri ebabil taşı olur. O kum tanelerini O atmadı. Muhammed'in Rabbi attı."

Ebu'l As Zeyneb'ini dinlerken sonsuz nevbaharların düşlerini keşfediyordu ama gurur geçit vermedi. O an hiç bitmesin, Zeyneb hiç susmasın istiyordu ama gerçeğin kılıç ucu yarasını en ince yerinden delmişti bir kere. Zor toparlandı ve cevap verdi:

"Ona şüphe yok." dedi. "Ancak sana söyleyeceklerim var."

Demirden bilyeler yutkunuverdi Ebu'l As.

"Bugün Ebu'l As'ın ölüm kararı aldığı gündür." dedi.

"Ben ki Kureyş'in bütün evlilik dayatmalarına senin sevginle karşılık verdim. Yerine kimseyi koymadım, koyamam da asla. Dünyayı önüme serseler senden vazgeçmeyeceğimi bilirsin. Ama bugün dönüşü olmayan bir yolun içine girdim."

Zeyneb merakla sordu:

"Ne yaptın ey yürek yoldaşım? Seni böylesine yoran nedir?"

"Söz verdim." dedi derin anlamlı bakışıyla. "Babana söz verdim."

Zeyneb'in ahu bakışları üzerindeyken devam etti:

"Şunu bil ki çoğu kişinin keşfedemediği ve çok az kişinin yakaladığı evlilikle çoğalan bir saadeti ben seninle tattım. Ömrümün en mutlu anlarını yanında yaşadım. Hüdhüd kuşum oldun gönül vadimde, kanat vurdun renk renk. Işığım oldun, en kara gecelerimi süsledin yıldız yıldız. Şakayığım oldun, ruhumun en yalçın kayalarında yeşerdin. Dallarına tutundum en zor anlarımda. Hayat sermayem, tek kârım ve karım oldun teyzem kızı."

Sesinin tonu, yüz ifadesi ve hâl dilinden derin bir acısının olduğunu fark etti Zeyneb. Ebu'l As niye bu kadar kederliydi? Anlamaya çalıştı:

"Ben ki..." dedi. "İnandığın ilk günden beri dinine ve inancına saygı duydum. Seni incitmedim, kırmadım, baskı yapmadım, bilirsin. Şimdi ise senin dininin emrine uymak durumundayım. Babana vahiy gelmiş. Senin dinine göre bana haramsın Zeyneb. Bu gece ayrı odalarda sabahlayacağız."

Zeyneb ne diyeceğini bilemedi ilk anda:

"Kaderde sevmek de yazılı bize, teslim olmak da As." deyiverdi. "Biz kader yolcularıyız. O'nun hükmüne karşı boynumuz kıldan ince."

"Zeyneb'im..." dedi. "Bilirim ki baban davasında sadıktır. Ben ona inkıyat edemesem de sadakatine ihanet edemem. Sen ki gözümün ışığısın."

Sonra dizinde uyuyakalan yavrusuna baktı:

"Canımdan geçer ama sizden vazgeçemem. Buna mecburum. Ben ki o muhteşemliği görmüşüm, o sadakate ihanet zül gelir."

"Sadakate..." dedi Zeyneb. "Doğru söylersin. Görüyorum ki pek çok şeyi bir arada fark etmişsin. Hâlâ direniyorsan diyecek tek bir sözüm yok. Şu saatten sonra bana da düşen ayrılık hazırlığıdır."

"Zeyneb'im!" dedi. "Bu aşkla, bu sevdayla bu hasrete nasıl dayanacağım bilemem!"

Zeyneb şaşkındı:

"Aşk bir varlık usaresidir Ey As!" dedi. "Onu nefis elinden içenler zehirlenir. Kalp elinden içen ise sevda nehrinde yıkanarak sonsuz Kevser'e kavuşurlar."

Şaşkınlık sırası bu kez Ebu'l As'taydı:

"Biz birbirimizi yoruculardan değiliz. Koruyuculardanız. Sen bana gerdanlığını gönderdin. Aşkını, gönlünü fidye verdin. Ben sana hiçbir zaman ihanet etmedim. Aşkıma her zaman sahibim ama dinimi değişemem. Bu benim için çok zor."

Bakışlarını önüne çevirdi. Ümame'yi bağrına bastı. Kızını öptü, kokladı doya doya. Zeyneb'e ise:

"Hazırlan." diyebildi sadece.

Her bakışta içine ruhefza baharlar efsunlayan bu ahu bakışlar artık olmayacaktı. Gözü o gönül gülşenine değmeyecek, ruhu o billur deryalarda yıkanmayacaktı. Ama buna mecburdu, cayamazdı sözünden As.

O günün ertesinde Zeyneb hummalı bir yol hazırlığına girdi. İlk önce yavrusunu yıkadı, pakladı, kokuladı. Ümame'nin saçlarına renkli boncuklar taktı. Kokular sürdü. Kendi hazırlıklarını yaptı.

Ebu'l As hıçkırıklarını yutmaya çalıştıysa da gözyaşlarına söz geçiremedi. Oluklar hâlinde bir yaş sağanağına yakalandı. Zeyneb eşini ilk kez o hâlde görüyordu.

İpiri inciler düştü onun da gül kadifesi yanaklarına. Bir an göz göze geldiler. Ve öylece kalakaldılar. Islak, hüzünlü ve derin bakışlarla aşkın göz bebeklerini yakaladılar son kez.

"BB"
DEMİ

ŞEDDELİYDİ

Sana soracaklarım var
Bu ayrılığın çabuk olması yüzünden benden koptun mu?
Yoksa güvendiğin bu kimseye vefasızlık mı ettin?
Dur,
Sana söylemeliyim ki
Kılıç ve kargılarını kuşandığın çetin günün sonunda
Amca oğulların rahat uyuyacakları bir sonuç elde ettiler.
Bugün de, yarından sonrasında da kader
Senin bilmediğin olaylara gebedir.

Cariye Tara kırmızı şarabı efendisine sunarken Hind'e seslendi:

"Duydun mu, hanımım?" dedi. "Zeyneb de hicret ediyormuş."

Hind'in gözleri açıldı:

"Doğru mu bu!"

"Evet." dedi cariye. "Ebu'l As onu babasına gönderecekmiş."

Ebu Süfyan çakır keyif bir kahkaha attı:

"Yok öyle bir şey." dedi. "Yalan söylüyorlar!"

Eteklerini toplayarak dışarıya fırladı Hind. Ebu'l As hanesindeki farklılıktan bir şeylerin döndüğünü anlamıştı. Sordu soruşturdu ve durumu öğrendi. Sabahın erken saatlerinde elinde bir hevenk yaş hurmayla Ebu'l As ocağından içeriye girdi. Zeyneb telaşlı bir hazırlık içindeyken Hind'i karşısında gördü. Bir anda toparlanmaya çalıştı. Hind fasih Arapçasıyla sordu:

"Muhammed'in kızı!" dedi. "Duyduğuma göre, babanın yanına gidecekmişsin, öyle mi?"

Yaslı olduğu hâlde tuhaf gülücükler atması Zeyneb'i ürkütmüştü. İnsanların nasıl güldüğünden ve nasıl ağladığından edebinin anlaşılır olması işini kolay kılmışken kekeledi:

"Böyle bir şey yok." deyiverdi usulca.

Hind, sesine tatlı bir ahenk kattı:

"Duymadığımı mı sanıyorsun?" dedi. "Her şeyden haberim var."

Zeyneb sustu. Ortalığı toparlamakla meşgul gözüktü. Hind devam etti:

"Öyle bir şey varsa söyle bana amcam kızı." dedi. "Gizleme sakın. Neye ihtiyacın varsa temin edeyim! İhtiyaçlarını karşılayabilirim."

Zeyneb şaşkındı. Dost muydu, yoksa düşman mıydı bu davetkâr ve cüretkâr teklifin sahibi? O bu şaşkınlık içindeyken Hind devam etti:

"Erkekler arasındaki düşmanlık kadınlar arasına giremez." dedi. "Buna izin veremeyiz."

Bütün bunları o kadar içten söylüyordu ki inanmamak elde değildi. O intikam yeminleri eden, muhteris, kin, nefret, öfke dolu kadın bu sözleri nasıl söyleyebilirdi? Gizemli bakışlarla Zeyneb'e gülümsedi:

"Gebe olduğunu duydum. Üçüncü bebeğini uzaklarda mı doğuracaksın?" dedi müstehzi. "Mademki gideceksin, gel, ellerini ve ayaklarını kınalayalım. Bilirsin ki törelerimizde bu, gebeliğin zahmetsiz geçmesine ve çocuğun sağlıklı doğmasına sebeptir. Hübel hakkı için doğru söylüyorum. Sana yardımcı olmak isterim."

Hind'in ısrarlı talepleri Zeyneb'i ürkütmüştü. Olabildiğince tedbirli davrandı. Ser verdi, sır vermedi. İnsancıl bir yaklaşımla onu sırrından uzak tutmayı başardı. İzzetiyle hürmetini yaptı ve onu yolcu etti:

"Susmak, huyların efendisidir." demişti canı, baş tacı babası. O nasihate uydu inci tanesi kadın.

"B" demiydi. O da bir kul ve "kalü bela" sırrına boyun bükmüş bir Havva kızı iken "bela"nın "b"sinden geçiyordu ki şeddeli ve şiddetliydi. Peygamberin kızı bile olsa imtihan sırrı onun için de geçerliydi. Hele ki o bela; aşkın imbiklerinde damıtılmışsa, o vakit her yanı ateşten bir gömlek geçerdi boynuna kulun. O kullardan birileri de Zeyneb ile Ebu'l As'tı. Muha(bb)etin b'sini yüklenmişlerdi. Bu sevda hikâyesinin şeddesi şiddetliydi. Belaya "beli" diyebilmekse aşk; cefayı edeple karşılamak ve onu tek kalpte, yek kılabilme yolundaydılar. Bu şeddenin şiddeti kıyametti. Sevgili uğruna çekilen her çile o tek noktada toplanmıştı.

Mevci ve fevci bir arada yüklenmek. Nefsin şikemperver hâllerine karşılık, sevgiliden gelen her cefaya şikâyetsiz katlanabilmek. Zemherinin ayazında kelebekler büyütmek. Çilenin dar imbiklerinden incinmeden ve incitmeden geçebilmek. Zor sırat. Cemresiz baharlara koşmak. Müstakim çizgiyi bozmadan yürümek, canı feda etmişlerin işiydi. Hak uğruna hayatı hiçe sayanların sıratıydı bu. Çile hikâyelerinin en güzeliydi belki de.

On altı yıllık baharın sonuydu. Firkatin en ince sızılarından birisi de ayrılığın başlangıç anı değil miydi? O veda anı. Bir daha hiç görüşememe, kavuşamama ihtimali. Velev ki ayrı âlemlerde bile olsalar, kul için ağırdı bu.

Zeyneb Hacun'daydı. Anneciğine veda etti son kez:

"Elveda yerlerin, göklerin, tüm kadınların, Mekke'nin ve dahi Hacun'un muhteşem hatunu. Elveda! Torunların Ümame, Abdullah ve karnımdaki bebeğimle vedaya geldim.

Annem Hatice!

Ayet-i kerimenin hüküm icrasıdır bu.

Yuvalarda ciddi kopuşlar var. Daha dün; Hattab oğlu Ömer, müşrike eşi Kureybe bint Ebî Ümeyye'den ayrıldı. Kadın inancında direnince evlilikleri son buldu. Yeğenin Ebu'l As ile ben de aynı yolun yolcusuyuz anne. Olmadı, yapamadık. Yeğenin İslam'la şereflenemedi. Ayetin hükmü altında boynumuz kıldan ince. Biz de ayrılıyoruz. Sana da bu şehre de sonsuza dek elveda!"

Gül yaprağına düşen nisan yağmurları ne kadar iri ve duruysa, Zeyneb'in nurlu tenine dokunan gözyaşları da o kadar duru ve berraktı. Usulca sildi uzun kirpiklerini. Dua ve şükürlerle kalktı yerinden. Son kez annesinin kabrini seyretti ve ikindi vaktinin sıcak buğusu altında dipdiri devinimlerle çıkıverdi Hacun'dan. Şimdi sıra ondaydı. Mekke'nin iffetli güzeli giderken Mecenne sularının duru ırmakları gibi gözyaşları damla damla akıyordu yanaklarından.

Hira, Ebu Kubeys, Sebir dağları sıra sıra son muhacire hüzünle bakarken, Zeyneb her şeyden habersiz son hazırlıklarını yapıyordu.

Sekizinci Kadim Anlatıcı: Kinane

Bütün bunlar olup biterken, Zeyneb'i o Kureyşî cehennemden kim çıkaracaktı? Kalem özgün kelamlar için izin isterken; kadim zamanların sırrı açılıverdi bir kez daha.

BEN Kİ KİNANE İDİM

Hâle'nin küçük oğlu, As'ın erkek kardeşiyim. Ağabeyim Ebu'l As'ın çilesi benim de derdim oldu. Tevdi ettiği görev zor emanetti. Kardeşlik en kara gecelerde cana, candan öte eş olabilme hatırı değil midir? Üstleniverdim yüksünmeden. Tabanımdan ter, gözümden fer tükeninceye dek. Derimde kan, ciğerimde can yitene dek o sözü üstlenmişim. As'ın sözü, benim de sözüm elbet. Kardeşlik boyun borcum. Hâli içimi yakıyor bu Bahta Yiğidinin. Hani o can yanığı bir kalbin ipince buğusuyla;

"Söz yiğitlik ister Ey Kinane! Mertliği ortaya koymuş olsak da ayrılık yaman hâldir." deyişindeki kısık sesi. "Bu bana zül, bu bana zor gelir." deyişi. "Karımı ve çocuklarımı sen götür. Onları Zeyd'e sen teslim et, ricasını."

Ağabeyimin kutlu serveti benim de baş tacımdır. Zeyneb teyzem kızı, hane halkımdır ama candan öte candır benim için. Edebi ve inceliğiyle Kureyşî ırkın en has kızıdır o. Öz bir abla, anne yarısı, kız kardeştir bana da. Her derdime eğilen, her konuda yardımcı ve yol göstericidir. İnce ruhunun derinlerinde ne cennetler döşelidir de kimseler haberli değil. Sözü inci, hâli mercan tebessümüdür. Bu vadi şakayığı ile ağabeyimin hayat hâli ruhlara bahar menfezleri açar. Şam ile Tafil tepelerinin kekik kokulu kırları akla gelir. Sümbüller, süsenler arasında boy vermiş can kırmızısı gelincikler okşar ruhunuzu. Bu yöre o türden hüdayi nabit bitkilere alışık olmasa da Zeyneb'in her hâlinde o güzellik devşirilir. Ondan ayrılmak hepimize zor gelse de bu Havva kızlarının en seçkinini hanemizden uçuracaktık. Bahtanın Cevri ağabeyim zor durumdaydı. Vadinin Aslanı olsa da lakabı ruhunun en saklı odasını sevgiyle döşemiş, şiirle süslemişti. İpek gibi nahif ve ince ruhludur benim ağabeyim. Aşk derdi ile hemdem olduğu günden beri şiir yazar. Zeyneb'in aşkıyla büyülü dünyalar kurmuş iken, onun firkatiyle incelen ruhunun ıstırabına dayanamam. Kıyamam acı çekmesine. Mekke kızlarının masallar meliki Ebu'l As'ı acı çekiyorken görmek ne zor hâldir! O nahif ruhu inceldikçe inceliyor. Bilirim ki, o bu ayrılığa dayanamaz. Sevdiğini kendi elleriyle teslim etmek elbet ona zül ve zor gelecek, biliyorum. Bunun için görevi ben üstlendim. Onları Zeyd'e ben götüreceğim. Zor görev. Önümde devasa hendekler var. Arkamda ise yeni dine kin kusanlar. Kureyş'in kini, nefreti deve kini gibidir. Affetmez ve boyun eğmez. Öfkeyle köpürür ve en umulmadık anda yerle bir ediverirler adamı. Bunun için de tedbir gerek. Silah ve edevatımı iyi hazırlamalıyım. Tehlike nerden gelecek belli değil. Endişeliyim doğrusu.

Zemzem kuyusunun dibinde oklarımı yontup sivriltirken ne olduğunu bilemediğim garip duygular beni sıkıp durdu. Heybemi dürüp Ebu'l As'ın evine geldiğimde ise kapıda yengem Zeyneb'le karşılaştık. Hacun kabristanından geliyordu. Beti benzi soluk, selam verdi. Hüznünü saklı tutarak gülümsedi. Ayaküstü birkaç söz ve kelamdan sonra o içeri geçti; ben ise eyvanda yol hazırlığı yaparken göz ucuyla bize bakan ağabeyim Ebu'l As'ın yanı başında eğlendim. Selamımı aldı ama o da tedirgin besbelli. Suskun, hiç konuşmuyor. Ümame'yle Ali koşarak bana geliyorlar. Ebu'l As bakışlarını onlardan alamıyor, dalıp gidiyor sık sık. Bir yandan da işiyle meşgulmüş gibi görünüyor. Açlığa, susuzluğa ve yola dayanıklı genç, güçlü ve ak gerdanlı bir Hecin devesi satın almış. Hiç doğurmamış besbelli. Uzun boyunlu, zarif edalı bu hayvanın duruşunun aksine güçlü toynakları var. Hâlden anlar edasıyla çevreyi süzüyor. Devenin sürmeli gözlerinde ağabeyimin yaşlı gözleri akisleşiyor. Ebu'l As onu itinayla yemlerken sırtını sıvazlıyor. Hörgücün orta yerine denkleri yüklerken göz pınarlarında belirip kaybolan yaşları göstermemeye çalışıyor. Mekke'nin tozlu sokaklarında "kemik kap" oynayan çocukların ince sesleri yükseliyor bir iki:

"Ümame ile Ali, Yesrib'e gidiyorlar. Onlar Muhammedîler zaten. Ebu'l As onları gönderiyor."

Olay kulaktan kulağa yayılınca Kureyş'in akil kadınları toplanıp geliyorlar. Bilgece sözler sarf ediyor her biri:

"Ey Ebu'l As!" diyorlar. "Biz seni akıllı bilirdik. Bu nasıl iştir böyle! Evladını, iyalini nasıl el edersin?"

İçlerinden en alevli konuşanı Hind'in arkadaşıydı. Adı Sayda'ydı ve çok heyecanlıydı. Konuştukça yanaklarında ki mor dövmeler esneyip genleşiyor ve sürekli sitem ediyor:

"Onlar bizim kanlımız. Bedir'in acısı bağrımızı kavurmuşken sen kalkmış Muhammed'i sevindiriyorsun!"

Yaşlılardan biri Ebu'l As'ın hâl dilini anlayıverdi nihayet:

"'Asil kişinin dışı içini gösterir.' derler Ey Bahtanın Yiğidi. Bana kalırsa gönlündeki yangının alevleri sana rahat vermez. Bu ayrılık seni yakıp kavuracağa benzer. Gel bu davadan vazgeç. Bu işe dayanamazsın."

Ahtı bahtının önüne geçmiş Ebu'l As, sürmeli gözlü devesini suluyor ve hiç konuşmuyor. O sesleri çok uzaklardan işitiyor:

"'El-Emin seni özgür bıraktı, evine gönderdi.' diyor yaşlı kadınlardan biri. Sen ise kalkmış kendi ellerinle yuvanı yıkıyorsun."

"Biz sana ilk baştan ayrıl demiştik ama dinlemedin." dedi Sayda. "Hani ondan ayrılamazdın! Hani çok seviyordun? Seven sevdiğini el eder mi?"

"Oğlunu ve kızını yaban ellerde mi büyüteceksin? Ele mi vereceksin çocuklarını? Yiğit adama bu yakışmaz."

"Bırakın, gidiversin." diyor bir diğeri. "Düşman kızının içimizde ne işi var? Putlarımızı reddedeni biz de istemeyiz."

Ebu'l As büyüğe saygılıdır. Dedem Huveylid'den gelme bir alışkanlıkla yuvadan öyle terbiyelendik. Ama işte bu noktada dayanamıyor. Terbiyesini bozmadan ve kimseyi incitmeden:

"Yaşınıza saygılıyım." diyor. "Ahlakıma aykırı sözler söylüyorsunuz. Zeyneb her zaman benim karım olacak. Oğlum ile kızıma ise her zaman sahip bir babayım. Yesrib'in serin yaylalarında, annelerinin yanında büyümeleri şimdilik daha evladır. Onları el etmiş değilim ben."

Kadınların sesi kesiliveriyor aniden. As, sağlam devinimlerle denkleri hazırlarken devam ediyor:

"Sır emanettir." diyor. "Söz de emanettir. Bizde söz namustan önde gelir.

Söz yiğidin namusudur. Ağızdan çıktı mı bir kez; can pahasına da olsa yerine getirilmelidir. Emanete ihanet etmemek gerek."

"Seni özgürlüğüne kavuşturdu diye sevinçten vermiş olduğun bir söz olamaz mı?"

"Beni tanıyamamışsınız." dedi As. "Ben neşeli anımda kimseye bir şey vaat etmem. Öfkeliyken de kimseye cevap vermem. Kureyşî gelenekte söz namustur, şereftir. Dedem Huveylid'den miras bir vasıftır. Söz senettir, en kutsal, en öz emanettir. Onun için Zeyneb buradan gitmeli!"

Ümame renkli kıyafetler içinde oradan oraya koşarken sarf ettiği sözler boyundan büyük geldi bana:

"Babacığım!" dedi. "Senin için 'O sözünün eridir.' diyorlar, bu ne demektir?"

"Bunun adı dürüstlüktür Ümame'm." dedi As. "Bu özellik insan ahlakının en temel öğesidir. Yalan söylememek, kimseyi aldatmamak, kendi çıkarı için başkalarını kandırmamak, olduğundan başka türlü görünmemek dürüstlüğün özüdür."

"Dürüst olmak ne demek baba?"

"Dürüst olmak, özü sözü bir olmak demektir. İnandığı gibi yaşamak, ödün vermemek ve ölümüne de olsa doğru bildiği yolda yürümek demektir, güzel kızım." Kızının parlak saçlarını okşarken:

"Cesur olmadan dürüst olamazsın kızım." diyor. "Yalnız kalmayı göze alamazsan dürüst olamazsın. Nefsini susturamazsan dürüst olamazsın. Bedeli ağır bir erdemdir. İşte bunun için de değerlidir."

Kadınlar tek tek kalkıp gidiyorlar. Suskun gözlerini bana çeviriyor. Ayrılık koru bakışlarının derinlerinde alev alev yanarken nezaketli gülümsemesini terk etmiyor. Dışı sahra çölü gibi ıssız ve kıpırtısız olsa da içinin yangınları onu ele veriyor. Yol talimatı, varılacak hedef bilgileri konuşulurken Zeyneb de bize katılıyor. Sık sık göz göze geliyorlar ama birbirlerinin canını yakmamak adına kısa ve öz cümleler kuruyorlar. Daha çok suskunluk hâkim. Onların hâlinde birçok mana iç içe saklıydı. Ağabeyim konuşan bakışlarını sık sık kaçırıyor. Dili vardı gözün. Hitabı kuvvetliydi bakışların:

"Cennetimin kapısı! Gitme!" diyor sanki. Ben ki Kinane idim. O güne dek, o yaşa dek onu öyle hüzünlü hiç görmemiştim. Korunu serinletecek karlar arıyor. Buzdan yangınlar içini kavlarken sesi kesik feryatlarını kimseye duyurmuyor ve bunun için imtina ediyor. Çaresiz bir yol ayrımında, yapacak hiçbir şey yok. Bu yazgıda ayrılık kaçınılmaz. Her biri kendi yazgılarına doğru yol alacaklar. Ama bir kardeş ve yakın akraba, bir kayınbirader olarak diyeceğim şudur ki; bu ayrılık her ikisinin de gönlünde fena yer edeceğe benzer. Birbirlerini kolay bırakamayacak ve kopamayacaklar.

* * *

Ayrılıklarının son gecesiydi. Ebu'l As sabaha kadar dışarıda dolandı durdu.

"Söz... Ah o söz. Can pahasına canandan ırak olma pahasına verilen o söz."

Yeni dinde söz kıymetliydi. Ebu'l As bilmeden ona göre yaşıyordu. Ah ki gurur buzulundan sıyrılıp çıkamıyordu. Genç adamın huyu Kurani ahlaka çok uygundu ama bunun farkında olan bir tek Zeyneb'di.

Sessiz haykırışlarını yüreğine hapsetmişken, dışarıdan donuk ve hissiz bir Ebu'l As vardı. Eve girdiğinde iki eş değil de teyze çocuğu gibi davrandılar:

"Teyze kızı..." dedi. "Bütün gözler üzerimizde. Her an takip altındayım. El-Emin'in damadı ne yapacak, nasıl davranacak, kiminle konuştu, kiminle bakıştı? Ben ki ırkına ve kabilesine bu kadar düşkün bir kimseyim. Bana bile göz açtırmıyorlar."

"..."

Yutkunarak devam etti:

"Yarın sabah ayrılıyoruz. Sizi kardeşim Kinane yolcu edecek. Ben dikkat çekmemek için ortalıkta görünmeyeceğim. O, Mekke'nin dışına kadar size eşlik edecek. Sizi almak için gelen iki kişiye teslim edecek. Yolunuz açık olsun!"

"Babacığım, sen neden bizi götürmüyorsun?" dedi Ümame.

Ebu'l As sustu. Belli belirsiz bir sesle:

"Buna yüreğim el vermez." deyiverdi ve dışarı çıktı.

"Yapamam, küstüremem kavmimi. İhanet edemem dinime. Hübele, İsaf ve Naile'ye ve aziz Menat'a." diyordu hâl dili.

İnsan bu! Tek katre kan iken hezar endişeye oda. Ebu'l As iç karmaşasını susturamıyordu. El oluyordu artık. İki el, iki yabancı, iki namahrem; bir iken ikiye bölünen ekmek. O gece sabaha dek uyuyamadı genç adam. Yıldızların parlak ışıkları vadiyi şehrayine çevirirken, o Ümame'nin başı ucundan ayrılamadı. Bir fısıltı düştü gecenin sırlı kucağına:

"Verdiğin söz can bedelidir."

"Ben... Ben nasıl bir söz vermişim böyle!"

"Ben kime söz verdim!"

O saatte uyumayan bir çift göz daha vardı orada. O da Zeyneb'in Kâbe mehtabıyla sürmeli, hacerü'l esved karası gözleri. Usulca sekinet verdi can yoldaşına:

"Sen Mahbubu Kulüb'a söz verdin can. Levlak'ın Sultanı'na söz verdin. Sen Sultan-ı Ervah'a söz verdin. Müsterih ol. Kader seni mahcup etmeyecektir."

"'Bu sözden caymalısın.' diyorlar. Nefsim bunu istiyor ama vicdanım razı değil. Bu nasıl olabilir ki!"

"Yüce Kitap ahitlerini bozan kimseleri zemmeder. Benim dinimde bu ayıptır As."

"Rubü'l Hali çölü gibi sessiz ve kimsesiz kalacağım." dedi Ebu'l As. "Kalbim nasıl dayanacak bilemiyorum."

Zeyneb bu kez bir ayet-i kerimeyle cevap verdi:

"Verilen sözü de yerine getirin! Çünkü verilen sözde bir mesuliyet vardır." (İsra Suresi: 34)

"Şu firkate hangi şifa merhemlerini süreceksin Zeyneb? Bana ne diyeceksin?"

Zeyneb'in sözü tek bir ayetti.

"İnanma duygunu diri tut." (Necm Suresi: 3) diyebildi sadece. O biliyordu ki inanma duygusunu diri tutan-

lar eninde sonunda gerçek kaynağa kavuşurlar. O duyguyu tüketenler ise Rubül Hali çölünden daha beter karanlık ve ıssızlığın koynuna düşerler. Bu yönüyle ve her yönüyle Yüce Söz ne güzeldi! Ebu'l As bunu anlamış olsa da suskundu. Zeyneb ise en etkili tiryakları ona sunmuştu. Bu söz kim bilir kaç kez Ebu'l As'ın zihninde çınlayıp duracaktı: *"İnanma duygunu diri tut." (Necm Suresi: 3)*

Ümame'nin misklerle örülü saçlarını son kez kokladı As. Abdullah'ın uzun kirpikli gözlerini öperken hıçkırıklarını yuttu. İç geçirişlerinde hep o sır saklıydı:

"O sözü vermiş olmasaydım yollamazdım."

O ana kadar direndiği gözyaşlarının bendi kalktı, nehirlerin çağlayışına döndü. O ana kadar hapsettiği bu ses artık onu utandırmıyordu:

"Affet!" diyebildi sadece. "Yapamadım. Yeminime yenildim. Ayıplama beni!"

ÇÖL CEYLANLARI DURU IRMAKLARDAN SU İÇERKEN

"Doğrusu insanlar için ilk kurulan ev, Mekke'de, dünyalar için mübarek ve doğru yol gösteren Kâbe'dir."

Ali İmran Suresi: 96

Henüz gün doğmamışken, sıcağın ateşi ve nemi vadiye çökmeden, yıldızlar Mekke göklerinden silinip kaybolmamışken kalktılar ayağa geceden. Zaten geceyi sabah edivermişti As. Kadim şehir bir yıldızını daha yitirirken Mekke üşüyor, Hacun üşüyor, Ebu'l As üşüyordu.

Sürmeli gözlü devesinin hedvecindeki mahfele kendi elleriyle oturttu sevgilisini ve ciğerparesini. İncinmesinler, yorulmasınlar, sarsılmasınlar diye hedvecin içine deve yünü döşemişti. Yanlarına içecek, yiyecek koydu bolca; acıkınca yesinler, susayınca içsinler diye. Çölü gül kılan kadın Zeyneb'i, iri gözlü Ümame'sini, minik Ali'sini ve daha anne karnında terü taze bir canken hicret eden minicik bebeğini, kavminin itirazına rağmen yola saldı. Kinaneyi tembihledi:

"İffetim sana teslimdir." dedi. "En kolay yoldan gidin ve onları Zeyd'e teslim edin."

Zeyneb'in gözlerinde yağmur vardı. Bir kez dönüp baksa serpiverecekti göz pınarlarındaki incilerini. Ve kalbinin en narin, en el değmemiş inceliklerini de. Dile geldi genç adam:

"Bir kez dahi bana karşı durmayan, beni üzmeyen, bana sitem etmeyen Zeyneb'im!" dedi. "Yolun nur, ufkun huzur dolsun. Peygamber babana verdiğim sözdü beni bu noktaya getiren. Ucunda canımın yarısı bile olsa buna mecburum. Güle güle göz ışığım. Arkanda sevginin ve şefkatin muhteşem burçlarıyla inşa edilmiş bir dünya bırakıyorsun. Yolun açık olsun."

Dayanamadı Zeyneb'e bir kez daha bakmaya. Gönlü el vermedi. O derin bakışların her defasında ayrı bir yakışı varken. O ışıklı nakışlara daha fazla dayanamazdı. Zihnine aktardı o gözleri.

Zeyneb'in o hiç zihinden çıkmayan cennet yaldızlarıyla sürmeli gözleri, sanki cennete çağırıyordu.

Buruk bir ayrılık sızısı inim inim canını inletirken onu yatıştırdı Zeyneb:

"Seven yüreklerin vedası olmaz." dedi. "Ancak emaneti vardır. Fi emanillah."

Yola revan oldular. Yesrib yolları kıvrım kıvrım açıldı önlerine. Daha önceden bu yola revan olup gitmiş babasının gül kokulu izinden gidiyordu. Zeyneb'in yüreğinde iki ayrı kandil vardı şimdi. Biri ışığını yitirip sönüvermişken diğeri ışıldayarak parlıyordu. Biri hicran, diğeri vuslat olan iki ayrı heyecanla hem hüznü hem de sevinci bir arada harmanlıyordu genç kadın. Yıllardır hasretini çektiği babası ve kız kardeşlerine gidiyordu. Biri karnında, diğerleri terkisinde iki masum yavruyla hicret ediyordu.

Son Nebi, Ensar'dan bir yardımcıyla Zeyd'i bu iş için görevlendirmişti:

"Batn-ı Ye'cic'e gidin." demişti. "Orada, size Zeyneb uğrayacak, buraya gelinceye kadar ona refakat edin!"

Heyecan, endişe ve korkuyla yola çıktılar. Genç muhacire yollardaydı. İkisi kucağında, bir diğeri ise karnında üç masum yavruyla hicranlı ufka açılmıştı. Zeyneb Mekke'den çıkarken Ebu'l As da şehirden çıkıp gitti. Şam seferiydi yolu. Gönül ışığını Yesrib'e revan ederken kendisi Şam ufuklarına doğru berdevam etti. Geride kalmaya takati yoktu. Aşkın sürmeli ceylanları iki yanık yüreğin hüzünlü kıyılarından su içerken, iki kederli sevgili ayrı yollara düştüler. Biri nara, diğeri nura revan olacaklardı.

BİR HAYAT SON BULUYOR

"Sakın yılmayın, üzüntüye kapılmayın, eğer iman ediyorsanız mutlaka üstün gelirsiniz!"

Ali İmran Suresi: 139

Evlerde kan renkli alevler vardı. Kin, öfke ve kumpaslarla dolu müşrik ocaklarda yeni tezgâhlar kuruluyordu.

Yol tuzaklıydı. Zeyneb; sevinci de kederi kadar bağrında biriktirebilen kadın, değişik hâller yaşıyordu. Tatlı tuzlu iki nehrin karışmadan, bozulmadan ve bulanmadan kendi mecrasında akışı gibiydi. Babasına kavuşma hasretiyle giderken kardeşlerini düşünüyordu. Aylardır yüzlerine hasretti. Ne çok özlemişti! Ötelerde kendini bir gün dahi incitmemiş, kırmamış can arkadaşı Ebu'l As... İnanç ayrılığından başka cefasını görmemişti.

Çileli çöle adım atmıştı bir kere. Zeyneb'in kırık kalbi iki farklı âlemin mahşer yeriydi şimdi. Canı, sertacı babasıyla kız kardeşlerine kavuşma heyecanı gönül gamını gideriyordu. Onları düşündükçe, sıcağın kızgın okları altında Mecenne sularının buz gibi serin ferahlığını yudumluyordu için için. Yollar çarçabuk dürülsün ve o sevdiklerine kavuşsun istiyordu genç kadın. Acı, hasret son bulacaktı artık. Terkisinde yavrusu, altı yaşındaki Ümame'si, kucağında Ali'si ve karnında ciğerparesi minnacık bebeğiyle Yesrib ufuklarına doğru açıldı. İnananlar bir şehirden göç etmiş ve kalan son yolcular da aylar sonra yola çıkmışken Ümame o çocuk gözleriyle her şeye tanıklık ediyordu. Anlayamadığı şeyler vardı. Neydi bu kavga? Kopan, dağılan, yıkılan yuvalar. Feryatlı yüzler, Nemrudi yeminler, terk edilmiş evler, çok özlediği ama hiç göremediği yüzler. Dedesini ne çok özlemişti! Fatıma'yı, Ümmü Gülsüm'ü, Dadı Ümmü Eymen'i. Heyecanlıydı o da annesi gibi. Kınalı elleri, boncuklu örükleri ve renkli elbisesiyle sürmeli, ak gerdanlı bir deve hedvecinde dedesine gidiyordu küçük kız. Bir bahar dalı gibi gövdesinden kırılıp atılan canlar. Tozu dumana katarak yürüyen develerinin ayakları altında akıp giden kumlara bakakaldı. Bir kum tanesi kaçıverdi gözüne. Ovuştururken gözlerini, annesinin sıcak sinesine sığındı. Uyuyuverdi oracıkta yavrucak. Ona ve Ali'ye sımsıkı sarılıverdi Zeyneb.

Karnındaki bebeğini düşündü Zeyneb. Daha dört aylıktı. Yesrib'de doğacaktı ve doğduğunda bir peygamber torunu olacaktı. Dedesinin gittiği yollardaydı. Cim gibi arkası dönük gidiyordu. Cim gibi derin ve geniş âlemliydi. Daha doğmamıştı ama anne içgüdüsüyle onu çok seviyordu Zeyneb.

"Minik muhacirim..." dedi. "Bebeğim! Benimle beraber sen de bu yollardasın. Doğduğunda her şey çok daha güzel olacak." Fısıltı hâlinde bebeğiyle konuştu.

Yüreğinde kurumaya yüz tutmuş binlerce gül destesiyle ve yanık bir çöl bestesiyle gidiyordu. Tertemiz ve berrak, kutlu ve aziz bir yolun yolcusuydu.

Onlar yola çıktıktan sonra Ebu Süfyan'ın karısı Hind yerinde duramadı. Bedir savaşının kiniyle halkı tahrik etti:

"Yazıklar olsun size!" dedi. "Düşmanın kızı gün ortasında ceylanların ırmağa su içmeye indiği gibi rahatça çıkıp gitti. Ve siz buna göz yumdunuz. Bu bir meydan okumadır. Nasıl erkeksiniz siz! Bedirde yenildiniz, bari buna izin vermeyin!"

Akıllara gelmeyeni de o dermeyan etmişti. Kureyş'in gözü dönmüş zalimleri ok gibi fırladılar yerlerinden. Aralarında ileri nişancı Hebbar İbni Esved de vardı. Hebbar aynı zamanda Hz. Hatice'nin amcazadesinin oğluydu. Doru atlara binerek düştüler ardına peygamber kızının. Dörtnala gidiyorlardı. Zituva vadisinde, onlara yetiştiler:

"Nereye böyle?" dedi haşin bir ses. Kinane Zeyneb'i, Zeyd'e ulaştırmak üzereyken irkilmişti. Habbar'dı seslenen:

"Yok öyle yağma!" dedi. "Gün ortasında düşmana destek ha? Bu işi öyle kolay mı zannettin?"

Zeyneb onu tanımıştı:

"Ey Habbar..." dedi. "Sen annem Hatice'nin amcazadesi değil misin? Bu nasıl zulümdür yaptığın!"

Habbar'ın gözü dönmüştü. Kimseyi ne duyacak ne de anlayacak hâli vardı. Bunu anladığı anda yavrusuna daha sıkı sarıldı Zeyneb:

"Allah'ım!" dedi. "Yavruma kıymasınlar!"

Ama kıydılar. Habbar haşince yaklaştı. Elindeki mızrağı Zeyneb'in devesine sapladı. Deve ürkmüştü. Hızla kayalıklara doğru koşmaya başladı. Zeyneb'le Ümame hedvecin içinde fena hâlde sarsılıyordu. Rabbinden yardım diledi. Habbar hedefine onu almıştı. Zeyneb'i ok yağmuruna tuttu. Zorlu bir mücadele başlamıştı. Kayalıklara doğru inip çıkan zavallı deve daha fazla direnemedi, hedveci sırtından attı ve yere yuvarlanmaya başladı. Ortalık toz dumandı. Ümame'nin çığlıkları Zeyneb'in haykırışlarına karışmışken, yavrusunu kucaklayarak ucu sivri bir kaya parçasının üzerine düştü. Yüzü, gözü kan içindeydi Zeyneb'in. Narin bir gül dalı gibi titriyordu. Darbe almıştı genç kadın. Eliyle karnını tutmuş, delici sancılarını dindirmeye çalışıyordu. Bıçak sırtı gibi keskin ve delici sancılarla gözünden yaşlar akıyordu:

"Bebeğim!" deyiverdi. "Peygamber ocağının minik şehidi mi olacaksın?"

Gözlerinden akıp giden yaşları durdurmadı Zeyneb. Kan kaybı başlamıştı. Yaralı ve acılı bir şekilde oracıkta yığılıp kalıverdi. Bebek ölmüş, Zeyneb ise bayılmıştı. Ümame yavru kuşlar gibi anacığının etrafında ağlayarak dönüyordu. O güne dek öylesine dehşetli bir manzarayı ilk kez görüyordu:

"Annem!" dedi. "Anneciğim! Sana ne oldu böyle!"

Kinane yengesini yerde kanlar içinde görünce deliye döndü. Ok çantasına uzandı ve gür sesiyle haykırdı:

"Yaklaşmayın!" diye haykırdı. "Vallahi okumu can damarınıza saplarım." Onun yaman nişancı olduğunu bilenler geri çekildiler. Meydan okudu Kinane:

"Eceline susayan beri gelsin. Hanımını dul bırakmak isteyen bana yaklaşsın. Bu kadıncağızı babasına götürmekten başka bir niyetim yok iken reva mıdır bu yaptığınız? Ya gitmemize izin verirsiniz ya da kellenizi uçurur, çiğneyerek giderim."

Kahramandı Kinane. Ondan korkup çekildiler. Ama olan olmuştu. Zeyneb kalkamıyordu.

***

Mekke'ye haber uçtu.

"Habbar Zeyneb'i deveden düşürdü." dediler. "Beli kırılmış ve hamlini yitirmiş."

Şirk cephesi lideri Ebu Süfyan öfkeyle doğruldu yerinden. Ridasını savurarak çıkageldi. Kinane'yi sağa sola oklar savurarak yengesini koruyor, bir yandan da haykırıyordu. Onu öyle görünce:

"Be adam!" dedi. "Okunu indir. Gel seninle bir konuşup anlaşalım." Kinane kıpırdamadan cevap verdi:

"Görmüyor musun başımıza geleni?" dedi. "Haydi çabuk. Ne söyleyeceksen söyle."

Ebu Süfyan Zeyneb'i perişan bir hâlde görünce şaşırmış olsa da öfkesini kusmadan edemedi:

"Babasının bize yaptıklarının yanında bu bir şey değildir." dedi. "Gündüzün ortasında göz göre göre kızını alıp O'na götürüyorsun. Bu bizim için zayıflık alametidir. Bu Kureyş'in ayıbı olur. Bedirde yenildikse o kadar da âciz değiliz."

"Yaklaşana okumu saplarım." dedi Kinane. "Yol verin bana."

Kinane keskin nişancıydı. Herkesin gözü korkmuştu. Cesur ve gözü pekti. "Yaparım" dedi mi yapardı. Ebu Süfyan yavaşça Kinane'ye sokuldu:

"Ey Kinane!" dedi. "Halkın gözü önünde yola çıkmanız doğru bir hareket değil. Bu Kureyş için züldür. Sen Muhammed'in başımıza getirdiklerini biliyorsun. O'nun kızını böyle açıktan alıp götürmen bizim aczimize delil olacaktır. Bu işi sen geceleyin hâllet. Şimdi Mekke'ye götür. Halkın itirazı kesildikten sonra gizlice al ve nereye istersen oraya götür."

Yengesinin perişan hâli içine işlemişti. O hâlde zaten yola devam edemezlerdi:

"Söz isterim." dedi Kinane. "Onu babasına ulaştırmak durumundayım. Ebu'l As'ın sözü var. Onu yerine getirmeliyim."

"Hübel'e and olsun ki, bir kadın olarak onu hapsetmek, intikam almak erkekliğe yakışmaz. Sen onu geri götür. Halk Zeyneb'i geri çevirttiğimizi konuşmaya başlayınca onu gizlice al ve babasına götür." dedi.

Başka çare yoktu. Yerde baygın yatan Zeyneb'i alıp deveye yükledi. Ümame'nin elinden tuttu ve gerisin geri Mekke'ye geri döndü. Ebu'l As çoktan Şam yoluna girmişti ve bir şeyden haberi yoktu.

Darünnedve sakinleri bu olağanüstü hâl karşısında toplandılar:

"Biz ne yaptık?" dediler. "Eksik etek bir kadına saldırdık ve karnındaki bebeğini düşürdük. El âlem bize ne der sonra!"

Ebu Süfyan sinirliydi. Halkına seslendi:

"Bin yıllık şerefimizi yerle bir ettiniz." dedi. "El âlem duysa bize ne der? 'Mekke'nin namlı savaşçıları Bedir'de yenik düşünce bir kadına saldırarak öç almaya çalıştılar.' diyerek hicvetmezler mi bizi? 'Onların zoru ancak hamile bir kadına yetti' demezler mi?"

"Hind yaptı." dediler. "O bizi kışkırttı."

Ebu Süfyan Hind'e karşı kin ve öfke doluydu. Liderlik görevine gölge düşsün istemediği için günlerce onu konuşturmadı. Kızdı, azarladı ve öfkelendi. Hind yaptıklarının kavim ve kabile adına leke olduğunu fark ettiğinde artık çok geçti.

Uğultular. Derin çığlıklar. Kadın sesleri. Acayip konuşmalar. Zeyneb ayıldığında Hind'in dövmeli yüzüyle karşılaştı. Etrafı kalabalıktı. Diş etlerine kadar dövme yaptırmış müşrik kadınlar Zeyneb'in başına üşüşmüş, anlamlı anlamsız sözlerle onu ayıltmaya çalışıyorlardı. Beri tarafta bir karmaşa vardı. Haşim oğulları ile Ümeyye oğulları tartışıyorlardı. Kavim ve kabile tartışmasıydı bu. Ümeyye oğulları:

"Onu biz götüreceğiz." dediler. "O amca oğlumuz Ebu'l As'ın hanımıdır. Biz onun üzerinde sizden daha çok söz sahibiyiz."

Haşim oğulları ise:

"Zeyneb Ebu Talip hanedanının kızıdır." dediler. "Şu an hasta ve yaralıdır. Kocası da burada değil. Ona biz bakacağız."

Ardından Hind devreye girdi. Bu kez ağız değişmişti. Civar illerdeki halkların ayıplamasından korktuğu için:

"Erkekliğiniz bir kadına saldıracak kadar mı düştü!" dedi.

Zeyneb bebeğini kaybediyordu. Hind de bir anneydi sonuçta. Evladını yitirmiş bu genç kadının hâlini anlamıştı. Ayaklanıverdi birden. Üzerine çalınan kara lekeyi silmeliydi. Duyduğu ıstırap ve nefreti, Mekke sokaklarında şiirler söyleyerek hicvetti.

"Ona kendi evinde ben bakacağım." dedi ve Zeyneb'i evine götürdü. Güngörmüş yaşlı kadınlar günlerce bir araya gelerek bitkisel ilaçlar yaptılar. Zeyneb bebeğini düşürmüştü. Bu sebeple yorgun ve solgundu. Sancılar ve ateşler içinde sayıklıyordu:

"Babacığım!" diyordu. "Ölmeden bir kez, sadece bir kez olsun seni görebilecek miyim?"

Bıçak sırtı sancılarla kıvranırken Hind, Zeyneb'e yaklaştı:

"Muhammed'in kızı!" dedi. "Bu yaşadıklarımız hep babanın yüzündendir, biliyorsun, değil mi?"

Zeyneb çaresizdi. Yattığı yerden inledi:

"Ey feryatsızların feryadını işiten Rabbim!" dedi. "Sen de biliyorsun ki bebeğim öldü. Her sabah sıcaklığını içimde hissettiğim yavrum yok artık. Feryadıma cevap ver. Babama ulaştır beni. Onu görmek için yavrumu feda ettim. Güldür yüzümü ne olur!"

Zeyneb'in solgun ve de bitkin bedeni bakıma muhtaçtı. Şöyle candan, sıcacık, yakın bir yüreği arıyordu. Annesini, kız kardeşlerini, kocasını. Ama hiçbiri yoktu yanında. Yattığı yerden babasının gül kokulu serin ellerini hissetti yüzünde. Kokusu şifa olmuştu. Tebessüm etti:

"Kavuşmamıza az kaldı." diyebildi. Ateşler içinde, ürperti içinde titrerken, Zeyneb kendi evine döndü. Artık ona vatan, sevgilinin yanıydı. Ağyarın gölgesinde geçen her an ona bir işkenceydi. Biricik kızıyla birlikte bir an önce gitmek istiyordu. Onun bu hâlini gören Hind tedirgindi. Ona bir şey olursa kocasının liderlik şerefi yerle bir olacaktı.

"Kureyş'ten hamile bir kadına el kaldırdılar." diyerek aşağılayacaktı diğer kavimler. Bu sözü söyletmemek için var gücüyle Zeyneb'i iyileştirmeye çalıştı. Sık sık besledi onu. Un, hurma ve yağla kavurarak hazırladığı yemekten sık sık yedirdi. Bal şerbeti, süt, hurma derken Zeyneb birkaç gün içinde ayağa kalkacak hâle gelmişti. Hind:

"Muhammed'in (sav) kızı!" dedi. "Merak etme, seni ben iyileştireceğim. Önce sana kendi ellerimle bir felluzeç pişirip yedireyim. Hübel'e and olsun ki onu ye, hiçbir şeyin kalmaz." Zeyneb ona ne şekilde inanacağını bilemiyordu. Hübel'e edilen yemin içini acıtsa da hiçbir şey diyemedi. Bal renkli bakışlarını sonsuza dikti ve Rabbini vekil seçti.

Bu hikâyenin gizli bir başkahramanı vardı ki o da peygamber evlatlığı Zeyd idi. O anları nasıl anlatabilirdi ki? Şöyle mi derdi acaba: "İlkinde başarısız olan bir girişimin sonucunda Zeyneb'i alamadan dönmüş olmak beni çok hüzünlendirmişti. O Son Nebiydi. Arş ve Kürsün Sahibi onu elçi kılmışken, benim gönül gamımı elbette hissetmişti. Huzuruna çıktıkça mahcuptum. Gözüm hep yerlerdeydi. Nur cemaline bakamazdım hiç. Ama o yüzüğe yazılı görünmez mektup beni çok etkilemişti. Anlatayım isterseniz!"

KADİM BİR YÜZÜK HİKÂYESİ

Gün kızardıkça bağrı yanan sahra, kızılca kıyametteydi. Acı haber Yesrib'e tez ulaşmıştı. Son peygamber kızının başına gelenlerden son derece mahzundu. Müslümanlar çok üzgündü. Daha fazla dayanamadılar:

"Ya Resulullah!" dediler. "İzin verin! Mekke'yi basıp Habbar'ı öldürelim."

Sevgi peygamberiydi. Selam ve barış elçisiydi. Son derece temkinli davrandı:

"Bekleyiniz." dedi. "Teenniyle hareket ediniz!"

Resulullah beni çağırdı. Aramızda çok özel bir görüşme geçti:

"Mekke'ye gidip Zeyneb'i buraya getirebilir misin?"

Zeyneb'in üvey ağabeyi olarak ilk denememde başarısızdım. Perişan bir hâlde Yesrib'e geri dönmüş ve derin bir kedere gömülmüşken Nebi bunu fark etmişti. Aynı işi ikinci kez yine benden istemesi ruhumu kendine getiriverdi:

"Baş üstüne!" dedim. "Allah'ın izniyle onu size kavuşturacağım Ya Resulallah!"

Sonra gül kokulu elleriyle parmağında duran yüzüğünü çıkardı. Kızıl akik üzerine tevhit mühürü kazınmış çok özel bir yüzüktü bu. Bana doğru uzattı:

"Şu yüzüğümü al." dedi. "Onu Zeyneb'e götür. Ancak o zaman seni benim gönderdiğimden emin olabilir."

Şaşırmış ve baba-kız arasındaki bu iletişime hayran kalmıştım. Bu nasıl iletişimdi böyle? Kız babasına gerdanlığını, baba kızına yüzüğünü göndererek bu çok özel eşyalarla birbirlerinin yanında ne özel anıları olduğunu en mahrem anlarda derhatır ediyorlardı. Resulullah devam etti:

"Batın yahut da Cac denilen mevkide beklersin. Zeyneb oraya gelince beraber Medine'ye gelirsiniz."

Bana duyduğu bu güvene çok sevinmiştim. Sadık kalmalıydım. Kimseye duyurmadan hareket ettim. Çöl kucağını açtı bana. Dualar, zikirlerle yola düştüm. Yol dürüldü. Yesrib-Mekke arasındaki mesafeyi kısa sürede katettim.

Şehrin sınırları içine girdiğimde çok tedbirli davrandım. Mekke kayalıklarını geçmiştim ki, dar vadide sürüsünü otlatan bir çobana rastladım. On üç, on dört yaşlarında, bıyıkları henüz terlemiş bir çocuktu. Bu vakitlerde o mevkiden gelip giden çok olduğu için kimse şüphelenmedi. Usulca yanına yaklaştım:

"Merhaba ey genç!" dedim. "Adın nedir? Kimin çobanısın?" Masum yüzlü, duru bakışlı bir gençti. Çölün koyu ıssızlığında bir insan sesi duyma rehavetiyle gülümsedi:

"Adım Bişr'dir." dedi. "Ebu'l As'ın çobanıyım." Tam da adamına rastlamıştım. Peygamber duası vardı arkamda. Kaderin muhteşem nakışlarının inceden inceye resmedildiği bu rastlantıdan son derece memnundum. Çoban Bişr'e olabildiğince candan davrandım. Medine hurması ve inciri vardı yanımda. Biraz da kurutulmuş et ve ekmek. Ona azığımdan ikram ettim. Yalçın kayalıkların gölgesinde oturduk. Söz faslımız bir müddet devam etti. Safiyetinden emin olduktan sonra sırrımı açıkladım:

"Sana bir emanet versem, onu Zeyneb'e ulaştırır mısın?" Çoban şaşırmıştı:

"Ne emaneti?"

"Benim efendim, Zeyneb'e bir emanet gönderdi." dedim. "Rica etsem ona ulaştırır mısın?"

"Merak etme." dedi çoban. "Madem efendin göndermiş, onu sahibine götürürüm."

Ona teşekkür ettim. Cebine birkaç kuruş attıktan sonra Rabbime tevekkül ederek bekleyecektim. Akşam olup çoban sürülerini toparlayınca seslendim:

"Ben buradayım. Emaneti sahibine verince bana bir haber getir."

Çoban yüzüğü alıp cebine koymuştu. Vedalaşarak ayrıldık.

* * *

Zeyneb birkaç hafta içinde ancak ayağa kalkabildi. Tam olarak iyileşememişti ama kolay işleri yapabiliyordu. Akşam olup koyunlarla kuzuların meleşerek kucaklaştığı saatlerde hep uzak hasretini düşünürdü genç kadın; kendinden çok uzakta olan babasını, artık yeryüzünde olmayan annesini, canı ciğeri kız kardeşlerini ve henüz yitirdiği minicik yavrusunu. Kuzuların meleşerek annelerine koştuğu o saatlerde Zeyneb iyice mahzunlaşırdı. Onlar meleşerek annelerine koşuşurken Çoban Bişr, hanımının yanına koştu:

"Ey Seyyidem!" dedi. "Bugün çölde bir adamla karşılaştım. Bunu size yolladı."

Zeyneb, Bişr'in iki parmağı arasında duran yüzüğü görünce heyecanlandı. O koku, o sır, o akis yüreğine öylesi bir ikram sunmuştu ki ne diyeceğini bilemedi. Günledir soluk bir hazanı andıran benzi bir anda gül pembesine döndü. Yüzüğü çarçabuk alıp içeriye geçti:

"Aman Allah'ım! Bu... Bu Babamın yüzüğü!" dedi. "O hep parmağında duran, akik taşlı kavislerinde tevhidin nurani mührünü barındıran gümüş yüzük. O koku. O tebessüm..."

O yüzük...

Ah o yüzük...

Mühründe yüreği saklı, dili var konuşuyor:

"Can, can için değil; can aşk içindir Ey Can!" diyor. "Aşkı var edenden emanettir taşıdığın ten. Öyle ise ten canını var edene kurban olsun. O yolun yolcusuna yeis uğramaz. Yutamaz onu kör kuyular. O aşk kadimdir. Yusuf'un yalnızlığı, İsmail'in boyun büküşü kadar masum bir yavrunun baba hasretiyle yanışında gizlidir. Sen de öyle bir peygamber yavrusu olarak aşk yolunun yolcususun. Yılmayacak ve yıkılmayacaksın. Haydi, ne duruyorsun? Bekliyor O bak seni!"

Yıl, an, saat, gün duruvermişti. Genç kızlığının o en tatlı günleri geliverdi. Annesinin heyecanı, babasının vahiy terleri... Kardeşlerinin coşkulu koşuşmaları ve o yüzük. Ne kadim sırlara gebeydi! Ne mühim anlara şahitlik etmişti! Kendini toparladığında çağırıp sordu:

"Bişr!" dedi. "Onu sana kim verdi?"

"Bir adam." dedi Bişr. "Çok iyi birine benziyordu."

"Peki, şimdi o nerede?"

"Batn-ı Yâcic'de bekleyecekmiş!"

Zeyneb mesajı almıştı. Yâcic, Mekke'ye sekiz mil uzakta bir yerdi. Ve şüphe uyandırmamak için daha fazla soru soramadı. Büyük bir heyecanla geceyi bekledi. Karanlık basınca el, ayak, sesler susunca kayınbiraderi Kinane'ye haber gönderdi. Yanına geldiğinde ona her şeyi anlattı. Kinane okunu, yayını, mızrağını kuşandı. O ağabeyine, ağabeyi ise El-Emin'e söz vermişti. Bu kez yengesini sessiz sedasız bir hâlde şehirden çıkaracaktı. Zeyneb çok heyecanlıydı. Hızla hazırlandı. Güneşin alevli okları çekilip, yıldızların ışıltılı serinliği vadiye yayılıncaya dek bekledi. Gecenin ilerleyen saatlerinde masumca uyuyakalmış yavrusu Ali'yi kucağına aldı. Ümame'nin elinden tuttu. Sessiz sedasız çıkıverdiler evden. Karanlık vadide ilerlediler. En ufak bir ses çıkarmadan, Hind'e duyurmadan ve kimseye belli etmeden çıkmışlardı şehirden. Mekke halkı derin uykulardayken, son muhacirler ıssız sokaklardan sessizce ilerlediler. Mekke tepeleri artık çok gerilerdeydi. Çok uzaklardan duyulan köpek ulumalarından başka ses yoktu. Kinane bu kez yengesini ve yeğenini Yecec vadisine kadar getirmeyi başarmıştı. Toplamda on iki kilometrelik yolu hiç durmadan yürümüşlerdi. Mekke artık çok uzaktaydı.

Yolcu oradaydı ve yanında Medineli bir arkadaşı daha vardı. Onları bekliyorlardı. Mekke yönünden gelen biri çocuk üç karanlık siluete doğru yaklaştı. Onları tanımıştı. Kız kardeşi Zeyneb'in narin bedeni, Kinane'nin iri cüssesi ve Ümame'nin uzun saçları ilk izlerdi. Zeyd'in zeytin karası gözleri sevinçle ışıldadı. Emanetleri karşıladı sessizce. Kısık sesle konuşuyorlardı. Öyle ki kendi seslerini kendileri bile duymakta zorlanıyorlardı. Kayalıkların birinin ardından her an bir çoban, yolcu ya da devesini kaybetmiş bir Kureyşli çıkabilirdi. Bu ikinci darbe Zeyneb'in zaten ferini kaybetmiş gözlerinin ışığını söndürebilirdi. O sebeple tedbirli davrandılar.

Zeyneb ile yavrularını deveye bindirdiler. Zeyd, Kinane'ye teşekkür etti. Genç adam ona kolaylık diledi ve geldiği gibi sessizce ayrıldı oradan. Yolcular gecenin sırlı koynuna doğru açıldılar. Serin çöl gecelerinde gizliden ilerleyen muhacirler vardı.

SON MUHACİR

Lacivert renkli göklerde yıldızlar ateş parçası gibi yanıyordu. Mustazafin ve de mahrumin olarak yeniden yollardaydı. Serin bir çöl gecesinde Zeyneb, iki masum yavrusuyla atının üstündeydi. Binicilikte Mekke kızlarının öncüsü Hatice'nin şanını düşündü. Hani o genç kızlığını tozpembe yıllarında binicilik yarışları yaparken namı civar illere taşardı… Onun, Beyda isimli atının üzerinde mehtaplı gecelere bıraktığı izdüşümünü hayal etti. Gümüş mehtaplar altında geceyi deler gibi dörtnala giden Huveylid'in Tahire kızı ne çok nam sahibiydi! Hani ki onun için Lebid'in kızı içli şiirler söylemişti:

Beyda Arabın en asil atı
Ay ışığıyla bezeli, yıldırımdan hızlıdır
Sırtında Mekke'nin en asil kızı
Zifirî gecelere mehtaplı izler bırakır
Edep örtüsü ne hoştur Hatice'nin
Ay ışığına bürülü Mekke dolunayıdır
Kara geceden siyah saçları lüle lüle
Rüzgârda uçuşur da kimselere göstermez
Beydanın hızına akıl sır ermez
Edepten, aşktan ve hayâdan
Göz bakamaz, tutulur dil konuşamaz

Çağlara destan yazmış bir annenin kızı olarak ondan daha güçlü ve dayanıklı olmalıydı. Döndü, Hacun yönüne baktı. Oradan kendisine gülümsüyordu sanki Hatice. Tıpkı onun gibi. Cesur, kararlı ve metin olmalıydı. Annesi onların hep öyle olmasını isterdi. Bunun için de kızlarını her konuda eğitmişti. Biniciliği de ondan öğrenmişti Zeyneb. İyi bir biniciydi. İyi bir anne, iyi bir eş, iyi bir arkadaş, iyi bir sırdaş, iyi bir yoldaş ve iyi bir evlattı. Bir kez daha ruhuna Fatihalar yollayarak vedalaştı annesiyle.

Tezekkür ve tefekkür dolu bir yolculuk başlamıştı. Sahranın sonsuz bağrı Süphan sayfasının nakışları olarak önüne açılmıştı. Gece gündüz gidilecek bir yolun başındaydılar. Seradan süreyyaya aynı nizam, aynı kusursuzluk.

Âlem, bir gelin gibi nakış nakış işlenmiş, işleyen akıllara sunulmuştu.

İman penceresiyle bakılınca her şey munis bir dost oluverirken, Zeyneb de çöl tefekkürüyle tehlikeli yolları geride bırakmıştı. Başına gelenleri düşündükçe kocasının hidayeti için sürekli dualar ediyordu. On altı yıllık yol arkadaşı her şeyden habersizken o gidiyordu. O yıllarını düşündü. Mutlu yaşamışlardı. Ondan en küçük sert, kaba bir hareket görmemişti. Kendisine bir defa olsun kızıp bağırmamıştı. Birbirlerini anlamışlardı. Hep sevgi, hep ikram, hep şefkat görmüştü ondan. Onun için dua edecekti elbette.

Gece boyu gittiler. Çölün derin katmanlarından çakal ulumaları geliyordu. Yıldızların insanın iliklerine işleyen şehrayini altında yürüdüler. Uzaklardan duyulan vahşi hayvan çığlıkları, Ümame'yi ürpertse de uykunun tatlı koynunda yol çilesini unutmaya çalışıyordu. Şafak atmak üzereyken Zeyneb de o bitkin bedeniyle uyuklayıvermişti. Bir rüya görüyordu ışıklı. Yıldızların Yesrib yollarına serilmiş ve o şehrayin ışıltıda, kanatlı atlar üzerinde uçarak gidiyordu babasına, sevdiklerine ve kardeşlerine. Zaman zaman içinden kopup yükselen bir bebek çığlığı:

"Anne! Anneciğim!"

Ebu'l As'ın yalnızlığı:

"Gitme! Gitme Zeyneb'im!"

Zeyneb kendine geliyor, toparlanıyor ve çölde şafak atıyor. Uzaklardan pembe ufuklar, gül kokulu babasının izlerine doğru yükseliyor. Kavuşma anını düşündükçe çöle dair hiçbir çile kalmıyor aklında. İçini tatlı bir huzur kaplıyor. Yüzük hâlâ elinde Zeyneb'in. Sıkı sıkı tutuyor ve sık sık kokluyor onu. O kokuyla gıdalanıyor. Acıkmıyor, susamıyor, yorulmuyor Zeyneb. Bir tüy hafifliğinde bedeni, devesi ve Ümame'si. Rahvan atların sırtında gidiyorlar sanki.

Yolcular günlerce yol aldılar. Zeyneb'in benzi kadar sarı çöllerde, kum fırtınaları arasında gittiler. Dalgalı kumlar yol verdi. Minik tepeleri aştıkça mesafeler kısaldı. Güneşin hararet zamanlarında dinlendiler ve yeniden yol aldılar. Binbir sevinç, binbir şevk ve heyecanla yola revan oldular. Zeyd, Ümame'yi nazlandırıyor. Zaman zaman yorulup yavaşlayan develeri tımarlıyor. Kulaklarına coşturucu sözle söylüyor onların. Develer az biraz duraksamadan sonra yeniden yol alıyorlar. Zeyneb yılların hasretiyle mecnun. Hayalinde hep onlar var. Kâh babasının serin kokulu ellerini kokluyor kâh Fatıma'ya sarılıyor kâh Ümmü Gülsüm'ü kucaklıyor. Dadı Ümmü Eymen'i, Aişe'yi, Sevde'yi düşündükçe içi gülümsüyor. Kocasını düşündükçe içi acıyor. Buruk sevdalı bir yakarışla ona bir hayli sitemkâr:

"Birbirimizi ne güzel anlamıştık As. Bir göz, bir bakış, bir kelimede ne âlemler gezerdik. Bana hep sevgi verdin. Bir kez incitmedin. Ama bu din davasında canımız çok yandı."

Yüreği çok derinlerden vedaya durmuştu:

"Elveda ilk ve son aşkım, elveda can bahçem, elveda yol arkadaşım. Sadakatini, aşkını, vefanı asla unutmayacağım."

Zor bir imtihandı onunki. Ne yana dönse As'ın vefa dolu gözleri geldi gözünün önüne. "Bugünden sonra elsin bana." deyişindeki hıçkırıkları. Aşikâre ağlayışı. Kendi evden çıkmadan evi terk edip gidişi. O sözlere bir yeminle karşılık verdi:

"Allah'a and olsun ki sen iman etmedikçe, o gani gönlün Hübel'i, Lat'ı, Uzza'yı terk etmedikçe sana el olacağım. Dibi görünmez deryalar kadar engin aşkımı ruhumda saklayacağım. Örteceğim üzerini. Ve kalbime eş olarak hiçbir erkeği sokmayacağım. Kilitli tutacağım kapılarımı senden başkasına. Bundan emin olabilirsin Ey Yar! O mahrem alan sadece ikimize ait olacak ve oraya kimse girmeyecek!"

Bu bir ahit miydi? Ne zor bir yemindi böyle! Ama Zeyneb kalbinden o kadar emindi ki ona zor gelmemişti. Yol boyu Ebu'l As'la olan hasbihâli devam etti. Hüzünlü, heyecanlı, yorucu bir yolculuktan sonra Yesrib'in zümrüt tepeleri gözükmüştü. Heyecanı taze bir gelindi şimdi.

YÜSRA SEHERLERİ

"Darda kalan dua ettiğinde yetişen kimdir?"

Neml Suresi: 62

Yorucu bir yolculuktan sonra Sevgili'nin şehrine vardılar.

İlkin Yesrib'in yakut renkli Uhud'u, Zeyneb'i selamladı. İkindi güneşinin uzayan gölgeleri arasında hurma bahçelerinin revnaklı serinliğini hissettiler. Yeryüzü cenneti miydi burası? Yol çilesi diniverdi. Vadi meltemi, izhir ve celil otlarının hoş kokusunu serpiverdi peygamber kızının ve torununun yüzüne. Gül edalı bir nesimle nefeslendiler. İliklerine kadar irkilirken, Rahman'ın ikramını seyrettiler. Sanki Mecenne sularının tatlı şırıltısı, Uhud'un hoş esintisi, serin gölgelikli hurmalıklarla buluşmuştu. Cömert ellerle, civanmert sineler birleşmişti. Sahraya tevhid nidasını salan erler yek kelam, tek vücut olmuş, ilahi kelamın önünde sücut etmedeler. Hurma bahçeleri arasından ilerlerken kalbi sevinçten duracak gibi oldu son muhacirlerin. Arap bülbülleri cıvıldaşıverdi inceden. Ümame sevinç çığlıkları attı. Sürmeli develer ağır ağır ilerlerken Bilal'in yanık sesi duyuldu. Korkusuz ve gür... Zeyneb; hür ve yasaksız ezan sesleri arasında ilerlerken, yeryüzünün en muhteşem avuçlarını kokladı. Nur kokulu, amber tütsülü elleri yüzüne, gözüne sürdü. Son peygamber çileli evladını karşılamıştı. Vaktin durduğu anlar vardı. Çarkların dönmediği, suların akmadığı, nefeslerin durduğu, zerrelerin savrulduğu zamanlar... O anlardan birini yaşıyordu Zeyneb. Babasının misk rayihasını içine çekti doya doya. Onu kucakladı. Biricik babasına kavuşmuştu. Mis kokulu ellerini kokladı, öptü. Yılların hasretiyle ona sarıldı:

"Baba! Babacığım!" diyordu. "Seni çok özledim. Seni çok özledim."

Peygamber sabırla beklediği kızını büyük bir özlemle kucakladı. Gözlerinden öptü, kokladı ve yılların hasretiyle bağrına bastı. Zeyneb'in bütün acıları dinivermişti. Vuslat gerçekti artık. Can havli ve sancıyla geçen bir yolculuk neticesinde, ışığın binbir haleye dönüştüğü nur dolu sinede hazzı yudumluyordu. Bir cennet lezzetiydi tattığı. Hasret bitmişti artık. Nur kaynağı babasına doyasıya sarıldı ve kokladı en büyük evlat. Aişe, Ümmü Gülsüm, Fatıma... Yılların hasreti ne büyüktü! Ümame ile Ali sevinç çığlıklarıyla atıldılar dedelerine. Sevinç gözyaşları, hüzün duygularına karıştı. Çünkü Rukiye yoktu artık. Zeyneb artık dünya yüzünde olmayan kız kardeşine ağladı için için. Minik bebeği yoktu. Ve bir de hayat yoldaşının inatçı gururu. Ne çok şey vardı şu dünyada insana yar yerine har olan... Peygamber hanedanı uzun uzun kucaklaşıp ağlaştılar ve dertleştiler. Zeyneb'in mahzun hâli herkesi çok üzmüştü. Ümmü Eymen annece kucakladı onu. Hatice'nin emanetini bağrına bastı. Mümin anneler, Zeyneb'in bir deri bir kemik kalmış zayıf bedenine dayanamadılar:

"Habbar'ın elleri kurusun!" dediler. Ağlaştılar.

Müslümanlar peygamber kızına yapılan bu işkencelere tahammül edemediler:

"Zeyneb'i bu hâle getirdi ya, Habbar'ı sağ bırakmayacağız!"

"Bebeğini düşürttü ya, onun hakkı kısastır. Cana bedel can isteriz!"

"Yakalarsak yakacağız!" dediler.

Son peygamber yine temkinliydi. Rabbinin rahmetini bekledi. Kaderin cilvesi bu! Yağmur yüklü bulutların sırlı ve saklı tecellisi gibi ansızın ortaya çıkıverirdi. Kim bilir! Gelecek nelere gebeydi... Habbar Müslüman olacaktı belki de? Yaptıklarından utanacaktı? Son peygamber onu ne öldürtecek ne yakacaktı. Affedecekti belki. Kişi tövbe ettikten sonra peygamber torunu bile olsa öldürdüğü affa müstahaktı. Yeni dinde kin yoktu. Alabildiğine af, alabildiğine sabır ve merhamet. Aradan yıllar geçse; Mekke fethedilerek yüce Resul'ün eline geçse, kimseden bir korkusu kalmasa bile, Mekke halkı ecel terleri dökerken O belki de şöyle diyecekti:

"Ben de kardeşim Yusuf Aleyhisselam'ın söylediği gibi diyorum:

'Bugün size kınama yok. Allah sizi bağışlasın. O, merhametlilerin en merhametlisidir!' (Yusuf Suresi: 92)"

Habbar korkudan iki büklüm, Resul'ün huzurunda tir tir tövbe edip af dilerken:

"Ben âlemlere rahmet olarak gönderildim" diyecek ve onu merhamet kurnalarına davet mi edecekti, bilinmez.

* * *

Ne güzel, ne hoş bir şehirdi! Yesrib'in anlamı; hoş olmayan olsa da, nahoş bir belde asla değildi. Yesrib dememişti o şehre hiç. Son Nebi o şehre bir liyakat mührü gibi en güzel ismi takmıştı. O şehri "Medine" adıyla namlandırarak daha Mekke'den yola çıkmadan ismini değişmişti. Medine medeni demekti. Hoş, asil, huzur vericiydi anlamı. Tozu şifa, toprağı altın şehir. Külü gül bitiren, kuyusu su dolan, hep saran ve koruyan tatlı belde. Tayyibe... Zeyneb o güzel şehirdeydi. Ensar kadınları bu peygamber kızının etrafını sarmış, ona iman dolu bağırlarını açmışlardı. Muhacirler hasret giderdi. Aynı göz, aynı gönülle bakmak ne güzeldi! Bir ve tek olan Rabbe kulluk edenlerle bir arada olma nimetine şükretti. Fakat canının bir yanı kırıktı. Vücudu bir yaprak gibi nahif ve soluktu Zeyneb'in. Kalkmaya, oturmaya, konuşmaya mecali yoktu. O kadar kan kaybetmiş ki hayatta kalışı bile mucizeydi.

Resulullah mahzundu. Rukiye'sini yitirmiş, Zeyneb'ini ise solgun ve perişan görmüştü. Üstelik hayata "merhaba" diyecek taze bir yavrunun hayat hakkı elinden alınmıştı. Her sözü sonsuz peteklerden nur dolu huzmeler gibi süzülen Nebi:

"Şüphesiz ben, cennet kapısında durup girmemekte ısrar eden bir düşük çocuğa varıncaya kadar diğer ümmetlere karşı sizin çokluğunuzla iftihar edeceğim." diyordu. "Bu çocuğa: 'Cennete gir!' denilecek. O da: 'Ya Rabbi, annem babam da girsin.' diyecek. Bunun üzerine ona: 'Anneni ve babanı da alarak cennete gir.' denilecektir."

Bu hadis müminlere sunulmuşken Zeyneb için de geçerliydi. Babadan bahis elbet mümin bir babaydı. Ebu'l As'ın putlara saygı duyan gönlü bu müjdeye nasıl ulaşabilirdi? Yine de sevindi Zeyneb. Hiç görmediği yavrusuna bir başka âlemde annelik yapacağı müjdesiyle hayatlandı.

Kutlu söz, şifa merhemi sürdü yarasına.

"Darda kalan dua ettiğinde yetişen kimdir?"

Neml Suresi: 62

Her sözü sadra şifa olan Nebi:

"Bizden hüznü gideren Allah'a hamd olsun. (Fâtır Suresi: 34)" diyordu.

Zeyneb hamd etti. Soluk benzine yeniden nur indi. Suya kavuşan goncalar gibi hoş ve tatlı bir hayat suyu aktı damarlarına. Aydınlık sevinciyle şükre durdu:

"Hamd, aşkın mihrak noktasını Mim ile başlatana. Onu mukim kılana. Âlemi donatana. Kevni döndürene. Kulu var edene. Onu gözetene. Ona ikram edene. Onu sınayana. Aşka kavuşturana. Hamd, Hatice'nin Rabbine. Rukiye'nin sahibine. Ümmü Gülsüm'ün sevincine.

Fatıma'nın tebessümüne. Şükür kalasının sağlam burçlarında imanla goncalanmış sineleri var kılana! Hamd ikramların Rabbine. Keremlerin ihsanına. Sonsuz esirgeyene. Daim bağışlayana. Rabbim ne büyüksün! Sonsuz keremine hamd olsun!"

Zeyneb'in hayli yıpranmış solgun benzi dikkat çekiciydi. Onu öyle görünce sevgili peygamberin kalbi incinmişti:

"Zeyneb!" deyiverdi. "Benim için çok çileler çekti. Benim için yaralandı."

Son muhacirini bağrına basarken gözlerinden yaşlar fışkırdı:

"Zeyneb, benim için pek çok musibetlere maruz kaldı."

Yeni dinde yas yoktu ama Yesrib, peygamber kızı Rukiye'nin matemiyle buruktu. Zeyneb herkese taze bir kan ve nefes gibi geliverdi. Son peygamber bir evladını yitirirken sabır, diğerini karşılarken de şükür secdeleri ediyordu.

Kız kardeşleri etrafını sardığında tüm sızılarını unutmuştu. Müminlerin iman güneşiyle yaldızlı gözlerinde tevhidin nurunu yakaladı. Yüzlerinde secde izi vardı. Olsundu, nice minik şehitler feda olsundu. Sevdalar, aşk sanılan tutkular, eşler, evlatlar, evler feda olsundu, onun kutlu sevdasına. Annesi Hatice gibiydi tıpkı. O da adanmışlığın bedelini canıyla ödememiş miydi? O biliyordu ki, vermek kazanmaktı.

Sonsuzluk yolunun iksirini içenler ufak çukurlarda boğulmazdı. Onlar gönül erleriydi. Bir şuleye, bir lemaya, bir zerreye hapsolmazlardı. Gayretsizlik günah, umutsuzluk ayıptı. Ebu'l As geldi aklına Zeyneb'in. Her ne kadar şirk kalesini terk etmemiş olsa da ona bir teşekkür borçluydu. Zeyneb'in bu gönül teşekkürünü babası yapıverdi. Işıklı sevincini yansıtarak damadını yâd etti: "Bana söz vermişti." dedi. "Bana doğruyu söyledi ve yaptı."

"Aferin, doğru söyledi ve sözünü de tuttu!"

As'ın doğru davranışını defaatle dile getirdi:

"Bana söz verdi ve sözünü yerine getirdi."

Bu güzel takdir, Zeyneb'in gönül yapraklarına çiğ taneleri gibi düştü. Kocası müşrik olsa da onu sevmişti bir kere. Babasının ondan yana senakâr ve memnun kalması onu sevindirmişti. Artık iki yabancı bile olsalar, bu gönül aşinalığı kolay sökülüp atılmayacağa benziyordu.

* * *

Sürgüne gidenler muhacir, onlara kucak açanlar ise ensarîn idiler. Ev, ocak, mal, arazi ne varsa bırakıp göç edenler, Mekke'den ayrıldıkları günden itibaren Medine halkı olan ensarın sıcak ev sahipliğiyle karşılaşmışlardı. Onlar yardımcılardı. Koruyucu ve dost, aziz ve civanmert yoldaşlardı. Paylaşmayı çok seven bu güzel insanlar, evlerini de yürekleri gibi din kardeşlerine açmışlardı. Birbirinden çok farklı yaşam şartlarına alışmışken ünsiyetleri zor olmadı. Kolayca kaynaşmışlardı. Aralarındaki güçlü bağa oranla meslekleri bir hayli farklıydı. Medineliler daha çok zirai donanımla iştigal ederken, Mekkeli muhacirlerin ticari dehasına hayrandılar. Ne yer, ne yar, ne memleket, ne de alışık oldukları hayattan vazgeçiş onlara pişmanlık yaşatıyordu. Tek noktada birleşmişlerdi: Allah ve peygamber sevgisi.

Ensar'ın paylaşımı o güne dek görülmemiş bir şeydi. İki evi olan, birisini muhacir din kardeşine vermişti. İki bahçesi olan, birini; iki devesi olan diğerini onlara hediye etmişti. O güne dek Dünya'nın hiçbir yerinde görülmemiş bir dostluk ve fedakârlık Yesrib'de yaşanıyordu. Yüce Kur'an onları methediyordu:

"Ensar, kendilerine hicret edip geleni severler. Onlara verilen şeyden dolayı içlerinde bir kaygı hissetmezler. Kendileri ihtiyaç içinde olsalar bile muhacir kardeşlerini tercih ederler." (Haşr Suresi: 9)

Son peygamber bu hâlden o denli memnundu ki onlar için dua ediyordu:

"Allahım! Ensar'a, Ensar'ın çocuklarına ve çocuklarının çocuklarına mağfiret buyur."

Zeyneb de bir peygamber kızı olarak yerini ve yârini hak din için terk etmişken mutluydu. Babası ona kendi odacığının yanı başında bir oda açtı. Oraya yerleşiverdi. Aişe ile Ebu Hureyre'nin yan odacıklarına komşu oluverdi. Suffe Ashabı'nın zikir kelamına onun da gurbet duası karışacaktı. Ali ile Ümame küçücük yaşlarında baba hasretiyle kalmışken, sevgili dedeleri onlara bu şefkatin fazlasını tattıracaktı.

GURUR GURBETLERİ

"Ey İnsan!
Kerim olan Rabbine karşı seni aldatan nedir?"

İnfitar Suresi: 6

O çok sevdiği şehre hiç bu kadar isteksiz girmemişti As. Gece boyu süren yol hikâyesi öğlen güneşi tepeye varmadan son bulmuştu. Ne dar, ne kahırlı bir sefer dönüşüydü... Yılgın bir yürekle yürümüştü yolları. Kervan ziller ve teflerle karşılanırken, As'ın içinde matem ve ağıt vardı. Mekkeli çocuklar koşuştular:

"Ümame'nin babası döndü!" çığlıklarıyla ona doğru koştular. Yüreğindeki sahralar kupkuru çatlayıverdi derin. Canı, ciğeri, yavrusu, biricik Ümame'si artık o şehirde değildi. Devesinden indi As. Etrafına üşüşen çocuklarla selamlaştı. Cömert yüreği kırık olsa da sevgi doluydu. Heybesinden çıkardığı Şam şekerlerini onlara dağıttı. Mekke'nin yanık tenli çocukları çığlık çığlığaydı:

"Koşun!" dediler. "Ebu'l As çerez dağıtıyor."

"Ümame gitti." dediler. "O da hicret etti."

Şam'ın has yemişlerini çocukların ceplerine boşaltırken derin iniltileri vardı As'ın. Kimse işitmedi. Ümame'ye de o çok sevdiği şekerlerden aldığını ancak o an fark etti. Ama o yoktu. Onları da bölüştürdü. Toka, boncuk, kemik misketler, minik oklar, kılıçlar... Çocuk sevindirmeyi çok sevdiği için mutat âdetini gerçekleştirdi. Bu hâl yol arkadaşının dikkatini çekmişti. Müstehzi:

"Her gelişinde böyle yaparsın As." dedi. "İlle de bir şey vermek zorunda mısın? Onları kötü alıştırdın. Bak, aç kediler gibi etrafına üşüştüler."

"Onları mutlu etmek bana haz veriyor." dedi As. "İnsan verdikçe çoğalır Ey Akil. Sana da tavsiye ederim. Dene bak. Yüreğe iyi geliyor."

Yol kenarındaki kayalıkların gölgesine çekilmiş kimsesiz yaşlılar vardı. Sıcağın altında aç ve sefildiler. Genç adam her birini tek tek tanıyordu. Onlara da uğradı. Her nedense bu sefer her zamankinden daha cömert davrandı. Yüreğinin yangınını öyle mi rahatlatmak istiyor ne! Yaşlı yüzleri ışıldarken fukara elleri sevinçliydi. Hatice'den kalma günleri aklına geldi. O bunu hep yapardı. Fakir sevindirmek, yetim giydirmek, köle doyurmak onun âdetiydi.

"Ümmül Eytam" dedi kendi kendine. Boşuna ona "Yetimler Anası" dememişlerdi. Onu düşünürken Ebu'l As'ın içine kaynar sular serpiliverdi birden. Şimdi Zeyneb'siz ve Ümame'siz evine doğru gidiyordu. Evinin kapısı günlerdir kapalıydı. Eşinin başına gelenleri seferde işitmişti. O minicik bebeğini kaybetmiş bir babaydı. Vicdan azabı içini burkarken güçlü olmaya çalıştı. Kardeşi Kinane'yi çağırdı. Olanı, biteni bir de ondan dinledi. Daha sonra birer ikişer yanına gelenlerle ev doluverdi. Ebu Süfyan'ın ve Hind'in Zeyneb'e yaptıkları iyilikleri dillendirmeleri vicdanını rahatlatmıştı. Ruhundaki fırtınaları iç sesleriyle teselli eyledi:

"Sonunda babasına kavuştu ya!"

"El-Emin'e verdiğim sözü tuttum ya!"

"Zeyneb'im o can yakıcı ayrılıktan kurtuldu ya!"

"Bu ayrılık sana yâr, bana ağyârdır Zeyneb..."

Ama yetmiyordu. Dumansız ve alevsiz bir yangının orta yerinde hissediyordu kendini. El ayak çekilip herkes evine gidince, As ilk kez o tek kişilik devasa yalnızlığıyla baş başa kalıverdi. Derin kederler içindeydi. Ertesi gece ve daha ertesi geceler gitgide büyüyen bir heyulanın içinde açtı gözlerini. Kahır yüklüydü Ebu'l As. Gecenin derinlerinde yitip gidiyordu. Sonu gelmeyen bir şeb-i yeldanın koyu zindanlarındaydı. Bir ipek gömlek gibi sırtından kayıp düşüvermişti Zeyneb. Ocağını renklendiren, ıtırlayan ve ısıtan güneş yoktu. Her an koca bir kâbustu sanki... Çaresiz çığlıklar ruhunu kanatırken ter içinde uyanıyordu. Tutkulu bir aşkın tutsaklığını kimselere diyemiyordu. Zeyneb'in hayali gözünün ve gönlünün önüne mıhlanmıştı.

Tozpembe yüzü ufukta asılı Zeyneb'in. Ebu Kubeys'in haşmetli duruşunda, Hira'nın lacivert yamaçlarında onu görüyordu. Kuaykıyan onu haykırıyor. Işıklı gözleri nur serpiyordu. Oysa uzak, çok uzaktaydı Zeyneb. Uyku tutmayan gecelerde dışarıya çıkıyordu. Yesrib ufuklarında parıldayan bir yıldız, ıssız ürkekliğiyle ona gülümsüyordu sanki. O an kalbinde gür bir feryat:

"Zeyneeeb!"

Ne yaman hicret!

As'ın gönlü, ruhu, kalbi de hicret edivermiş. Sadece bedeni Mekke'de. Hoyrat gecelerin ıssızlığına sığınıyor yeniden. Renkler çekilivermiş. Işık, ses, nefes, koku her biri yitivermiş.

Evinin tertipleyicisi... Çorak toprakların şakayığı toprağından sökülüvermiş...

Ne yana baksa koskoca bir boşlukla karşılaşıyordu:

"Zeyneb'siz bir evde gece, kabrin ilk gecesi gibi sanki. Dünyamı bu kadar mı doldurmuşsun!"

O günden sonra ve ondan sonraki günlerde genç adamın keyfi ve neşesi gitgide geriledi. Mekke ona kapkara bir çöl, koskoca bir sahraydı artık. Putların başında uğuldayarak dönen insanlar arasında Zeyneb'inin Kâbe'yi edeple tavaf edişini seyretti. Oradan her dönüşte ne kadar mutlu gelirdi... Kendini ne kadar da güvende hissederdi... Peygamber babasının yanından gelir gibi hüşyar devinimlere kavuşurdu.

Bağrına ateşler doldu As'ın. Gözüne yaşlar indi. Hint harbesinden diktirdiği soylu kumaşları artık giyinmez oldu. Uzun saçlarını taramadı... Itırlamadı. Güzel kokuya hasret kaldı. Mekke'nin sözlü, şamatalı eğlenceleri, gençleri, kızları, kadınları, şiirleri onu mutlu edemedi. Gitgide büyüyen yalnızlığının içinde As, gün gün yitip eriyordu. O sebeple sık sık kervana çıktı. Şam, İrem, Yemen, Şuaybe seferleri... Gazze'den şarap, Basra'dan bal, Şam'dan yağ, üzüm ve silah, Taif'ten deri, Yemen'den hırka ve daha pek çok değişik yerden birbirinden farklı ürünlerin mübadelesi... Altın, gümüş, güzel koku, deri, giyim, kuru gıda ticareti... Hubaşe ve Suhar panayırlarına koşarak ruhunun boşluğunu doldurmaya çalıştı. Tihamenin leyli geceleri gibi ıssız kalan gönlü huzursuzdu. Hiçbiri çare olamadı. O sahralara sığmayan yürek ıpıssızdı şimdi. Razih Dağı'nın zirvesi kadar yüksek ve dumanlı idi başı. Şirk çölündeydi As.

Yeniden yollara düşmeli, bu delici azabı yolların kıvrımlı yokuşlarına sürmeliydi. Kavmi için endişeliydi. Kureyş'te kıtlık vardı. Bedir küfrü vurmuştu. Müthiş bir kıtlık son peygambere direnen bölgeyi sarsıp kavururken çocuklar aç, develer sütsüz, toprak çoraktı. Yorgun bir ikindi buğusunda bir ulak girdi şehre:

"Yesrib'den yardım geldi." dedi. As'ın yılgın bakışları dağınık ışıklarını toplayıverdi bir anda. Ulağa kulak kesildi:

"Uzun zamandır kıtlıkla perişan olan halkımıza kervan yüküyle yardım gönderdi."

Çocuk, yaşlı ve masumlara karşı son derece merhametli olan peygamber insani yönüyle yine örnekti. Ebu'l As mihnetli bakışlarla kervanı süzerken onu gönderen zata kalbî teşekkürler etti. O yöne baktı. Yesrib yönüne.

Yüreğinden kanatlanan güvercinler neden hep o yöne uçuyordu? Yesrib... Yesrib... Ah... Yesrib...

Saba rüzgârının tatlı meltemine gönlünün lallü dür cevherini bıraktı. İçinden sözler nehir gibi akıyordu:

"Kendi kaderine kendini mahkûm etmiş avare yorgunluğum içinde biçareyim.

Serseri huysuzluğum yakamı bırakmazken Kureyşî inadım benden vazgeçmiyor. Örfi ezberlerimi bozamıyorum. Meyillerim Hübel'e doğru koşup giderken, yüreğimdeki tüm nehirler Yesrib'e doğru akıyor.

Bugün senin yönünden gelen bir kervana selam verirken içim içime sığmadı. Çocukça bir sevincin içine düştüm.

'Yesrib develeri bunlar. Yesrib'in kervanları!' dedim. 'Zeyneb'imin nefes aldığı yerden geliyorlar.'

Yesrib semalarına benden selam olsun!

Dolunayın ışıltılı akşamlarından yakamozca selam olsun!

Zeyneb'imin pırıltılı gözlerinde yanıp sönen yıldızlara selam olsun!

Gönül mehtabımın bahtına düşmüş aya, yıldıza ve dahi ışıltıya selam olsun!"

***

Ensar kadınları ona hayrandılar. Zeyneb'in edebi, süsü ve örtüsü muhteşemdi. Her bir kelamı zikir, her bir hâli şükür doluydu. Onda gördükleri incelik ve terbiye çoğu kez dillere şiir olup düşüverdi. Ne de olsa peygamber ocağında Tahire bir anne ile seçilmiş bir babanın terbiyesinde yetişmiş olmasını fark edenlerdi onlar. Yesrib'li kadınlar Zeyneb için şiir yazdılar ve dediler ki:

"Kasem ederiz ki biz
Şairler vasfını yâd edemez senin Zeyneb
Sen ki; yüksek akıl sahibisin
Anneliğin şerefi, kadınlığın pirisin
Zeyneb
Sen yürürken Yesrib sokaklarında
Tozlar, taşlar ve toprak saygıyla eğilir
Heybetinle Zeyneb, küfür dağları erir
Ay, gece ve yıldız sevginden haber verir
Yesrib rüzgârları seninle yalelenir
Rüzgâr atının yelelerini okşarken
Şuaybe suları sevginle dalgalanır
Yıldızlar su yüzünde parıldar
Senin şanlı adınla Zeyneb
Edep terlerinden döktüğün incilerle
Atının yeleleri ıslanır
Ve çöl geceleri bezenir"

Sevgilinin yanında zaman su gibi akarken Ümame bir yandan büyüyordu. Bebekliğinde olduğu gibi, peygamber yine onu mutlu etmeye çalışıyordu. Küçük kız, muhacir çocukların babasızıydı. Yetim gibi mahzun ve masum bir çocuk. Son Nebi onu sık sık yanına çağırıyor, şefkatle konuşuyor, ona babasının yokluğunu hissettirmiyordu.

Son Elçinin yuvası bir saadet zembereğiydi. Aile içinde muhabbet üstüne kurulu bir düzen vardı. Her akşam ailenin her ferdiyle ayrı ayrı ilgilenir, her birinin gönlünü alırdı peygamber. O gece yine hep bir aradaydılar. Son Elçi hane halkını günlük olaylardan haberdar eder, onların görüşünü alırdı. Ne mesut, ne tatlı anlardı o anlar! Cennet bahçesinde idiler ve Son Nebi ehline hayır, huzur ve hakikat dağıtıyordu.

Uzak ülkelerden birinden bir hediye gelmişti. Değerli taşlarla süslü, renkli ve göz alıcı bir gerdanlıktı bu. Yakut, zümrüt, pırlanta taşlarla bezeli oymaların arasından sefir çubuklar ve altın boncuklarla geçivermişti. Bakan, bir daha bakıyordu bu nazenin takıya. Ümame'nin sağ gözü çok acıyordu. Bir eliyle gözünü ovuştururken, diğer gözünü ondan alamadı. Gerdanlığın yaldızlı ışıltısında renkli dünyalarda geziniverdi.

Sevgili peygamber, Ümame'nin bu takıyı çok beğendiğini fark etmişti.

Hane halkına seslendi:

"Bu gerdanlığı ailemden en sevdiğim birine vereceğim."

Gözler bir anda Aişe'ye çevrildi:

"Olsa olsa Ebu Kuhafe'nin kızı Aişe'ye verecektir." diye düşünenler olmuştu. Oysa son peygamber, ailesinden en küçük olanını tercih etmişti. Ümame'ydi bu. Baba hasretiyle dopdolu, yaralı, mahzun torununun gözlerinin içine baktı şefkatle. Işıltılı gerdanlığı onun boynuna kendi elleriyle taktı. Ümame'nin gözlerinin pırıltısıyla gerdanlığın ışıltısı aynıydı. O sevinç, o gururla utandı. Yanaklarına albastı. O babalı yetimlerdendi. Baba şefkatinden yoksun yanlarını, dedesinin sevgisi ve şefkatiyle dolduruyordu Ümame.

Sevgili dedesi, Ümame'nin üstüne titriyordu. Ona dikkatle baktı. Ümame'nin gözüne kirpik kaçmıştı. Gözlerinin yaşardığını gören dedesi onu dizlerine yatırdı ve kirpik tanesini kendi elleriyle çıkardı. Ümame'nin hem göz yanması geçmiş hem de gerdanlığın sahibi olmuştu. Dedesi onu bir kez daha sevindirmek istedi. Kendisine hediye olarak gönderilen altın işlemeli bir elbiseyi ona uzattı: "Yavrucuğum!" dedi. "Bu elbiseyi al ve giy!" Küçük kızın gözlerindeki sevinç iki kat artmıştı. O sevinç ve mutlulukla dedesine teşekkür etti ve koşarak annesine sarıldı. Zeyneb kızıyla babasını seyrediyordu. Defalarca O'ndan duyduğu sözler kulaklarında çınlayıverdi: "Cennette 'Daru'l ferah' denilen bir ev vardır." diyordu peygamber. "Bu evlere ancak müminlerin yetimlerini sevindirenler girer."

AŞK-I MAHFİ

Belki de Allah sizinle, onlardan düşman olduklarınız arasına ağır sevgi koyar, Allah buna kadirdir. Allah çok bağışlayan, çok esirgeyendir.

Mümtehine Suresi: 7

Zahirde ayrılmışlardı. As artık Zeyneb'e eldi. Canı, göz ışığı Ümame'si ve biricik oğlu Ali. Onların ayrılık ateşi bile gururunu delememişti Ebu'l As'ın. Bu nasıl gururdu böyle? Ölüm tuzaklarıyla çevrili bir uçurumun tepesinde yapayalnızdı. İnemiyordu aşağı ve acı içindeydi. Aşkın tanımsız fermanını bağrına basmış, hükmüne teslim olmuşken, aşkını kurban ettiği bu kavganın içinde tekti. Zeyneb gitmişti gitmesine ama asıl giden Ebu'l As olmuştu. O artık Zeyneb'siz bir dünyada ısısız ve ışıksız hissediyordu. Gurur sürgünüydü Ebu'l As.

Sıcağın haşin kızgınlığı çöle düşmeden, erkenden dışarı çıktı. Sonsuz göklere ve soluksuz ufuklara kaydı gözü. Gökyüzü yedi renk maviydi. Yakınlar ayrı, öteler ayrı ayrı renklerde maviler kuşanmışken, As'ın ruhuna ne kadar benziyordu! Ne yana baksa kendine benzetiverdi. Koyu mavilikler aşkı, öteler soluklaştıkça ayrılığı ve töreleri temsil ediyordu sanki. Ebu'l As'ın anlamlı suskunluğu günler geceler boyu sürdü. Keyfi yoktu. Kimseyle konuşmak istemedi. Kaçamak cevaplar verdi. İşine yoğunlaşmaya çalıştı. Ama ne yaptıysa rahatlayamadı. Hacer sokağını geçti. Sırasıyla kuyumcuların, kokucuların ve baharatçıların yanından geçti. Sokağın dar kıvrımından evine doğru giderken, Hind'in evi önünde toplanmış kalabalık bir kadın topluluğu gördü. Belli belirsiz selam verdi. Keyifsiz olduğu her hâlinden belliydi As'ın. Darün Nedve'ye uğramadan evine gitmek istiyordu. Onun bu hâli kadınların dikkatini çekmişti.

Dövmeci kadın dairevi çizgiler üzerine çivit serperek çizdiği dövmesini nakış nakış işlerken genç adama seslendi:

"Hatice'nin kızı Zeyneb gitti gideli Ebu'l As da yüzümüze bakmaz oldu. Eskiden üç beş kuruş atardı, şimdi onu da yapmıyor."

Hind, şuh bir kahkaha attı:

"O vakitler gündüzdü. Şimdi ise gün ışığı Ebu'l As'a en koyu gecelerden daha kara. Hele bir Zeyneb'den daha güzelini bulsun, aklı başına gelir. Atar eteğine üç beş kuruş. Merak etme!"

"Büyü var bu işin içinde. Başka şey aklıma gelmiyor!"

"Onun yürek yarası pek derin hanımlar, öyle kolay kolay geçmez." dedi burnu hızmalı, ayağı halhallı olan genç kadın. "Onunkisi öyle bizim sandığımız gibi evlilikle bitecek bir dert değil. Eskiden beri sevdalıydı o Zeyneb'e. Elin aşkı evlenince küllenir, onunki alevlenip arttı. Şimdi ayrıldılar, daha beter oldu. Nasıl iştir anlamadım."

Onun bu hâlini gören Mekke ricali toplanıp geldiler. Aralarında Ebu Süfyan, Hind ve diğer yakınları da vardı.

"Sen ata dininden dönmezsin." dediler. "Senin gibi şerefli yiğit kaç kavme nasip olur? Sen ki bizim şanımız, canımız, kanımızsın. Ama senin bu yalnızlığına bir çare bulacağız."

"Dile!" dediler. "Sana Arabın en has kızını alalım. Sana yar olacak sevgiliyi bulmak için dört bir yana yayılalım. Neşen, huzurun, mutluluğun için ne dilersen yapalım."

"Onun gibisi yok ki!" dedi Ebu'l As. "Ben bir tek onu gördüm. Onu sevdim. Kureyş'ten onun gibisini bulursanız kabul. Ama onun gibisi yok. Zeyneb gibisi bulunmaz!"

Kadim bir sevda hikâyesinin içindeydiler. Zira aşk ihanete uğratılmadığı ve örselenmediği sürece kadim ve kıymetliydi. Onların aşkı öylesi bir sadakatin en güzel örneğiydi. Mekke evlerinde bir can destanı haleleniyordu şimdi. Ebu'l As'ın bitmeyen ve yitmeyen aşkı... Onun şiirleri... Ak sevdası. Hiç ama hiç tükenmedi:

"O ki!" derdi. "Kutlu evin kızıdır.

Gönül bahçemin hazı,

Kalp evimin nazı, nazırıdır.

El-Emin bir babanın yanındadır ya!

İşte bununla gönlümü avutmaktayım."

* * *

Gül pembesi bir Medine akşamında Zeyd Zeyneb'in kapısındaydı. Genç kadın üvey ağabeyini görünce sevinmişti. Zeyd, kız kardeşine papirüs sayfalarını uzattı:

"Bu mektubu Ebu'l As gönderdi." dedi. Ardından bir paket uzattı:

"Bunları da! Ümame'nin babası çocuklarına hediye yollamış."

Zeyneb'in yanakları kızardı. İçinden vadi sıcağı yemiş duygular gelip geçti bir an. Çok derinlerden bir ses:

"Demek bizi unutmamış." dedi.

Zeyd devam etti:

"O her zaman çok zarif, çok düşünceliydi." dedi. "O seni unutamıyor belli. Samimi dualarına devam et Zeyneb."

Halleşip vedalaştılar. Zeyneb mektubu alır almaz odasına girdi. Küçük Ümame'nin hediyesini verdi ve okudu yangın yemiş bir yürekten sıçrayan kıvılcımları. Ne var ki o satırlardan hiç haberimiz olmadı.

O gün ve daha sonraki günlerde Zeyneb ile As'ın gönlüne binlerce kelam dokundu. İç seslerini bir tek kendileriyle paylaştılar ve sır gibi sakladılar.

Biz bilemedik ve öğrenemedik. Kim bilir; o gün bugün olsaydı ve ikisinin de yanında olabilen göz, hissedebilen kalp olsaydık, nasıl nağmeler yazarlardı/yazacaklardı birbirlerine bilinmez...

Zeyneb'le As'ın yüreklerinden söze dökülmeden aralarında geçen konuşmalar belki de şunlardı:

"Zeyneb'im!" diyecekti Ebu'l As.

"Sen gittikten sonra koskoca bir boşluğa düştüm. Evimin kokusu, neşesi kesildi. Dumansız, korsuz alevlerin içine hapsolmuşum. Garip hâller yaşamaktayım. Öyle bir yangının içindeyim ki can parem yandıkça kendimi bulmaktayım. Derdime derman bulmak istemem. Seni düşündükçe yangınımı ferah vahalara döndüren bir güzelliğin orta yerindeyim şimdi."

Dile alamadığı gerçekleri vardı As'ın. Kendine bile itiraf edemediği sırları vardı. Kalp kelamını kaleme dinleterek Zeyneb'e mektuplar yazmaya başladı. Onu yâd ettiği her bir güne ayrı mısralar düştü. Kimi zaman haşin çöl rüzgârlarına, kimileyin de Kâbe'nin yanıbaşında çağıldayarak akan zemzem damlalarına yazılan yürek sözleri çok içliydi.

İLK NAMEM

"Zeyneb...

Avare sensizliğime derman aramadayım. Kaf dağını deve çeviren hışımlı gururumla biçareyim. İçimi kızıl korlarla yakan ezberlerim var. Tavizsiz yeminlerin gecesinde ışıksızım. Gel ey nefesini kendime el edip haram kıldığım! Hissini hiçe saydığım... Işığına kör kaldığım... Tut ellerimi! Sensizliğin cehennemî yangınlarında hapsoldum. Şu asi kul Ebu'l As'ı unutma. Yangınlarıma yağmur ol. Nefesinin nesimiyle nefsimi ferahlat.

Siliver; ıslaklığını kendimden bile sakladığım, mahzun gözlerimin nemini. Acıyla yontulmaktan harabeye dönmüş gönül sarayımı gel de bir gör. Bir firak deryasına düştüm ki; ömrün gülü solmuş, bülbülü uçmuş, sümbülü çoktan yolunup gitmiş."

"Ey insan, üstün kerem sahibi olan Rabbine karşı seni aldatıp yanıltan nedir?"

İnfitar Suresi: 6

Hz. Zeyneb Medine'de huzur ve saadete kavuşmuşken, Ebu'l As sıkıntı içerisindeydi. Kendisini ticari seyahatlere vermişti. Arta kalan vakitlerde Kâbe'nin etrafında çevrili putlara koşuyordu. As'ın inat dilinde tek hece:

"Ene ente... Ene ente!" nidası yankı yankı.

Gururdan dağlara derebeyi... Buzdan "ene"sinin içinde bir kıl kadar ince iradesi kıvranıyor. Varlığın asıl mahiyetinden nasıl da bihaber! İçinde yangınlar var As'ın, alev alev. Gecenin kara yazgısıyla sürmelenmiş gözlerine uyku ne kadar da yaban! Kâbe'ye atıyor kendini. Kırık ve de paramparça bir kalple putlara diz çöküyor. Kırmızı yakuttan eli hâlâ kırık Hübel'in. Menat suskun. Lat hiçbir şey bilmiyor. Diz çöküp secde ediyor As. Derdini anlatmaya çalışıyor ama taş sağır, tahta lâldı. Hiçbiri onu dinlemedi ve derin derdini bilemedi. Hâl böyle olunca da genç adam içini Yesrib'den esen rüzgârlara döktü. Nameler ardı ardına dizildi.

Alize rüzgârları çölleri aşıp geçerek iki sevdalı yüreğe haberler taşıdırlar. Dile gelmemiş, söylenmemiş incelikte kelamlardı bununlar. Asıl kelam akılda ve kalpte konuşulan, aşikâre çıkmadan duyurulan sözler değil miydi? Onların gönül mektupları öylece gidip geldi.

"Eremem ki!" diyordu As. *"Gelemem ki sana. Mekke kayalıklarına tünemiş baykuşlarım var. Yanlış anlama beni. Bu bir korku hikâyesi değil. Taptıklarıma ve inandıklarıma karşı gösterdiğim bir kalp hassasiyetidir.*

Neşrin rüzgârları vadiyi yalazlarken ben üşüyorum, neden? Gündüzün sıcak buğusu uçuşurken havada, açık camdan içeriye sensin uçuşarak giren. Vaha ceylanlarının titrek bakışı kadar nahif ve duru hayalin odamda dolaşırken uyanıyorum ansızın. Odanın içinde bir tutam edep. Güler yüzün, sımsıcak sevgin, ıtırlı nefesin, ince hayânla perdeli sesin doluşuyor. Hani demiştin ya:

'Aşkın kelamı yücedir. Aşk rafinedir As. Katışıksız sevgilerle bezenince aşk olur. Kışra takılmadan lübbü bulmak, özün özütüne varmaktır aşk. O kıymetli nesne, kutsal bir emanet gibi gözetip korunmalı As. O kutsalı kirletip yok edemeyiz.

Kalp Rabbin tecelligahı. Başka sevmekler o kaba konmaz. Sevecekse insan, aşkın merkezince sevebilmeli. Kulu var edenin hatrına kula gönül vermeli. Başka sevmekler bu sevgiye zül ve zahmetli gelir.

O bizi gizli hazinelerden çıkarıp var etti. Leyli gecelerimizi ışıklı Neharlara devretti. Göz verdi, akıl verdi, el ayak, hüküm verdi. Gönlümüze eş olacak gönüller var eyledi. Bizi de birbirimize yar etti. Yokluk karanlığından bizi varlık nuruna kavuşturan Rabbe hamd olsun.'

Şu kocamış dünyanın çeperlerine tutunmuş bir divaneyim. Aşkın yetimiyim şimdi. Namım yürekleri titretirken ne kadar avareyim! 'Vadinin Aslanı' diyorlar, 'Can Bahası, Kükremiş Kaplan' diyorlar bana. Ben ki Kureyş'in namlı yiğidi, şaha kalkmış küheylanıyım. Oysaki bilmiyorlar, seni el ettikten sonra şahenşah bir fukarayım. Harp meydanlarının yiğidi şimdi yalnız ve çaresiz."

VADİ VERDASI

"Sen Kureyş'in kara çölünde açan vadi verdası iken ben ne hâldeyim bilir misin? Bazı geceler tuhaf bir ürperişle yatağımdan kalkar çıkarım eyvana. Hani o birlikte en asude, en mesut günlerimizi geçirdiğimiz divanın köşesine ilişirim. Herkes uykudayken Leyli kuşlarının gece serenadı başlamıştır. Kimi uzaklardan, kimi yakından gelen sesler içimi kavlar. Kimi kez çakal ulumaları... Bazen de Ebu Kubeys'in dik yamaçlarını şehrayine çeviren ateş böceklerinin ışıklı dansını seyrederim. Yıldızlarla yarışırlar sanki. Yaz böceklerinin sıcak melodisi içinde kahrolası yalnızlığımı sorgularım. Seni el ettiğimi... Başına gelenleri. Kaybettiğimiz o körpecik bebeğimiz uykularıma yumruk gibi oturuverir. Neler olmuş Zeyneb'im! Ben yokken neler yaşamışsın... Bu katı inat, bu katı tutum nelere mal olmuş bize...

Unuttun mu beni Zeyneb?

Bana el misin artık? Ellerin mi olacaksın? Buna gönlüm dayanmaz.

Saklı mücevherim, cennet müjdecimdin. Gül yüzünün revnakına mahkûmken ruhum, hicranım, hicabım oldun Zeyneb... 'Neden hep o?' diyorlar, bir şey diyemiyorum. Lal kesiliyor dilim. Nefesim alaborada... Yanımda olmasan da yokluğun sevmeye engel değil. Âşık bir gönüle kim dur diyebilir?"

Zeyneb'den ses gelirdi, Mekke kayalarını sarsan:

"İblisi sevindirme As

Kır, at o kıskaçları

Unutma!
Hakk'a gurur olmaz
Hakk'a tavır olmaz
Hakikate isyan olmaz
Bekliyorum ve umuyorum ki
Kıracaksın zincirleri
Serin buseli bir bahar sabahında
Sen
Elinde nedametin ve bir avuç gözyaşınla
Huzur çiçeklerini sulayacaksın
Belki de
Kim bilir!
Gönlümün kurumuş gazelleri uç verecek.
Hazanları bahara duracak."

"Âşık riyayı sevmez. Maskeli değildir... Özü sözü bir ve dosdoğrudur. Kararlı ve mukimdir. Bunun için maşukların gözü ve gönlü tek vücut, yek kelamdır. Biri susar, diğeri konuşur. Diğeri işitir, beriki duyar. Tek vücut, yek kelamdır âşık."

"Aşkı harcamamak, o kutsal sözcüğü kirletmemektir aslolan. O kadim cevheri mücevher kılmak, işlemek sabır yüklü... Sabırla süslemek... Sükûnetle bezemek ve şükürle cilalamak... İşte budur gerçek hikâyemiz... Bir sınav ciddiyetiyle kalbi gayretli çırpınışlara teslim edip, sonuca teslimiyetle razı olmak. Kulluğun en ince sıratı da bu değil midir? Bunun için kulluk istikamet ister, ciddiyet ister, vefa ve sadakat ister As."

As yüreğinden fışkıran alevleri salardı çöle:

"O bir olan Yaratıcı'ya benim aziz Hübel, senin ise Rab dediğin tanrıya olan inancına, güvencine ve sevincine vurul-

dum. Kureyş'in en soylu kolunun asil hanedanından oluşun, annenin Haticet'ül Tahire oluşu, babanın Muhammed'ül Emin oluşuyla kibirlenmeyişini ve tevazuuna hayran kaldım. Bana bir gün dahi sitem etmeyişini, beni hep güler yüz ve tatlı dille karşılayışını, ılık gülümsemeni, sıcacık bakışlarını unutamadım. Gerçeği reddedişimde bile azarlamadan, yermeden ve incitmeden doğruya yönlendirişini sevdim. Hiç kızmayışını Ebu'l As'a. Sızlanmayışını, suçlamayışını, başa kakmayışını, sitemsizliğini hangi yüreğe yazayım?"

"Çöl Çiçeğim!

Sana ve yavrularıma karşı hatalı olduğumu bilirim. Belki de beni unuttunuz. Öyle olsa dahi kimseye gücenmem. Yaşanan hâl öyle bir hâl ki başka türlüsü çok zor.

Şu çilesi bol Ebu'l As'ı bir kerecik düşünür müsün acep? Yoksa bu nemrut gururlu adamı unutuverdin mi bilmem. Ama benim Zeyneb'im vefasız değildir. Unutmadın sen de beni. Âşıkların sezgisi güçlü olur. İşte ben de yüreğimin en derin geçitlerinden bu sezgileri aldım. Zeyneb seni unutmadı. O seni hâlâ seviyor... Bu terk edilmiş yurtlarda sevgilinin izleri çoktan kaybolup gitti.

Sen gittin gideli Zeyneb, baharlar uğramadı bu şehre. Güzel koku bizi terk etti. Mekke ışıksız, havasız, susuz... Huysuz bir çocuğun ağlayıp inlemesi gibi kahırlıyım. Bir şey tat vermiyor. Derin bir yalnızlık kuyusunda aç biilaç ve biçareyim. Şimdi Ebu'l As'ın koskoca bir enkaz. Zahirde diriyim, dikiliyim amma gel ki içimde yığılmış bir enkaz altındayım. Sensizlik, enkazımı savurarak gitti.

Sen gittin gideli Zeyneb, çevremi birçok kadın sardı. 'Bizi al, bizimle ol.' dediler. Zeyneb'imin üzerine gül koklamak aklımın ucundan bile geçmez. Elim gitse gönlüm isyan eder. Dilim dönse gözüme mil çekilir. Harama düğüm çözmez kara sevdam. Sensizliğin gayyasında ne hâldeyim, nasılım bir bilsen...

Yalnızlık ölümün sessiz kardeşi gibi. Çilenin zübdesi sanki. Kalabalıklar içinde biçareyim. Herkes varken ben yokum. Kulağım işitmez, dilim lal ve kesik. Gözlerimde bir tek siz varsınız. Sadece ama sadece sizinleyim ben. Çocukluk arkadaşım. Gençlik yoldaşım. Evlilik bahtım. Mücevher tahtım ve canıma can fidye ahtım, teyze kızım. Her an seninleyim kuzen. Ah ki bilsen...

Senin hakkında beni kınayan, uyaran

Bu sevdadan vazgeçmemi öğütleyen nice hasımlar var ki,

Onların sözlerine aldırmayıp reddettim.

Beni sınamak için, türlü kederlerle

Deniz dalgaları misali perdelerini

Üzerime salan nice gecelerim var.

Yesrib kokulu Yâr!

Daha dün Tihame'nin uçsuz bucaksız kum tepeleri arasında ilerlerken yine seninleydim. Dinlenmek için yaslanmış olduğum kayalıktan ince bir inleme sesi geldi. Çarçabuk toparlanıp sesin geldiği yöne gittim. Bir de ne göreyim! İri sürmeli gözlerini korkuyla üzerime dikmiş bir çift göz. Ürpermemek elde değildi. Daha dikkatli bakınca o anlamlı bakışların sahibini gördüm. Narin bir çöl ahusuydu bu.

Uçurumun kenarındaki ishil ağacının çalılığına ayağı dolanmış, çıkamıyordu. Sürmeli gözlerinden yaşlar akıyordu. Usulca ayağını elime aldım ve kurtardım onu ishil otla-

rından. Arkadaşlarım tut diye direttilerse de ben ağıma düşmüş o güzel avı çöle saldım.

'Git güzel gözlü ceylan' dedim. 'Bekleyenin vardır. Sevdiğin vardır. Sürmeli bakışlarını gönlüne sürmelemiş bir yürek vardır. Kıyamam sana. İlk salıverdiğim sen değilsin, inan.'

Ne çok dikenler var yüreğime takılan, bilemezsin.

Karanfil kokulu bir saba rüzgârıyla uyanırdım sabaha. Evim mis gibi temizlik kokardı. Hani sen dağınıklığı ve kirliliği hiç sevmezdin. Evimi de gönlüm gibi düzenler, paklardın. Bitkisini hafif bir yağmurun beslediği ayak basılmamış bahçelerin hoş kokusuyla gülümserdin bana. Kum dolu tepeciklerin nemli bağrında açmış papatyalar kadar saf ve duru. O narin parmaklarınla Ümame'nin ipek saçlarını tarardın. Tararken de onun o temiz dünyasına, hayata dair güzel şeyler anlatırdın."

Sadece kendisinin duyduğu sesler; kesik cümlelerle bitiyor, anlamlı şiirlerle süsleniyordu. Her biri farklı ufuklara götürüyordu Zeyneb'i. Peki ama niyeydi bu inadı? Her şey ama her şey bir ikrarın ucunda saklıyken, bu çileyi ve işkenceyi niçin yaşıyordu? Gururdan kalelerinden neden inemiyordu? Farklı bir ruh hâliyle dolaşıverdi satırlarda.

"Nasılsın diye sorma bana. Gittin gideli Arap bülbüllerinin içli tegannisi hiç kesilmedi.

Kuru bir hurma kütüğü kadar yalnız ve hayatsızım. Vallahi, senden sonra hayat benim için hiç hoş değil. Nazarlıklı yavruların baba diyerek koşuşunda içim ürperiverir. İşte o zaman Ebrehe'nin kibri, Kisra'nın şımarıklığı, Ebu Cehil'in inadı, Firavun'un saltanatı gibi viraneyim."

Kolay sırat değildi Zeyneb'in yürüdüğü yol.

Zeyneb'in duası şöyleydi:

"Ey Allah'ım! Ufûl eden, sönen, bugün var yarın yok olan sevgilerden benim gönlümü kurtar. Gelip geçici sevgilere kaptırma, gönlümü onlarla doldurma." (Enam Suresi: 77)

"Aşk bir maceradır As. Cennete çağıran bir macera. Bu maceranın ilki sevdadır. O macerayı asıl mecraya yönlendirebilenler aşkın kadim köşküne ağırlanırlar. Mecrayı macerayı kurban edenlere ise gam, acı ve gözyaşı vardır.

Gerçek sevgi sefa deminde çoğalmaz, cefa anında ise aşktan bir damla bile azalsa onun adı aşk olmaz. Biz böyle bildik, buna inandık.

Senden başkasına diyemeyeceğim sözlerim var ya! Sensizliğin kuyularında kör ve çaresizim.

Sevgili! Şunu bil ki ben bu yaşadıklarımızın tamamı içinde ince cilveler, tatlı gülümseyişler görmekteyim. Kaderî nakışların her bir kıvrımında teslim ve rıza dolu olmak ne güzeldir! Bunun için ben her an ve her nefes şükür makamındayım."

As bunları duydukça haykırır:

"Zeyneb'in yüreğinden akan nehirler aşktan ve billurdandır. O nehirlerin tadı cennet balı, nefesi buhurdandır. Zeyneb'in yürek nehirleri bitmez, tükenmez. Kaynağını güçlü gözeden alır. Zeyneb'in nehirleri aşktan, sevgidendir. O nehirlerin dibi inci ve mercan kaplıdır.

Ve sen Yesribli sevgili... Sabah uyandığımda aklımda olan, gece uyuduğumda hayalimde kanatlanan en etkili varlıksın.

Nerdesin?

Çölü gül kılan

Sevdası nehir

Yokluğu zehir

Aşkı panzehir olan

Ey harem gecelerinin yalnız yıldızları! Bazen deli nehirler gibi coşku dolu oluyorum. İçimde korkular, kıskançlıklar, hasret ve aşk dalgaları. Dışıma sakladığım deli rüzgârlar, ne varsa önüne katıp Yesrib'e uçuruyor. Soruyor, sorguluyorum:

Beni unuttu mu?

Ya bir başkası ile...

Olamaz...

Zeyneb başkasının olamaz...

Umudumun tükendiği anlarda gül pembe cemalinle hemhâlim:

'Korkma' diyor As. 'Ben buradayım. Yitme... Gitme... Bitme sakın!'

Her insanın çocuk kalmış bir acısı vardır. Benim çocuk kalmış yanım da budur Zeyneb'im. Gurur ve katı bir kavmiyetçilik...

Onları büyütemedim. Islah edemedim bu yanlarımı.

Son mısraları can alıcıydı.

Bendeki bu gurur, bu kibir, bu inat

Gavl deresinin suyu gibi bulanık akar

Bu çorak yerler, bu kurak beldeler

Bülbüle aşiyan olur mu Ey Yar!"

Zeyneb anlatır hâlini:

"Hasrette Yakup muyuz biz? O Yakup ki Yusuf diye diye ışığını yitirmişti. Eyüb'ün nazlı sabrı ona bir değil, bin hayat bah-

şetmişti. Yusuf, kaç kuyu, kaç zından aştı? Kaç gömlek yırttı, bilir misin? Biz ne Hacer ne de İbrahim'iz, As. Biz son nesil ümmeti olarak, onların yolunda yürüyeniz. Dertler bize de uğrayacak elbet. Ama biz ışığımızı Son Nebinin ışıklı nefesinde bulup ayılacağız. Nefsin ve günahın gamını o nurla gidereceğiz.

Ömür ağacımızın altında gölgeliğe çekilmiş yolcularız. O gölgeliğin ebedî mekân olmadığını hatırlatıyor babam. Hay huy ve şan şöhret belasına yitip kaybolan ruhlar. Kehribar renkli çöller kadar dingin yüreklerimizde bir ulu sevdadır iman. Onu yitirip kazanma davasında her an tehlikedeyiz. Yük yüce, emanet kutsaldır As. Babama karşı savaşmış biri olsan da sen insansın. Rabbimin kul kıldığına ben nasıl düşman derim?"

As'ın içinde volkanlar patlamaktadır, ardı ardına:

"Gönül mülkümün haşmetli meliki! Ellerin, sözlerin ve gözlerinle ruhuma nakışlısın. Silinip gitmelerine izin vermeyeceğim.

Zeyneb, sen benim savaş fidyem oldun. Bu özgürlük fidyesinin asılında beni ne derin tutsaklıklara gark ettiğini ancak ben bilirim. Mallarını verenler kurtuldular. Ben ise canımın yarısını verdim. Daha büyük esaretlere girmişken, senin o son kelamın beni ayakta tuttu. O gün ışığından daha aydınlık yüzünle bana; 'İnanma duygunu diri tut.' demiştin ya... İşte bir tek o duyguyla ayaktayım.

Bir şafak vakti belki de şehrine geleceğim. Kelamsız sözler söyleyeceğim sana.

Kimselerin duymadığı, görmediği, bilmediği âlemlerden bahsedeceğim tek kelime konuşmadan. Yüreklerden gizli sırlar vereceğim sana. Senden başkası duymayacak. Ke-

lamımıza ortak olacaklar ancak Son Nebi ile melekler ve bizden çok çağlar sonra gelecek insanlar olacak. Selam olsun onlara!

Mekke bülbülleri susuverdiler. Saba yeli esmedi. Sekine sükûn buldu. Sen gittin gideli Zeyneb, hayatın canı çekildi. Rengini yitirdi her şey. Köhneyiverdi zaman. Virane duvarlar üzerime geliyor. Canıma, can pazarında idam sehpaları kuruldu. İrem'in muhteşem burçları gibi zirvelere kurduğum köşkler harabeye döndü. Yıllar yılı gönlümde öten kanarya sustu. Altın renkli kumlar küle döndü. Gök, mavisini yitirdi. Gri, boşluklarını ruhuma dolduruyor. Huzur ırmaklarım kurudu. Yolların kıvrımında önüme çıkan umutlar hep Zeyneb, Zeyneb diyorken şimdi acı feryatlar ediyorlar.

Mermer döşeli sütunlardan geriye

Yıkık harabeler şimdi

Yitik mazimizin ağıtını yakıyor.

Bu sevda inceltti beni yâr. Kaldırdı kat kat örtülerimi. Yonttu cehaletten arta kalmış en kaba yanlarımı. Çöl kaktüslerinin susuzluğunu içtim. İçimin alevli yangınlarını bir ben hissederim. Bir ben görürüm. Bir ben bilirim. Peki ya sen!

Bu diyarlarda ilkbahar yoktur Zeyneb'im. Sen de bilirsin ki bu coğrafyada mevsim ömür boyu yazdır. As'ın bahar görmemiş gönlü, bir tek senin cennete çağıran gözlerinde ılık nevbaharların esintisini bulmuştu. Çok yer gördüm, çok yer gezdim. Kisraların sofrası, şeriflerin meclisinde bulundum. Ama şunu bil ki hayatımın hiçbir karesinde seninle yaşadığım yılların tadını ve ahengini bulamadım.

Gönlümün muhteşem burçlarındasın Zeyneb. Peygamber kızı Zeyneb... Hayalin gözümün önünden gitmiyor."

Genç adamın gönül dili şiir tadındaydı.

"Boynunda annenin kolyesi. O muhteşem gerdanlık. Akik taşlarının aksi düşerdi içime. Canım teyzeciğimin o çok özel günde boynundan sıyırıp çıkardığı narin işlemeli gerdanlık...

O gerdanlık benim gönül kelepçem oldu.

Bu akşam ışıklarım geri doğdu.

Hiç dönmüyorsun Zeyneb. Helal aylar, haram aylar, yazlar ve güzler akıp gittikçe ömür de tükeniyor ama ne tunçlaşmış gururuma söz geçirebiliyorum ne de güneşe dönmüş aşkıma naz edebiliyorum. Çöl süvarilerinin tozlu bakışlarında sensiz ve avareyim.

Zahirde bir şey bilinmezdi. Gönlün feryatları sessizdi zira. Sadrime şifa, derdime deva olan bir ses; 'Gurbet ezelî yazgımız.' diyor Zeyneb. Zaten insan dünya gurbetinde değil midir? Cennet sürgünü yemiş yalnızlığıyla gariptir As. O mührü yüreklerimize yemiş olarak inmişiz yerküreye. Kırık tebessümlerimiz ve dinmeyen yalnızlığımız bu sebepten değil midir? Sonsuz mecralardan koparılışın acısını sonlu dünyanın firaklarıyla gideremeyiz. Hasılı; her noktada yalnız, her kıvrımda kelamsızız. Acziyet perdelerini üzerimizden kaldıracak rahmete ne kadar da muhtacız..."

Dinmeyen acılarını Yesrib'in yeline verdi. Ona yanık ve kırık tebessümler yolladı genç adam. Ardından kulak kabarttı oradan gelen sese:

"Gökte hâlâ Süreyya... Güneş... Ay!

Gözünü çevir ve göğe bak As. En ufak bir kusur ya da hata görecek misin? Göklerde âlî bir temaşa var. Her varlık ona secde ediyor. Sen hâlâ duracak mısın As?

Gönlüm hep seninle hemdem. Kehkeşan'ın halka-i

kübrâsı ne muhteşem! İlahi Nakkaş'ın sanatı bu denli mükerrem iken nasıl göz kapayabiliriz biz?

Bu çöl ne çaresizliktir, ne uçsuzluktur, ne açlık ne susuzluktur...

Kum tanelerinin rüzgârla buluşan tınısı gönlümün derdi kadar incedir. Bu ses, bu avaz, bu naz ve niyaz ne gün dinecek? Gittiğin günden beri acım dinmedi.

Şimdi yüreğimde tüm sevgililerin kalp kilidini elinde tutan Rahman var. O'nun girdiği bir kalbe başka yârlar haramdır. Onlar ancak O'nunla sevilirler. Işıksız sevgilerin yüreğimde işi yok. Senden ayrılık zor olsa da ayrı fikirler, aykırı inanışlar içinde doğmayacak güneşlerin ardına düşemem ki. Âşık gönüller bir tek aşkın sahibine ram olurlar. Onunla işitir, onunla görür, onunla konuşur ve onunla hemdem olurlar.

O aşk ki hayat nesimimdir. Nesimin gurur olmaz. Ben nesimimi sana teslim ettim.

Aşk kuru odunlar gibi sessiz sedasız bir yanışsa eğer, ben o hikâyenin orta yerindeyim. Yangınımı daha fazla uzatma sevgili.

Ben senin gönül nurunun peşindeyim."

As'ın karşılığı gecikmedi:

"Bugün Zeyneb'i yad ettiğim günün yüz yedinci gecesidir. Hasretinde biriken aşkım tükeneceği yerde artıyor. Olmuyor, unutamıyor, vazgeçemiyorum. Ruhum hep Yesrib'e doğru kanat vuruyor.

Yüreğimdeki nehirler hep o yana doğru akıyor. Kalp kuşum o yöne kanat vuruyor. Ama yüreğim ıpıssız. Etrafımda ne güzel kadınlar var oysa.

Zeyneb'i yüreğimin gülistanına gömdüm. O gülistanın kokusuyla hayata döndüm. Olur sanmıştım ama olmuyor...

İçimde gitgide büyüyen bu ürkütücü boşluktan kimlerin haberi var? Ruhum karanlık bir kuyu sanki. O korkunç karanlık nasıl dolacak, neyle ışıklanacak?

Lebid'in Mısır ketenlerine yazılarak Kâbe duvarına asılmış mısraları sanki beni anlatıyor:

Çareme derman olur mu acep

Sevgilinin izleri silindi

Gün gün yok olup gitti

Ğavl deresi ile Ricâm dağı

Vahşet yatağı oldu

Direneceğim bu aşka

Onsuzluğun kefenine bürünmeyeceğim."

Gecenin kör karanlığına dikilmiş delici bakışları, Yesrib ufuklarına kayardı sık sık. Süreyya yıldızı ona şahitti ki; As, ne aşkından ne dininden ne kavminden ne de inadından vazgeçiyordu. Ne bir kimseyle evleniyor ne de bir başka kadına yan gözle bakıyordu.

Tuhaf hâller içindeydi. Kötü bir geleneğin karanlık kıyamından ayrılamıyordu. Zeyneb sımsıcak bir hayal gibi rüyasında geziniyordu hep.

"Ene'yi yok et." diyor. "Kibirden sıyrıl, As."

"Nahnü'yü bul. Kadim kıblegâha koş."

As kıvranıyor. Gafletin iki yakasından sıyrılamıyor. Zeyneb dilsiz dudaksız konuşuyor onunla:

"O ene ki mahiyeti bir ip, incecik bir kıl iken benlik duygusunun semirtici öğesidir."

Sözleri As'ı sarsıyor:

"Nedir bu gurur ve nedir bu gaflet? Nedir bu haşmet, nedir bu istiğna, nedir bu azamet? Nedir bu inat?"

Yeniden açıyor gözlerini ve yine kapatıyor:

"Bak, hayatın söndü, ancak bir şule kaldı. Ömrün geçti, bir lem'a kaldı. Şöhretin gitti, bir an kaldı. Kabirden başka mekânın var mı gidecek? Emellerin sonsuz. Ecelin yakındır. O karanlık kuyuda imandan hali bir insanın, ne olacak hâli?

Haydi As! Kalk. Kendini bulma zamanıdır. Bak, rahmet hazineleri önüne açılmış. Ona koş, ona yapış. Odur kuvvetimiz. Odur bizi ayağa kaldıracak olan. Başka güç yok. Her şey yitip gidici."

Diyecek ama diyemiyor, susarak konuşuyor. Anlamlı bakışlarında âlemler gizli Zeyneb'in. As o bakışların şifresini iyi bilse de; Ricâm dağının kırmızı tepeleri ardında el olup giden sevgili artık dönmeyecek. Lebid'in mısralarına tutunuyor:

Üzerinden helal ve haram aylar geçmiş

Nice zamanlara gebedir bu izler

Bu kalıntılarda sevda türküleri okunur

Bu ellerde yanık gönüllerin aşkı halelenir.

"Biz insanların rızkı değil midir aşk?

Aşkın hakiki pınarından su içenler asla yenik düşmezler. Sırtı yere gelmez onların.

Işığın şavkıyla yıkanmış sabahlarda, çağlar boyu kalemler bizi yazacak belki. Karanfil kokulu gecelere yıldızlar yağarken, göklerden sevdamız sonsuz nehre karışacak. Türkü-

müzü yakacak aşka tutulanlar. Diyecekler ki: Kim ne derse desin; Aşk vardır ve kutsaldır. Ancak onu lekelemeden büyütenler ebedî aşka yürürler."

ZEYNEB AŞKIN KUŞAĞIDIR

Seven bir kalbin duası her yerde geçer.

Zeyneb bekleyecekti, Yakupça bir sabırla. "İnnema eşku bessi ve hüzni ilallah" demedeydi. "Ben hüznümü ve tasamı ancak Allah'a şikâyet ettim."

Kibirlinin kirini kin temizlemez. Kan yıkamaz. Kem paklamaz. Kibrin çirkefini ancak yumuşak başlılık giderir. Gözyaşı temizler eder. Tövbe yok eder.

As'ın kibrine ve inadına karşılık Zeyneb'in tevazusu ve tevekkülü vardı.

Sürmeli gözlü ceylanların asude bakışlarındaki titreyiş gibi masum bir duruştu onunki. Bu peygamber kızında nasıl bir edep vardı böyle? Her anından ayrı bir nur, ayrı bir huzur tattığı bu güzel insandan nasıl ayrı kalacaktı? Onun o asil bakışlarından su içemeyecekti. Beslenemeyecekti vakur sevgisiyle. İncelmeyecekti hisleri yüce duygularıyla.

Âlemi kuşatan sevgi sarmalı içinde zümrüt sevdalar yeşertmişken. Gitgide büyüyerek genişleyen o kuşağın içinde var olmuşken, istemese de o âlemden sıyrılmayı seçmişti genç adam. Bir yanı acı, öte yanı keder, can yakıcı bir duygunun orta yerinde kıvranırken, Zeyneb yürüdüğü sıratın farkındaydı.

O aşk ki; tek kaynaktan gelip başka mecralara karışan çok kollu bir ırmaktı. Ona göre aşk, hayatı var kılmaktı. Aşkın yekûnunu âleme bildirmekti.

As, Medine yönünden esen rüzgârlardan Zeyneb'in sesinden aşkı dinlemeye devam ediyordu:

"Save'nin seli, Mısır'ın Nil'i, Sebe'nin yeli, Yed-i Beyza'nın eli idi.

Musa'ya yol,

Lut için göl,

Hacer'e çöl,

Davud'a bülbül

Son Nebinin tedrisinde yediveren gül oluvermişti aşk.

Aşk Yusufça iffeti,

Haticece serveti,

Meryemce saffeti hasretmekti.

Vefayı kuşanmak Mesihçe,

Devasa dalgalara yürümek Musaca,

Bir tatlı kelam Turu Sina'da. Ve canı feda etmek Asiyece.

Aşk Musa'da kelam,

İdris'te kalem iken,

Süleyman'ın kanatlı atları sırtında Hüdhüd'ü söyletmekti.

Davud'un elinden bakırı billur gibi akıtmaktı.

Aşk her varlıkta ayrı bir renk, farklı bir ahenkti."

"Beşerî sevgiler bu aşka kifayet etmez." der gibi bakıyordu Zeyneb. *"Aşk ipekten kaftandır As. Aciz olan onu giyemez. Kul aşk kaftanının yakasında veya eteğinde ya bir incidir ya yakut ya da zebercet. Kelam bundan ibaret.*

Sevginin yanılgısı yok. Suyun hangi kaynaktan geldiğini, hangi dağın üstünden döküldüğünü ve aydınlığın çarkını iyi bilmek gerek. Bunu bilememek sevgiyi yanlış kılar."

Zeyneb'in sözlerine karşılık, sözler uçar yüreğinden As'ın:

"Akşamın karanlığı çöktü mü; ay ışığı altındaki bir ıssızlıkta inzivaya çekilen bir Rahibin çerağı kesilir gönlüm. Ufkumda pürüzsüz güzellikteki nurani yüzün. Her hâl, her olay karşısında mütehammil duruşun, sabrın, tebessümün.

Seni ve seni bana yar eden kutlu ocağı düşündükçe içimi sükûnet kaplar. Huzur yağar her bir köşeden gönül odalarıma. İçim Zeyneb'le dolar. Sen akıp taşarsın.

Ben senin sıdkına, eminliğine, cömertliğine ve bir kelebeğin kanadındaki nakışların inceliğini kaçırmayışına hayran kaldım. Hayatın her hâline muttali olmuş ruh inceliklerinle ne derin, ne farklıydın sen..."

As'a seslenir Zeyneb:

"Benlik denen duygu mahvedicidir. Kâh bir çift duygulu göze, bir tutam tatlı söze, bazen de güzeli yansıtan anlamlı yüze kapılıp gideriz. Sınırda hapsoluruz. Lemada boğuluruz. Şulede kayboluruz. Damlada yitip gideriz. Çoğu zaman bu tuzaklı duraklarda gerçek manasına ermeden tüketiriz aşkı. Aşk sandığımız nefsani tutkularla avunuruz.Heyhat, ne çok yanıltır insanı!

Çocuktum. Bir keresinde annem Hatice'yle birlikte Bilge Varaka'nın yanına gitmiştik. Annem ona babamın hâllerini anlatıyor, o da asude bir tebessümle dinliyor ve bilgece yorumlar yapıyordu. O çocuk aklımla onun bir tek sözü dünyamda şöyle yer etmişti:

'Biz hepimiz âşıklarız.' demişti. 'Bizi var edenin, bizi hüşyar edenin, bize ruh bahşedenin âşıklarıyız. Diğer aşklar o aşktan süzülen şualardır. Bedbin yürekler, hodbin sevda-

ların ardı sıra perişan sürüklenirken, O'nun yarattığını sevmek âşıklık makamının köprüleridir. Onlardan bazıları bizi gerçek güzele götürür. Sonsuz Güzelin âşıklarıyız biz. Ebedi Var Olanın aşk okyanusundayız. O asıl güzelden şuleler aksettiren yakamozlarız biz. O'nu anlatırız, O'nu söyleriz, O'nu yansıtırız.'

Aşk kelama sığmaz. Kalem anlamaz. Aşkı kalem yazamaz.

Aşk beklemeyi bilmektir As. İnancı kuşanmaktır. Aşk kolay yutulur lokma değildir. Aşk güzeldir. Lezzetlidir ama acısını çekmeden yeşermez. Aşk bu denli güzelken nasıl acıtır? Nasıl yakar? Nasıl yıldırır? Nasıl çıldırtır? Şunu iyi bilmek gerek ki, aşk mana erozyonuna uğramış üç harfin yekûnu bir kelime değildir.

Yüreğimde sevda tortuları... Kum taneleri gibi yakıcı ve delici... Aşk diyorlar adına. Ama bu benimki bir başka vurucu. Delici sancıların nihayetinde yok olucu ve heder edici. Biz ki aşkı hayat bilmişiz. Hakikat abıhayatını aşk deyip içmişiz As. O şarabı sonsuz ırmaklardan içmeye ezelden nişanlıyız. Gönül avutucu, nefis çelici duraklar bize engel olamazlar. Onun adı aşk değil zaten. Olsa olsa bir kırık kelam, bir ince sızıdır bu deryada. O sızıntıyı derya bilenler büyük bir yanılgı içindeler. Aşk kutsal, aşk sonsuz, aşk gerçek, aşk adanmaktır.

Biz aşkı abıhayat bilip içmişiz.

Bir sevda uğruna ta ezelden

Her güzelden geçmişiz."

Ebu'l As on altı yıllık eşi ve ömürlük sevdasını unutamazken Zeyneb de aynı hâldeydi. Birbirlerinden inanç ayrılığı dışında bir gün dahi incinmemiş gönülleri özlem doluydu. Genç kadın baba ocağında hayatının en mesut günlerini yaşarken, ondan kopamamıştı. İç seslerinin muhatabı oydu. As içinin gamını ve alevini yüreğinden çöl rüzgârlarına savururken, Zeyneb duaları kabul edene sığınıyordu.

"Allah'ım!" diyordu. "Sen de biliyorsun ki gönül mülkümün soylu sahibi odur. Bu hicranı bize ebedî kılma. Hayat yoldaşlığı ki kıyamet gömleğidir. Yaşadığımız o güzel yılların hürmetine bize merhamet eyle!"

Söyleyecek çok sözü vardı As'a. Onun iç sıkıntılarını hissederdi sanki çoğu kez. İç seslerini dalga dalga ona yönlendirirdi kimi zaman:

"Ey As!" derdi. *"Sen çok iyi bilirsin ki âşıklık makamında 'elveda' yoktur. Gücenme, söz, sitem olamaz. Unutmak ise yanlarına uğramaz. Bilirim ki gönlünün o en derin yerinde seninleyim. Zira âşık gönüller birbirine ayna tutarlar. Uzak olsak, ayrı kalmış olsak da biz her an birbirimizden haberliyiz."*

***

Nebinin saadet yurdunda iliklerine kadar huzur doluydu Zeyneb. Ama o tattığı o güzelliği sevdiğinin de tatmasını istiyordu. Onu unutmuş değildi. Sevda misafirine söz ikram ediyordu:

"Gönlümdesin As." dedi. *"Ruhunda var olan saklı imandan habersiz olduğumu mu sanıyorsun? Bilirim ki O'nu bulmayan kul yoktur. Perdeli yalnızlıkların gerisinde O'nu ararlar. Sen O'nu arıyorsun As. O'na benimle ulaşmak, mahcubiyetin olur biliyorum. Sen O'na kendi iradenle ulaşmak istiyorsun. İşte As. Ben bunun için seni çok sevdim."*

Geceye okudu şiirini genç kadın. Yıldızlara bıraktı. Yesrib'in serin meltemlerine yükledi. Uçurdu sılada ve dahi Kâbe kıyısında yalnız kalmış yoldaşına.

İbrahim'in yakmayan ateşi kadar serin ve selametli bir gönül yangınının orta yerinde onunlaydı. Kurtulamıyordu gönül derdinden. Yıllarını verdiği hayat yoldaşının asaleti, cesaret ve iffeti geldi göz önüne. Dürüstlüğü, kibarlığı ve inceliği. Ne hoş, ne ince bir kalbi vardı! O asil ve güçlü duruşu değil miydi kalbini öylesine bin pare eden? Onu düşündükçe yine duaya kalktı elleri:

"Rabbim!" diye inledi. "Hadî ismine yapıştım. Kurtuluşu ona yakin kıl!"

Zeyneb biliyordu ki:

"Kime dua kapısı açılmış ise ona rahmet kapıları açılmış demektir."

Pür sevda bir kalbin gıdası, var ve bir olan Rabbin, Rahim'in kapısını naz ve niyaz ile çalmaktı. Yesrib'in ışıklı gecelerini duasıyla süsledi:

"Yusuf'un telaşsız teslimiyeti kadar derin bir tecelliyi bize sunuveren Rabbime sonsuz senalar olsun.

Eyyüb'ün imdatsız yakarışları ile teslim olduğu kaderin sahibine hamd-ü senalar olsun. Aşkın kor alevini iman nuruyla serinleten Rabbime hamd olsun. Her türlü derdi, acıyı, yüce kelamla dindiren ve onu kalbimin en ince zarına indiren Yaradanıma şükrolsun.

Şerha şerha olmuş bir yüreğin derdini, gamını ve derdini giderecek Senden başka kim var ki! Sen yüce kelamında sabredenlerden bahsedersin:

'Şüphesiz ki Allah sabredenlerle beraberdir.' buyurusun.
(Bakara Suresi: 153)

Ben de Yakubun Yusuf için dediği gibi derim:

'(...) Artık bana düşen, güzelce sabretmektir.'
(Yusuf Suresi: 18)"

Duanın sonunda vedayı da ihmal etmedi:

"Gecen hayırlar getirsin As. Rabbim bu korkunç yalnızlıkta sana kendini buldursun!"

Zeyneb'in duaları As'ta bambaşka yankılanıyordu:

"Bahr-i Kuzlum'u yosun kokulu kıyılarında bir başıma kararsız ve seyidinden uzun seneler kaçmış serseri bir köle gibi yürürken aklımda yine sen vardın. Gurur dağları ötesinde kalan nazlı ceylanım. Bu coğrafyada eşsiz kalan güzel kadının kapısını aşındıran çok olur. Ahu bakışların başkasına mı yar olacak? Bu ne zor tahammüldür...

Katı, kaskatı kimileri. Çok yakınlarımdalar. Sesimi duyuramıyorum. Görüp de bakamadıklarım var. İnsanlar, diyorum Zeyneb'im. Katlanılacak gibi olmasalar da bir arada yaşamaya, geçinmeye ve yürümeye mecbur kalırsın bazen. Ötesi yalnızlıktır.

Kurşuni ufukların ötesinde kendime haram kıldığım sevgili.

Kaybolmamış yüreklerde gökkuşağı olmak ne güzeldir! Ne güzeldir Zeyneb'in kınalı ellerine dua dua nakşolmak! Ne güzeldir gülü aynı gözle görüp sevmek! Kelebeği zedelemeden kanatlarına yürek eliyle dokunmak... Çiçek, güneş ve sema. Binbir koku, aşk, nakış ne güzeldir Zeyneb'im..."

* * *

Mekke bomboştu şimdi. Zeyneb'den geriye kalan, hâlâ odaya sinmiş amber kokusuydu. O da gitgide azalıyordu. Zeyneb her geçen gün biraz daha tükenip yok oldukça, As da biraz daha yitmiş, biraz daha bitmişti. Uykusu bitik gözlerinde bir tek Zeyneb'in silueti vardı. Beynine doluşan ağrılardan kimsenin haberi yoktu. Levni yitik bahçelerin hazan yemiş ıssızlığında ondan kopamıyordu:

"Ruhun da odaları vardır. Şehirleri, mahalleleri, köyleri vardır. Sonsuza açık uzayan sahraları vardır Zeyneb. Ben o sahralarda, şehirlerde mahallelerde ve odalarda yalnızım. Ruhum susuz bir çöl. Dünya denen bu koca âlem minicik bir fincana sığar mı bilmem.

Kendimi bildim bileli
Bu yollar benim
Bu çöller dedelerimindir
Üzerime yılgınlık iner bazen
Seni düşündükçe
Gözlerime renk, kalbime nefes gelir
Eller ne derse desin
Beni senden alıkoyamazlar
İran'ın, Hint'in, Hire'nin
Namlı kadınları
Zeyneb'ime eş olamazlar.

Seni unutamıyorum Zeyneb'im. Sanma ki gururum sevdamdan daha büyük. Bunu yapabilseydim eğer, şu an seni unutmuş olurdum. Başka eller, başka dillerle konuşurdum. Ama öyle değil. Ah şu lal töreler! Kör aldanışlar. Nakıs inanışlar. Ah kavmiyetçilik... Ah ki inatçılık... Ah gurur."

Bazı gecelerde Ebu'l As, Hacun'a gider, teyzesiyle konuşurdu. Ona içini dökerdi eskiden olduğu gibi. Bunlardan birinde şöyle seslenmişti ona:

"Vakur teyzeciğim! Beni sen anlarsın. O Cebrail (a.s.) ki sana yedi kat göğün üstünden selam getirmişti. Rabbim seni sevmiş olacak ki sonsuz huzuru müjdelemişti. Ne güzel ne edepli bir sevgili verdin bana! Ama kör gururum var ya! O yâri bana yâd etti. Ne olur beni affet!"

İçini dökmüştü bir güzel. Çok sonra gözlerinin yandığını hissetti. Sabahın ilk ışıklarıyla yeni günün telaşlı koşuşması da başlamıştı.

Çevresindeki binlerce olay, insan ve para ona tat vermiyor. Narün Nedve'ye uğradı ilkin. Geceden kalma birkaç şairin galiz küfürleriyle irkildi. Köşedeki fıçının yanında muamma zamanlardan kalma eski bir Arap şarkısı mırıldanarak sızan ayyaşların nefes kokusuna dayanamayarak kendini dışarı attı.

Âlemde bir tek ses vardı: yalnızlığın sesi. Ne yana dönse çınlayan bir yalnızlığın esaretindeydi.

Ah sanemler...

Ah ayinler...

Ah yeminler...

Âminler...

Ah...

Ah...

Ahhh...

Ah şu gurur devi...

Aynı demlerde Zeyneb'in sözleri gökleri aşan dualar kabilindendi:

"Bir ulu mülktür sevda. O mülkte ancak melekûtu bulanlar kazançlıdır.

Aşkın gözü karadır. En koyu karanlıkta yürür. Karanlıkta da görür. Aşk cesurdur. En zor yollardan aşar gelir. Aşk eskimez. Aşk bitmez. Aşk ertelenmez. Leke tutmaz. Direnmelisin bu kahrolası gurura. Bizi yetim bırakan bu haşin saplanışa. Aşkın dili vardır As. Kalbi vardır gizli. Gözü vardır gözükmez. Ağzı, dili, kulağı vardır bilinmez. Ancak aşk ehli onu göz bebeğinden bilir ve tanır.

Gülün tenine dokunmaya kıyamayanlar, çiçeğin meyvesine inenler, rüzgârın selamına gülenler, taşın bağrını deleni bilenler âşıklardır. Onlar minik bir filizin, kayanın bağrını delerek geçtiğini seyrederler. Yağmurun kütleler hâlinde değil de yumuşak damlalar hâlinde inişine şükrederler. Âlemin levn ü rengini zevk ederler. Bir tek âşıklar hayatı gerçek manasıyla yaşarlar. Acıyı da zevki de bihakkın tadarlar.

Âlemin işleyiş sırrında kabahat hep örtülü, güzellikse aşikârdır. Gözlerimizin önünde uçuşan kelebekler, renk renk çiçekler, yıldızlar, tavus kuşları, sular, zümrüt vadiler hayata zevk katar. Yılanlar, akrepler, çıyanlar ise yerin altındadır. Hafa toprağı derler buna. İnsana sır, ötesi lafı güzaf.

Karınca da fil de doyar. Deve de yılan da topraktan beslenir.

Zeyneb'in gözyaşları hiç gözükmedi.

Çarelerin kıyısında çaresizim.

Yalansız yüreklerle hemhâl olmak istiyorum.

Zincirlerini kırmalısın.

Aşk için akan gözyaşları neden bu kadar ferahlatıcıdır diye hiç düşündün mü? Acıdan gelen lezzeti tatmak isteyen âşıkların ağlayışını seyretsin diye, derim ben.

Ne yapalım ki boynumuz ilahi kaderin önünde kıldan incedir Ey As. Ezelî kader, külli irade karşısında kıl kadar irademizden başka neyimiz var?

Bunun adı aşk değil midir? Alevsiz yangınlarda sessiz sedasız yanmak değil midir? Acziyet kurnasında dua dua temizlenmek, gözyaşlarıyla yıkanmak, varı var edene külliyen adanmak değil midir? O seni, beni ve âlemi aşk için yaratmamış mıydı?

Hüzünlü bir gönlün yakarışlarını bir tek O duyar, O dinler, O anlar As. O Rab ki; karaların kartalları ile kuyuların karıncalarının nefesini sayandır. Susuz ceylanların bağrında kanayan ödü miske dönüştürendir. Kulun kalbinin en gizli odalarındaki sırları tek tek bilendir. Elbet bizi de görür ve hâlimizi bilir. Bir tek O'na dön, O'na yalvar. Başkaları yalvarmaya değmiyor.

Her can saraydır. İş, o köşklerde canı var edeni ağırlamak. İyi bir ev sahibi olmaktır.

Ten O'nun, can O'nun, cisim O'nun... Bize düşen, beden perdelerinin gerisinden O'na varabilmek. Bu seyr ü sefer O'nu bulmak için çırpınmanın sancısından ibaret. Can saraylarındayız As. Kudret her bir zerremizi nakış nakış işlemiş. Her kulu ayrı bezemiş, âlem çarşısına göndermiş. O sarayın iç tezyinatını aydınlatacak olan bir tek ışık, imandır.

Âlem çiçeklerle süslenmiş. Cennet de bir çiçektir As. Huri taifesi bir çiçektir. Rûy-i zemin dahi bir çiçektir. Sema bir çiçektir; yıldızlar, o çiçeğin yaldızlı nakışlarıdır. Güneş de bir çiçektir; ziyasındaki yedi rengi, o çiçeğin nakışlı boyalarıdır. Nasıl ki insan küçük bir âlemdir, âlem güzel ve büyük bir insandır.

Hepimiz O'nun cemaline, kemaline, rahmetine ve muhabbetine ışık tutan âyineleriz. Marifet; çiçeğe hapsolmak değil, o müzeyyen nakşın sanatkârını bulmakta.

Kudret-i Mevla önünde hepimiz

Toz zerresi bile değiliz

Çok şükür ki insanız

Ne sensin yüce

Ne de benim çok aziz

Muhtacız ve âciziz

Rahmana kuluz hepimiz"

Zeyneb'in duaları tükenmiyor, yakarışları dinmiyordu:

"O geceler boyu secdede. Senin için ağlıyor As. Ümmeti için ağlıyor. İnsanlık için ağlıyor, için için. Cehenneme giden yolların tuzaklı duraklarında oyalanan bizler için yakarıyor. Ben, sen, o. Nazarında aynıyız. Evladı kimseden farklı değil. 'Çalışın!' diyor. 'Cehennem ateşinden kendinizi kurtarın.' O zor gün için ağlıyor. Ananın evlattan kaçtığı, dostun dosttan uzaklaştığı hesap gününün o çetin sorgusundan içtinap ediyor. Bizim için, ümmetinin salahı için gözyaşı döküyor gece boyu. Kazan gibi kaynıyor yüreği. O, ümmeti üzerine çok şefkatli. Bir annenin evladına olan şefkatinden ve bağlılığından çok daha fazla merhamet dolu. Bizler için kendini pareliyor. Ateşe uçan kelebekleriz biz. Son Nebi bizi ateşten ışığa döndürüyor."

As hâlâ yalnızlığının derdindedir:

"Gamı giderenim.

Geceler boyu başucumdasın, yüreğim paramparçadır şimdi. Zeyneb'in gönül tellerinin ucunda beklemedeyim. Şaş-

kınım ve bilemiyorum. Ne yapayım, nereye gideyim? Zeyneb, ah Zeyneb! Sen gittikten sonra Rubü'l Hali çölü gibi ıssız ve de ürkütücü bir yalnızlığın içinde avareyim. Bir bilebilsen...

Aşk dermansız bir derttir. Ona hiçbir çare bulunmaz. Âşıkların gönlü yorulmaz. Âşıkların gözü yumulmaz. Âşıkların kalbi kırılmaz. Âşıkların ahu zarı dinmez."

Zeyneb ise aşka bambaşka pencerelerden bakıyor, daha deruni manalar veriyordu:

"Kederli bir kalbin kıyılarına vuran dalgalar kadar yumuşak bir dokunuştur aşk.

Aşkı var edenden habersiz bir sevdanın yakıcı kıvılcımları, en evvel sahibini yakıp tüketir. Aşkı var edene ve bize hediye edene yönelik sevgiler ise içimizde yepyeni aşk çiçekleri yeşertir. Ve cennet baharlarına çağırır.

Bir ulu mülktür sevda. O mülkte ancak melekûtu bulanlar kazançlıdır. Şunu unutma ki; devamı olmayan şeyde lezzet yoktur. Bu sevda ancak ebedî güzelliklerin kıyısında makes bulur.

Âşık gönüllerin gülizarı Kur'an'dır.

Dertlere deva, sıkıntılara şifadır o.

Hakiki zevk ve elemsiz lezzet ve kedersiz sevinç ve hayattaki saadet yalnız ondadır.

Kâinatın bütün sırları tek nokta üzerinden fehmolunur As. Bismillah'ın 'b'siyle düşülen nokta, âlemde kemal bulur. Sultan Süleyman'ın saltanatı nerede? Nerede Yusuf! O Yusuf ki dünya her şeyiyle ona koşarken o sadece uhrayı istemişti. Elim ayağım yetişmez sana. Gözüm görmez ama bil ki gönül bahçemin yekta bülbülüsün. Ayrı kalmış olsak da umutsuz değilim ben. Sana yüce kelamın şifa pınarlarından akıtmak isterim:

'Allah her şeye kadirdir.' 'İstediğini yapar.' 'Allah çok bağışlayan, çok esirgeyendir.' 'Geçmişte işlenen şirki ve günahı da bağışlar.'

'Ey iman edenler! Şarap, kumar, putlara kurban kesilen sunaklar, fal okları, şeytana ait murdar işlerden başka bir şey değildir. Bunlardan geri durun ki felah bulasınız.'

(Maide Suresi: 5)

Kanayan kalplere ancak sonsuz nur huzur verir. Dünya sürgünlerini başka hiçbir ilaç avutmaz. Bir başka âlemin sonsuz ışıklarından başka hiçbir avuntu dolduramaz.

Şiddetli darbelere köklü ilaçlar gerek. Aşk bir yıldırım darbesidir As. O yıldırım darbesini ancak rahmet yüklü bulutlar durdurur.

Kalp hassas bir terazi gibidir As.

Çabuk ürker, çabuk korkar, çabuk yorulur. Onu kavi kılan ancak imandır, aşktır ve imtihandır. Şunu da unutma ki mecazi aşkı tatmayan hakiki aşkı bulamaz. Kalbin ince tartıları aşkı ölçerken derunundaki sonsuz güzellikte yok oluverir.

Aşk dediğin beklemektir Ey Sevgili!

Sevginin hamurunda vefa, saygı ve edep varsa eğer, aşka dönüşür.

Aşkı kadim kılanlara bir tek sözüm olacak:

'Aşk vahyin evidir. O eve girenlere selam olsun.'

Allahümme salli alla seyyidina Muhammed."

As ayrılık hançerini yemişken, yaralarını tımar ettikçe aşka yaklaştığının henüz farkında değildi belki de…

"Hani sen benim Süreyya yıldızımdın Zeyneb… Hani yolum gözlerken çöl gecelerinden sana koşarak gelişimi ha-

tırla. Sen beni hiç üzmezdin. Yüksek bir edep ve hayâyla beni karşılardın. Her seferinde aynı işlemi yapardın. Serin kuyu sularından hazırladığın bal şerbetini sunardın. O karanfil kokulu, limon ferahlığındaki hoş içeceği nasıl yapardın Zeyneb? Yıllar var ki ciğerim kavruk. Elinden içemediğim suların matemine tutulmuşum.

Bazı gecelerde seni gökyüzüne seriyorum. Orada ışıltılı yıldızların altında beni benden alıp götüren bir tek yıldız var: Süreyya yıldızım. Nedense hep Yesrib üzerindesin. Neden sana ulaşamıyorum Zeyneb?"

Zeyneb kardeşi Zeyd için söylenen sözleri dinledikçe As'ın durumuna daha da üzülüyordu:

İlk onu gördü Zeyd'in zeytin karası gözleri...

O an geçti anadan, babadan, yârdan ve serden, Taif'te ve Akabe'de tuttu ellerini;

Heyhat!

Olamadık Zeyd'in gözleri ve elleri!

Zencefil kokulu sofralarda ağırlanan

Kuş tüyü yataklara gömülen bedenler

Zeyd'in kan sızan ayaklarından ne kadar haberdar?

* * *

Ey aşkı kuşanan ama kuşandığının aşk olduğunu bilemeyen Sevgili;

Sen ki kervanının başında şehrin sokaklarına girerken, tüm Mekkeli çocuklar çevrene üşüşürdü. Heybenden çıkardığın Şam şekerlerini almak için yarışırlardı. Kızlara toka, boncuk; erkeklere kemikten misketler, oyuncak oklar ve kılıçlar dağıtırdın. Yaşlıları da unutmazdın hani. Annem

Hatice'den kalma bir hatırayı ondan sonra sen canlı tutmak için ne çok çabaladın... Her birinin tek tek hatrını sorar, ellerine üç beş kuruş harçlık, gözlerine ışık, yoksul yüzlerine umut dolu bir tebessüm bırakmadan gitmezdin. Ama biliyor musun Ey Yar, O'nun hesabına olmayan her şey boştur. Dünyanın tüm iyiliklerini yap, yine de Rab yoluna olmayan tek hareketin sevabı yoktur. İşte ben senden bunun için vazgeçemedim yâr. Yüreğinde dağlar dolusu yiğitlik var iken sen neden kurda kuşa yem olursun? Yaptıklarını, eylediklerini boşa esen sam yellerine teslim edersin...

Eflatun renkli ufuklarda hep o var. Yesrib'e giden turnaların kanadında o var. Esip duran badı sabada o var. Nereye, hangi yana baksa hep o var. Zihninde hep Zeyneb'in sözleri:

"Beni unutabilirsin As. Benden kopabilirsin ama ne olur şu sözümü unutma:

İnanma duygunu diri tut!

İnanma duygunu diri tut!

O hiç tüketmediğin doğruluk seni yüceltecek As. Yeni dinin en sağlam esası, sıdktır. Muhammed-i Hadimi Aleyhissalatü Vesselamı meratib-i beşeriyenin en yükseğine çıkaran, sıdktır. Sen, sende var olan sıdkı öldürmediğin için sadık oldun ve sıddıklar yurduna ereceksin."

LA TAKNATÜ

"İman etmedikçe putperest erkekleri de (kızlarınızla) evlendirmeyin."

Bakara Suresi: 221

O, vahiy sofrasının has konuklarındandı artık. O, insanlığın efendisinden hayat dersleri alıyordu. Son Nebinin dizi dibinde, dertlerin devayla sunulduğu bir nurun ocağında mesuttu. Ellerinde avuçlarında ne varsa fakire fukaraya infak eden Resul'ün hanesi zühd ve takva içinde yaşarken, aile bireylerinin tamamı bu hâlden razı ve mesutlardı. Zeyneb de onlardandı artık. Resul hanedanından bir fert olmak yüce bir görevdi. Ancak Ebu'l As... Onu unutamıyordu. Kanayan bir yarası vardı Zeyneb'in ve o yara Ebu'l As'tı. İpince bir yürek sızısı gibi bağrından hiç çıkmayan Ebu'l As'ın da o mutluluğu tatmasını ne kadar isterdi genç kadın! Zaman zaman aklına tuhaf sorular gelirdi:

Evlenmiş miydi acaba kendinden sonra?

Kim bilir o kimlerle beraberdi?

Kendisini unutmuş muydu?

Hepsinden önemlisi pişman mıydı?

Onun ara ara dalışları Ümmü Eymen'in dikkatini çekerdi çoğu kez. Bazı zamanlar yanına yaklaşır, Hatice şefkatiyle riyazete sözü bağlardı:

"Zeyneb'im..." derdi. "Aç mısın?"

"Aç değilim." derdi genç kadın. Sözü okkalı bir cümle ile mühürlerdi: "Ebu'l As bana yetiyor."

Ne açlık, ne susuzluk nedir bilmiyordu Zeyneb. O sadece sılada bıraktığı sevgilinin sonsuz helakine razı değildi. Onun gibi sözü mert, özü doğru bir insanın kurtulmasını çok istiyordu. Onun için duadaydı ve onu unutması çok zordu. Zeyneb'e dost, ona arkadaş, ona kardeş olanlar:

"Unut gitsin!" diyorlardı. "O seni hak etmedi. Elindeki cevherin kadrini bilemedi."

"Müşrik güruhun peşinde günahlarda yüzen birini ne yapacaksın?"

"Hayırsız..." diyenler oldu.

"İmansız!" dedi bir başkası. Ama Zeyneb onların hiçbirini duymuyordu. Elinden gelse hepsini susturacak ve tek tek anlatacaktı gönül yoldaşının hayırsız olmadığını. Şöyle diyecekti belki:

"Bilmez misiniz ki altın toprağın derinlerindedir. En nadide inciler denizin dibinde büyür. En güzide çiçekler uçurumların uç kısmında açar. İnsan da öyledir. Tabiatındaki cevher; kazıp çıkarmadan, ateşlere tutmadan, alevde cilalamadan değer kazanmıyor."

Derin suskunluğunda âlem dile gelirdi:

"Güz geçmeden bahar gelmiyor. Zemherinin soğuğunu devşirmeden... Acılarda pişmeden. Ateşte dövülmeden nasıl tav alamıyorsa demir; yanmadan, yıpranmadan, yıkanmadan olmuyor. Bize düşen sabır!"

"Sen ki peygamberimizin kızısın. Gözümüzün ışığı, gönlümüzün sarmaşığısın. Sana eş olabilmek için can atan yiğitler var. Bir sözüne sözümüz, bir arzuna canımız kurban olsun Zeyneb."

"As'ı unutmalısın. Gençsin, güzelsin. Yılların onu anmakla mı geçecek!"

"Silip atmak kolaydır." derdi Zeyneb. "En özel erdemlerini içinde taşıyan insanları kirlerinden arındırmak zordur. Ama onu özüne kavuşturmak mutlulukların en güzelidir. Ben bunu yapmaya çalışıyorum."

"As, çocuklarımın babasıdır." diye devam ederdi sözüne Zeyneb. "Bu yaşadıklarımızda ise kaderin gizli cilveleri var. Unutmayalım ki; *Allah kimin için hayır murad ederse, onu bir kısım zorluklarla karşı karşıya bırakır.* Bu bizim sınavımız."

"Tükenip giden gençliğinde hep onu mu bekleyeceksin?"

"Gönlüm onunla evli. Şartlar bizi ayırmış olsa da gönül, bağlı bulunduğundan kolay kopamıyor."

Firak makamındaydı. Arkası dönük olsa da yüreği onunlaydı. Billur imbiklerden süzüle süzüle geçiyorlardı. Sevdiği erkeğin uzaklarda imandan uzak kalması onu derinden incitmişti. Zeyneb gönül derdini kimseye belli etmese de göz ışığı babası her şeyin farkındaydı. Sık sık kızını yokluyor, ona imani reçeteler sunuyordu. Bu yönüyle genç kadın şifanın kaynağında olsa da onu düşünmeden edemiyordu.

Kırık bir gönlün gizli yakarışını işiten vardı. Hüzünlü teslimiyetlerin tebessümünü gören vardı. Öyle anlarda bir damla yaş düşerdi içine Zeyneb'in, bir de diline *La taknatü:*

"La Taknatu min Rahmetillah.."

"Allah'ın rahmetinden ümit kesmeyin!"

(Zümer Suresi: 53)

Yüce öğretide çaresizlik tuzaklarına düşmek yasaktı. Her derde bir umut ışığı sunulmuştu. Aklından çıkarmıyordu Zeyneb. En zor zamanlarında bile ümitsizliğe kapılmamıştı.

"Kalplerin dili ve kapaklı kilidi yalnız senin elinde değil mi ki Allah'ım...

Olur ki bir şey hoşunuza gitmezken o sizin için hayırlıdır, diyen sen değil misin?

Hem ümitsizlik yeryüzü günahlarının en büyüklerinden değil midir? Gelecek As, biliyorum, bir gün gelecek...

La taknatü min rahmetillah.

La taknatü min rahmetillah."

Dokuzuncu Kadim Anlatıcı: Rümeysa

Aşkın şu dünya yüzünde gizlenemez ferman olduğunu bilenler, onu inkâr edenlere bir gizli derman sundular. Sır gibi düşüverdiler zamana. Anlattılar hikâyesini bize. Onlara teşekkür ettiğimizde ise edeple tebessüm ettiler.

BİR SEVDA HİKÂYESİNİN KIYISINDA RÜMEYSA İDİM

"Gördüm ki cennete girmişim, önümde bir ayak sesi. Bir de baktım ki Rümeysa!"

Ebu'l As ile Zeyneb'in hikâyesindeki kör düğümlü sevdada benim de bir sözüm var. Adım Rümeysa'dır. Mihri "iman" olan Yesrib'li Rümeysa derler bana. Ben ki saadet devrinin ışıklı kuşağında yürürken Resulullah'ın hane-i saadetiyle müşerref oldum. Tüm zerrelerim gün ışığıyla nurlandı. Zeyneb'in Kâbe karası gözlerinde, As'ın hidayet yakarışını gördüğüm günden beri, dünya hayatımdaki tercihimi belirledim. Can bu sevdada aşkın yolcusu iken, iman hepsinden pahalı idi. Zeyneb'in hâlinden bunu okumuştum. Ne güzel yoldaş, ne candan arkadaştı o!

Yesrib'de farklı hayat seyirleri vardı. Her gün bir yeni olay, farklı bir güzellik onun gönül gamına merhem oluyordu. Mavi kubbe altında her an neler oluyordu da, akıl sır ermiyordu...

Peygamber yolunun sevdalısı bir yürek iken, gönül kuşumu Ebu Talha'nın kalbine uçurmuştum. Bezm-i Elest yadigârı bir kıvılcımdı. Can meclisindeki o çağıldayışta sevgim ona düşüvermişti. O aşk ki elde olmayan gerçekti. Ben de gerçeğimi Yesrib'in bu aklı başında yiğidiyle yakalamıştım. Aşikâre vurmadan sessiz sedasız gizli bir yanıştı benimkisi. Zeyneb'in göz bebeğindeki şerare, içimde sakladığım kıvılcımın aynısıydı. Kendimden bile gizlediğim bu sevdanın aşikâre çıkmaması en büyük dileğimken, kalbi dindirmek kolay değildi elbet. Ebu Talha da bana karşı boş değildi hani! Beni görünce heyecanlanıyor, bir şeyler diyecek ama diyemiyor, konuşurken titriyor. Utangaç ve mahçup hâli onu nasıl da ele veriyor! Hâli hâlim, dili gönlümdü belli. Ama o benim sevdamdan haberli değil. İç âlemim ona hiçbir zaman ayan olmadı.

İkindi gölgelerinin tatlı nefesler estirdiği bir Yesrib akşamında onunla bir kez daha karşılaştım. Ebu Talha'nın lal dili çözülüverdi:

"Rümeysa!" diyebildi sesi titrek. Ani bir irkilişle cevap verdim:

"Efendim!"

Ebu Talha bu cevapla cesaretlendi. Etrafını yokladı, kimselerin olmadığından emin olunca devam etti:

"Seni seviyorum Rümeysa!" dedi. "Bana ne dersin? Benimle evlenir misin?"

İçimde sesler yankılandı:

"O da seviyormuş meğer!"

Kalbim yaprak gibi titredi. Talha çok yakışıklıydı. Ona bakamadım. İffetim izin vermedi buna. Her kadını mutlu edecek birçok özelliğe haiz bu Yesrib genci asil ve karakterliydi. Zengin ve merhametliydi ama bunlar yetmiyordu. Aradığım en büyük özellikten mahrumdu. Kabul edemezdim: "Bu bizim için imkânsız bir şey." dedim. Billur sesi hüzünle buğulandı:

"Peki ama neden?"

"Doğrusu, tam bana göre bir eşsin ama bizim bir araya gelmemiz imkânsız."

"Neden?" diyebildi çarçabuk. "Buna mâni nedir?"

"Ben Müslüman bir kadınım." dedim. "Sen ise inançsızsın. Seninle evlenmem doğru olmaz."

"Nasıl yani?" dedi Talha.

Mümtehine Suresi'nin onuncu ayetiyle cevap verdim. Hani o Ebul As'ı Zeyneb'den uzak kılan yüce ayet...

"Ey Talha!" dedim. "Benim dinimde Müslüman bir kadın müşrik birinin nikâhı altında olamaz. Buna izin yok. Benim dinimde bu haramdır. Bak, peygamberin kızı Zeyneb bile bu yüzden kocasından ayrıldı."

Ebu Talha her şeyden habersizdi:

"Bu nasıl iş böyle anlamadım..." dedi.

"Neyi anlayamadın?"

"Evlenecek olan her kadın sarı altınlardan, kırmızı yakutlardan bahseder. Sen kalkmış başka şeyler ortaya koyuyorsun."

"Ben altın ve yakut aramıyorum." dedim. "Sana anlatmak istediğimi anlayamadın ne yazık ki!"

"Anlat öyleyse!"

Bakışlarımı bana haram bir erkeğin gözlerine çevirmeden cevap verdim:

"Ey Talha!" dedim. "Seni beğeniyor olabilirim ama seninle inançlarımız farklı. Bizim bir araya gelmemiz çok zor."

"Nasıl yani?"

"Ben yeri, göğü var eden ve her varlığa hükmeden bir ve tek olan çok yüce bir Allah'a inanırım. Sen ise; seni bilmeyen, görmeyen, işitmeyen şeyleri Rab tanımışsın. Zavallı kölelerin dağdan sürükleyerek getirdiği odun parçalarına tapıyorsun. Hiç düşünmez misin, tanrı olanlar kendini yerden sürükletir mi?"

Talha irkiliverdi birden. Bu türden sözleri ilk kez duyuyordu sanki. Heyecanla atıldı:

"Çok ilginç." dedi. "Hiç öyle düşünmemiştim."

Hayretle bana bakıyordu. İhtimal ki bu sözleri ilk kez duymuştu:

"Ey Talha!" dedim. "Benim ne altında ne de yakutta gözüm var. Seninle evlenmemi istiyorsan ilk önce Müslüman olmalısın. Benim Rabbime ve peygamberime iman et, senden bir şey istemem. Bu da benim mihrim olur."

Hiç ummadığım bir yaklaşım göstererek çok samimi bir itirafta bulundu:

"Bu konuda hiçbir şey bilmiyorum ki!" dedi. "Bana onları kim öğretecek?"

O yumuşacık kalbi iman bütünlüğüne ne kadar da müsaitti Talha'nın. Bir an dahi duraksamadan:

"O'na git!" dedim.

"Kime?"

"Hz. Muhammed'e git. O sana ne yapman gerektiğini öğretir. O'na git!"

Heyecanla irkildi. İçine bir kıvılcım düşmüştü sanki. Merakla sordu bana:

"O nerede şimdi?"

"Mescitte bulabilirsin." dedim.

Ani bir hamleyle doğruluverdi ve yıldırım hızıyla yollara düştü. Kadın kalbi için mücevherden daha değerli ne olabilirdi ki? Şehrin sokaklarında hızla koşuyordu. İçimde bir umut kıvılcımları... Dilimde dualar. Gözümde sebebini bilmediğim ikindi yağmurları var. Biliyorum, Talha farklı dönecek.

Günün ilerleyen saatlerinde Ebu Talha yanıma gelip selam verdi:

"O'na gittin mi?" dedim.

"Evet!" dedi ışıltılı bir yüzle ve devam etti:

"Mescidin sundurmasından içeriye nefes nefese girdiğimi görünce sahabelerine:

'Bakınız!' dedi. 'Ebu Talha, İslam'ın aydınlığı iki gözü arasında parlayarak geliyor.' dediğini işittim.

Yüzünün nuru gözümü alıyordu. Koşarak huzurunda diz çöktüm. Sordum, soruşturdum ve oracıkta Müslüman oldum. Şunu bil ki Ey Rümeysa! Bu ikrar sana kavuşmak için olmadı. Seni tanımamış olsaydım da yine öyle yapardım."

Bir insan o kadar kısa bir sürede bu denli değişir miydi? Tüm ezberleri bozuluvermişti sanki. Gözlerinden akıp giden yaşlara hâkim olamıyordu. Bu nasıl şeydi böyle? O da bilmiyordu. Tatlı ürperişler içinde:

"Haklıymışsın Rümeysa." dedi. "Şu saatten sonra bana en sevgili yüz peygamberin yüzüdür. O'nu senden daha çok seviyorum."

Öylesine bir aşk, öylesine bir cezbe içindeydi ki sözlere şiir oldu:

Serin gündüzlerin ışıklı rüyasısın

Derin dertlerimin meltemi, nevasısın

Ne göz gerek bana, ne el ne yürek

Ezel hasbihâlinin biricik verdasısın

"Anlatmak istediğim buydu." dedim.

"Ey Talha! Teklifin hâlâ geçerliyse evlenelim." Sevinci ikiye katlanmıştı. Aşk için şükre durdu:

"Ey Rabbim!" dedi. "Şükrolsun Sana.Yıldız sayısınca şükür. Alıp verdiğim nefeslerce şükür."

Sevinç ve mutluluğumuz had safhadaydı. Daha fazla bekleyemezdik. Büyükler devreye girdi. Sevgili peygamberimiz nikâhımızı kıydı. Mihrim yeryüzü dolusu kızıl develere bedel Ebu Talha'nın nikâhıydı. Şimdi duam Ebu'l As'ın da bu yola kavuşmasıdır.

YESRİB YANGINLARI

Teşrinisani günleriydi. Uzak coğrafyalarda renkli ve ahenkli çiçekler gülümserken, hava sıcaktı ve Mekke gökleri puslu bulutlarla kaplıydı. Bütün himmetini işine ve ticari seferlerine vermişti. Zihnini onlarla dolduruyordu.

Hindistan'dan zaferan, sürme, koku ve baharat, Yemen'den altın, inci ve pahalı taşlar, Şam'dan inci, kadife ve gıda, Çin'den ayna, ipek ve kumaş, Bizans'tan deri, züccaciye, silah ve takunya getiriyordu.

Yollar, kıvrımlar, dereler, su kuyuları onun gözü kapalı geçip gittiği yerlerdi.

Yaptığı ticari seferlerle çokça kazanç elde etmişken yalnız ve de mutsuzdu. Zenginliği gün gün artmış olsa da Zeyneb'den sonra evlenmeyi düşünmüyordu. Emrinde hizmetçileri, köleleri, cariyeleri, yanında dostları, sevenleri, serveti ve sermayesine rağmen hiçbir şey Zeyneb'in açtığı boşluğu dolduramıyordu. Ayrılığa alışamamıştı. Mekke'nin emzikli bebeği sütten kesilecek çağa gelmişken, Ebu'l As'ın yorgun dimağı tarumardı yine. Mekke bomboştu şimdi. Zeyneb'den geriye kalmış odaya sinen amber kokusu gitgide azalıyordu. As da onunla birlikte her geçen gün biraz daha yitikleşip tükeniyordu. Pejmürde yalnızlığını anlayacak kimsecikler yoktu. Kalbinde hiç sönmeyen bir yangın vardı. Eski neşesi yoktu. Heyecanı ve coşkusu kesikti. Yaşlılık alametleri kır kır şakaklarına düşüvermişken yakınları endişeliydi:

"Ey El-Emin'den sonra Mekke'nin ikinci güveniliri!" dediler. "Gün gün içimizden göçüp gidiyorsun. Bedenin burada olsa da ruhun başka yerlerde. Nedir bu bezginliğin? Giden gitti artık, kendine dön ve hayatını yaşa!"

Çöl alizelerinin çarparak bronzlaştırdığı tenine düşüveren ince çizgiler azar azar artarken, gözlerinde hâlâ o mağrur kıvılcımlar bir yanıp bir sönüyordu genç adamın. Işıklı gündüzlerin uzun boylu, uzun saçlı dev yiğidi, gecelerin yaralı aslanıydı şimdi. Odaya düşmüş yetim bakışları ışıksızdı. Zamanın çok boyutlu düşlerinde gezinirken kimseler hâlini bilmiyordu.

Bülbülün lalezarı terk ettiği günden beri her yer harabeye dönmüştü. Ebu'l As'ın geceler boyu ettiği kahırlar... Zeyneb'in gözyaşları... Minik yavrularının özlem dolu yürekleri... Dağılmış yuvaları... Araya girmiş mesafeler... Vebali tükenmemiş yüklerin hamallığını yapan müşrik yürekler, kuru çöller gibi ıssız ve susuzdu.

Gece... Ebu'l As, uykuyu haram kılmış gözlerle şehrin sokaklarını arşınlıyordu. Mekke ıpıssızdı. Çöl ırak, gece durak, vadi kuraktı. Yağmuru olmayan, güneşi olmayan, nesimi olmayan bir karanlığın gurbetinde hazan yemiş gönlünün anlarını sayıyordu. Uzaklardan nameşru eğlencelerden sızan kadın kahkahaları ruhunu tırmaladı. Gecenin sabaha dönük saatlerinde, eğlenceden arta kalan birkaç ayyaş, sokakların tozlu köşesinde sızıp kalmıştı. İçinin bunaldığını hissetti. Şehir, ölü bir gafletin kucağında körkütük sarhoştu. Birkaç kedi yavrusu ardı sıra onu izliyordu. Gecenin leyli kuşları çığlık çığlığa uçuşurken, kendini güç bela Kâbe'ye attı. Ama onunla arasında kalın perdeler vardı. Hübel'di adı. Önüne diz çöktü. Hâlini anlattı, dinine düşkün adam. Fakat gözü her seferinde Hübel'in kırmızı akik taşının kırığına ilişip kalıyordu. Tanrı bu kadar âciz miydi?

Lal, çaresiz ve korkunç bakışlarıyla neden hâlâ sessiz ve suskundu? Neden içini ferahlatmıyordu? Sıkıntılı bir ruh hâliyle çıktı oradan. Sabahın ilk ışıklarıyla çocuk sesleri duyulmaya başlamıştı. Mekkeli çocuklar gülüp oynarken, boş evinin yolunu tuttu.

Ecesi, hecesi, gecesi, leylası, rüyası hep oydu.

Zeyn-i zineti, çeşm-i çeşmesi kurumuştu.

Onuncu Kadim Anlatıcı: Zahir

İnsanın en aziz varlık olduğunu bilenler vardı. Her insan biricik ve değerliydi. O değeri kalpteki iman cevheriyle yaldızlayanlar, sırlı kelamlarını kaleme teslim ediverdiler. Bu kez yolumuz Yesrib günlerine düştü. Sahabe Zahir idi, bize gülümseyen. Onun dilinden zamanı dinlemek bahtımıza düşmüş iken Haza min fadli Rabbi!

BEN Kİ ZEMBİLFROŞ ZAHİR İKEN

Yesrib pazarlarını dolaşan garip bir fukara iken, can ışığımı O'nunla yakaladım. Ufak tefek, adı sanı belirsiz bir garip kul iken ışığın kaynağını buldum. Yesrib dağlarını mekân tutmuş bir zembilfroşken, Son Nebinin nebevî nefesiyle hayatlandım. Hurma yapraklarının saplarıyla sepet örerken, kütüğü ile de tabak, çanak yontar satardım.

Ne adım var ne sanım. Kimseler bilmez beni. Son Nebinin sesi avazım, nefesi ferahlığımdır. "Zahir bizim çölümüz, Biz ise onun şehriyiz." dediği günden beri hayat damarlarıma can geldi. Ben yoksul ve çelimsiz bir köylü. O, âlemlere nam salmış muhteşem bir peygamber. Çoğu kez dalar giderim:

"Ey Zahir!" derim kendi kendime. "O seni nasıl da böyle seviyor? Bak sana bakıyor, sana gülümsedi. Sana doğru geliyor. Senden mal satın alıp, sana hediyeler veriyor. 'Elbet olacak!' diyor kalbim. Zira o yerin göğün Nebisi." İyi de kendimle çatışmalarım var. Aklım sırrım ermiyor bu tevazuya.

Ördüğüm ufak zembillerle, oyduğum minik tabaklardan minik Ümame'ye hediye gönderirim. Hani o güvercin yumurtasını çok sever ya... Saman yığınlarının içine onlardan saklar ona yollarım. Maksat, baba yüzüne hasret bu yavruyu kendimce sevindirmek. Bazen çölde yetiştirdiğim değişik ot ve çiçek bitkilerini bu sepetlerde dizayn ederek Resul hanesine hediye ederdim. Son Resul öyle ince, öylesine yüce ruhlu ki neye ihtiyacım var iyi bilir. Ben söylemeden zembillerimi doldurarak elimin altına koyuverir. Çölde bulunmayan zeytinyağı, esanslar, çocuk giysileri, ayakkabılar, şekerlemeler, çerez ve hurma kuruları... Çocuklarımın sevinçle beklediği peygamber sepeti hepimiz için çok kıymetlidir.

Yine öyle bir günde zembillerimle dağda yetiştirdiğim değişik sebzeleri dizmiştim ki arkamdan biri gözlerimi sımsıkı kavrayıverdi. Ne var, ne oluyordu? Kimdi bu beni sımsıcak kucaklayan? Şaşkındım. Ellerimi gözlerimi örten ellerine dokundurdum. Serin, yumuşak ve amber kokulu bu elin sahibi O'ydu (sav).

Ben zavallı Zahir'e bundan öte ikram mı var? O an hiç bitmesin, o koku hiç gitmesin. Ruhuma sinsin o nefes. O an, o zaman hayatımın en nadide mücevheri olarak kalacak. Son Nebinin her hâli şefkatli.

Sıcak samimi bir sesle:

"Onu satıyorum. Alan yok mu?" diyor.

Kendimi ne kadar değersiz gördüğümü iyi biliyor. Ama ne diye böyle bir şey yapmıştı anlayamadım. Sonunda dayanamadım:

"Bu zavallı, çelimsiz Zahir'i kim ne yapsın Ya Resulullah?" dedim.

Gözlerimi açtı ve karşıma geçerek cevap verdi:

"Öyle deme Ey Zahir!" dedi. "Vallahi sen Allah katında çok değerlisin. Çok kıymetlisin."

Kul olma lezzetini o an bir başka şekilde tattım. Her şeyden önce insan ve Müslümandım. Kalbimin içinde bir mühür vardı. Tevhid imzasıydı. Hemen yanı başında bir konuk vardı. Resulullah sevgisiyle orada duruyordu. Olsa olsa bunun için ve insan olduğum için değerliydim. Bu yönüyle de Rabbimin bana verdiği bir değer vardı. Yüce Rab beni seviyordu ve Son Nebi seviyordu. Bunun için bahtiyardım. Şükür içinde tebessüm ettim.

ZEYNEB'İN KINALI ELLERİ

Çekemezken o yükü sen bile Ey Dağ
Ona benim zayıf varlığım omuz verdi
Acziyette kul olmaktı muradım
Bunun için Rab
Serin cennetleri önüme serdi.

Medine'ye geldiği günden beri Zeyneb hayatının en çetin günlerini yaşıyordu. Uykusuz sabah etmişti o gece. Minik Ali hastaydı. Gece boyu uyumamıştı. Uykusuz annelerin sabaha eren gözlerindeki yorgunlukla mahmur, bekliyordu yavrunun başında.

Sessiz, soluksuz ve de ateşler içinde yatıyordu. Gece boyu uyumamıştı Zeyneb. Kendini unutmuş bir hâlde yavrusuyla hemhâldi. Gül tenini kâh ılık suyla serinletip kâh sirkeli bezle ovsa da hiçbir tedbir Ali'nin gitgide artan ateşini indirmiyordu. Körpecik hayatından uçuvermiş gibiydi cennete. Genç kadın bunu hissetmişti. Anne kalbi hassastır ya, Zeyneb'in de kalbi daha önce yaşadığı tecrübelerle durumu hissetti. O evin kızı değil miydi? Yaşı küçük de olsa o yıllarda erkek kardeşlerinin peş peşe ölümleri zihnine kazınmıştı. Cennete uçmadan önce Kasım da öyle bakıyordu. Tıpkı onun gülüşü gibi uhrevi bir gülüş ilişmişti yavrusunun yüz ifadesine. Körpecik göğsü nefes nefese inip çıkıyordu. Ali'nin can mücevheri dünyadan çekiliyordu. Son bir feryattı bu. Genç anne oradan oraya koşuverdi. Kız kardeşlerini çağırdı ilkin. Aişe, Fatıma, Ümmü Gülsüm, Rukiye koşarak geldiler. Her biri çaresiz devinimlerle dönerken Ümame'yi mescide yolladılar.

Zeyneb babasına haber gönderdi. Resulullah arkadaşlarıyla birlikte koşarak gelmişti:

"Allah neyi alırsa, o Allah'ındır. Neyi verirse o da Allah'ındır. Her şey Allah katında belli bir müddetledir. Sabredin ve Allah'tan sevap isteyin." dedi.

Daha sonra torununun minik ellerini avuçları arasına aldı. Gül kokulu ellerinin serinliğini minik Ali'nin körpecik tenine değdirdiği anda cennetin en güzel bahçelerine uçuverdi minik yavru. Zeyneb bir anne yüreğiyle hıçkırıklara gömülürken, Resulullah'ın kalbinin en ince tarafı rikkate gelip, nur mecrası gözlerinden yaşlar akıverdi usul usul. Kalp acı çeker, göz ise yaşarırdı. Sad bin Ubade dayanamadı bu manzaraya:

"Ya Resulullah!" dedi. "Bu hâliniz nedir böyle?"

"Bu yaşlar merhametten gelir." dedi. "Yüce Allah bunu kullarının kalbine koymuştur. Allah kullarına merhamet edene merhamet eder."

On Birinci Kadim Anlatıcı: Yemenli Bişr

Köleleri, cariyeleri, muhasipleri vardı genç adam Ebu'l As'ın. Elin altındaki onca işçiden gönlüne yakın bulduğu sadece bir genç vardı. Hâli hâl, dili lal bu köle kimileyin can yoldaşı olurdu ona. Kimdi? Neler görmüş, neler hissetmişti ki Ebu'l As onu gönül dostu kılmıştı kendine? Dili dilimiz olsa acaba kendini şöylece anlatır mıydı o genç?

YESRİB SEHERLERİ

"Yemenli Bişr" derler bana. İnsan pazarlarında haraç mezat satılığa çıkarılmış eli kara, yüzü kara, bahtı kara bir köle iken, efendim Ebu'l As'ın gani gönlü gönlümü satın aldı. Zahiren kölesiyim ama efendimin edebi ve inceliğiyle bilenler iyi bilir ki sanki ben onun efendisiyim. Derdimi ve ahımı iyi bilir. Onun buğulu yüreğinden çıkan ritimler, ilk önce benim yüreğimde nağmelenir. Yıllar var ki gamlı ve kederlidir. En son aldığı haberle de yüreği büsbütün perdelendi. Efendimin evladı Ali bu dünyadan göçmüştü. O sebeple çok kederli ve gamlıydı. Bütün gün suskun dolaşıyor. Hanımım gittikten sonra eski neşesini ve coşkusunu hiç bulamamışken şimdi büsbütün elemli ve hüzünlüdür. Hanımım Zeyneb'in eline o yüzüğü tutuşturduğum günden beri vicdanım gülmez. Efendimin firkat derdine biraz da ben sebep olmuşken ne diyeyim, kime gideyim bilemem.

Cemâziye'l-evvelin ortalarıydı. Mayıs ayının tatlı uyanışı dem ve damarlara nüfuz etmişken İys vadisinin otları yeşille kucaklaşmıştı. Bir kervan yolundaydık. Yorgun develer, Şam-Mekke yolunu ağır ağır katederken kervancılar aç ve yorgundu. Ufukta gözüken kızıl tepeleri aşınca mola vereceklerdi. Varıncaya dek sözle yolu kısaltmaya çalıştılar:

"Bu yıl bolluk olacak." dedi Ammar. "O kadar çok mantar var ki develer ayaklarıyla ezip geçiyor."

"Doğru söylersin." dedi Ahfaz. "Bozulmasın diye içine taze et yerleştirerek kapalı kaplara koyduğum Şebabi balını açar açmaz arıların üşüşmesinden anladım. Arının bolluğu mevsimin bereketidir."

"Taze ekmek kokusunu özledim." dedi genç kervancı. "İnsan çöle varınca ekmeğin de suyun da tadını daha bir iyi anlıyor."

Yaşlı kervancı ufuklara baktı, baktı:

"Hatice'nin ruhuna rahmet olsun." dedi. "Kervan dönüşü günlerinde bizi sıcak ekmek ve hurma nebiziyle karşılardı. İkramı bol bir işverendi o. Çölün tozu toprağı üzerimizdeyken ücretimizi tastamam teslim ederdi."

Sözü arkadaşı aldı:

"Badem ve cevizle süslenmiş felluzec tatlısını ilk o bana ikram etmişti. Sıcak ekmek, hurma kavurmasının lezzeti ise damağımdan gitmedi daha."

"Ebu'l As'ın teyzesi olur. Onun namı ve bereketinden o da nasiplenmiş olmalı. Yol boyu fakire ve fukaraya ikramını esirgemiyor. Sürekli verici ve yardımsever bir tabiatı var."

"As, Kureyş müşriklerinin itibarlı taciridir. Mal sahipleri onun üstüne kervancı başı tanımıyorlar."

"O bizim El-Emin'imizdi. Hayfa ki ata dinini terk etti ve aramızdan göçüp gitti. Onun yerine Ebu'l As'ı koyduk. Bu işi hakkıyla yapar."

"Kendine has kuralları vardır onun. Yalan söylemez. Sözünün eri, işinin ehlidir."

"Dürüstlükte bihemtadır o. Yıllar yılı bu yönü ile bilindi ve namına leke sürmedi."

Efendimin sözü geçince dikkat kesiliverdim. Sözü yaşlı kervancı aldı:

"Yiğit insan yürüyüşünden bellidir." dedi.

"Pek büyük bir kârla dönüyoruz. Bu kazanç Ebu'l As'ın başarısı ve zekâsıyla gerçekleşti."

Yıllar yılı Ebu'l As'la birlikte kervan gütmüş orta yaşlı adam, kararlı bir ses tonuyla konuştu:

"Ahdine vefalıdır." dedi. "Kararını verdi mi göz kırpmadan hayatını feda eder."

Diğer kervancı söz aldı:

"Eşinden ayrıldıktan sonra bütün himmetini ve gayretini işine verdi. Uluslararası bir kervan taşımacılığının başarılı taciri olsa da kadın konusunda şanssızdır. Yıllar var ki yalnız yaşar."

"Kartallar gibi yalnız uçar ama hâlini kimse bilmez."

"Asil azmaz, bal bozmaz." derler. "Leş yiyen kuşun eti yenmez tabii ki. As'ın atası, dedesi, annesi, ninesi; hepsi afife ve soylular. Tohum gümrah olunca hurmanın bereketi de tükenmez elbet."

Onlar bu nevi kehanetlerde bulunurken efendim kervanın önünde güçlü kartallar gibi yalpalamadan gidiyordu. Konuşulanları ne duyuyor ne de önemsiyordu. Hayatta en önemsediği şey, yürek katmanlarında nadide bir inci sedefi gibi sakladığı Zeyneb'iydi. Onun yaşadığı şehrin yakınlarından geçiyorduk. O sebeple olsa gerek, hâli buruktu. İs mevkiinde mola verdik. Otları gül, kuşları bülbül olan bir vadiydi burası. Kuyu kenarında dal budak salmış su terelerinin arasında ötüşen kuşların ıslığı yankılıydı. Vadinin diğer yakasında yavrulamış bir anne ceylan ürkek gözlerle bize bakıyordu. Çölün bu vadisinde ne çok deve kuşu yumurtası vardı! Derin bir sükût ve huzur iç içeyken efendimdeki o sıkıntılı hâl de neyin nesiydi? Kendi kendine bir şeyler mırıldanıyor. Kulak kabartıyorum:

"Bu yerlerde seher ne hoş ve serindir!" diyor. "Bu kadar yakınındayken onu görememek ne acıdır! Ey Yesrib ilini kendine mekân tutmuş sevgili! Şu an kim bilir kimlerin yanındasın... Kimlere yâr oldun? Kiminle berabersin? Ahu bakışlarının titrekliğinde kimler su içiyor Ey Yar?"

Saba rüzgârının serin meltemi kırlaşmış saçlarını uçururken, içindeki ufuneti dağıtmak istiyordu. Izhır otlarının ferah kokusu mecenne suları gibi tatlı. O kokuyu bir yudum hayat gibi içine çekti. Yemenli deve haydalayıcısı eski bir türküyü mırıldanıyordu:

Saba rüzgârının bereketinden

Ruhuma haz gelir, nefes gelir.

Müjdeler gelir ahenkli, menfezler açılır renkli.

Sofralar açılır önüme sanki.

Kuş eti, sevik ve nebiz

Cariyeler rakseder.

Her biri ahenkli, neşeli ve cilvelidir.

Bu yel ömrüme hayat katar.

Hayatıma huzur bağışlar.

Herkes çok açtı.

"Şimdi şart oldu." dedi. "Haydi bakalım, kesmek için ayırdığımız hayvanlardan birini kesip yemek hazırlayalım. Bu bereket rüzgârının bolluğundan nasiplenmeden gitmeyelim."

Efendim izin verdi. Molayı uzattılar. Kervandakiler çiçekli kırlara sofralar açtılar. Büryan kebabını hurma şerbetiyle sundular. Doya doya yediler, içtiler, gülüp eğlendiler. Yumuşak kumlara gömülüp öğlen uykusuna yattıklarında gözüm hâlâ efendimin üzerindeydi. O hâlâ aç, uykusuz ve keyifsizdi. Ve ben bunun için endişeliydim. Az ötede yorgun develerin ayaklarını ovalayan, memleketlim olan Hanzala, efendimin yanına yaklaştı. Yakınlarda bir yerde boz kumlara uzanmış yatıyordum. Gözlerim kapalı olsa da sesler, ışıklar, nefesleri dahi duyabiliyorum. Pürdikkat kesildim:

"İzninizle size bir sorum olacak." dedi.

Güven vadeden bakışlarını gencin üzerine çevirdi:

"Buyur, sor!"

"Bilge duruşunuza ve içten samimiyetinize güvenerek bir konuda sizden fikir almak isterim. Uzun süreden beridir bir kıza âşık oldum. Ama hâlimi bilmez. Gece gündüz onu düşünür, onu konuşurum ama sesimi duymaz. Bana bir çare söyleyiniz ki onu unutabileyim. Kurtulabileyim bu illetten. Ne yapmam, kime gitmem gerek?"

Ebu'l As derin bakışlarla genci süzdü. Bıyıkları henüz terlemiş, temiz yüzü ve masum bakışlarıyla ne kadar da saftı... Gençlik yıllarını hatırlardı. Tam o çağlardayken sevmişti Zeyneb'i. Ne hoş, ne tatlı duygulardı! Aşkın ne menem illet olduğunu bildiği için acıdı bu masum gence. İçinin şefkat pınarları kabardı:

"Aşktır bunun adı." dedi. "O nazlı bir konuktur ki her gönüle konuk olmaz. Yüreği sıcak, kalbi duru, şefkati berrak insanları kendine dost edinir. Ne mutlu sana ki aşk seni seçmiş. Seni es geçmemiş. Adam bilip misafir olmuş. Konuğunu iyi ağırla ey âşık!"

"Yemek, içmek haram bana. Uyuyamam geceleri. Nereye gitsem, kiminle göz göze gelsem sevdiğimin büyülü gözleri durur karşımda. Her durakta, her yol kıvrımında onunla göz göze gelirim." dedi başı öne eğik ve utanarak.

Efendim Ebu'l As, kendi derdini de dile getiren bu genci sevmişti sanki:

"Aşka tutulmuşsun." dedi. "Şunu bil ki aşk çiledir, meşakkattir Ey Hanzala. O çileyi bilenler acının lezzetiyle doyarlar. Şunu unutma ki az uyumak, az konuşmak, az yemek bir nimettir. Çok yiyen aşkı bilmez. Çok uyuyan tadamaz. Çok konuşan hissedemez. Bedenî hazlar arttıkça ruhani lezzetler azalır. Aşk buna engel olur. Nefsin isteklerine karşı direnemeyenler aşkı kurban ederler. Bu yönüyle aşk kutlu bir konuktur. Onu ürkütme ve iyi ağırla!"

Efendimin her sözü bana da hayat ışığı oluyordu. Bir kez içine düşmüştüm. O sebeple bilirim yürek derdini. Sözleri ruhuma yankı yankı iniyor:

"Aşkı tatmayan bir yürek donuktur. Renksiz ve ahenksizdir. Aşkı duymayan bir kulak, bülbülün içli tegannisini nereden duysun? Aşkı kuşanmayan bir kalp saba rüzgârının tatlı esintisiyle nasıl ferahlasın? Aşkı görmeyen bir göz göğün yedi renk örtüsüne kördür. Aşkı bilmeyen ahengi bilemez genç. Hayatı anlayamaz. Aşk iyi bir tabiptir. İlacı sabır, devası acıdır ki, kör noktalarımızı uyarır. O uyanış içinde ışıkla tanışırız. Varsın az biraz yakıversin. Ne gam!"

Derin bir sükût oluştu. Efendimin dersinden Hanzala gibi ben de çok etkilenmiştim. Tam o sırada çölün derin katmanlarından sesler geliyordu. Aynı ahenk, aynı tempo... Gür, tok ve de net:

"La ilahe ilallah! Muhammedün Resulullah!"

Bu sesle irkiliverdik. Çölün boz kıvrımlarına doğru baktım. Yesrib'i dış akımlardan korumaya alan Müslüman müfrezesiydi bu. Kimdi bunlar? Bu asil tavırlı askerler de kimlerdi? Onların kim olduğunu anlatacak kimse yok mu?

On İkinci Kadim Anlatıcı: Zeyd

Zor zamanların Zeyd'i idi aradığımız. Onun ardındaydık. Yüksünmedi, ötelemedi hiç. Açıverdi bize; Habibullah'a atılan taşlara siper olmuş sinesini. Ondan dinleyeceklerimizden çok, yaşanmışlığa muhtacız ama kadim hatıratı incitmemektir arzumuz. Rabbim incitme onları bizden. Kelamın kaleme teslim ediverdiği bir kısacık andayız.

HANİ Kİ BEN ZEYD İDİM

Son peygamberin evlatlığı Zeyd olmak yüce talihimdir. Zeyneb'e kardeş olmak, onu ağyardan esirgemek ne kutlu şandır Ya Rab! Şükrüm kum tanelerince... Medine şehrine göz dikenler yeni planlar peşindeyken elbette ki uykuyu kendime haram kılacaktım. Son peygamberin şanıyla şereflenmişken, O'nun yaşadığı şehrin kıyısından kuş uçurtmamak şükür borcum. Yeni tuzaklar, planlar, hain saldırılara karşı müteyakkız olmak durumundayız. Kureyş, hazırlık içindeymiş. Söylentilere bakılırsa; fena saldıracaklarmış. Tüm reislerini ve liderlerini kaybettikleri Bedir'in intikamını çetin alacaklarmış. Ebu Süfyan bu sebeple Şam seferine çıkmış. Gelen haberlere göre, Ebu'l As ona katılmayı reddetmiş. O ticari seferini, kavim ve kabilesinin iyiliği için gerçekleştirecekmiş. Ama biz onları şehre sokmayacağız. Acıyı, kanı, gözyaşını şehir dışında tutacağız. Bu sebeple onları Uhud eteklerinde karşılamaya karar verdik. Ondan ötürü gece gündüz yollardayız. Dur durak yok bize. Yüz yetmiş kişilik seriyyemin başında şehrin sınırlarını kolaçan ederken onlarla karşılaşmıştım. Şehrimize bu kadar yakın bir yerde mola veren müşrik kervanının amacı ne idi? Müslümanların yerleşim sınırında onların ne işi vardı? Yeni bir Bedir planı olabilir miydi? Kervanı kıskıvrak çevreleyiverdik. Amacımız can yakmak değil, onların asıl niyetini öğrenmekti. Kervancı başı derin bakışlarını gözlerimin içine dikti:

"Kimseye zarar verici değiliz Ey Zeyd." dedi.

Bu sesi tanımıştım. Kız kardeşimin ayrıldığı kocası Ebu'l As'tı bu. İlahi Takdir bizi İs Vadisinde karşılaştırmıştı. Müslümanlar içinde onu tanıyanlar vardı. Seriyyeden bir ses yükseldi:

"Elimize düştün As." dedi. "Bize zorluk çıkarma!"

Anlamlı bakışlarını üzerime çevirdi. Zeyneb'in üvey ağabeyi olmak, bir diğer tabirle As'ın eski kayınbiraderi olmak alın yazım olsa da bu iş başkadır. Dinimi ayaklar altına alan, peygamberimi yurdundan çıkaran ve gittiği yerde üzerine saldırılar düzenleyen müşrik cenahı kervanını As'ın hatırlı bakışları uğruna azad edemem. Bu dinime ihanet, nefsime ise zül gelir. O gerdanlığı unutmadım. Çok şey anlatmıştı kız kardeşim. Kadim hatırası hürmetine:

"Ona dokunmayın." dedim. "Kervanın yönünü Medine'ye çeviriyoruz."

Müşrik kervancılar tek tek teslim oldular. Aralarında sessizce konuşuyorlardı. İçlerinden birinin şöyle dediğini duydum:

"Ne o Bişr? Korkudan sapsarı kesiliverdin. Nasıl erkeksin sen? Korkma, ilk önce dayak atarlar, sonra azıcık işkence, bir iki kılıç darbesi ve kan; hepsi bu kadar."

Bu sözler üzerine teslim olan kervancılara durumu açıkladım:

"İslam'da işkence yoktur. Haksız yere kimseye zulmedilmez. İnsan çok kutsaldır. Dövülmez, vurulmaz, hırpalanıp yakılmaz. Bu kervanın bize zarar vermeyeceğinden emin olmamız lazım."

Ebu'l As derin hülyalı bakışlarla bana bakıyordu. Kenara çekildik:

"İkinci defa elinizdeyim." dedi. "Yine esir düştüm. Bu nasıl şeydir, aklım almıyor."

"Selam ve selamet yolundayız biz. Acı, kan, kin ve gözyaşı harcımız değil. Şimdiye kadar bunu anlamış olman lazım."

"Biliyorum." dedi. "Her şeyin farkındayım."

Araya uzun zaman girmişti. As eskiye göre daha bir olgun ve daha kararlı gözüküyordu. Hâli ve tavrı bir müslümanınkine ne kadar benziyordu... Hatırnaz oluşu, inceliği, anlayışı ve mertliği. Resulullah'ın tavsiyesi üzere kavli leyinle yaklaştım ona:

"Bir zamanlar birbirimize yakındık." dedim. "Sonra araya mesafeler girdi. Din ve kavim ayrıcalığı bizi bu noktaya getirdi. Şu an ayrı cenahlarda olsak da biz bize zarar vermeyene dokunmayız."

Ebu'l As rahatlamıştı. Kır düşmüş saçları ve sakalıyla civanmert bir hâli vardı. Gözlerinin önüne düşmüş ince çizgilerle çöllerin tozunu yutmuş adam hâlâ çok kibardı:

"Doğru söylersin." dedi. "Zahirde iki karşı cenahta kalmış olsak da biz dostuz, arkadaşız. Geçmişe dayalı hukukumuz var. Dostluk, ipek kaftan gibidir. İncelik ve hassasiyet ister. Onu hak etmeyenin sırtından kayıp düşer. O kaftanı taşıyamayanlar üşümeye mahkûmdur."

Araya sessizlik girdi. İzhir çiçeklerinin kokusu ruhefza nesimler sunarken As devam etti:

"Fikirlerimiz, inançlarımız ayrı olsa da akrabayız. Çocuklarımın dayısı sayılırsın. Onlar nasıl?" dedi merakla.

Sonra gözlerini önüne çevirerek devam etti:

"Büyümüşlerdir..."

"Ali'nin vefatını duymuş olmalısın. Sadece kızını mı merak ediyorsun?" dediğimde, acılı bir babanın yürek yarasıyla yutkundu:

"Çok acılar çektik." dedi. "Oğlum, karım, kızım bana el şimdi. Her şeyin boş olduğunu anlamış olsam da bunu kimseye anlatamam. Bu kavim belası beni bu hâle getirdi. Keşke... Keşke böyle olmasaydı."

Bakışlarının derinlerinde yaşlar dolaştı ılık ılık. O gururlu, o kibirli adamı öyle görmek çok tuhaftı. Daha sonra toparlandı. Zeyneb'i sormaya yüzü yoktu ama dayanamadı:

"Elin namusunda gözümüz olmaz bizim." dedi kederli. "Zeyneb genç bir kadın. Çoktan evlenip yurt yuva kurmuştur. Sorup soruşturmam ayıp olmaz mı?"

"Yanılıyorsun As." dedim. "Zeyneb senden sonra hiç kimseyle evlenmedi. Hâlâ yalnız yaşıyor."

As'ın kederli yüzü karanlık bulutların sıyrılıp çekilmesi gibi ışığa kavuşmuştu sanki:

"Buna çok şaşırdım." dedi. "Hâlâ evlenmedi mi?"

"Neden bu kadar şaşırıyorsun?" dedim. "Aradan yıllar geçti ama Zeyneb halâ..."

Gerisini getiremedim. Kız kardeşimin gönül sırrını ifşa etmeye izinli değilim. Ebu'l As duymak istediği sözcükleri duymuş gibiydi. Kadim bir sırrı sahibine teslim etmek istercesine:

"Onu unutamıyorum." dedi kısık bir sesle.

"Bu tercihi kendin yaptın." dedim. "Ama hâlâ unutmadıysan tüm yolların açık."

"Şu saatten sonra bu bizim için imkânsız." dedi.

"İmkânsız hiçbir şey yoktur." dedim. "Şu kara parçasında her şey bedel ister. Seçimlerimiz bedellerimizdir."

"Çok geç." dedi umutsuzca. "Ona o kadar acı verdim ki beni görmek bile istemez."

Gönül dibacesinin pençelerinde zavallı bir güvercin gibi çırpınan bu yürekli yiğide ışık tutmak istedim:

"Hâlâ vakit var." dedim. "Unutma, kaybettiğinde değil, vazgeçtiğinde yenilirsin. Sakın vazgeçme!"

Seriyyem kervanı toparlarken As'ın değişik ruh hâlini fark ettim. Fırtınalı denizlerin orta yerinde kalakalmıştı sanki. Şirkin devasa dalgaları arasında yol ararken benimle karşılaşmış olması, Müslüman seriyyesine ikinci kez esir düşmesi, sevdiği kadından iyi haberler alması ve ona bu kadar yakın olması da neyin nesiydi? Yeğenim Ümame'nin babasıydı karşımda duran. Kız kardeşim Zeyneb'in unutamadığı gönül sevdası. Ona itina göstermeliydim. Çünkü o Habibullah'a verdiği sözü tutmuştu. Yorgun ve telaşlı hâlini görünce:

"Sabahı bekleyelim." dedim. "İs vadisi güvenlidir. Geceyi burada geçirir, sabahın ilk ışıklarıyla kervanı Yesrib'e götürürüz."

Arkadaşlarım teklifi kabul ettiler ve vadinin leyli kuşlarının derin zikriyle birlikte ışığı beklemeye koyulduk. Sabahın ilk ışıklarıyla birlikte uyandığımızda namazlarımızı kıldık, develeri kaldırıp denklerini düzenledik. Yesrib yoluna koyulduğumuzda askerlerden birisi seslendi:

"As kaçmış." dedi. "Onu hiçbir yerde bulamıyoruz."

Ebu'l As, esir düşmüş olmayı gururuna yediremediğinden olsa gerek gecenin bir vaktinde sessizce çekip gitmişti. Müşrik kervanın yolunu Medine'ye çevirdiğimizde Yemenli kölesi Bişr, siyahi tenini sırılsıklam ıslatan gözyaşlarını tutamıyordu.

Medine'nin gül renkli ufuklarından bir ulak geldi şehre:

"Müslüman müfrezesi Medine yakınında Mekkelilerin ticaret kervanını, adamları ve mallarıyla ele geçirdiler. Kervanın başında Ebu'l As varmış. Esirlerle birlikte şehre geliyorlar."

Haber Zeyneb'in yüreğine ucu sivri bir ok gibi saplanmıştı. Bir tür can pazarıydı bu. Her iki taraf arasında süren soğuk savaşta her şey olabilirdi. Unutmadığı kocası düşman cenahındayken kanlı bir mücadeleye girilebilirdi. İçi ürperiverdi. Tüm endişelerini, kaygılarını ve tüm feryatlarını duaya yükledi. Ağladı, hıçkırdı, yalvardı için için. Nasıl şeydi ki gönlü hâlâ onu el kılmıyordu. O bu hâlde iken Ebu'l As ne hâldeydi?

On Üçüncü Kadim Anlatıcı: Ebu'l As

Şu ana dek onunla bir kez dahi yüzleşmedik. Kalemî intizarımızı bir kez olsun cüretle kelama değdirmedik. Hani; çağlar geri aksa da mesafeler kısalsa. Zamanın perdeleri tek tek dürülüp kalksa, o peygamber damadıyla yüzleşsek, hâlleşsek ve helalleşsek. O kritik anları kendi ağzından dinlesek, hâlini şöylece dermeyan eder miydi?

ZEYNEB EMAN DEMEKTİR

"Sen sevdiğin kimseyi hidayete erdiremezsin. Ancak Allah dilediğine hidayet verir."

Kasas Suresi: 56

Adım İsyanların Babası, Bahtanın Aslanı iken Ebu'l As denmişti bana. Ben ki Son Nebinin kutlu ocağına girmiş o sevdayla yunmuş yıkanmış olacaktım. Ben ki Ebu'l As'tım. Zeyneb'i çok seven, ondan vazgeçemeyen ama gururunu da yenemeyen Ebu'l As.

Merhaba ey sevgilinin diyarı Yesrib! Ne güzel şehirsin! Âşıklar kıblegâhı. Bağrı yanıkların ateşini buz gibi soğuk sularıyla serinleten şehir. Gülü hoş, hurması hoş, nanesi hoş, üzümü hoş; dağı, taşı, ağacı, toprağı arkadaş belde. Ne hoş, ne tatlı bir duruşun var! Gece boyu yayan yürüyen ayaklarım sende neden dingin? Ardıma bir kez dahi dönüp bakmadan koşup gelmişim. Nefsimdeki putlar beni Mekke istikametine çekerken, bu kez aklımın ve kalbimin sesini dinledim. İçimin ufunetleri ufalıverdi, neden? Akli tercihimde kul olduğumu anlamışken, putları ve kavmimi arkama aldığım an bu andır. Nevası yüksek bu şehre ilk gelişim değil. Ama bu geliş başka anlamlar, başka manalar barındırıyor gibi. Zorlu dağlar, tepeler, yollar, kıvrımlar aşarak sana geldim Ey Şehir! Bu kaderî hükümde hâlim nedir bilemem. Bildiğim tek şey Zeyneb'in hâlâ evlenmemiş ve beklemiş olmasıdır. Kervan şehre girmeden bir çare bulmalıyım. Şafağın pembesi tüllerini toplarken Yesrib'in zümrüt bahçeleri arasında saklı kalmış evlerinden birinin kapısını çaldım:

"Zeyneb'in evi hangisi?" dedim.

"Bilmiyoruz." dediler.

Yesrib halkı Ensarîndir. Misafiri severler. Çöllerin bağrından kopup gelmiş bu yorgun yolcuyu bırakmadılar. Sorgusuz ve sualsiz sofralar açtılar önüme. Ne ekmek ne de su... Gözümde hiçbir şey yok. Aradığım evi göstersinler, başka bir şey istemem. Ona hâlimi bildirmektir tek derdim. Tekrardan yollara düşüyorum. Son sürat koşuyorum. Müslüman müfrezenin eline esir düşmüşken kaçmış olmak büyük olay. Savaşın ve barışın olduğu gibi esaretin de kuralları var. Bu firar sonum olabilir. Yaşanmışlıklar onca canı yurdundan, yuvasından, ocağından ve canından etmişken bana kim eman verebilir? Beni kim himaye edebilir? Beni kim koruyabilir ki? Çarelerimin tükendiği yerdeyim. Aklımda hep Zeyneb var. Yüreğimden duru ırmaklar akıyor. Yangınım çöller kadar. Az sonra ondan eman dileyeceğim. Zaten o aşk, vefa, şefkat, merhamet kucağı değil midir? Uzun seneler önce seyidinden kaçmış bir kölenin hâlini elbet anlayacaktır. Soylu bir ocağın evladıdır o. Eman verir elbet. Yüreğim hezarendiş. Ona böylesine yakın bir yerde mola vermek de neydi? Zeyneb'e kavuşmak için aklımın yaptığı sinsi bir oyun muydu? Yoksa sevdalı gönlümün başıma ördüğü bir tuzak mı? Zeyneb'e kavuşmak için kendimi ele vermiş olabilir miydim? Bilemiyordum. İçimde tuhaf evhamlar var:

"Ne yüzle gideceksin?"

"O seni unuttu!"

"O seni istemiyor."

"O sana küskün."

"O sana kırgın."

Kalp bedenin annesi! O bana yol gösteriyor:

"O, Kureyş Emini ile Tahiresinin kızıdır.

O baba ki yüreğinden sevgi nehirleri çağıldar. Şefkatin güneşini üzerinde taşır. Kalbi şefkatine kalıp edenin kapısında bir nokta ise insan olmak, Zeyneb o kalbin tüm zerrelerini doldurur. O anne ki; aşkın sultanıdır. Hayatını sevgilinin yoluna adayandır. Annenin bahtı kıza çeyiz değil midir?"

Şüphelerim tarumar. Ruhumda yepyeni kıpırdanışlar var. Dar derelerden çıkıyor ve biliyorum ki, Zeyneb yüzüme kapı kapamaz. Teyzem her an benimle sanki. Mekke'nin Melikesi. Hira'nın Hanım Sultanı. Kimileyin Hira'nın, Şam'ın, Yemen'in sessiz, sedasız, gösterişsiz Seyyidesi. Çölün derin katmanlarının saklı hazinesi. Ne güzel evlat büyütmüş:

"El eman El-Emin'in kızı! Eman ver bana!" diyeceğim az sonra.

Bu esaretim başkadır.

Sordum, soruşturdum:

"Zeyneb'in evi!"

"Ümame'nin annesi..."

"Zeyneb'in evi hangisi?"

Bir kapı gösterdiler. Sade, gösterişsiz. Heyecanım iki kat. Aç, yorgun ve de çaresiz, gösterilen kapıya yöneldim. Yıllar yılı içimde lal kesilmiş yanım hiç durmadan konuşuyor:

"İşte burası." diyor.

Bu, Zeyneb'in kapısı mı gerçekten!

Seni görünce Zeyneb... Araya binlerce gece, yüzlerce ışıksız gün girdiği hâlde nasıl dayanacağım? Gül yüzüne değince gözüm, neler hissedeceğim? Hicap mı? Hicran mı, hüzün mü, yoksa hasret mi?

Şu kapının arkasında kaderimin ve kalbimin kadını duruyor. Biricik yavrum Ümame'm burada mı gerçekten?

Tüm cesaretimle kapındayım Zeyneb:

Tık tık tık!

Kalbim duracak sanki. Dışım ferah ve serinken, içimde kum fırtınalarından oluşmuş kocaman bir hortum var. Tam o sırada edep ve zühdle perdeli bir ses aktı kulaklarıma:

"Kimdir o!"

Sesim titrek:

"Benim; Ebu'l As." diyebildim. Dilim tutuk, dizlerimin takatı kesik.

Kapının iki cenahında iki acılı kalp... Hasretin en yakıcı kıvılcımlarında tav almış yüreklerimiz uzun yıllardan sonra ilk kez yüz yüze gelecekti. Kısa bir sessizlik hüküm sürdü. Sabahın bu saatinde abdest almak için gıcırtıyla açılıp kapanan kapılar vardı. Olabildiğince kısık bir sesle:

"El aman Zeyneb!" dedim. "Senden eman diliyorum."

Bu kavim ve kabileler arasında oluşmuş bir güvenlik şifresiydi. Eman; güvence, koruma, himaye olarak bilinen örfi bir kanundu. Eman dileyene sahip çıkılır ve himaye edilir, ona bir zarar verilmesine karşı siper görevi üstlenilirdi. Bu belki de benim gönül feryadımdı. Bu çaresiz emanda ne feryatlar gizliydi:

"Sen misin Ey As?"

"Evet, benim." dedim usulca. "Aç kapıyı Zeyneb. Senden eman diliyorum."

Kapı açılıverdi titrek. Kimseye gözükmeden eyvana geçtim. Zeyneb yabancı erkeklerin karşısına çıkarken yaptığını yapmış. Başında örtüsü, sırtında cilbabıyla beni eyvana alıyor. Ne kadar nahif, ne kadar zarif bir kadın! Duru yüzü mai nisan faslında. Şaşkınlıkla gelen gözyaşlarını durduramazken hayretle bana bakıyor. Söyleyebileceği her söz bakışlarında yüklü:

"Müslüman mı oldun?" der gibi. Çoğu kez bakışlarımızla konuştuğumuz için bunu anlıyorum. Onu umutlandırmak istemeden başımı iki yana sallayarak derdimi anlattım: "Yok, hayır." dedim. "Ben buraya Müslüman olarak gelmedim. Kader bir yön yıldızı gibi beni kapına getirdi."

Hüzünlenmişti. Keder yüklü bir sesle:

"Hoş geldin teyze oğlum." dedi. "Hoş geldin Ümame'nin babası!"

"Seriyyenizin eline düştüm." dedim. "Adamlarımı yakalayıp, mallarıma el koydular. Şu an esaret altındayım, can güvenliğim tehlikede. O sebeple buradayım. Bana aman verebilecek misin Zeyneb?"

"Peki." diyebildi sadece. "Az bekle!"

O da benim gibi tuhaf duygular içinde ve çok heyecanlıydı. Bunu ele veriyordu. Son sözlerimden sonra bu heyecana bir de telaş eklendi. Müslümanlardan birisi beni orada görse ortalık karışabilirdi. El-Emin'i memleketinden sürmüş, ona kılıç çekmiş, savaşmış, kan dökmüş bir ordu mensubunun orada ne işi vardı?

Tam o sırada kızım koşup gelerek boynuma atıldı:

"Baba, babacığım!"

Gül nefesli Ümame'm kocaman olmuş. Yılların hasretiyle kucaklaştık. Gözlerim can paresi küçük oğlumu arıyor. Ali! Ah Ali! Artık o yok. O dört gözle beklediğim anne karnındaki yavrumun da hayat hakkı elinden alınmış. Yanık bir yürek sızısıyla burkuluverdi içim. Eyvah! Ne çok şey kaybetmişim. Ümame sevinçle oradan oraya uçuşuyor. Annesi ile babasının ıslak gözlerine bir anlam veremiyor. Zeyneb ona sessiz olması için el işareti yapıyor. Bin pare bir sineyle yavrumu kucaklıyor, kokluyor, kokluyorum. Zeyneb hızla dışarıya çıkıyor. Kızıma göstermediğim gözyaşım ılık ılık kırlaşmış sakallarımın arasına saklanıyor.

* * *

Zeyneb'in dilinden onu dinlemeye mecalimiz yok. Olabildiğince mahrem ve kadim olan bu öyküde ahir zaman sineli bizlere düşen, kendi kabımız ve kalıbımız ölçüsünde olayı dermeyan edebilmek. O anlara hayalî uçuşlar yapabilmek. O uçuşların dibacesinde onu azıcık da olsa anlayabilmekse niyetimiz ve deryadan damla bile olsa nasibimiz, biz yine de talibiz diyenler! Haydi buyurun.

CAN İNCİSİNİN NİDASI

"Ve eğer müşriklerden biri senden aman dilerse, Allah'ın kelamını işitip dinleyinceye kadar ona aman ver, sonra (müslüman olmazsa) onu güven içinde bulunacağı bir yere ulaştır. İşte bu (müsamaha), onların bilmeyen bir kavim olmalarından dolayıdır."

Tevbe Suresi: 6

Gün güzelliklere gebeydi.

Gül renkli bir şafağın tam orta yerinde dışarı çıktı Zeyneb. Teyze oğlunun gözlerinde farklı bir ışık görmüştü. Mum ışığı kadar cılız bir ışıktı. Ruhundan gözlerine yansıyan bir kıvılcım yakalamıştı. Heder edemezdi. Bir kul bir kelamla yol alacaksa o uğurda her şey yapabilirdi genç kadın. Kocası hâlâ müşrik ve de kendisine haram olsa da yüce kelamın karşılıksız iyilik vasfını kuşanmıştı:

"O bana doğruyu söyledi. Verdiği sözü yerine getirdi." demişti ya Nebi. Elbet As'ı geri döndürmezdi. Onu itmek, hor görmek, reddetmek kolaydı. Bir insan kazanmak ve harcamak sıratında Zeyneb zor olanını seçmişti. Onu harcayamazdı. Ona kinlenemezdi. Onu reddedemezdi. Uzun yıllar yol arkadaşlığı yaptığı bu kişiyi kurtarmak istiyordu.

Bilal'in gür sesi Uhud'un sinesinde yankı yankı akislenirken mescide yürüyüverdi Zeyneb. Müminler dingin devinimlerle mescitte yerlerini almışlardı. Sabah namazını hep birlikte kıldılar. Son peygamberin imametinde kılınan namazla yüreklere huşu indi. Namaz bitiminde kadın mahfelinden bir ses duyuldu. Bir nidaydı bu peygamber kızının bağrından. Edepli, perdeli ve vakur:

"Ben Resulullah'ın kızı Zeyneb!"

Tüm nefesler tutuldu. Mescit lal kesildi. Yürekler ve kulaklar kadınlar tarafından gelen edep dibacesi sesi dinlemeye koyuldu. Suskun, şaşkın ve mütehayyirdiler:

"Ey Cemaat-ı Müslimin! Herkes işitsin ve de bilsin ki ben teyzem oğlu Ebu'l As bin Rebi'ye eman verdim. O şu andan itibaren benim himayemdedir. Ona dokunmayınız!"

Cemaattekiler şaşkın, göz göze geldiler. O güne dek hiç rastlamadıkları bir şeydi bu. Son peygamber yanındakilere sordu:

"Benim duyduklarımı siz de duydunuz mu?"

"Evet, Ya Resulullah." dediler. "Sizin işittiğinizi biz de işittik."

Sevgili peygamber, kızının hâlini anlamıştı. Bulunduğu yerden hanım mahfiline doğru seslendi:

"Zeyneb'in eman verdiğine biz de eman verdik!"

Ancak sevgili peygamber tedbirliydi. O bir baba ve bir peygamber olarak evladıyla ümmeti arasında bir yanlış anlaşılmaya mahal bırakmak istemiyordu. Akla gelebilecek şüpheleri yok etme arzusuyla samimi bir yemin etti:

"Ey Cemaat-ı Müslimin!" dedi. "Canım elinde olan Allah'a yemin olsun ki, sizin duyduğunuzu işitene kadar bu konudan haberli değildim. Olayı şu an ben de sizinle birlikte öğrendim. Ancak şunu bilesiniz ki müminler kendi dışındakilere karşı eşit haklara sahiptirler. Müslüman olan her mümin eman verme yetkisine sahiptir."

Cemaatten derin uğultular yükseldi:

"Biz size tabiyiz Ya Resulullah!" Resulullah devam etti:

"Zeyneb'in eman verdiğine biz de eman veririz."

Herhangi bir Müslüman'ın bile kefaleti geçerliydi. Kaldı ki Zeyneb; hak dava uğruna onca çile çekmiş son peygamberin göz bebeği kızıydı.

Devrin şartlarına göre himaye, dokunulmazlık haklarını da beraberinde getirirdi. Zeyneb de bu dokunulmazlık hakkını eşi için kullanmıştı. O, Hatice'nin kızıydı. Gerçeğe varmak, hakikati yakalamak, yeni bir kalbi İslam'a ısındırmak için bazı kararlar alacak ve ezberleri bozmaya cesaret gösterecekti. Mümin olma itibarını bu yönde kullanmıştı.

Cemaat birer ikişer dağılırken Zeyneb dış sundurmanın altında babasını beklemeye koyuldu. Heyecandan tir tir titriyordu. Resulullah kızının yanına geldi. Baba-kız buluşup bu konuda istişare ettiler:

"Babacığım..." dedi Zeyneb heyecan içinde. "Şimdi ne yapmam gerekiyor?"

Ebu'l As doğru sözlü ya! Bunun için her zaman ayrıcalıklı. O ki El-Emin'e verdiği sözü ne pahasına olursa olsun tutmuştu. Onun saklı gönlünü bir tek Rabbi biliyor, bir de peygamberi. Son Nebi, damadının bu özelliğine karşı son derece hoşgörülü ve alabildiğince şefkatli:

"Kızım!" deyiverdi. "Ebu'l As çocuklarının babasıdır. Onu hoş tut. Ona ikramda bulun. Fakat sana yaklaşmasına izin verme. Ondan uzak dur. Çünkü siz şu an birbirinize helal değilsiniz. İslam ile küfür bir arada bağdaşmaz."

Zeyneb her şeyi çok iyi anlamıştı. Babasından izin aldıktan sonra hızla evine döndü. As hâlâ eyvanda ve ayaktaydı. Genç kadın onu içeriye buyur etti. Uzun yıllardan sonra ilk kez bu kadar yakın ama bir o kadar da uzaktılar. Onu ceylan derisinden bir mindere oturttu. O kınalı ve narin elleriyle sofra hazırladı. Evinde ne varsa onu koydu önüne teyze oğlunun. Sevik çöreği, hazire, yoğurt, hurma…

Baba-kız sofraya oturdular. Ümame baba kokusunu içine çekiyor doya doya.

As, eskisi gibi yine lokma lokma kızını beslerken, Zeyneb edebi ile geçip bir kenara oturdu:

"Neden oturmuyorsun?" dedi As mahcup.

"Bana helal değilsin." dedi Zeyneb. "Dinim buna izin vermiyor."

Araya uzun bir suskunluk girdi. Zamanın hüküm giydiremediği gönüller bir aradaydı. İki farklı fikir, iki farklı inanç, iki ayrı dünya ama görünmez âlemde hemhâl olmuş tek gönül yıllar sonra ilk kez karşı karşıyaydılar. Dilsiz, dudaksız, gözsüz, bakışsız olan bu deruni sohbeti, ilk olarak genç adam böldü:

"Zeyneb'im..." dedi As. "Ben sana o denli yabancı mıyım?"

Zeyneb'in harama kapalı bakışları, ancak mahrem sevdalara çevrili. Nefs eline vermiyor onları. Göz ruhun penceresi değil midir? Oradan hep güzel ve helal manzaralar seyredilir. Ama As bunu bilmiyor. Zeyneb harama mil çekmiş bir kere. Rabbin koyduğu yasağa amade. Bir çevirse o bakışları gönlünün sahibine, ona cennet baharları sunacak. Ama buna izin yok.

"Bakışıma helal değilsin." dedi. "Benim dinimde bu haramdır As. Biz şu an birbirimize haramız. Bana 'Zeyneb'im' deme, ne olur. Her azanın terbiyesi vardır. Kalbin, kulağın, dilin ve tenin iffeti vardır. Dinimin haram kıldığını ben helal kılamam."

Bakamadı As. Utandı, ufaldı, küçüldü. "Zeyneb'im" diyemedi bir daha.

Zeyneb Müslüman bir kadın, As ise müşrikti. Evliliğin en ortak paylaşımı olan iman dirliği oluşmayınca da ayrı yolların yolcusu olmuşlardı. Ama dinde zorlama yoktu. Herkes inancında özgürdü. Zeyneb'de ne sitem ne de öfke var. Dudaklarında kolaylaştırıcı cümleler var.

Ebu'l As'ın kalkışı, oturuşu, yemek yiyişi ne kadar adaplı ve ölçülü!

İslam ahlakıyla muttasıf bu teyze oğlunun hâli ne kadar da babasına benziyor!

Yemek yerken dizlerine temiz bir peçete alışı, lokmalarını ufak tutuşu, sessiz ve ölçülü yiyişi, ruhundaki inceliklerin yansıması sanki. Mahcup, buruk ve kırgın birkaç kelam ettiler:

"Nasıl geçiyor?" dedi Zeyneb.

"Anlamadım." dedi As.

"Ayrılığımızı soruyorum." dedi genç kadın. "Zor mu, yoksa kolay mı geçiyor?"

Genç kadın, As'ın gönül teline dokunduğunun farkında bile değildi. Derin bir iç geçirdi:

"Vallahi, senden sonra hayat benim için hiç kolay geçmedi."

Bu kez Ebu'l As içini kemiren konuyu açıverdi:

"Peki sen? Hâlâ evlenmemişsin."

"Her şey nasiple." deyiverdi Zeyneb. "Benden sonra yeni eşlerin, çocukların olmuştur."

"Benim bir eşim oldu." dedi Ebu'l As, derin ve hülyalı devam etti: "O da sendin. Senden sonra hiç evlenmedim ben Zeyneb'im." deyiverdi. "Seni unutamadım. Duydum ki sen de evlenmemişsin. Bir ben değilmişim unutamayan. Umarım ki gönül bahçen bu inatçı adama hep açık kalır."

Çok samimiydi sözleri:

"Yıllarını benim gibi inatçı ve katı bir insanla heder ettin. Gençliğin, güzelliğin mağrur bir direniş uğruna tükenecek. Bu beni çok üzüyor."

"Benim için üzülme." dedi Zeyneb. "Her çilenin çeşminde sükûn bulduğu bir kaynağın başındayım. O güzelliği bulmuş bir gönül hangi dertle alude olabilir ki!"

"Aşk başka bir şey." dedi. "Biz onu yakalamıştık ve elden kaçırdık."

Önüne baktı Zeyneb. Şaşkınlık dolu çaresiz bakışlarını ele vermek istemedi. Elinden gelse:

"Aşk ağır bir emanettir As, nasıl unutulur ki?" diyecekti. "Aşk dağdan ağırdır. Uhud'a, Sebir'e, Sevr'e sığmaz. Ancak Hira'ya onun bir kıvılcımı düşer. Ve o kor çağlar boyunca insanlığın yüreğini ısıtır ve oradan kulun kalbine gider." diyecekti.

Sessiz sohbetlerin başladığı o minicik lahzada neler anlatabilirdi ona?

"Işık ölmez ki As." diyecekti. "Güneş sönmez! Aşk eskimez. Nur ölmez ki!" diyecekti ama diyemedi. Yıkık ve birbirine yanık iki ayrı gönül, ilahi şefkatin tecellisiyle gülümsediler. Keşke ona:

"Bu yol miskine de mücrime de hanumandır. Dertlinin dergâhıdır. Çaresizin kucağı, talihsizin bahtı, küskünün penahıdır, korkma!" diyebilseydi ama diyemedi. Güçlükle toparlandı. Şaşkınlığını atamıyordu. Araya giren onca zamanda nasıl bekâr kalabilmişti. Uzun bir sessizlik girdi araya. Ne hâller, ne diller, ne sözler gizliydi bu sessizlikte... Ebu'l As'ın, saçı sakalına karışmış o koca adamın gözlerinden incecik arklar akıyordu:

"Benden sonra daha da nurlanmışsın. Oysa çok acı çektin. Doğacak bebeğimizi kaybettik. Ali'nin acısı ise ruhuma içli bir figan gibi düştü. Onca acıya nasıl dayandın teyzem kızı? Bu işin aslı nedir?"

Zeyneb'in göz kapakları bakışlarını setretmişti. Hayâ dolu cevap verdi:

"Allah'ın nuru ile nurlanan bir gönül semasını hangi bulut kaplayabilir ki?" dedi. "Mülk onun, memluk onun iken neyi sahiplenebiliriz? Ona teslim olmayı bilen bir kalbe hiçbir yük ağır gelmez."

Zeyneb çok nazik bir ev sahibiydi. Müşrik kocasına edep ve saygıyla hizmet etti. Kör bir inat uğruna kendini yarı yolda bırakmış kocasından hürmetini esirgemedi. Ebu'l As eski karısının insanlığına ve terbiyesine bir kez daha hayran kalmıştı. İnsanları birbirine yaklaştıran en tesirli tılsım özveri iken, Zeyneb bu tılsımı fıtri donanımıyla yapmıştı. Ne riya, ne gösterişti yaptığı. O sadece ne kadar hatalı olursa olsun yolunu şaşırmış bir kula pusula olmak istiyordu. Hakikat yolcularının hâli de etvarı da bu değil miydi? Çünkü As, dalgalı bir denizin orta yerinde ışıksız ve rotasızdı. Dalgalarla boğuştukça sahili selametin yollarını arayacak ve eninde sonunda o sahili bulacaktı. Duaları bu yöndeydi. Umudunu hiç yitirmeden yoluna devam edecekti.

Günün ilerleyen saatlerinde Zeyd; seriyyesi ve müşrik esirlerle birlikte şehre girmişti. Zeyd, As'ın Mekke'ye kaçtığını sanıyordu. Ganimetler dağıtıldı. Esirler ağırlandı. Ancak çok sonra As'ın Zeyneb'in himayesine girdiği haberini aldı. Bu işe şaşırmakla beraber ümit tebessümleriyle gülümseyiverdi. Hep birlikte, olacakları beklediler. Zeyneb hanesinde edebi ve inceliğiyle kocasını ağırlıyordu. Annesi Hatice'nin sözleri kulaklarındaydı hâlâ:

"Gayret et kızım." demişti. "Ve unutma! İnsanı kazanmak zor, kaybetmek ise çok kolaydır. Kederlenme ve sabret!"

(M) MERHAMETİN NİSAN YAĞMURUYDU

"O vakit Allah'tan bir rahmet ile onlara yumuşak davrandın! Şayet sen kaba, katı yürekli olsaydın, hiç şüphesiz, etrafından dağılıp giderlerdi."

Ali İmran Suresi: 159

Zeyneb'in kapısındaki adam içeriye doğru seslendi:

"Resulullah, Ebu'l As bin Rebi'yi mescidinde bekliyor!"

Ani bir bakışla göz göze geldiler. Zeyneb yine o farklı ışığın şavkıyla kucaklaştı. As'ın gözlerinde henüz tutuşmuş kandillerin titrek yansıması vardı. Ürkek adımlarla dışarı çıktığında Zeyneb ile Ümame ardında bakakaldılar. Mescide girene dek baktılar arkasından. Son peygamber damadını sevgiyle karşıladı. Ebu'l As'ın gönlünde yepyeni menfezler açılmış. Mahcup hâli mahzundu. Gözlerinde farklı müjdelerin ışığı yalazlanıyor. Nebevi bakış bu ışığın kaynağından haberdar:

"Hoş geldin Ey Ebu'l As." diyor. "Çocuğunu görme hakkın var. Onunla görüşebilir ve onu öpebilirsin." dedi. "Ancak kızım sana helal değil."

Hâlini hatrını sordu ve yüce kelamın gereğince onunla hasbihâl etti:

"Fe gul lehüm gavlen meysûrâ"

"Onlara kolay ve yumuşak söz söyle!" (İsra Suresi: 28)

Daha sonra da ondan İslam'a girmesini istedi. Ebu'l As hırçın tabiatlı bir çocuk gibi direnişte:

"Mallarımı ve adamlarımı istiyorum." dedi. "Onları bana geri verin!"

Sahabeler şaşkın bakışlarla göz göze geldiler. As devam etti:

"Bu kervan bana ait olsaydı geri istemezdim, fakat bu mallar bana emanet edildi. Onları sahiplerine ulaştırma yükümlülüğüm var. Mekke'liler şu ara beni bekliyor."

Bu ne işti böyle! Onca iyilik ve ihsan karşısında İslam'a girme teklifini reddetmiş, bir de cesaretle malları geri istemişti. Sahabe tahammül edemedi:

"Ey As!" dediler. "Müslüman olsan da şu kıymetli malları böylece İslam'a bağışlasan ne güzel olur!"

As'ın cevabı ilginçti:

"Emanete ihanet edemem. Böyle bir vesile ile İslam'a girişim ne çirkin bir şey olur!"

"Sen ki Kureyş'in şeriflerindensin." dediler.

"Resulullah'ın amca oğlu ve dünürüsün. Gel, şuracıkta tövbe et, Müslüman ol. Mekkelilerin mallarını da ihtiyaç sahiplerine ganimet olarak dağıtalım."

Bu teklif As'ı rahatsız etti:

"Bana mal karşılığında dinimi değiştirmemi mi teklif ediyorsunuz? Bu bana yakışmaz. Asla kabul edemem. Şu ana kadar böyle bir şey yapmadım. Bundan sonra da yapmam." dedi ve teklifi reddetti.

Her ne olursa olsun yüce dinde zorlama yoktu. Son peygamber müşrik damadından aldığı cevapla soğukkanlı davrandı ve sahabelerine seslendi:

"Onu duydunuz." dedi. "Şimdi eğer uygun görürseniz, Ebu'l As'ın mallarını geri verip arkadaşlarını teslim edelim!"

Sahabenin şaşkın bakışları üzerindeyken son peygamber açıklama yaptı:

"Onunla aramızdaki akrabalık derecesini biliyorsunuz. Bu adam bizdendir. Kendisine iyilik yapacak olursanız beni memnun edeceğinizi hesaba katınız. Gerçi bu mallar ganimettir, sizin meşru malınızdır, ancak onun mallarını kendisine geri verirseniz büyük bir iyilik etmiş olursunuz. Yine de bu sizin bileceğiniz iştir. Sizi zorlamak istemem. Seçim size aittir." mealindeydi bu açıklama.

Bir yanda hak din için canlarını ortaya koymuş güzide sahabesinin ganimet hakkı, öte yanda canı ciğerparesi mümine kızı, unutamadığı eşi Hatice'nin yeğeni müşrik damadının anlaşılamaz hâli vardı.

Sahabe hep bir ağızdan:

"Lebbeyke Ya Resulullah!" dediler. "Biz onun kırık bir bakracına varana dek tüm malını iade ediyoruz!"

Müslümanlar müsamahalı davrandılar. Ebu'l As'ın kervan yüklerini geri verdiler. Arkadaşlarını ve kendisini özgür bıraktılar. Son peygamber istese onu alıkoyabilir, mallarını elinden alabilirdi ama o bunu tercih etmemişti. Ebu'l As ise bu lütuf karşısında yine Müslüman olmamış adamlarını alarak şehirden ayrılmıştı. Bu anlaşılmaz durum karşısında sahabe şaşkın ve sıkıntılıydı. Sevgili peygamberin yüce daveti yine karşılıksız kalmış, sevgili kızı ile torunu yine yalnız bırakılmıştı. O, Rabbine karşı son derece tevazulu ve teslimiyet dolu iken, Ebu'l As'ı yolcu etti. İdem dağının parıldayan şimşekleri gibi ışıklı yüzünde, hüzünlü bir gülümseme vardı. Böyle hüzünlü anlarda Bilal'i çağırırdı:

"Erihnâ ya Bilal!"

"Bizi namazla ferahlat Ey Bilal!"

Bilal'in billur sesi Medine göklerinden arşa yükselirken, mümin yüreklere nur yağdı. As'ın tuhaf direnişini sormadılar, sorgulamadılar. Ancak şaşkındılar. Bu kadar hoşgörü, vefa ve vericilik karşısında As'ın takındığı tavrı anlamak zordu. Şaşkın bakışlarla birbirlerine baktılar. Ama Resulullah'ın kararı onlar için her şeyden önemliydi. Hani iki şey saadet devrinin geçerli akçesiydi: Allah'ı ve ölümü çok sık hatırlamak, yapılan iyiliği ve görülen ezayı unutmak. Son Nebiden bunu öğrenmişlerdi.

***

As yine Müslüman olmamıştı. Zeyneb'e ve kızına veda etti ve ayrılıverdi çarçabuk. Yangınlar kuşanmış yüreklerle sözsüz ve vedasız ayrıldılar. Susarak koptular. Zeyneb yine bin pare bir kalple ardı sıra bakakaldı. Bu ne inat, ne gururdu! Böyle yapılır mı As? Bu nasıl bir direniştir? Bu hüzünlü ayrılışta genç kadının yüreğine su serpen bir hâl vardı ki; o da ayrılırken As'ın gözlerinde o güne dek hiç görmediği bir ışığın yansımasıydı. Mahzun bir kalple gözyaşlarına boğulan Ümame'sine sarıldı:

"Merak etme yavrum." dedi. "Baban bir gün dönecek!"

Kocasına, sadakatine inanıyordu. Bir ırmak aktı içine Zeyneb'in. Ardından bir kelamı tekrarladı sürekli: La Taknatü... La Taknatü min rahmetillah... *"Allah'ın rahmetinden ümit kesmeyin!" (Zümer Suresi: 53)*

Zeyneb'in hücresinde duaya duran dudakları tüm zamanların akışını değiştirecek mahiyetteydi:

"Ya Mahbub!

Ya Vedud!

Ya Samed!

Onun yangınları kuşanmış yüreğine şifa sun. As'ın gizli nidasını aşikâre çıkar. Gani gönlünü genişlet. Sen ki Rahmansın, Rahimsin!"

BİŞR'İN GÖZYAŞLARI

Sahra alev alev yanıyordu. Güneşin son ışıkları ufku kızıla boyamışken, As heyecanlıydı. Farklı bir şeyler vardı içinde. Zeyneb'i gördüğü için mi, yoksa başka bir şey mi? Çözemiyordu. Karanlık boşluklar doluvermişti âdeta. Bir şua akımı vardı zerrelerinde. Gördükleri, duydukları, yaşadıkları... Karşılaştığı insani muamele. Kazara bir an Zeyneb'le göz göze gelişi. Cennete çağıran nurani bakışlar. O son veda... Ümame'nin feryadı acıtıcı:

"Babacığım! Ne olur gitme!"

"Gitmeliyim." demişti. "Kavmime karşı sözüm var."

Ah o kavim belası!

Ah o alevli aldanış!

Havada hoş bir amber kokusu... Tarifsiz bir kıpırtı, farklı bir sevinç, garip bir ışık titreşiyordu göz bebeklerinde. Ebu'l As kervan denklerini yükleyip adamlarını toparladı usulca. Yollar kıvrım kıvrım dürüldükçe As, her ayrıntıda onları düşündü. Çöl kumlarının rüzgâra değen şarkısında aşkın bestesini duydu. O ipince ve içli nağmeler kalbinin ritmi sanki. Ancak nahif bir yüreğin hissedebileceği derin bir tınısı vardı aşkın. Marifet; kum şarkılarında onu duymak, onu anlamaktı. Hayatın hay huyu arasında sıkışmış inceliği fark etmek, ayrıntıyı resmetmekti. Kul olmanın en ince, en nahif yanı da bu değil miydi? Yol boyu o güfteyi besteledi.

El-Emin'in lütufkârlığı... Müslümanların insanlığı... Zeyneb'in ev sahibeliği... Ne hoş, ne inceydi! Kendisine diyecek çok şeyi olsa da doğru yolunu seçmiş oluşu As'ı utandırıyordu. Af ve anlayış ona ne kadar da yakışıyordu!

Âlemin efendisini düşündü. O ne asalet, ne cömertlikti! Gasp etmek, öldürmek, linç etmek için elinde bütün imkânlar varken; kendine savaş açanları, yurdundan çıkaranları insanlığıyla utandırması ne yücelikti! Üstelik ihsanda bulunması ne büyük işti! Her şeyi anlamış olarak dönüyordu.

Ancak Mekke yoluna koyulduktan sonra hayati kararına dönebildi. İstese şehri terk etmeden önce her şeyi açıklayabilirdi. Fakat emanetler sırtında koca bir kambur iken önce onları teslim etmeliydi. Yüreğinde hiç tatmadığı bir huzur, farklı bir sürur vardı Ebu'l As'ın. Kehribar renkli çöller, firuze renkli göklerle kucaklaşıp dürüldükçe, içinin deli fırtınaları dingin limanlara kavuşuyordu. O güne dek diline almadığı samimi itirafları vardı:

"Bir insan bu kadar kinsiz ve nefretsiz olabilir mi?"

"Deve kuşuna benzer hâlim. Başımı kuma gömmüşüm. Güneşe gözümü yumarak aydınlığı gece sanmışım. İtiraf edemediğim gerçekler... Zeyneb'e verdiğim acılar... Ne kadar boş, ne kadar uzak yaşamışım her şeyden... Yazık bana!"

Son kelimeyi sesli söylemişti farkında olmadan. Bişr hemen atıldı:

"Neden kendinize yazık ettiniz efendim?" dedi. "Bence siz dünyanın en bahtiyar insanısınız. Ah... Keşke..."

Ondan hiç beklemediği sözlerdi bunlar. Bir şey anlamamıştı Ebu'l As:

"O ne demek?" deyiverdi. "Keşkenin gerisi ne!"

Bişr açıldı:

"Bana kızacaksınız ama söylemeden edemeyeceğim. Keşke sizin yerinizde olsaydım."

"Neden!"

"Hür ve şereflisiniz. Üstelik son peygambere çok yakınsınız. Yerinizde olsaydım bir an dahi durmazdım."

Ebu'l As sorgu dolu gözlerle ona bakarken Bişr devam etti:

"Size bir şey söyleyeyim mi?" dedi. "Söyleyeceklerim karşısında ister beni kırbaçlayın, ister azarlayın, ister yerlerde sürükleyin, yine de razıyım. Bu yolda her şeyi göze aldım."

"Daha fazla uzatma da söyle Bişr!"

"Ben... Ben Müslüman oldum!" dedi. Efendisinin dikkatli bakışları üzerindeyken devam etti:

"Allah birdir ve Muhammed onun Resulü'dür. Müslümanların insanlığı, vefası ve samimiyeti beni çok etkiledi. Şimdi karşınızdayım. Bana ne yapacaksanız yapın!"

Ebu'l As'ın gözleri ani bir ışıkla parıldadı:

"O hâlde ben de kararımı ilk sana açıklayayım." dedi. "Ben de senin gibiyim Bişr!"

Bişr bir çığlık attı:

"Bahtanın Yavrusuna da bu yakışır!" dedi. "Vallahi ben bunu sizden bekliyordum. Yesrib'de gördüklerim benim bu dini anlamam için yetti. Ancak sizin için endişeliyim."

"Endişen neden?"

"Mekkeliler sizi sağ bırakmazlar efendim. Ne olur geri dönelim. Bunu öğrenirlerse bir an yaşatmazlar sizi."

"Sakin ol." dedi Ebu'l As. "Allah'ın izniyle hiçbir şey yapamazlar. Sen şimdi sus ve yoluna devam et. Korkma Bişr. Allah bizimledir."

Bişr'in göz pınarlarından sevinç yaşları süzülüverdi. Usulca sildi onları ve heyecanla yoluna devam etti. Ebu'l As yol boyu muhasebedeydi:

"Yüreğimde var olan bu kıpırtı da neyin nesi! Titrek bir mum ışığı var orada. Isısını ve ışığını artırarak yayan bu sıcaklık da ne! Çözemiyorum."

Sönmesini istemediği titrek ve ürkek bir alevle dönüyordu genç adam. Ayın en ince hâli, güneşin doğuş anındaki en ince huzmeleri gibi. Fırtınalı yağmurların ardı sıra gülümseyen gökkuşağı gibi bir şey bu. Sıcak, sevecen ve taze...

Yola revan olan kervancılar da gördükleri lütuf karşısında şaşkınlar. Huzeyfe, aşkının dilarasını unutuvermiş... Köle Bişr mütehayyir... Efendisinin dibinden ayrılamıyor. Ona yer yer sorular soruyor. İliklerine dek irkilivermiş As. Dilinde lallü dür mührü. Çölün sımsıcak rüzgârları ridasını ve uzun saçlarını savururken, Bişr'in sözlerine karşı kelamsız. İçinde yankı yankı sesler ve kulaklarında bir nida:

"Biz seni ancak âlemlere rahmet olarak gönderdik."

Enbiya Suresi: 107

Zeyneb'in sesiyle irkiliyor ara ara:

"O zaman, Allah'tan bir rahmet sebebiyle onlara yumuşak davrandın. Ve eğer sen, kaba, katı yürekli olsaydın, mutlaka senin etrafından dağılırlardı. Artık onları affet ve onlar için

mağfiret dile ve işler konusunda onlarla müşavere et (danış). Azmettiğin zaman, artık Allah'a tevekkül et. Muhakkak ki Allah, tevekkül edenleri (Allah'a güvenenleri) sever."

Ali İmran Suresi: 159

Âlemlere Rahmet Elçi'nin birincisinde Bedir'de, ikincisinde ise Yesrib'de çok zor durumda kaldığı o anlar... O munis sesiyle arkadaşlarına ricası:

"O bana doğruyu söyledi. Verdiği sözü yerine getirdi. Eğer isterseniz onu serbest bırakalım."

Ebu'l As sarsılıyor:

"Ne yücesin, Ey Nebi! Verilmiş bir ahdi yerine getirme payen ne kadimdir!"

Su damlalarının taşı delen ahengi ve ritmi gibi ince ve etkileyiciydi her şey. Son Nebi zor tabiatlı damadına lütuf ve şefkatle davranarak onun tüm katılıklarını yumuşatıvermişti.

"Hep lütufla muamele gördüm." diyor As. "Bir gün dahi hatamı yüzüme vurmadı, bana kızmadı, beni ayıplamadı. Benim yüzümden çok sıkıntılar çekti Zeyneb. Ama o yine de beni incitmedi."

Hani mescitte otururken biri söz işitmişti ondan. Müslümanlara:

"Allah indinde 'yükseklik' isteyiniz." demişti.

"Ya Resulullah, o ne demektir?" diye sormuştu Yesrib'li biri. O da:

"Size karşı cahilane hareket eden kimseyi hilm ile karşılayıp bağışlayınız ve sizi mahrum edene de ihsanda bulununuz." demişti. O tavır ve o söz As'ı can evinden vurmuştu:

"Bu ne ihsan ve ne lütuftur Ey Muhammed (sav)!" deyiverdi. "Senin dininden başka hiçbir din bu kemale ermiş değil. Yürüdüğün yoldan başka hiçbir yol hayra çıkmış değil. Yaşadığın gerçeklikten başka hiçbir hakikat Hakk'a götürmüş değil."

İrkildi iliklerine dek. Ardından sözü tek tek seçti:

"Kasem ederim ki Sen müjdeci ve uyarıcı bir peygambersin. Şefkatin, rikkatin, asaletin, cömertliğin, nezaketinle ve daha sayamadığım pek çok vasfınla bu asi As için de usve-i hasenesin!"

Uymalıydı ona. Tabi olmalıydı. Nefsin ve gururun haşin inadını kırmalıydı. Canını, malını, onurunu zedelemeden geri iade eden bir insana karşı onun gerçek hüviyetinden haberdar olduğunu bildirmeliydi. Kaybedecek vakti yoktu. Adımları hızlandı. İçinde yankı yankı bir ses Ebu'l As'ın:

"Yolun yolum, aşkın hakikatim oldu. Canım, malım, hanumanım yoluna fedadır. Selam olsun sana Ey Nebiler Zişanı! Biatım sanadır Ey Zeyneb'in Babası!"

BAHTANIN ASLANISIN SEN

Aşk; ateşten bir denizi, mumdan kayıkla geçmektir,
Yanıp kül olmadan asla geçemezsin.

Hz. Mevlana

Yolun nasıl bittiğini anlamadan kadim kente vardılar. Çok sevdiği şehre doya doya baktı As. Halk onları karşıladı. Kervanın Müslümanların eline esir düştükten sonra tek bir fire dahi vermeden dönmesini kutluyorlardı. Her yerde zil, zılgıt sesleri... Çengi, çalgı, tef, şiir coşkusuyla karşılandılar. Alevli sözcükler:

"Bahtanın Aslanı aramıza hoş geldi."

Vadinin aslanı Ebu'l As için süslü temennalar vardı:

"Bahtanın Yiğidine canımız feda!"

"Senin için putlara kurban adadık. Sunak taşlarına ikramlar bıraktık."

"Yüce Hübel seni onların elinden kurtardı."

"Uzza'nın kızları sizi karşıladı."

Hübel'in oyuncak putları... Lat, Menat, Uzza sanemleri... Kırık el hikâyesi ne hazindi! As için bestelenmiş şarkılar Hind'in dilinde ortalığı çınlatırken, genç adam bu nümayişten hiç hoşlanmamıştı. Ona boş ve tuhaf geliyordu. Her şey ama her şey gözünde un ufaktı.

Devrilen içki fıçılarıyla keyif çakırdı hepsi. Gözlerde alevden kıvılcımlarla etrafını sardılar:

"Haydi, anlat!" dediler. "Düşmanla aranda neler geçti? Nasıl bıraktılar seni böyle kılına dahi zarar vermeden?"

Yüzünde hüzünlü bir gülümseme beliriverdi As'ın. Manalı bakışlarında derin anlamlar yüklüydü. Onlara acıyarak mı bakıyordu ne!

Kör bir aldanış... Haşin inat... Kavim kuvveti... Kibir kudreti... Tanrı tutkusu... Ebter ezberler... Boş beklentiler... Kadim yanılgılar. Bütün bunlar içini sızlatıverdi. Suskunluğunu bozmadan emanetleri mal sahiplerine teslim etti. Kureyşliler bu kârlı ve kazançlı ticaretten son derece memnundular. Sevinçleri ikiye katlanmıştı. Ardından, vakarla Darün Nedve'nin karar kürsüsüne çıktı.

Tüm gözler üzerindeyken, Bahtanın Aslanı ilk kez konuşuyordu. Tefler, ziller ve zılgıtlar susuverdi. As'ın maceralı esaretini dinlemeye koyuldular:

"Ey Kureyş topluluğu!" dedi.

"Beni nasıl bilirsiniz?"

"Doğru, dürüst ve güvenilir biliriz."

"Bugüne dek benden yalan söz işittiniz mi?"

"Asla ve kata!" dediler. "Dilin atındır senin! Bugüne dek bizi hiç yanıltmadı. Biz seni her zaman şerefli ve vefalı bulduk!"

"Peki, benden alacağı olan var mı?"

"Hayır!" dediler. "Vallahi üzerinde tek çöpümüz bile kalmadı! Hak bırakmak ne kelam!"

Dürüstlük ki pek az kişide bulunandı. Her devirde bihemta bir cevherken Ebu'l As'ın da şahsiyetinin temel taşıydı:

"Şimdi beni dinleyin." dedi. "Ben artık Muhammedî dine tabiyim. Bugüne dek boş yere oyalanarak vakit kaybetmişiz."

Köle Bişr'in kalbi korkudan duracakmış gibi çarptı. Kendisi için bir kaygısı olmasa da ona bir şey yapmalarından korkuyordu. Bahtanın Yavrusu ilk kez tevhidi kelam etti:

"Eşhedü en la ilahe illallah ve eşhedü enne Muhammeden abduhü ve Resulullah."

Kureyş sustu. Kimse ses vermedi. Kalabalık topluluktan birkaç kişi öne çıktı:

"Öğlen vakti yıldızları mı gördün sen!"

"Şarap içmiş olmalısın. Bunlar ne tuhaf sözlerdir!"

"Vallahi..." dedi. "Ne şaşkınım ne de sarhoş. Daha Medine'deyken bu karara varmıştım. Ancak 'mallarımıza konmak için din değiştirdi' demeyesiniz diye buraya geldim."

Garip bir söz düellosu başlamıştı:

"Bahtanın Aslanı bunu yapmaz." dedi Ebu Süfyan. "Aziz Hübel'e, kutsal Lat'a, Menat'a, Uzza'ya ihanet edemez."

Kimse umurunda değildi. Ne ilahlar ne kavmi ne de şanı şöhreti. Net ve karalıydı:

"Hiçbir zaman hain olmadım ben." dedi. "Mallarınızı teslim ettim. Şimdi üzerimde hiçbir hakkınız kalmadı. Allah'a yemin olsun ki o saydıklarınız boş bir aldanışmış."

"Ne yapacaksın peki!"

"Yesrib'e gideceğim."

"Git As!" dedi Cundi sarhoş ağıtıyla karışık uğultulu sesiyle. "Git ama gelirken de hurma koruğundan yapılmış Fadih içkisini getirmeyi unutma."

"O da nerden çıktı?" dedi Utbe. "Daha dün sana Yemen'in bit içkisi gelmedi mi? Neyine yetmiyor."

"Ne içersem içeyim içim rahatlamıyor." dedi Cundi. "Yemen'in has içkisi bit de, gubeyra da beni rahatlatmıyor. İçtikçe başımı döndürüyor ve dilim dolanıyor sadece. Kafamın içindeki sorular beynimi kemiriyor. Hiçbir şey haz vermiyor n'apayım. Beni ancak fadih rahatlatır."

"Ben Müslüman oldum!" dedi üzerine basa basa As. Cundi'nin kan çanağı gözleri korkuyla açıldı:

"Hayır, hayır!" dedi. "Sen benden de beter sarhoşsun! Gece boyu Caşiriyye mi içtin? Bu da nereden çıktı?"

As kararlı. Damarlarına işlemiş güzellikten şualar yansıtıyor. Ak alnından yıldızlar akıyor sanki. Elleri mavi semalara doğru kalktı:

"Mekke şahit olsun ki ben Muhammedî din üzereyim. Buna kimse engel olamaz."

"Rüzgârının yönü değişmiş senin. Cinnilere uğramışsın."

"Madem öyleydi neden döndün aramıza?" dediler müstehzi. "Orada kalsaydın ya!"

Hayret dolu bakışlar üzerindeyken As devam etti:

"Yemin ederim ki ben Muhammed aleyhisselamın huzurunda çoktan Müslüman olduğumu açıklamak istiyordum. Fakat bende mallarınız vardı. Vallahi 'Mallarımıza konmak için din değiştirdi, bize oyun oynadı' demeyeceğinizi bilseydim bu işi çok daha önce ilan ederdim."

Mükka kuşlarının müjde dolu çığlıklarıyla irkildiler. Nasıl şeydi bu böyle! Onu kayıp mı ediyorlardı? Ebu Süfyan dikildi karşısına, dil döktü. Ardından diğer Darün Nedve liderleri yaptığının yanlış olduğunu söylediler. Ama o kararını vermişti. Onlar biliyorlardı ki o, kararını verdikten sonra canı cananı neyi varsa ortaya koyardı. Daha fazla direnemediler. Ok yağmuruna tutulmuş gibi nefessiz ve mecalsiz kaldılar. Son kozlarını da kaybetmişlerdi. Yıllar yılı onu ellerinde tutmakla çok büyük öç aldıklarını düşünenler iki büklüm ve takatsizdi. Kimse bir şey diyemedi. Ona engel olamayacaklarını biliyorlardı. Ses seda çıkarmadan evlerine dağılırlarken, As da son hazırlıklarını yaptı. Şeytanın en çok uğraştığı kişiydi tövbeye koşanlar. Dönüş yolunun o çetin, ruh daraltan, kaygan ve belirsizliklerle dolu ayrımında tek çare kararlılıktı. Ufkun ötesine yürümek, koşmak, sıyrılmaktı geride kalanlardan. Işıltılı gözlerle Bişr'e baktı. Genç kölenin dilinde de tevhid nidası vardı. Hızla ayrıldılar oradan. Ne yol, ne yorgunluk... Hiçbiri engel değildi. Bir lahza dahi beklemeden yola revan oldular.

GURUR DAĞI TARÜMAR

Dolunay hâlindeki aya (yemin olsun). Şüphesiz siz hâlden hâle geçeceksiniz."

İnşikak Suresi: 18

As, atının sırtında kıvılcım saçan koşuşlarla dörtnala gidiyordu. Bahtına koşuyordu tez elden. Sırtındaki Arap beylerine has ridası neşrin rüzgârlarında uçuşurken aklını ilk kez bu kadar mukim hissetti. Mükka kuşlarının kadim dönüşleri kadar aşikâr bir dönüşte; Mekke'nin haşin dağlarına toz yeşili örtüler çekilmişken, Kureyşî fermanları yırtmalıydı. Zeyneb'inin saf, duru, kinsiz yüreğine gidiyordu:

"Şefkatli yüreklerde kin olmaz." demişti ya! Oraya gitmeliydi.

O haşin gururu bir bahr-i meyyitti şimdi. Zamanın zarı daha ziyade incelmeden gitmeliydi. Zararın neresinden dönülse leylinehardı. Zeyneb'ine gidecek ve diyecekti ki:

"Anla beni Ey Yar! Anla ki münzevi suskunluklara veda ettim. Gururun balçık sıvalı burnundan azadeyim.

Anla beni yar! Yerle göğün Sahibine inkiyad ettim. Senin için değil Ey Yar! Senin için değil Billah! Ben ki Son Nebinin bağrında aşkı gördüm. Onun af kucağında ısındım. O aşk ile gaşyoldum. Öyle geldim."

Hicret yolunun kıvrımlarından amber kokuları geliyor. Nasıl bir kokudur bu Ya Rabbi? Dehrlerin sessiz kervanları gelip geçtikçe bu yollardan, bu koku hiç tükenmeyecek. Kalbi diri olanların nesimi ve nefesi o olacak.

Çöl ahularının sesi dingin...

Konargöçer bedevilerin virane yurtlarında zamanın dinmeyen şarkısı duyulurken, Ebu'l As'ın gönül bestesini de kucaklıyorlardı. Gavl deresinin sulak hurmalıklarını hızla geçtiler. Yıldızların tüm yankıları çöle inivermişken, ışıklı ve serin bir gecede hiç durmadan yol aldı As ile kölesi Bişr. İki taze Müslüman aşkla koşuyorlardı. Gece boyu uçtular. Menzile çok az kalmıştı. Güneşin altın renkli tülleri Medine hurmalıklarına dökülürken şehre girmişlerdi.

Müstesna bir sabahtı. Şehr-i Tayyibe. Hoş şehir, ferah şehirdi adı. Aşkın ocağı, âşıkların yurdu olan bu şehir ne güzeldir! O güne dek Yesrib olan belde, son peygamberin avdetiyle Medine olmuştu. Tozu toprağı deva, otu yaprağı şifa olan şehir onlara gülümsüyordu sanki. Hani ki, o şehir aşk ehlinin kıblegâhıydı. Yesrip bülbülleri aralıksız şakıyordu o sabah. Dillerinde nehari kuşların hoş avazları... Ağaçtan minberlerinde bir müjde veriyorlar. Latif nağmeleriyle kalbi meftun ediyorlar. Bir zikri cehrinin tam orta yerindeydi Ebu'l As. Kalbinin tüm kapıları açılmışken o sesleri duyabiliyordu. Medine hurmalıkları altında şen çığlıklarla oynaşan çocuklara gülümserken atını yavaşlattı. Dağınık saçları çölün toz ve kumuluyla bomboz adam, ilkin kendini sulak bir hurmalığa attı. Serin, loş, ferah, kuytu zemine indi. Ayaklarını bastığı toprak artık üzerinde Ebu'l As'ın yıllar yılı imana direnmiş mümin yüreğini taşıyordu. Bişr heyecanla atladı. Huzur şehrinin billur sularıyla aklanıp paklandılar.

Bahtanın Yavrusu yine o kapıdaydı. Saba rüzgârının tatlı esintisi altında vurdu kapıyı üç kez. Üç vuruş, üç dönüş, üç çözülüş... Üç kez, üç hece, üç merhale gibi iç içeydi. Aşk, gurur ve dönüş. Zeyneb, Ümame'nin saçlarını tarayıp renkli boncuklarla süslerken, yeni güne yeni umutlar, yeni sevinçlerle başlayacağını nereden bilecekti. Sabahın bu en erken saatinde, bu alacası kızıl tüllerle örtülü Yesrib seherinde kapısını çalan da kimdi? Örtüsünü alarak kapıya koştu:

"Kimdir o?"

"Benim, As!" dedi heyecanlı bir can havliyle. Zeyneb şaşırdı. Onu yeni yolcu etmişken tekrardan çıkıp gelmesi de neyin nesiydi?

Kapı gıcırtıyla açıldı. Zeyneb'in, güneşin doğuş anını hatırlatan aydınlık çehresiyle karşılaştı As. Sesi titriyordu:

"Sabahu'l hayr, Ey Resul'ün hane halkı!"

Genç kadın şaşırmıştı:

"Sabahın nuru senin de üzerine olsun As." dedi. "Hayırdır bu saatte arzun, isteğin nedir?"

"Baban nerede?" dedi soluk soluğa.

Geriden Ümame'nin "Babam!" çığlıkları yankı yankı büyürken, kapıyı açıp dışarı fırlamasıyla da iki yürek karşı karşıya geldiler. Küçük kız hasretle babasını kucaklarken Zeyneb merakla sordu:

"Ne yapacaksın babamı?"

"Huzuruna varıp bu günahkâr As'ı affetmesini isteyeceğim."

İrkiliverdi Zeyneb. Kulaklarına inanamadı. Karşısında duran; bir zamanlar o çok sevdiği, gurur kalesi eski kocası mı, yoksa başka birisi mi? Yoksa bu ani geliş, yağmur yüklü bulutların müjdesi miydi?

Ebu'l As'ın yüzü mehtaplı gecedeki ay kadar parlaktı. Bakışlarındaki nur aşikâre çıkmıştı. Bu nasıl huzur dolu bir yüz... Bu nasıl bir ışıltılı bakış... Bu nasıl öz ve içten bir tebessüm... Zeyneb şaşırdı. Daha fazla bakamadı. Cennet isimleriyle sürmeli gözlerini Ümame'ye çevirdi: "Fesubhane men tahayyere fi sunihil ukul!"

"Sanatında akılların hayrete düştüğü Allah, her türlü kusur ve noksandan uzaktır." diyebildi. Alelacele ona mescide yolcu etti.

On Dördüncü Kadim Anlatıcı: Bişr

Bişr'in yolculuğu ve mescidi anlatışı bambaşkaydı. Onun sesine kulak verdiğimizde belki de aşağıdaki sözleri duyacaktık.

AK TENLİ İLE KARA TENLİ

Sana dilsiz, dudaksız sözler söyleyeceğim
Bütün kulaklardan gizli sırlardan bahsedeceğim
Bu sözleri sana, herkesin içinde söyleyeceğim
ama senden başka kimse duymayacak
Kimse anlamayacak

Hz. Mevlana

Karanfil kokulu bir Medine sabahıydı. Hicretin yedinci baharında ve Muharrem ayının başlarında gün müjdeli başlamıştı. Efendim Ebu'l As'a yetişemiyorum. Sonsuz ufuklara teyeran eden bir kartal gibi sanki uçarak gidiyor. Onu ilk kez böyle görüyorum. Gözünde ne Zeyneb'i ne Ümame'si ne de kendisi var. Sadece ve sadece Âlemin Efendisinin kalplere namütenahi huzur ve sıcaklık bahşeden sevgisine ve kabulüne koşuyor. Manevi bir cezbe, bir akış, bir çekim içindeyiz, ki ben de hayretteyim. Onu iyi anlıyorum. Bu kez seyyidinden uzun seneler kaçmış bir esir değil, Rahmeti Rahmana avdet etmiş mahcup bir misafir. Dörtnala koşan saf kan Arap atlarının sırtında gidiyoruz. Engebeli yolları ve dar geçitleri aştıktan sonra mola veriyoruz. Uzanıyoruz yan yana. Güzelliğini bir tek çöl gecelerine açan yıldızların altın tozuyla kuşatılıyoruz. Kehkeşanın şanlı gösterisinden ürperiyorum. Lahuti bir derinlik içinde hep O'nu düşünüyorum. Soruyorum efendime:

"Bana O'nu anlat." diyorum. "Son Nebiden söz et. O ışıklı gülümsemesi hiç aklımdan çıkmıyor. Anlat bana!"

Sahranın kumdan halısı bize kuş tüyü şimdi. Muhteşem bir yıldız akışında çöl meltemleri ıslık ıslık.

"O daima düşüncelidir." diyor Ebu'l As. "Susması incelik, sözü güzelliktir. Her bir sözü bahar nesimi gibidir. Derdi olanlar yanında nefes alır. Dünya için kederlenmez. Bağırıp sinirlenmez. Nefsi için üzülmez, öfkelenmez. Kimseyi ne kınar ne de ayıplar. Cebrail'i dinler gibi herkese eğilir, her kelamı dinler. Sıkıntılı hâllerinde kabalaşmaz, bağırmaz. Vakur, sade ve mütevazıdır. İnciden sözleri tatlı ve berraktır. Kapısına gideni asla geri çevirmez. Hüzünlü ve mütebessimdir. Fakirle yer, yetimle sabahlardı. Onun hangi vasfını, hangi hâlini sana anlatayım Ey Bişr?"

Bahar nesimlerini kuşatan yüreğimle atımı mahmuzluyorum. Yolu bir yudum nefes gibi yutmak ve bitirmek istiyorum. O aşk, o istekle giriveriyoruz şehre.

Mescit, Medine'de ilim meclisidir. Resul'ün rahlesine diz çökenlerin ıstılahgâhıdır. Terbiye ve talim yeri... Adap ve edep menzili... Talim ve tedris merkeziydi sanki. Esir olarak kaldığım birkaç gün içinde bunları öğrenebilmiştim. Orası hem ibadethane, hem mektep, hem sosyal meselelerin konuşulup görüşüldüğü yer, hem de gelen heyetlerin karşılanıp ağırlanma yeriydi. En yeni kararlar orada alınırdı. Hayatın olağan akışı oradan seyredilir, en özel hâller Rahmani bir terbiyeyle orada özümsenirdi. Bir ayna, bir meşveret, bir eğitim kurumuydu mescit. Sahavet ile şecaat, şefkat ile hürmet, muvazene ile muhakeme orada talim ediliyordu.

Efendim Ebu'l As, besmeleyle attı ilk adımını:

"Rahman ve Rahim olan Allahın adıyla!"

Farklı bir ürperiş, tatlı bir imbatla yürüyüverdik. Son peygamber onunla olan münasebetlerinde aklına kapı açmış ama iradesini zorlamamıştı. İman ile imansızlık, elmas ile kömüre benzetilirdi hani. Ebu'l As'ın tükenmeyen kibri ve gururu da mümin olmanın asaletiyle yer değişiyordu şimdi. İzzet ve azamet bir tek Rahman'a mahsusken, iş onu kabullenmekti.

Bir ses vardı içerde. Son peygamber bir sahabesine sözler emanet ediyor. Resul'ün sesi ılık nehirler gibi yüreği sakinleştirerek akıyor, kalbe hayat sunuyordu.

"Ya Ebu Zer! Gemini yenile, çünkü deniz derindir. Azığını tam al, çünkü yol uzundur. Yükünü hafif tut, çünkü geçit çok sarptır. Amelini ihlaslı yap, çünkü Gözetleyici, kalbin niyetine bakmaktadır."

Son peygamberin sahabeleri, O'nun yanında birbirlerine nazlanıp şakalaşıyorlar. Koyu bir muhabbet halkasındayken şeytan iki sahabenin arasına giriverdi aniden.

Ebu Zer hırçın tabiatlı, cesur bir adamdı. Gözünü budaktan esirgemeyen bu adam sözünü de esirgemez belli. Bilal, simsiyah teni, nur yüzü ve billur sesiyle peygamber mescidinin ezanlarını okuyor. Onun sesi değil miydi efendimin peşinden beni de buralara getiren? Ebu Zer'in bir kelimesi onu çok üzmüş olacak... Ebu Zer:

"Siyahın oğlu!" diyor ona.

"Siyahın oğlu!"

Dikkatimi çeken bu duruma bir tek Bilal değil, son peygamber de incinmiş:

"Ey Ebu Zer! Ölçüyü kaçırdın." diyor. "Beyazın oğlunun, siyahın oğlu üzerine bir üstünlüğü mü var? İnsanlar arasındaki üstünlük, ancak takva ve amel-i salih iledir. Fazilet; renk ile değil, salih amel iledir."

Ebu Zer iki büklüm... Mahcup, pişman ve perişan... Beşerin şaşabileceği anlardan birine mahkûm. Kendini nasıl affettirebilir ki? Hemen yerinden kalktı. Ak yanağını Bilal'in kara ayaklarının altına uzatıverdi:

"Haydi, kalk!" dedi. "Kalk Bilal! Ayağını yanağımın üzerine bas! Yemin ederim ki, sen şu anda kalkıp ayağını yüzüme basmazsan yerden kalkmayacağım!"

Bilal nurani bir gülümsemeyle onu kucakladı. Kaynaşıp kucaklaştılar çarçabuk. Kısa süre sonra eski muhabbetlerine bıraktıkları yerden devam ettiler.

Efendim de benim gibi şaşkın. Hayret dolu bakışlarla göz göze geliyoruz. Bu nasıl dindir böyle? Biri siyah öteki beyaz, biri köle öteki hür, biri fakir öteki zengin... Onları aynı çizgide eşit tutan bir din yeryüzünün her köşesine hâkim olmalı değil miydi? Bu nasıl dindi ki köleyi hürden, siyahı beyazdan, fakiri zenginden ayrı tutmuyordu? Tek akçe iman, tek kuvvet ise ihlas ve muhabbetti. Sevgili peygamberin sözleri ise kalbimizde yanan tazecik kandili ışıldatmaya yetiverdi:

"Ey insanlar! Rabbiniz birdir. Babanız Âdem birdir. Dininiz birdir. Dikkat edin! Araplık sizin için annelik ve babalık değildir. O sadece bir lisandır. Kim Arapça konuşursa o Arap'tır." diyordu.

Mescittekiler Nebi hatrına bize yol gösteriyorlar:

"Ehlen ve sehlen Ey Ümame'nin babası!"

Efendim mahcup. İslam peygamberi onu yeniden karşısında görünce gülümsüyor. Vakur, şefkatli ve derin... Ebu'l As yeniden mescidinde. Resul'ün ayak ucuydu nazargâhı:

"Efendim!" dedi. "Sizler benim bütün mallarımı getirip bana teslim ettiniz, hür olduğumu da bildirdiniz. Rahatça gidip emanetleri teslim ettim. İşte huzurunuzdayım."

Göz pınarlarından taşan ırmaklara engel olamadı. Sırılsıklamdı yüzü. Ben de ağlıyordum, oradakiler de. Efendim As'ın sözleri ince, derin ve saygı dolu. Yer yer kesiliyor sesi. Yanık bir tonla konuşuyor:

"Güneşe göz yumarak senelerce sizden kaçtım. En yakın dairenizdeyken en uzak vadilerin bahtsızlığına düştüm. Kavim ve inanç belası beni hep mahkûm etti. Bu sebeple sizi ve dahi kızınızı çok kırdım, çok incittim. Ama siz bana... Siz bana..." Bütün bunları derken iki büklümdü Ebu'l As. O koca dağ gibi adam mahcup ve perişandı:

"Karşılığında ise sizden hep lütuf, hep ikram gördüm Efendim. Beni merhamet yağmurlarıyla yıkadınız. Şefkatinizin güneşiyle büyüttünüz. En son ikramınızla kavmim ve putlarla aramda olan tüm bağları söküp attınız Ya Resulullah!"

Sahabe şaşkın, ben şaşkın ama Resulullah derin bir kuyudan çıkıveren damadını sevinç ve muhabbetle teşyi ederken son cümleyi söyledi Ebu'l As:

"Şimdi ben huzurunuzda Müslümanlığımı ilan ediyorum! Eşhedü en la ilahe illallah. Ve eşhedü enne Muhammeden abdühü ve Resulühü!"

Derin bir sessizlik kapladı her yanı. Mescidin hurma dallarıyla tavanına yuva yapmış birkaç güvercinin şakırtısı sükûtun içinde yankılandı. Yaşanan onca tezattan sonra kimselerin beklemediği bir itiraftı bu. Herkesin zihninde oluşan tek soru yüz ifadelerine sinmişti. Sorgu dolu bakışlardan bunu anlamak zor değildi. İyi de bu adam neden şimdiye saklamıştı ikrarı? Daha birkaç gün öncesine dek buradaydı ve ısrarla iman etmemişken bu değişim de neyin nesiydi?

"Madem öyleydi, bunu neden önce açıklamadın?" dediler.

"Daha önceden bunu yapsaydım can korkusuyla Müslüman olduğumu zannedecektiniz. Bu da benim karakterime uymayan bir şeydir. Müslümanlığın ilk adımında emanete hıyanet ve korkaklık zannını bulaştıramazdım. Onun için ilk önce Mekke'ye gidip malları teslim ettim ve bugün buraya tüm yüklerden arınmış olarak geldim."

***

Tevfik refik oluvermişti efendime. Andelib-i Zişanın yanı başında imanı çok taze bir ümmetti. Tedenni uçurumlarından, terakki zirvelerine çıkıyorlardı. Kulluk mertebelerinin en üst merdivenlerine tırmanırken akla gelebilecek şüpheleri tek tek gideriyordu Kureyş'in Aslanı. Küheylanları utandıracak yiğitlikte duruşuyla önüne diz çöktü El-Emin'in:

"Efendim..." dedi. "Şunu biliniz ki, ben bu dini Zeyneb'e olan sevgim uğruna seçmedim. Sırf Allah rızasını umarak yolunuza tabi oldum. Dinim İslam, kitabım Kur'an, peygamberim Abdullah oğlu Muhammed'dir (sav)."

Mescidi bir anda tek kelam, tek ikrar kapladı. Ashap hep bir ağızdan As'ın dönüşünü teşyi ettiler: "La ilahe ilallah. Muhammeden nebiyullah."

Çeşm-i dil erbabına her ne varsa kıyamdaydı. Onu öylesine gözyaşları içinde ilk kez görüyordum. Çok etkileyici bir andı. As secdeye kapandı. Islak secdelerinden yanık bir nida yükseldi:

"Sübhane Rabbiyel Âlâ!"

Kaldırdı başını secdeden. Yüzünde nisan yağmurları vardı. Göz pınarlarından oluk oluk fışkıran sular sakallarının arasına gizlendikçe yeni kaynayışlar, yeni çoğalışlarla coşuyordu. Son Nebi sıcak, sımsıcak bakıyordu.

"Allah-u Ekber Kebira!"

"Allah Büyüklerin En Büyüğüdür!"

Şefkatli yüreği kaynayan gözeler gibi titriyordu ümmetinin üstüne. Derin, manalı ve affedici bakışlarıyla onu kabul etti. İliklerine dek irkiliverdi As. Bu nasıl haşyetti böyle!

"Allah korkusundan müminin kalbi ürperdiği vakit, ağacın yaprakları düşer gibi günahları dökülür." demişti ya Nebi. O anı yaşıyorduk:

"Lebbeyke Ya Resulullah!"

"Ben bugün buraya bir müşrik olarak gelmedim. Bir tüccar olarak da gelmedim. Ben Müslüman oldum. Ve kızınız Zeyneb'e talibim. Onunla evlenmek isterim. Ama ben onunla evlenmek için Müslüman olmadım."

"Sen bizim kabulümüzsün Ey Ebu'l As!" dedi Resul.

İhtiramla öpüyor elini, yer gök seçilmişinin. Dilinde aynı ikrar:

"La ilahe ilallah. Muhammeden nebiyullah."

"La ilahe ilallah. Muhammeden nebiyullah."

Şehadet parmağı havadayken devam etti:

"Şahit olunuz ki!" dedi. "Bugünden sonra canım, malım ve her şeyim bu yola fedadır. Geç kalmış olabilirim ama daha ölmedim. Tüm servetimi din yoluna hibe ettim. Şu andan sonra bütün mal varlığım Beytül Mala aittir!"

Bu sözlerin her biri parça parça altın ve elmasla yazılsa ve Kâbe duvarına asılsa ve Mekke'de kalan müşrikler görse yeridir. Rahman'ın huzurunda sıcak kumlara kapanıyor, ağlıyor, yalvarıyorum:

"Şükür Ya Rabbi, şükür!"

TÖVBE KURNALARI

"Tövbeyi geciktirme."

Lokman (a.s.)

As tövbedeydi. Uzun boyuyla iki büklümdü şimdi. Ridasının üzerine dağılmış uzun saçları, kırlaşmış sakalı, derin bakışları ve yaşlı gözleriyle huzurdaydı. Diz çöktü sıcacık kumlarına mescidin. Kapanıverdi secdeye. Yakardı için için. Yıllanmış gururu, kibri ve aldanmışlıklarını yerle bir etti. Yıllar yılı içinde o hiç susmadan ağlayan çocuğu azad etmişti. Kulluk basamaklarının en güzel makamı değil miydi o? Cehennemî çukurlardan kurtuluş, af sahillerine varış, hayata yeniden doğuş, sonsuz adanışa koşuştu tövbe. Kulun aracısız ve perdesiz bir şekilde Rabbiyle baş başa oluşuydu. O'nunla hasbihâl edişiydi. Rahmet'in kucağına sığınıp af dileyerek yakarış anıydı. O kurnalarda yıkanıp aklanmak istiyordu. Pişmandı yaptıklarından.

"Rabbi inni zalemtü nefsi fağfirli!"

"Ey Rabbim, ben nefsime zulmettim. Beni bağışla."

Kasas Suresi: 16

Oradakiler gibi Bişr de hayret içindeydi. Bir insanın gözyaşları o kadar saf, o kadar duru, o denli dokunaklı akar mıydı? Boşluk kuyuları tek tek dolarken kendini affedemiyordu. Rabbinden hicap etti. Utanç ki kulun en gizli tövbesiyken, hayâyı yitirenler bundan nasipsiz ve habersizdi. O edeple istiğfar etti As. O'nun Elçisinin davetini duymazdan gelişi nasıl affedilebilirdi ki? Zeyneb'e yaptıkları... O genç, o güzelim peygamber çiçeğini yalnız ve boynu bükük koyup, putlara koşmuştu. Hayatının her bir karesi ufacık lahzalarla geldi göz önüne.

Taif'te Lat, Bedir'de Menat, Mekke'de Uzza, Kâbe'de Hübel, Safa'da İsaf, Merve'de Naile... Huzaa kabilesinin iri cüsseli putu... Gözü önüne geldikçe tek tek yüzüstü yere kapandılar. Hepsi sahte tanrı ve sathi inanışlardı. Undan, helvadan yapılan ve acıktıkça yenilen sanemler... Sunaklı tapınaklar... Ne boş, ne zavallı aldanışlardı! İnleyerek yakardı:

"Rabbim!" deyiverdi. "Yüce Habibinin kabulüyle kapındayım. Kulunu kabul eyle! Rabbena! Tövbe Rabbim, sonsuz sayılarca tövbe... Çöldeki kum taneleri, gökteki yıldız sayısınca tövbe... İşittiğim sesler, aldığım nefesler sayısınca tövbe ediyorum. Pişman oldum.

Yaptıklarıma,

Taptıklarıma,

Günahlarıma,

Bin ah ve tövbe!

Bin rica, bin pişmanlık sana

Bağrı yanık kulun Ebu'l As, senin rahmet dergâhından başka nereye gitsin? Hangi kapıya rücu etsin?

Rabbena!

Yıllar yılı kapalı dehlizleri kendine mekân tutmuş bu mücrimi kim kabul edebilir Senden başka? Şu günahkâr yüzü rahmetinden başka hangi kaynak yıkayabilir? Tüm ezberlerimi yaktım. Elsiz, ayaksız o zavallı putları teptim. Necid çöllerini çınlatan figanlara kayıtsız kalan kalplerden kaçarak sana geldim. İsyankâr ruhum ancak senin rahmet kapında sükûn buldu. Senden uzaklığın cehennemi ne kara, ne korkunçtur! Beni bir daha o çukurlara düşürme Ya Rabbi!

Tövbe!

Yaprak sayısınca, yağmur damlalarınca tövbe...

Göz açıp kapadığımca tövbe...

Rabbena!

Rahmetinden kaçmış bu asi isyankâr As'ı kabul edecek misin? Yıkayacak mısın tüm benliğimi günah kirlerinden? Sahibine rücu etmiş bir divanenin ahını işitecek misin? Affına rücu etmiş bu mücrimi affedebilecek misin?

Kabul et İlahi!

Gafil anlarım ve zanlarım sayısınca eyvah! Ahlarım, vahlarım, günahlarım sayısınca tövbe İlahi!" diyordu. "Affediciliğin öyle bir deryadır ki ona kavuşan her dertten şifa bulur."

Tövbedeydi Ebu'l As. Öylesine sağlam öylesine dönülmez bir yola girmişti ki, hâl diliyle yakarışların en içlisini terennüm ediyordu:

"Ey Rabb-i Rahimim ve ey Hâlık-ı Kerimim!

Benim sui ihtiyarımla ömrüm ve gençliğim zayi olup gitti. Ve o ömür ve gençliğin meyvelerinden elimde kalan elem verici günahlar, zillet verici elemler, delalet verici vesveseler var. Bu ağır yük ve hastalıklı kalb ve hacaletli yüzümle kapına geldim.

Eman diliyorum.

El-aman, el-aman! Ya Rahman! Ya Hannan! Ya Mennan! Ya Deyyan! Rahmetin melceimdir ve Rahmeten li'l-Âlemin olan Habibin, Senin rahmetine yetişmek için vesilemdir. Senden şekvâ değil, belki nefsimi ve hâlimi Sana şekvâ ediyorum.

Ey Hâlık-ı Kerimim ve ey Rabb-i Rahimim!

Senin Ebu'l As ismindeki mahlûkun ve masnuun ve abdin, hem asi, hem âciz, hem gafil, hem cahil, hem alîl, hem zelîl, hem müsi', hem müsin, hem şakî, hem seyyidinden kaçmış bir köle olduğu hâlde, kırk sene sonra nedamet edip Senin dergâhına avdet etmek istiyor. Senin rahmetine iltica ediyor. Hadsiz günah ve hatîatlarını itiraf ediyor. Evham ve türlü türlü illetlerle müptela olmuş, Sana tazarru ve niyaz eder. Eğer kemâl-i rahmetinle onu kabul etsen, mağfiret edip rahmet etsen, zaten o Senin şanındır. Çünkü Erhamürrâhimînsin. Eğer kabul etmezsen, Senin kapından başka hangi kapıya gideyim? Hangi kapı var? Senden başka Rab yok ki dergâhına gidilsin. Senden başka hak mabut yoktur ki ona iltica edilsin. Eman ver bana, eman diliyorum. Beni günahlarımın çirkin arkadaşlığından kurtar!"

O gün o peygamber mescidindeki tüm yüreklerde Ebu'l As'ın pişmanlık hıçkırıkları yankı buldu. Müjdeli gönüller ve nemli gözlerle onu teşyi ettiler. Sonsuza ram olmanın muteber niyazıydı bu ahit. Son Nebi, As'ın tövbe nidalarını dualarla karşılıyor. Beşer bu, şaşar. Şaşmış olan beşerleri muhkem sıratlara çağırıyordu tövbe.

Nurani anların yansımasından bir söz düşüyor zamanın cemresine:

"Ne mutlu, yaptığı suçtan pişman olup ağlayanlara!"

Hz. Muhammed (sav)

AF BİR GÖNÜL KIVAMIDIR

Temiz kadınlar temiz erkeklere, temiz erkekler de temiz kadınlara layıktır.

Nur Suresi: 26

As, Hadi isminin kucağında tecelliyi kuşanırken gün ağarıp durulmuştu. Zeyneb'in kem söz düşmemiş dudaklarından âminler dökülürken evinin kapısı çalınıverdi. Açtı kapıyı usulca. Bişr'di gelen. Ne kadar büyümüştü... Yanık tenli ellerinin sıkıca kavradığı o yüzük hikâyesi geldi gözünün önüne. Hani Bişr hep adı gibi müjdeyle gelirdi ya... Yine öyle miydi?

"Müjdeler olsun hanımım!" dedi. "Efendim Müslüman oldu. Şimdi buraya geliyor." Ümame sevinç çığlıkları attı:

"Anneciğim!" dedi. "Dualarımız kabul oldu, çok şükür!"

Bişr daha ayrılmadan As'ın iri cüssesi kapıda belirdi. Sevgi Peygamberi onu can incisinin yanına göndermişti:

"Sen git, biraz sonra biz de orada olacağız!"

Zeyneb karşısında bambaşka bir As gördü. O yepyeni bir insandı artık. Hani ki tövbe eden insan yeni doğan insandı. O demde var olmak en büyük bahtiyarlık iken, genç adam onlardandı. Devasa kibrini, inadını, zaaflarını, gurunu ve tutkularını atmış, azad olmuştu. Kırmıştı tüm zincirleri. Pak ve duru bir nefesle oradaydı. Arınmış olarak geçti eşiğinden içeriye. Zeyneb'in yüzünde aleni bir ışık... Gözlerinde müjdeli bir yansıma. Sonsuzluk çeşmelerinden kana kana su içmiş gibi As. Berrak bir gönül aydınlığıyla ona bakıyordu. Birlikte içeriye geçtiler. Ümame sımsıkı sarıldı babasına. Zeyneb sevdiği adamın itiraflarıyla sarsıldı:

"Ehlen ve sehlen Zeyneb'im!" deyiverdi. "Şu ana dek birçok badirelerden geçti bizim aşkımız. Aslan Parçası deseler de bana, gurur dağlarına kaçmış bir avare idim. Dağlarımı deviren tek güç ise babanın asil şefkati ile senin sitemsizliğin oldu."

Zeyneb'in güzel yüzü hayâ rengiyle al al kızardı. Uzun kirpiklerinin arasından şükürler dökülüverdi apansız:

"Hiçbir nimet ıstırapsız gelmez ki!" deyiverdi. As'ın tüm mal varlığını infak ettiğini duymuştu. Ufak bir espiriyle anın tatlılığını yakalamak istedi:

"Onca malından geriye bir tek hurma da mı kalmadı mı As!"

Ebu'l As gülümsedi:

"Kalpte aşk var ama elde hurma yok Zeyneb." dedi. "Aşk arttı, hurma tükendi!"

Gülüşüverdiler eski günlerdeki gibi. Yıllardan beri ilk kez içi ferahlamıştı Zeyneb'in. Eski kocasının gözlerinde derin pişmanlıklar vardı. Zeyneb'in masum bakışları altında başı önüne eğildi As'ın:

"Aldanmışlığım derinmiş!" dedi. "'Şuhud aynaları kapansa, görmese kimse beni' diyorum. Rahman'a karşı utanç içindeyim. Yok bu kadar affeden! Yok bu kadar lütfeden! Yok ayıpları bu kadar setredip örten!"

Yutkundu ve devam etti:

"Ceberri taassuplardan takatsiz düşmüşken bana hep ışık sundun. Yârdan yarana geçişte rehberim oldun Zeyneb. Kibir denen afet damarlarımı sarmışken..."

"Bu her kulu bekleyen bir tehlikedir As. Kibir kalbin kıyısında karıncanın ayak sesinden bile gizli gezer. Onu fark edip oradan çıkarana ne mutlu!"

"Yaptıklarım, taptıklarım, bağlandıklarım boşmuş. Ağır bedellerden sonra bunu anlamış bulunmaktayım."

Genç kadın şaşkındı. Ondan ilk kez böyle sözler işitiyordu. Göz pınarlarında titreşen binlerce yıldızın yansımasıyla şaşkındı:

"Hamdulillah!" dedi. "Seni sen yapana sonsuzca şükrolsun."

Bir çocuk gibi saf ve samimiydi genç adamın itirafları:

"Sen ki..." dedi. "Son peygamberin kızısın. Asilzade bir hanede büyüdün. Babanın namı çağlar boyu sürecek. İnsanlar onun tek bir sözüne hayatlarını kurban edecekler. Her hâli ibadet, her sözü dua olan bir baban var ki adı göklerde Ahmet, yerde ise Muhammed'dir. Ben bunu yeni öğrendim Zeyneb'im. Ve benim yıllarım kör bir aldanışla geçti. Sen bütün bunları bildiğin hâlde bana karşı ne gururlandın ne de kibirlendin. Oysa ben kavim ve put sevdasıyla gurur ve kibir içindeydim. Güzelliklere kör bir mücrimken bana karşı hiçbir üstünlük taslamadın. İnsan bu, hiç mi gururlanmaz... Hiç mi kibirlenmez..."

Zeyneb mahcuptu:

"Öyle deme As." dedi. "Şeytan kibirle helak oldu. Aslı toprak olan bir varlık neyiyle kibirlenebilir ki? Yüce Kur'an bize *'Kibirli olma, alçakgönüllü davran.'* (İsra Suresi: 37) der. Ve biz yüce kelama uymakla mükellefiz."

"Bu nasıl büyüklüktür!" dedi As.

"Su gibi olmak gerek." dedi Zeyneb. "O her türlü kiri yıkayan, paklayan ama asla başa kakmayandır. Su gibi vefalı ve sır tutucu olmak ne güzeldir!"

Yüce Kelam'da geçen bir söz, Zeyneb ile Ebu'l As'ın hayat hikâyesinin özetiydi sanki. Onu hatırladı Zeyneb:

"Kötülüğü, en güzel olan hasene ile önle. O zaman bakarsın ki, seninle arasında bir düşmanlık bulunan kimse ya-

kılgan (şefkatli) bir hısım gibi olmuş! O rütbeye ise ancak sabredenler kavuşturulur." (Fussilet Suresi: 34, 35)

Zeyneb'in ışıklı gözlerinden duru nehirler akarken, Ebu'l As akıp giden gözyaşlarına dayanamadı: "Muhabbetullah incileridir bu gözyaşları." dedi. "O damlalarla kul olarak doğarız yeniden. Hayatın bozkırlarına cemreler düşer. O nehirde kibrimiz yıkanırken, kulluk kaftanımız aklanır. Ve sükûna eren nefisler o kıvamda nefes alır ve paklanır."

Pişman baba, Ümame'sine sarıldı:

"Boşuna As dememişler bana." dedi. "Ben ki isyanlar babasıyım. Seven bir kalp, kuyumcu ibresi gibi narin ve hassas olur ya hani. O narin yanımla kapındayım. Silecek misin tüm yokoluşlarımı benim? Temiz yüreğinden af diliyorum!"

"Af Rahman'a mahsustur As. Bunu benden dileme. Onun yüceliği yanında benimkisi kıl kadar ince bir tercihtir. Af bir gönül kıvamıdır. O kıvamı ise ancak âşık sineler kuşanır."

Yargısız infazı yoktu Zeyneb'in. Sabır ve saygıyla dinliyor gerçeklerini As'ın:

"Hama'nın kuleleri gibi yalancı kulelerden seyretmişim âlemi. Şükür ki Firavun'un aldanışını fark edişi gibi olmadı sonum. Musa'nın Nil'i kadar berrak yolları kendime kader bildim ve yürüdüm hiç korkmadan."

"Seni hiç kınamadım, ayıplamadım da As." dedi Zeyneb. "Rahman olan Hakk'tan yana her zaman gönlün tamdı. Özünde var olan cevheri bulmuşsun çok şükür!"

"Bu sözler Nebi kızının sözleridir. Onun inceliği, onun zarafetidir."

Zeyneb'in gözyaşları kirpiklerine pırlantalar takıyor. Sevinç gözyaşları bunlar. Işıldak, saf ve duru... Dilinde bir hece:

"Çok şükür, As kurtuldu."

"Elhamdülillah, şükran ve kesira. Allahu ekber Kebira. Subhallahi bukreten ve asila."

Zeyneb genç kızlık günlerinde karşılaştığı yaşlı ihtiyarın sözlerini hatırladı birden:

"Unutma!" demişti hani. "Sabır acıdır ama meyvesi tatlı, pek tatlıdır onun!"

O tatlılıkla hayat yoldaşını dinledi. Duru nehirleri barındıran gözlerinden ırmaklar akıtırken çağıldıyordu:

"Ben beni eksilttikçe sen çoğalttın. Ben kaçtıkça sen yakın kıldın. Beni sevginle yıkadın, durulttun, damıttın. Aslında bu hâlimi çok önceden açıklayacaktım ama malları teslim etmeden dönemezdim."

"Kişinin işine olan titizliği onun sadakatini ele verir." dedi Zeyneb. "En iyisini yapmışsın."

"Bugün benim içimdeki ve dışımdaki putları terk ettiğim gündür. Acılarımız bitti inşallah. Seninle aynı Allah'a tapmak, aynı secdeye gitmek, aynı peygambere inanmak sevdasındayım. Sana onca acı çektirdiğim için pişmanım. Seni dinleyip iman etseydim onca acılar başımıza gelmeyecekti. Gururum, inadım, inancım ve direnişim için pişmanım Zeyneb'im. Beni affedebilecek misin?"

İnsan bir girift muamma... Bilmecesi derin bir varlık iken hâlden hâle giriyor. Zeyneb'in dudakları suskun. Ruhundan duru nehirler akarken gençlik yoldaşını dinliyor. Ebu'l As ısrarlı:

"Hâlâ sevebilecek misin beni?"

"Kalbin hecesi tektir As." dedi Zeyneb. "Onun adı aşktır. Aşkın hakikisi ise bize bu sevdayı bahşeden Allah aşkıdır. O aşk sonsuzdur ve kıskançtır. Başka sevdalara yer bırakmaz. Benim kalbim Allah aşkıyla dopdolu. O'nu razı etmek için seviyorum seni. O'nun rızasıyla hareket ederiz. O'nun aşkıyla yol alırız."

Ne mutlu, ne tatlı bir andı! Hiç bitmesin istedi Zeyneb. Visal nimetini şükürle süsleyip, tövbeyle temizlediler. Eşine karşı en ufak bir kin ve kırgınlığı yoktu Zeyneb'in. Onun pişman olması ve hakikate ermesi her acıya bedeldi. Şükür secdesine kapandılar birlikte. Hiç bitmeyen sevgileri, onları sonsuz iman pınarlarına taşımıştı. Çileye ve firkate karşı sabır ve sebatla direnmiş iki sadık sine, iki doğru gönül bir aradaydı artık. Dilinde saklı tuttuğu kelam ne güzeldir Ebu'l As'ın:

"La ilahe illallah, Muhammedün Resulullah"

Kavim tutkusunun, şanın, putların, paranın, mülkün, başarının güldüremediği adam tek kelimeyle sükûn bulmuştu. Sık sık onu kelam etti:

"La ilahe illallah, Muhammedün Resulullah!"

MUTLU GÜN, MESUT DÜĞÜN

Ey Gönül!

Ateş için rüzgâr ne ise, aşk için de ayrılık öyledir; küçük olanı söndürür, büyük olanı ise daha da güçlendirir.

Hz. Mevlana

Günün ilerleyen saatlerinde Zeyneb'in kapısı çalındı üçüncü kez. Gelen Âlemin Efendisiydi. Turkuaz renkli göklerden bir demet ışık huzmesi doluverdi içeriye. Son Resul tebessümlüydü. Yanında ashabı vardı. Işıklı bakışlarıyla onlara bakıyordu. Mutlu temennalarla geçip oturdular. Şimdi bambaşka âlemlerdeydi Ebu'l As. O aşinası olduğu koku. Alıp götürdü onu çocukluğuna. Teyzesinin iki katlı sarı konağının avlusunda buldu kendini. Zeyneb'le oynarlarken o koku kâh önünden, kâh yanından, kâh yukarıdan, kâh berisinden içine dolardı. Kokunun geldiği yöne doğru döndüğünde her seferinde onu karşısında bulurdu. O ışıklı alnından aydınlık gündüzler akan hane reisini, El-Emin'i. En güzel ve en güvenilir adamı.

O ses, o nefesle hayretten dilini tutar, Zeyneb'le kurdukları oyunun kuytularına gizleniverirdi usulca. Çocuk duyarlılığının en ince yanıyla o lahuti kokuyu kadim bir sır gibi gömerdi kalbine. Ve yine işte o koku, işte teyzesinin avlusu, işte Zeyneb'in billur sesi, işte o ışık yumağı. İşte... İşte... O, yine o... Dünyanın hiçbir esintisinin, hiçbir kokusunun ulaşamadığı, erişemediği, keşfedemediği rayiha. Dünya kokusu değil bu, belli. İnsan beynini anında alıp götüren, başka, bambaşka iklimlere savurduğu o duru anları hiç unutamıyordu. Öyle bir nefes ki, alıp hiç vermemek istiyor. Gül bahçesi ama gül değil. Misk kokusu ama misk değil. Amber kokusu ama o da değil. Neydi, nasıl şeydi bu, bilemiyordu As. İşte yine o koku iç âlemlerini dalgalandırmıştı. Işıklanmıştı kör karanlık kuyulara dönmüş ruhu. Ve koku sahibi Zeyneb'in peygamber babasıydı. O cömert ve kerim, o şefik ve rahim, o ins ve cin peygamberine bu kadar yakın olmak... O'na ümmet olmanın bilinciyle ellerine sarıldı. O'nun hanesine girmiş olmak değil, O'na ümmet olmak, O'na tabi olmak As'a çok daha farklı geldi.

Son peygamber nikâh duasına durdu:

"Allah'ım!" dedi. "Bu evliliği mübarek eyle! Aralarında ülfet, geçim, sevgi ve beraberliklerinde sebat nasip eyle. Onları nefret, geçimsizlik ve ayrılıktan koru! Allah'ım; Âdem aleyhisselam ile Havva validemiz, Muhammed aleyhisselam ile Hatice-i Kübra arasında var olan ülfeti onlara da nasip eyle! Kendilerine salih çocuklar, uzun ömürler ve bol rızık ihsan eyle! Âmin. Ey Rabbimiz! Eşlerimizi ve çocuklarımızı bize göz aydınlığı kıl ve bizi Sana karşı gelmekten sakınanlara rehber eyle! Ey Rabbimiz; bize dünyada ve ahirette iyilik, güzellik ver. Bizi cehennem azabından koru! Kudret ve şeref sahibi olan Rabbim, onların söylediği uygunsuz şeylerden münezzehtir. Bütün peygamberlere selam olsun. Âlemlerin Rabbi olan Allah'a hamd olsun."

Düğün daveti için Enes'i görevlendirdi. Velime verilecekti. Zeyneb'in acılarına karşılık lütfolunan bu mutlu gününde neler yapılmazdı ki! Kulunu doğru yola ileten bir mümin için elbet sevinilirdi. Fatıma, Ümmü Gülsüm, Aişe, dadı Bereke ve Ensarîn koştular. Zeyneb'in kem göz değmemiş haremini düğüne hazırladılar. Develer kesildi. Kazanlar kaynatıldı. Etli hazire, pazı yapraklı çorba, hurma helvası ve Medinelilerin o çok sevdiği Felluzeç tatlısı kondu sofralara. Misafirlere badem kavutundan yapılmış çörekler ikram edildi. Zeyneb ilk eşiyle ikinci kez dünya evine giriyordu. Bu kutlama hem hasretin vuslatla yer değişmesi, hem de As'ın yıllar yılı saklı kalan imanının aşikâre çıkması içindi. Medineli kadınlar Zeyneb'in uzun saçlarını taradılar tel tel. Hoş kokular, zarif takılar, tatlı temennalarla süslediler onu. Ensar kadınları yeşil ipek örtüler açarak yelvesini yaptılar:

Bugün mutlu gün bize
Gün doğdu hanemize
En güzel Hanedandan
Gelinsin evimize

Gül açılsın günüdür
Bülbül ötsün gülüdür
Âleme kutlu olsun
Zeyneb'in düğünüdür

Tefler çalındı, şiirler okundu. Söz, meclis, dua derken; cariyeler tef çalarak ellerindeki çerez ve şekerleri çocuklara saçtılar. Düğünün en minik kalbi Ümeyme (Ümame) sevinç içindeydi. Bu onun en mutlu günüydü. Neşeli gülücüklerle annesi ile babasının sevincini izliyordu. Zeyneb derin suskunluklar içinde anı yaşıyordu. Sevgide kelam olmaz. Kadına yakışan hayânın pembe tülleri ne kadar da asil duruyor Zeyneb'in üzerinde! Zevcine gülümsüyor içten. Sevgili peygamberin nidası kulaklarında:

"Erkek, hanımına; hanım da beyine sevgiyle baktıklarında, Allah da (c.c) onlara rahmetiyle bakar."

O ki eş eşe elbiseydi. Yüce kelam onu ne güzel tarif ediyordu:

"Onlar sizin için günahtan koruyan bir elbise, siz de onlar için bir elbise hükmündesiniz."

Bakara Suresi: 187

Koca bir altı yıl girmiş araya. Ama onlar birbirlerinin gönlünde hâlâ elele kalmışlar. Nikâhta keramet vardır ya hani. Gam, keder unutuluverdi sanki. Gülü, nanesi, hurmasıyla meşhur şanlı şehir, en kutlu düğünlerinden birine daha ev sahipliği yaptı. Herkes huzur deminde! Ebu'l As'ın gönlünde bir bülbül-ü şeyda şakıyor. Hiç susmadan öterek şöyle diyor:

"Zeyneb'im!

Leyli gecelerimin gözyaşında sakladım seni. Senden başka hiçbir kadına bakmadım. Bakmak istemedim. Sen de bilirsin ki; mesafeler sevmeye engel değil. Hâlâ evlenmemiş olman ve beni beklemen ne güzel Zeyneb! Seven yürek hissedermiş. Demek yanılmamışım."

Zeyneb'in kirpiklerindeki müjde tomurcukları çiçeğe durmuş. "İki gönül birbirine sadık olup öyle kaldıkça, Rabbim de kapılar açıverir." hakikatini okuyor gözleri. Peygamber ocağının ilk damadı biricik kızını kucaklıyor. Ümeyme'nin terbiyesi ne güzel! O da annesi gibi ince ve anlayışlı. Derin, narin ve de müdekkik. Şefik ve de refik. Dedesinin terbiyesinden aldığı derslerle, nasıl da güzel bir genç kız!

Onun da dudaklarında şükür var:

"Ey Rahmet sahibi Rabbim!" dedi. "Ferah günün ne güzeldir! Rahmetini hep yağdır üzerimize. Yağdır da arındır kirlerimizi. Sevincimi şükürlü kıl. Kederimizi geri döndürme. Korkularımızı emniyete çevir. Ya Rahman, bize nur ver ve bizi sevindir!"

Serin vahaların esintisi o eve dolmuş. Peygamber ocağının son damadı Ali:

"Hayırlı eş, huzurun başlangıcıdır." demişti ya, onlara da bu yol açılmıştı. İkisi de hayrı murad etmişlerdi.

"Biz birbirimizi nefis hesabına sevmedik." dedi Zeyneb. "Biz birbirimizin derununda var olan sadakat ve huzuru sevdik. Doğru ahlak ışığına âşık olduk. Bunun için sevdik."

Hani kendi rızası için birbirini sevenleri Yüce Rab mahşer günü gölgesinden başka gölgelerin bulunmadığı o çetin günde arşının gölgesinde gölgelendirecekti ya...

Etkilenmişti As. Eflatun renkli ufuklarda Zeyneb'in kınalı elleri var. Dua goncalarını büyüten gözyaşları var. Hâlinden mutlu ve memnun:

"Bizden üzüntüyü ve kederi gideren Rabbimize hamdolsun." dedi. "Hani O çok bağışlayıcıdır ve şükrün karşılığını bol bol verendir..."

Son peygamber, kızının nikâhını kıymıştı. Onun pirupak elini Ebu'l As'ın eline verdi. Helal daire ne güzeldi! Bahtanın Aslanı kayıp yıllarının telafisini ararken, Zeyneb'in ışıklı gözlerinden zemzemi avuçluyor. İkramlar birbiri ardınca inip kalktı. Hurma ve nebiz şerbeti son kez ikram edildiğinde, davetliler de tek tek düğün evini terk ettiler. İki vefalı sine, sevdalarını sonsuz ufuklara raptederken her ikisi de şükür secdesindeydi.

GÖK KUBBE NELERE GEBE?

"Cennet sevmeyi bilenlerindir."

Sadi Şirazi

Süreyya yıldızı güller şehrine parıltıyla gülümserken, peygamber mescidinin hurma kütüğü ve hurma dallarıyla kurulu sundurmasından ezan sesleri yükseliyor. Bilal'in aşk yanığı sesi Uhud'un bağrında yankı yankı. Arap bülbülleri ona eşlik ediyorlar. Ebu'l As'ın imanı pırıl pırıl. Derin bakışlarında yeni doğmuş bir bebeğin hayat müjdesi var. Yanında Zeyneb'i ve bir de Ümame'si. Huşu dolu koşuyorlar kurtuluş çağrısına:

"Bu nasıl nidadır!" diyor As. "Nağmesi, kalbin en ince zarına işliyor."

Yangınları dinmiş, boşlukları doluvermiş büsbütün. Eski haz, eski muhabbetlerine geri gelmiş. Ama bu seferki çok kıymetli! Genç adam ilim isteğiyle dolu. Zeyneb kana kana içtiği billur kurnalardan ona da ikram ediyor: "Kum tanesinden yıldıza, çekirdekten meyveye, karıncadan kartala her şey O'nu fısıldıyor. Çiçeğin tohumunda bin cennet sergileyen kudretin hatrı ne yücedir!"

Sabah namazını ayrı mahfillerde eda ettiler. Tek ses, tek sada, tek bestede tevhidî secdelere kapandılar. Sımsıcak secdelerde yılların buzunu eritiyor, kulluk serencamına sonsuzun nakışlarını işliyorlar:

"Namaz lezzeti hiçbir şeyde yok. Bende var olan sırrı benden iyi bilen Rabbe secdeler olsun."

Gün ışıklıydı. Son Nebinin günışığı kızı huzurun tatlı bağrından su içerken, Ebu'l As hayata yeniden doğmuştu. Gerçek birlikteliğin inanç bütünlüğü olduğunu zevk ediyorlardı. Mütalaa, tefekkür, tezekkürle geçen saatler cennetten alınmış anlar gibi. Yuvayı cennete çeviren sır, sonsuz baharlara birlikte hazırlanmaksa eğer, o demi yaşıyorlardı. Ebu'l As huzurlu, mesut. Hayatın tüm yükünü Zeyneb'inin üzerinden devralmışken; huzur, sekinet ve meveddet kurnalarının başındaydılar. Zeyneb, ömrünün en tatlı anlarını yaşıyordu. Vahyin ilk ulaşanları olmak, aşkın emanetine birlikte omuz vermek, son peygambere el vermek, O'nun nuruna ermek muhteşemdi. Mecrasını bulmuş nehirler gibi hür ve berraktı tüm akışlar. Ebu'l As özel zamanların dışında tüm vaktini peygamber tedrisinde geçiriyordu. Bir kuş kadar hafifti şimdi. Aşk Allah'ın bir kanunuysa eğer, o kanuna meşru dairede riayet etmenin hazzını tadıyorlardı. Muhabbetleri kadimdi. Âlemin Andelib-i Zişanı Muhammed Mustafa (sav) ile Mekke'nin Melikesi Hatice arasında var olan meveddetten almışlardı kaynaklarını. Hatıralarla dolu yıllarını birlikte yâd ediyorlardı. Neler konuşmuyorlardı ki o bitimsiz sohbetlerde... Sevgiyi, muhabbeti, dini, cenneti, ahireti, ölümü ve ötesini... As, Nebi mescidinden aldığı en ince güzellikleri Zeyneb'le paylaşıyordu. Birbirlerine vahiy buketleri ikram ediyorlardı. Kadim Kelam ne yüceydi! Her bir sözü cana şifa, her bir ayeti ömre devaydı. İnsanı hor görmeme, aşağılayıp dışlamama, öfkeyi yutma... Kavlileyyin güzelliğinde bir edayla ihsanı ikram etme, vahyin yüce sofrasına edep ve incelikle çağırma, kulun kelamı yerine Hakk'ın kelamına avdet etme... İnsanı sevme, sevdirme ve onu kaybetmek değil, hakikate kazandırma davası... Yol ne yüceydi! Ne aziz, ne muhteşemdi! Aşk ne bitimsizdi! Sonu olmayan baharların ilk durağında yüce kelamı anlamak, dinlemek ve yaşamak için bir aradaydılar. Artık aynı kalp, aynı akılla birlikte mütalaa ediyorlardı. Öncülerden bahsediyordu yüce kelam ve Naim cennetlerinden:

"Onlar nimet cennetlerindedirler." diyordu. *"Onlar cevherlerle işlenmiş tahtlar üzerindedirler. Çevrelerinde ölümsüzlüğe ulaşmış gençler dolaşır.*

Mücevheratla işlenmiş tahtlara yaslanarak karşılıklı otururlar. İşittikleri söz, hep 'Selam! Selam!' sesleridir.

Dalbastı kirazlar

Dolgun salkımlı muzlar

Yayılmış gölgeler

Şarıl şarıl akan sular

Tükenmeyen, eksilmeyen, hiçbir surette esirgenmeyen birçok meyveler içindedirler.

Onlara, pek değerli eşler de verdik. Biz o eşleri, yepyeni bir yaratılışla yaratıp, suret ve sîretlerini son derece güzelleştirdik.

Böylece onları, ashab-ı yemin için bakire kızlar, kocalarına âşık yaşıtlar kıldık."

Vakıa Suresi

"T"
DEMİ

GÜL "HAR"A DÜŞMÜŞTÜ

"Aşk'ın hikâyesini durmaksızın feryat eden bülbüle değil, sessiz sedasız can veren pervanelere sor."

Hz. Mevlana

Zilkade'nin ilk günleriydi. Hayatın en tatlı günleri su gibi akıp giderken, iyilerin kulluk sınavı da olanca yoğunluğuyla sürüyordu. Mim ile başlayan bu muhabbet hikâyesinde sırada "t" demi vardı. Muhabbe-t-in "t"si, teslimiyetti. Kadere rıza deminde O'ndan gelen her şeyi kabul etmek ne ince, ne ağırdı... Ne sevinçte taşkınlık, ne de kederde isyan. Ne cennet sevdası, ne cehennem korkusu! "O Rabbinden razı, Rabbi de Ondan razı" makamı ne hoş ne inceydi! Zeyneb en özel hikâyesini sır gibi saklamıştı herkesten. Hicret gününde aldığı darbenin izi hâlâ üzerindeydi. Ara ara yoklayıp geçen delici sancıları hiç dinmiyordu. Ruhu huzuru yakalamışken bedenine söz geçiremiyordu. Gitgide takatten düşüyor, bir türlü kendine gelemiyordu Nebi kızı. Aldığı darbenin üzerinden yedi yıl geçse de izi gitmemişti. Rabbinden gelen her sunuşu ikram kabul etmiş kadın, acısını saklasa da güçten düşen bedeni gözlerden kaçmıyordu. Narin ve nahif yapısı büsbütün incelmişti. İslam'ın doğuşundan itibaren, bütün zorlukları büyük bir özveri ile omuzlayan Hz. Zeyneb hicret esnasında gördüğü muamele sonucunda bir hayli yıpranmış, sık sık yatağa düşer olmuştu. Fakat bu sefer kalkacağa benzemiyordu. Bunun farkındaydı. Hz. Zeyneb kendi acılarını unutmuş, şimdiden kocası için üzülmeye başlamıştı. Bundan dolayı bütün gücünü kullanarak güler yüzlü olmaya, kocası ve kızını üzmemeye çalışıyordu.

Ebu'l As ondaki hâli fark etmişti. Zeyneb'in günden güne solan gül benzi gözünden kaçmıyordu. Fark ettirmemeye çalışsa da ufukları hüzünlüydü Zeyneb'in. Sık sık kızı ve kocasıyla yaptığı sohbetler, onları bir şeylere hazırlamak için miydi bilinmez. Ama Ebu'l As ötelere göç olduğu mesajını örtülü olarak almıştı:

"Cennet ucuz değildir cancağızım." derdi. "İnsanlar imtihandan geçirilmeden, sadece 'iman ettik' demeleriyle cennete gidemezler ki!"

Gündelik telaşelerin arasına sıkıştırıverirdi sözü:

"Ömür selden süratlidir." derdi. "Uçup giden zamanı durduramayız. Koşup giden gençliği döndüremeyiz. Kaybettiğimiz sıhhati getiremeyiz."

As'ın içinde çığlıklar büyürdü. Ardından devayı sunardı gani gönüllü genç kadın:

"Hiç batmayan, hiç yok olmayan Sonsuz Güzelin kullarıyız. Bitimli hayatın kıyılarında çile de bizim, lütuf da. Ölüm bile gelse; ucunda ona kavuşmak var ya, ne gam! Ötelerde, çok ötelerde, ölümün olmadığı bir âlemde, bir muhabbet denizi kıyısında yeniden buluşacağız. Rahman'ın şükürlü kullarına; 'Bugün size elem de yok, keder de. Salih kullarımla birlikte girin cennetime.' dediği kul ne bahtiyardır!"

Ne demek bunlar? Zeyneb ne yapmak istiyor? Ebu'l As, onun her sözünden bir anlam yüklenirken içi alabora oluyor.

Zeyneb devam ediyor:

"Yol açık, sefer sonsuza." diyor. "Cennetin dahi rahmetin ancak bir şulesi olabildiği âlemde beraberlik ne güzeldir... İşte bunun için gam yok, keder yok bize!"

Gitgide solan ve feri tükenen bedeniyle hayatın akışına karşı direnişi, genç adamın kalbini titretiyordu. Tek noktadan vuran delici sancılarla nefessiz kalıyor, ter içinde kalıyor, ama hiç söz etmiyor bunlardan Zeyneb. Acısı geçince ancak hayata dönüveriyor. İri gözleri ışığını yeninden toparlıyor. Ah peygamber kızı, ne kadar da sabırlısın! Babasından aldığı müjde:

"Acıya sabredip uğradığı felaketi gizlemek ve şikâyet etmemek... Derdi vereni iyi tanımış olmak ne güzel! Hayatı takva ve sabır üzere kaim edenlere ne mutlu!"

Sancılı kıvranışlarının son deminde yatağa düştü Zeyneb. Artık kalkamıyordu. Ey Habbar, nasıl bir oktur attığın! Bir peygamber yavrusunu yaralayıp, bu kadar mı kıvrandırdı öfken? Delici sancılar hiç terk etmiyor gül yüzlü Zeyneb'i. Bedeninin tümüne yayılan sancılara dirençli.

Ebu'l As gece boyu başında. Eli elinde Zeyneb'inin. Hâl dili ile konuşuyorlar:

"Evlilik bir iyi gün-kötü gün dostluğuysa, biz o dostluğu hiç tüketmeyeceğiz. Her hâlükârda şükredip sabredeceğiz. Birbirimizi ebedî aynalarda seyrederken yine bir, yine beraber olacağız ve aşkın hakiki bayramında, işte o gün yeniden doğacağız." diyorlar.

Zeyneb'in bal renkli ahu gözlerinde sonsuz gülümsemeler menevişleniyor:

"İşte böyle bizim de hikâyemiz." diyorlar. "Aşkın gül bahçesine acısız, kahırsız ve ıstırapsız girilmiyor."

O narin, o günah değmedik avuçlarıyla ona kırmızı akik gerdanlığını uzatıyor:

"Al bu kiledayı." diyor As'a. "Al ki dünya metalarının gönlüme kaim olmadığı bilinsin. Al onu As."

Ebu'l As fidye-i necat kiledayı aldı avuçlarından Zeyneb'in. İncitmeden tuttu. Bu gerdanlık hikâyesinde bir kalpti avuçlarında duran. Yürekti, candı anlamı. Timsali suretlerde adı gerdanlık oluvermiş kadim bir hikâyeydi. Görünmez yaşlar akıtıyor kalbinden inci inci. Anneden kıza kalan o nadide yadigârın kızıl akikleri, Zeyneb'in canı sanki. Kadim bir emaneti elinde tutuverdi sımsıkı.

Zeyneb bakışların dilini iyi biliyor. Aynıyla cevap veriyor:

"İyi kullar sıkıntı ve çileyle imtihan edilir. Altının ateşte işlenmesi gibi bir şeydir bu. Sonsuzluk yolunun arınmışları olmak için dünya ateşlerinde yanarak yıkanmak gerek."

As, Kelam-ı Kadim'e sarılıyor. Okudukça Yüce Kelam onunla konuşuyor gibi:

"İnsanlar imtihandan geçirilmeden,

Sadece iman ettik demeleriyle bırakılıvereceklerini mi sandılar?" (Ankebut Suresi: 2)

Yıllar yılı hayaliyle konuştuğu sevdasının elleri, ellerinin arasında. Yüreği kıpır kıpır:

"Aşkın yekünü yücedir. Onu kelebek ömrü kadar kısa hayatlara sığdıramayız!"

Zeyneb'in bakışları ötelere kayıyor. Başka, bambaşka âlemlere yolcu... As o bakışların sonsuz ufuklara uçtuğunu sezdiği günden beri perişan. İç âleminde çok gizli mısralar besteleniyor:

"Bakışların neden ötelere kayıyor Zeyneb? Nedir sendeki bu lahuti gülümseyiş? Korktuğuma uğratma sakın!"

Anlamış her bir kelimeyi ruhu. Vakarla cevap veriyor:

"Teslim..." diyor sanki Zeyneb. "Teslim olan kullar ancak O'nun ile teselli olurlar. Teslim ol Ey As! Kadere teslim olan, kederden kurtulur."

Ebu'l As'ın iç sesleri hâlâ dirençli:

Bilirim uzak ufuklar çağırır seni

Hanumanımı terk etme ne olur

Zeyneb'in dilinde dualar kıpır kıpır:

"'La uhubbil afilin!' (Ben gurub edenleri sevmem.) demişti Hz. İbrahim.

Kula bu kadar sıkı sarılma As. Gün gelir kopup gider ellerinden, dikenleri acıtıverir seni."

"Ya Rabbi, bizi de en hayırlı ve muteber bir yüzle kapına celbeyle. Aziz olarak yaşat ve aziz olarak öldür. Dünyada rızan, ukbada rü'yetin ile güldür Ya Rab!"

Ümame annesinin hizmetinde dönüyor. Masum yavrusunu en sağlam kaleye teslim ediyor:

"Kur'anı çok oku yavrum." diyor. "Kur'an kalbin bereketidir. O; dertlerin devası, şikest ruhların şifasıdır. Yalnız ruhların enisi, kırık kalplerin müjdesi, yaralı yüreklerin dibacesi Kur'an'dır."

Hastalık, keffaretü'z-zünub hükmüne tabi değil miydi? Sabunun kirleri yıkayıp temizlediği gibi hastalık da günahları kökünden paklarken, peygamber kızı bile olsa Zeyneb'i de hâlden hâle sokarak akıyordu.

İnsan zayıftı. Belası çok bir dünyada Kadir-i Zülcelâl'e dayanıp tevekkül etmekle mükellefti. Semeresiz meşakkatler, elemler, teessüfler onu boğar, yok ederdi. Zeyneb bu acziyet içinde ruhunu Rahman'a tevcih etmişti. İmanı ona bir cennet sunmuştu. Peygamber babasının öğretileriyle bir lema gibi parıldayıp sönen hayatının sonuna koşuyordu.

"Dünyada yaşanan dert ve sıkıntılar (musibetler) yüzlerin karardığı kıyamet gününde, sahibinin yüzünü ak eder." dememiş miydi Nebi? Onun için Allah var, keder yoktu.

YOLCULUK KADİM KENTE

Her şey gelip geçici ey gönül!

Bak az önce aldığın nefes bile geldi geçti.

Sen baki olana razı ol!

Hz. Mevlana

Takvimler hicri sekizinci yılın güz günlerini gösterirken, Zeyneb aşkın ülkesine doğru yola çıkmıştı. Zebercet saraylarının dünyadan gelme hurisi ve hurilerden daha aziz ve nezih kadın gidiyordu. Güneşi kucağında taşıyanların yurduna bir candı borcu. Yolculuk an işiydi. Bir ikindi vakti hüzün hâkimdi Yesrib'e. Geceden yağan yağmurla melekler Yesrib'in hurma bahçelerine billur boncuklar serptiler. Bir müjde, bir sır, bir haber saklı her boncuk damlasında. Günlerdir yataktan kalkamayan Zeyneb'in can kelebeği maveraya uçmaya hazırlanıyor. Aşkın zekâtı da can olsa gerek. Kimseye yar olmayan dünya onu da yarı yolda koymuştu. Ama bahtiyardı. Çünkü âlemin en seçilmişi, çok sevgili babası onu kendi elleriyle yolcu ediyordu. Ebu'l As alevler kuşanmış yüreğiyle cennet yolcusunun başında Kur'an okuyordu. Ümame on dört yaşlarında, gül yanaklı bir genç kız. Pervane olmuş anneciğinin etrafında. Fatıma başucunda ablasının. Ensar kadınlarının gözleri yaşlıdır. Hayatının otuzuncu baharında dalından koparılmış gül goncasına ağlıyorlar.

630 yılının o güz günlerinde Resul'ün hane ağacından bir yaprak daha düşüyordu. Hayatının otuzuncu baharını süren genç bir anneyken acılarla dolu bir ömür geçirmişti. Hayatında önemli izler bırakarak gidiyordu. Müşrik bir kocaya yapmış olduğu iyilikler. Can esareti bedeller. İmanının ve sevdasının önünde gencecik bir ömrü bedel vermişti. Peygamber evinin Hatice'den sonra ikinci şehidi mi olacaktı? Ensar ile muhacir Zeyneb'in kapısı önünde iki büklüm bekleşirken, Bişr'in kara gözlerinden seller akıyordu. Bir yüzük hikâyesini hatırlıyor, o çileli yolculuğu, sevinci ve ayrılığı yâd ediyordu. İçerisi sakinken dışarısı hınca hınç kalabalıktı.

Zeyneb artık dünyalı değil. Mavi kubbe altında onun için ayrılan anlar tükenivermiş. Yüzünde firdevsî gülümsemeler var.

Derin bakışlarında cennet yıldızları saklı. Canının dibacesi, mızrak darbelerinin saplandığı noktadan çekiliyor. Zeyneb mecalsiz. Gür ışıklı göklere teyeran ediyor. "Ben az söylerim, siz çok anlayın" der gibi güzel yüzü anlamlı. "Tatlı canım yoluna feda olsun Ey Nebi! Gösterdiğin yol ne hoş, ne güzeldir! Bu kızın Zeyneb de olsa bin kez fedadır. Sağımda sabr-ı sükut... Solumda feryadı-ı figan... Önümde cennet bahçeleri... Yanımda Resulü Sakaleyn..."

Kevser suları

İnci mercanlar süsler

Kalp hayret ve haşyettedir

Şad olunmuş nefs ise

Şükürde ve hayrettedir

Ümame'nin feryatları, Fatıma'nın ağıtlarına karıştı. Ebu'l As bir alev nehrinin kıyısında Zeyneb'inin dünyadan ayrılığına dayanamadı. Bahtanın Aslanı olduğu yere bayılıp düştü. Sevgili peygamber ve ashabı onu teskin ettiler. Aişe'nin yeğeni Urve haykırdı:

"O şehit oldu. Zeyneb şehidimizdir. Hicrette aldığı darbeden sonra hiç iyileşmedi. O, peygamber ocağının şehidi oldu ve öyle anılacak."

Nebinin son damadı Ali mütevekkil... Nemli gözlerle dışarıya çıktı:

"Zeyneb vefat etti." dedi. Derin bir uğultu duyuldu kesik kesik. Zeyneb'in çilesine, büyüklüğüne, nahifliğine ağladılar. Bilal, Medine gülşenlerinin has bülbülü. Sala vaktidir Ey Bilal, buyur! Nazla nalân ediverdi. Âlemin Efendisi eşinden sonra kızını da şehit vermişti. Rabbine karşı tevazu ve tevekkül doluyken gözyaşlarını tutamıyordu:

"Erihna ya Bilal!"

"İçimizi ferahlat! Acımızı dindir! Yangınımıza su serpiver!"

On Beşinci Kadim Anlatıcı: Ümmü Atiye

Onun anlattıklarından neler dinleyebilirdik, bu zamana yansıyan izdüşümlerden payımıza düşen neydi?

HURİLERDEN GÜZEL GELİN

Son Nebi ile birlikte tam yedi gazaya çıkmış kadın neferim.

Ümmü Atiyetü'l el-Ensariye'dir adım. Cesaret ile cömertlik kadında makbul sayılmasa da bendeki cesaretin ve dahi cömertliğin yerini bulduğunu söylerler. Savaşın en kızgın anında mücahitlere su taşıyıp, yaralarını saran ve yemeklerini yapan olarak bilinirim. O sabah Zeyneb'in evine koşanlardan biri de ben idim. O artık başka bir âlemin konuğuydu ve hıçkırıklarımız onun içindi. Âlemlerin efendisi mahzundu. Gözünden yaşlar akıyordu. Canımız, göz ışığımız Zeyneb'in yol hazırlığı bize düşmüştü. Onu bir dünya kızı olarak cennete yolluyorduk. Dünyadan gitme kadınların hurilerden daha güzel olacağı yolculukta onu bir gelin gibi süslemeliydik. Bağrımızda firkat acısı, gözümüzde yaşlarla yanındaydık. Onun nurani yüzünü son görme fasılları. Yanımda Ümmü Eymen, Sevde ve Ümmü Seleme. Resulullah odaya girdi ve acılı hâliyle bize seslendi:

"Onu sidreli su ile üç veya beş ya da gerek görürseniz daha fazla yıkayın." dedi. "Sonuncu yıkamaya kâfûr koyun, ta ki güzel koksun. Yıkama işini bitirdiniz mi bana haber veriniz!" buyurdu. İşimiz bitince Resulullah'ı çağırdık. Mahzundu Nebi. Belinden izarını çıkardı ve eşine uzattı:

"Bunu Zeyneb'e iç gömleği yapınız." dedi. Gözlerinden yaşlar boşanırken devam etti:

"Onu üç, beş, yedi ve daha fazla olmak üzere ek olarak yıkayın. Sağ tarafından ve abdest uzuvlarından yıkamaya başlayın."

Bir gelin gibi hazırladık Zeyneb'i. Cennete gelin gidiyordu. Acısız mutluluklar diyarında As'ı bekleyecekti. Zebercet saraylar, sükûn dolu meskenler, huzur dolu köşklere gidiyordu. Altın koltuklar üzerine kurulup dünya günlerini yâd edecekti belki, kim bilir... Ahir zaman ümmetlerinin onların kadim öyküsünü bir kitabın satırları üzerinden okuyuşlarını izleyeceklerdi.

"Laya'lemu indellah."

"Gaybı ancak Yüce Rab bilebilir."

Ahiret güzelimizi sonsuza gelin ediyorduk. Babasının tarifi üzere abdestini üç kez aldırdık. Saçlarını buklelere ayırıp tel tel ördük. Resulullah'ın verdiği izarı ona gelinlik yaptık. Cennete layık bir hâl içinde süsledik onu. Hurilerden güzel bir gelindi şimdi. Göz ışığımız Zeyneb, sonsuz âlemlerden gülümsüyordu bize.

Onu hurma lifinden örülü sedire aldılar. Sevgi peygamberi kadere teslim çizgisinde yavrusunun namazını mescidinde kıldırdı. Onu kabre taşıyanların başında sevgili babası vardı. Nur mecrası gözlerinden yaşlar akıyordu. Sonra sakalını gözyaşı yağmurlarının ıslattığı damadı Ebu'l As'ı yanına çağırdı. Zeyneb'i kabre indirdiler. Onu kendi elleriyle yerleştirdi. Can incisini Rahman'a teslim ederken bir süre kabirde durup dua etti. Hıçkırık sesleri ayyuka çıkıyordu. Sevgili peygamber kabirden çıktığında, yüzünde hüzünlü bir tebessüm vardı. Bu nasıl hâldi böyle? Bir baba evladını kabre teslim ettikten sonra nasıl gülümserdi?

"Rabbim dualarımı kabul etti." dedi. "Zeyneb kabir darlığı çekmeyecek."

Ses seda kesildi birden. Gözlerde yaşlar donuvermişken O devam etti:

"Zeyneb'in zayıflığını düşünerek kabir sıkıntısını azaltsın diye Cenab-ı Allah'a dua ettim. Kabrini genişletip sıkıntısını gidermesini istedim. O da bunu kabul buyurdu. Yerini genişletip kabir sıkıntısını ondan giderdi."

Ondan sonraki günlerde acımız azalmış olsa da Ebu'l As perişandı. O bu ayrılığa dayanamayacağa benziyordu. Sık sık kabrine gidiyor ve onunla uzun uzun konuşuyordu:

"Zeyneb'imdin!" diyordu. "Mahremimdin. Mahzenim, cennetimdin sen benim. Yüreğim o kadar darbe aldı ki Zeyneb... Senden sonra fazla yaşayacağımı zannetmiyorum."

Hayat acı ve sevinçlerin iç içe harmanlandığı hasat yeri değil miydi? O günlerde Resul'ün hane-i saadetinde bir ölüm, bir de doğum olayı gerçekleşti. Ali ile Fatıma'nın güzeller güzeli bir kızı oldu. Sevgili peygamber, adını koydu:

"Zeyneb!" dedi ona. Resul hanedanının has bahçesinde yeni bir Zeyneb filiz veriyordu. Gelecek günler nelere gebe bilinmez...

***

Zeyneb'i mızrak darbeleriyle şehit eden Habbar, okuduğu şiirlerle yeni dine ve son peygamberine hakaretler yağdırmaya devam ediyordu. Gelecek günlerde çok şey değişecek miydi acaba? Belki de İslam ordusu Mekke'yi fethedecekti. Sevgi peygamberi Mekkelileri affederken, Habbar'a ölüm emri çıkaracaktı. Bunu işiten Habbar bin Esved, Mekke'yi terk edip sırra kadem basacaktı belki de. Gayrın gurbetinde yapamayınca da:

"El-Emin affı sever." diyecekti. "O'ndan af dileyeceğim."

Zeyneb'e yıllarca acı veren darbeyi indiren adamı bağışlayacak mıydı? Zeyneb'in acısı hâlâ içlerindeyken ağıt yakacaktı ensar kadınları.

"Zeyneb'i zedeleyen eller kurusun!"

"Zeyneb'i ağlatan gözler görmesin."

"Zeyneb'i şehit eden yüz gülmesin."

"Seni düşüren ayaklar yürümesin Zeyneb."

"Seni inciten yüzler gülmesin."

Sahabelerden uğultu sesler yükselecek miydi?

"O, Zeyneb'in katilidir; onu öldürelim!" diyecekler miydi?

Resul'u çok üzen, çok inciten Habbar, kapısına gelecekti belki de. Habbar'ın üzerine yürüyen sahabelere rahmet peygamberi engel olacak ve Habbar'ı yanına çağırıp oturtacaktı. Habbar af titremeleri içinde:

"Ya Resulullah!" diyecekti belki de. "Ne olur beni affet! Uzak ülkelere kaçmak istedim. Yaban ellere gitmek, bir daha sana hiç görünmemek istedim. Sonra, duydum ki sen çok merhametlisin. Sana fenalık yapanları affetmişsin. Cahilleri bağışlamışsın. En azılı müşrikleri bile afetmişsin. Bunun için sana döndüm."

Onun affediş serencamında ise utancından kırk kat olacak ve hıçkırıklar içinde haykıracaktı:

"Ya Resulullah!" diyecekti. "Biz şirk ehlindendik. Allah, senin vesilen ile bize hidayet verdi. Bizi helak olmaktan kurtardı. Benim cahilliğime bakma, beni affet. Benden sana ilişen kötü hâl ve hareketlerimi, günahlarımı biliyorum. Hayatımı sana karşı kötülüklerle geçirdim. Sana yaptığım kötülükleri bağışla! Suçumu kabul, günahımı itiraf ediyorum. Şehadet ederim ki Allah'tan başka ilah yoktur ve yine şehadet ederim ki Muhammed O'nun kulü ve Resulü'dür. İslam önceki günahları yok eder."

Sahabeler Habbar'ı affetmeyecekti belki de. O güne dek işlediği kötülükleri tek tek sayıp dökeceklerdi:

"Habbar..." diyeceklerdi. "Öyle kötülükler yaptın ki yüce Allah sana iman nimetini tattırmayacak."

Ancak Son Nebi:

"Allah, seni en güzel bir şekilde İslam'la hidayete erdirdi Ey Habbar!" diyecekti. "Üstelik İslam, kendinden önceki günahları siler."

Ardından yüce kelamı okuyacaktı belki de:

"Muttakiler, bollukta da darlıkta da veren, öfkelerine hâkim olan ve insanların kusurlarını bağışlayanlardır. Allah iyilik edenleri sever." (Ali İmran Suresi: 134)

Habbar bin Esved bu bağış ve af karşısında utancından iki büklüm iken; kızının ve torununun katilini bağışlayan Son Nebinin merhameti önünde ağlayacaktı. Kim bilir!

SON KELAM

Zeyneb'im
Selsebilim
Sebebim
Şakayığım
Can bestem
Kâbe kandilleri nasıl sönmeyecekse
Sonsuza dek
Devirler gelip geçecek
Çağlar akıp duracak
Ve insanlar değişecek
Mevsimler yenilenecek
Dünya yüzüne her gün
Yeni günler doğacak
Ama orası hep öyle kalacaksa
Bende de senin adın baki kalacak
Sana kavuşuncaya dek o kandil
Hep o aşkla ve de özlemle yanacaktır

"Sensiz dünya ne kadar boş olsa da sonsuz kubbede çınlayacak bir hikâye bıraktığımız için müteşekkirim. Aşkın gerçek usaresi fedakârlıkta gizlidir. Ona erişmek ise hassas

yüreklerin işidir. Şu an hikâyemizi okuyan gönüllerle daim baharlarda yüz yüze buluşup konuşmak, tanışmak ve helalleşmek ne güzeldir.

Hikâyemiz çağlara yazılacak. Kiledanın sahibi Resul kızının öyküsü okunacak. Ebu'l As'ın hırçın gururu, aşkı parça parça bölmüştü. Ama 'Zeyneb'in duru nefsi, tıpkı Musa'nın Firavun'a hitabı gibi kavlileyyinle onu hizaya getirdi' denecek. Çağımdan sonra gelenler bu esrik gururun hırçın direnişini anlayamayacak belki. 'Ne vardı?' diyecekler, 'Onca acıyı üstlenmeye...' Onlara kızmayacağım. Çağımın ve ortamımın şartlarını bilmiyorlar. Işığı nasiplenememiş adama zül gelir bu yük.

Benim gibi gurur dağlarına kaçmışlara bir tek sözüm var.

Yüreği aydınlatmak için yanmak gerek. İmanınız varsa ve sağlamsa, gerisi gam değil. Mümin olana sevinç var, keder yok. Gün ışığına kavuşan mum alevine geri dönebilir mi ki!"

Onlar!

Kulluk burcunun cefalısı

Basubadel mevt çilelisi

"Beli" kelamının ilk temsilcisiydiler.

Yürüyüşleri kavi, duruşları sağlam, duyuşları muteberdi.

Hayat sınavını verirken yaşadıklarıyla kaç yüreğin gamını giderendiler...

İnsanlığın yüz akı, rehberi, yıldızıydılar.

O ışıltılı mehtapta;

Eyüpçe sabır, Yakupça şükür, Mesihçe takva, Meryemce suskunluk,

Âdemce gözyaşı, Yunusça zikir, İbrahimce sehavet, İsmailce teslimiyetle kadere teslimdiler.

Selat ve selam olsun O'na

Selam O'nun keremli Ehl-i Beyt'ine

Selam olsun O'nun güzide ashabına.

Selam Hatice'ye, onun kutlu yavrularına.

Selam Asiye'ye, onun kadim teslimiyetine.

Selam Meryem'e, onun sözsüz iffetine.

Selam Fatıma'ya, onun kutlu ocağına.

Ya Nebi, Selam Sana!

Canımız, malımız, hanümanımız feda yoluna.

Habbar'ı bile affettin ya...

Bu yücelik karşısında boynumuz kıldan ince.

Ümmet olmaktır yâdımız.

Bizi de kabul eyle.

Günahlar dilimizi tutmuş, ayıplar belimizi bükmüşken

Gözyaşlarımız Zeyneb'in gerdanlığına inciler dizecek.

Adanmışların öyküsü yıllar ve çağlar boyu sürecek.

Ümmetin boynuna nice gözyaşı gerdanlıkları işlenecek.

Her damla yaş bir kadim taş, her kadim taş yepyeni bir adanış olacaktır.

Aşkın adanmışlarına selam olsun.

Allahümme salli ala seyyidina Muhammed.

YARARLANILAN KAYNAKLAR

Abdu'l-Azîz Mezrû' el-Ezherî, Kısas 'Ukâz, Matba'at Dâri'l-Kitâbi'l-'Arabî, Kahire, 1951.

Abdulaziz eş-Şennavi, Sahabe Hayatından Tablolar (Hanım Sahabeler), çev: Tâceddin Uzun, Uysal Kitabevi, Ankara, 1991.

Abdulaziz eş-Şennavi, Sahabe Hayatından Tablolar (Hanım Sahabeler), Uysal Kitabevi, Ankara, 1991.

Abdulaziz eş-Şennavi, Sahabe Hayatından Tablolar (Hanım Sahabeler), Uysal Kitabevi, Ankara, 1991.

Abdulaziz eş-Şennavi, Sahabe Hayatından Tablolar (Hanım Sahabiler), Hayatu's-Sahabe, c.1, M. Yusuf Kandehlevî, Işık Yayınları, İstanbul, 2006.

Abdülğani el-Hanbeli, Cüz'un fihi zevacu Ebi'l-As b. Rebi' bi Zeynep bint Resulillah, s. 15, tahkik: Müsaid Sâlim, Beyrut, 1423/2002.

Abdülğani el-Hanbeli, Cüz'un fihi zevacu Ebi'l-As b. Rebi' bi Zeynep bint Resulillah, s. 15, tahkik: Müsaid Sâlim, Beyrut, 1423/2002, Likau'l-aşri'l-evahir bi'l-Mescidi'l-Haram içinde,no:38,mecmua:4.

Ahmed b. Ahmed. Abdi'l-Latifi'z-Zebîdî, Sahih-i Buhari Muhtasarı Tecrid-i Sarih Tercemesi ve Şerhi-Zeynü'd-din, Diyanet İşleri Başkanlığı Yayınları.

Ahmed b. Ahmed. Abdi'l-Latifi'z-Zebîdî, Sahih-i Buhari Muhtasarı Tecrid-i Sarih Tercemesi ve Şerhi-Zeynü'd-din, Diyanet İşleri Başkanlığı Yayınları.

Ahmet Cevdet Paşa, Kısas-ı Enbiyâ ve Tevârih-i Hulefâ, Bedir Yayınevi, İstanbul, (tarihsiz), I.

Ahmet İbrahim, Eltusugi, Resulullah'ın Kızları.

Ahmet Subhi Furat, el-Asru'l-Câhilî, Dâru'l-Maarif, (altıncı baskı), Kahire, 1974.

Asar-ı Bediyye

Asr-ı Saadet, c.1, Mevlânâ Şibli, Eser Neşriyat, İstanbul, 1977.

Belazüri, Ensab, s. 400, tahkik: M. Hamidullah.

Belazüri, Ensab, s. 400, tahkik: M. Hamidullah.

Belazüri, Ensabu'l-eşraf.

Belazüri, Ensabu'l-eşraf.

Corcî Zeydân, el-Mufassal fî Târîh'l-Arab Kable'l-İslâm, I-IX, Dâru'l-Ilm li'l-Melâyin, Beyrut, 1980.

Doç. Dr. Ahmet Lütfi Kazancı, Hz. Süleyman'dan Hz. Muhammed'e (sav) Peygamberler Halkası, Feza Gazetecilik, İstanbul, 1997.

Doç. Dr. Ahmet Lütfi Kazancı, Hz. Süleyman'dan Hz. Muhammed'e (sav) Peygamberler Halkası, Feza Gazetecilik, İstanbul, 1997.

Doç. Dr. Ali Osman Ateş, İslama göre Cahliye ve Ehl-i Kitap Örf Adetleri.

Doç. Dr. İsmail L.Çakan, Yeni Ümit Dergisi, Hüznü'n-Nebî.

Doğuştan Günümüze Büyük İslam Tarihi-1, Heyet-Çağ Yayınları, İstanbul, 1992.

Doğuştan Günümüze Büyük İslam Tarihi-1, Heyet-Çağ Yayınları, İstanbul, 1992.

Ebû Abdillah Muhammed, İbn Sa'd (230/844) et-Tabakatü'l-Kübrâ, I-VIII Beyrut, 1398/1978.

Ebû Muhammed Hasan el-Hamdânî, Sıfatu Cezîreti'l-Arab, Tahkik, D.H. Muller, E.J., Brill, Leiden, 1884; Ali Cevad.

Ef-İsabe, İV/121 veya biyografi 692.

EI-Bidaye ve'n-nihaye, VI/354.

Ensabu'l-eşraf, s. 397.

Ez-Zehebî, Siyeru a'lami'n-nubela, I/239.

H. Mehmed Zihni Efendi, Meşâhîru'n-Nisâ, S. Bedreddin Çetiner, Şâmil Yayınevi, İstanbul, 1982, II.

H. Mehmed Zihni Efendi, Meşâhîru'n-Nisâ, Sadeleştiren: Bedreddin Çetiner, Şâmil Yayınevi, İstanbul, 1982, I.

H. Mehmed Zihni Efendi, Meşâhîru'n-Nisâ, sdl. Bedreddin Çetiner, Şâmil Yayınevi, İstanbul, 1982, II.

H. Mehmed Zihni Şamil, Meşahîru'n-Nisa, c.1, İstanbul, 1982.

H. Mehmed Zihni, Meşahîru'n-Nisa, c.1, Şamil Yayınevi, İstanbul, 1982.

H. Mehmed Zihni, Meşahîru'n-Nisa, c.1, Şamil Yayınevi, İstanbul, 1982.

Hilal Kara, Abdullah Kara, Cennetle Müjdelenen Hanımlar, Nesil Yayınları, İstanbul, 2007.

İbn HİşAm, es-Sîretu'n-nebevİyye, 11/306-314.

İbn Hişam, Sire, 2/296.

İbn Sa'd, Tabakat, 8/36.

İbnu Deybe, Teysiru'l-Vüsûl ilâ Câmii'l-Usûl, çev: İbrahim Canan, Akçağ Yayınevi, İstanbul, 1993, VI.

İbnu'l-Esir, Üsdü'l-ğabe, 5/467, Kahire, 1280.

İbnu'l-Esir, Üsdü'l-ğabe, 5/467, Kahire, 1280.

İslam'dan Önce Arap Tarihi ve Cahiliye Çağı, Ankara Üniversitesi İlahiyat Fakültesi Yayınları: 153, Ankara, 1982.

İsmail b. Ömer, İbn Kesîr, Ebû'l-Fidâ (v. 774/1373), el-Bidâye ve'n-Nihâye, I-XIV, Beyrut, 1966.

Keskioğlu Osman, Hatemü'l-Enbiya Hz. Muhammed ve Hayatı, Ankara, 1966 (A. Himmet Berki ile müşterek).

Konrapa Zekâi, Peygamberimiz, İslâm Dini ve Aşere-i Mübeşşere, İstanbul, 1968.

Kur'an-ı Kerim Meali, Türkiye Diyanet Vakfı

Kütüb-i Sitte, c.10, Prof. Dr. İbrahim Canan, Akçağ Yayınevi, 1993.

M. Asım Köksal, İslam Tarihi.

M. Emin Yıldırım, Hz. Peygamberin Albümü, Siyer Yayınları, 2011, İstanbul.

M. Fuad Abdülbâki, Müslim, Ebû'l-Huseyn Müslim b. el-Haccâc b. Müslim el-Kuşeyrî, (v. 261/875), el-Câmiu's-Sahîh, I-V Kahire, 1374-1375, h./1954-1955 m.

M. Hamidullah, İslam Peygamberi, 1/164, İstanbul, İrfan Yayınları, 1972.

M. Yusuf Kandehlevî, Hayatu's-Sahabe Muhtasar, Hzl. Ömer Lütfi Erdal, Işık Yayınları, İstanbul, 2006, I.

M.Y. Kandehlevi, 1/461,Taberani'den (Heysemi 9/216); M. Hamidullah, 1/164.

M.Y. Kandehlevi, 1/461,Taberani'den (Heysemi 9/216); M. Hamidullah, 1/164.

M.Y. Kandehlevi, Hayatu's-Sahabe, Divan Yayınları, 1980, 1/330 Taberani'den (Heysemi 6/21). Burada Beyhaki ile Taberani'den onunla ilgili iki hadise daha nakledilir.

Mahmud Esad Efendi, (v. 1336/1917), Târih-i Din-i İslâm, I-III, İstanbul, 1319-1329.

Mahmûd Şukrî el-Âlusî, Bulûğu'l-Erib Fî Ma'rifeti Ahvâli'l-Arab, (ikinci baskı) I-III, Dâru'l-Kutub li'l-Melâyîn, Beyrut (tarihsiz), c. I, s. 266

Mehmed Emre, Büyük İslam Kadınları ve Hanım Sahabeler, Çelik Yayınevi, İstanbul.

Mevlana Niyaz, çev: Prof. Dr. Ali Genceli, Kadın Sahabiler, Toker Yayınları, 1971.

Mevlanâ Niyaz, Kadın Sahabiler, çev: Ali Genceli, Toker Yayınları, İstanbul, 1971.

Mevlanâ Niyaz, Toker Yayınları, Kadın Sahabiler, İstanbul, 1971.

Mevlânâ Şiblî Numânî, Son Peygamber Hz. Muhammed Sîretü'n-Nebî, çev: Yusuf Karaca, İz Yayıncılık, İstanbul, 2008.

Mevlânâ Şiblî Numânî, Son Peygamber Hz. Muhammed Sîretü'n-Nebî, İz Yayıncılık, İstanbul, 2008.

Mevlânâ Şiblî, Asr-ı Saadet, çev: Ömer Rıza Doğrul, Eser Neşriyat, İstanbul, 1977, I.

Miras Kâmil, (1376-1957) Tecrid-i Sarih Tercemesi ve Şerhi, I-XII, (ilk üç cildi Ahmet Naim tarafından hazırlanmıştır.) İstanbul, 1928-1948, IB.

Muha el-Mubarek, El-Mevsuatu'l-Arabiyye, 10/515.

Muhammed eş-Şeybânî, İbn Esîr, el-Kâmil fi't-târih, I-XIII, Beyrut, 1385/1965.

Muhammed Hamdi, (Elmalı Hamdi Efendi, v. 1358/1942), Hak Dini Kur'ân Dili, I-IX, İstanbul, 1935-1939.

Muhammed Hamid el-Feqi, İbn Kayyım, Muhammed b. Ebi Bekr, (v.751/1350), Zâdü'l-meâd, I-IV (nşr: Kahire, 1373/1953)

Mustafa es-Seka, İbrâhim el-Ebyâri, Abdülhafiz Şiblî, Beyrut İbn Hişâm, Abdülmelik (v. 218/834).

Neşet Çağatay, Arap Edebiyatı Tarihi, İstanbul Üniversitesi Yayın No: 3911, Edebiyat Fakültesi Yayın No:3404, İstanbul, 1996.

Prof. Dr. İbrahim Canan, Kütüb-i Sitte, c.10-15, Akçağ Yayınevi, 1993.

Prof. Dr. Suat Yıldırım, Yeni Ümit, S :93.

Risale-i Nur Külliyatı

Safiyyurrahman Mübarek Furi, Peygamberimizin Hayatı ve Daveti, çev: H. İbrahim Kutlay, Risale, İstanbul, 2007.

Said el-Afgânî, Esvâku'l-Arab fi'l-Câhiliyye ve'l-İslâm.

Said Havva, er-Rasûl, çev: Harun Ünal, Yenda Yayınları, İstanbul, 1996.

Salih Suruç, Kâinatın Efendisi Peygamberimizin Hayatı, c.2, Feza Gazetecilik, İstanbul, 1998.

Sebil'ür-Reşat Mecmuası, c. 18, s. 218.

Serpil Özcan, Hz. Havva'dan Hz. Zeyneb'e Kadınların İzinde, Server İletişim, İstanbul, 2009.

Sevim Demir Akgün, Hz. Peygamber Döneminde Yemek Kültürü, Yüksek Lisans Tezi.

Son Peygamber Hz. Muhammed Sîretü'n-Nebî-Mevlânâ Şiblî Numânî, İz Yayıncılık, İstanbul, 2008.

Şemsettin Günaltay, İslam Öncesi Araplar ve Dinleri, Ankara Okulu Yayınları.

Şevkî Dayf, el-Arab Kable'l-İslâm (Tahkik: Husyen Munis), Dâru'l-Hilâl, (tarihsiz), Kahire.

Şiblî, Mevlâna ve Süleyman Nedvi, Asr-ı Seâdet, İslâm Tarihi, I-X (çev: Ömer Rıza Doğrul), İstanbul, 1346-1353 h./ 1928-1935 m.

Usdu'l-ğabe, VI/185 veya biyografi na: 6035.

Yanmak mıdır çare, yoksa yana yakıla aramak mı? Dile gelen tüm sözler art arda sıralandığında üç harfin yan yana gelip anlattığını anlatabilir mi? Lâl ve Bi-lâl...

KABİRDE
CEHENNEME YOLCULUK
İLK GECE
3
Hayat

KABİRDE
İLK GECE
48
Hayat

KABİRDE
SIRAT KÖPRÜSÜNDE HEYECAN
İLK GECE
2
Hayat

Değerli Okurumuz,

İş dünyası, kişisel gelişim, yönetim, başarı-motivasyon, üretim, pazarlama, insan kaynakları, eğitim, edebiyat, tarih, maneviyat, sağlık ve çocuk konularıyla ilgili yayınlarımızı:

- Size en yakın kitapçınızdan alabilir,
- **www.hayatyayingrubu.com** adresimizde satış noktaları bölümündeki kitabevlerinden,
- 0212 612 60 90 - 0530 290 99 78 nolu telefondan sipariş edebilirsiniz.

Yayınlarımızla ilgili görüş ve düşüncelerinizi

http://www.hayatyayingrubu.com/iletisim.aspx,

hayat@hayatyayinlari.com,

twitter.com/hayatyayingrubu veya

facebook.com/hayatyayingrubu adresimize iletmeniz bizlere ışık tutacaktır.

Kitap ihtiyaçlarınızı **Hayat Yayın Grubu** ile temin edebilir, entelektüel birikimlerinizi bizimle paylaşarak hayata katabilirsiniz.

İlginize teşekkür ederiz.

Saygılarımızla,

Hayat Yayınları